Elmar Theveßen

Nine Eleven

Der Tag, der die Welt veränderte

Ullstein

Besuchen Sie uns im Internet:
www.ullstein-taschenbuch.de

Ungekürzte Ausgabe im Ullstein Taschenbuch
1. Auflage August 2012
© Ullstein Buchverlage GmbH, Berlin 2011/Propyläen Verlag
Umschlaggestaltung: ZERO Werbeagentur, München,
unter Verwendung einer Vorlage von Morian & Bayer-Eynck, Coesfeld
Satz: LVD GmbH, Berlin
Gesetzt aus der Janson
Papier: Holmen Book Cream von
Holmen Paper Central Europe, Hamburg GmbH
Druck und Bindearbeiten: CPI – Ebner & Spiegel, Ulm
Printed in Germany
ISBN 978-3-548-37449-9

INHALT

PROLOG:
EIN TAG WIE KEIN ANDERER?

Der Tag, der die Welt verändert, kommt am 7. Mai 1999. Als
Protagonisten der Ereignisse gehen die USA und China in die
Geschichte ein. Der Schauplatz des Geschehens ist die Hauptstadt Serbiens. Um 23.45 Uhr Ortszeit wirft ein amerikanischer
Tarnkappenbomber drei satellitengesteuerte Lenkbomben auf
die chinesische Botschaft in Belgrad ab. Bei dem Angriff sterben
drei chinesische Journalisten, einige Dutzend Angestellte werden verletzt. Die Welt hält den Atem an. Würde es jetzt zu einer
Konfrontation zwischen zwei Großmächten kommen? Mitten
in der Bombenkampagne der NATO gegen das serbische Regime von Slobodan Milošević haben die USA einen großen Fehler begangen. Auf einer Stadtkarte für Touristen hatte der amerikanische Geheimdienst CIA nach dem jugoslawischen
Direktorat für Versorgung und Nachschub gesucht und die ver-
meintlichen Zielkoordinaten an das US-Verteidigungsministerium weitergereicht. Das Pentagon übermittelte die Daten an
die Bordcomputer des Bombers. Das Unheil nahm seinen Lauf.
Natürlich war die chinesische Regierung empört, die amerikanische zerknirscht, aber deshalb – da waren sich beide einig –
würde nicht gleich ein neuer Weltkrieg ausbrechen. Die USA
entschuldigten sich und zahlten Entschädigung, die Chinesen
akzeptierten.

Warum dieser Tag dennoch die Welt veränderte? Wenn die
CIA nicht solch einen katastrophalen Fehler gemacht hätte,
dann wäre Osama bin Laden in diesen Tagen gestorben und mit
ihm wohl auch der Plan für die Anschläge vom 11. September
2001. Auf dem Schreibtisch des US-Präsidenten lag nämlich ein
Dossier über den genauen Aufenthaltsort des Anführers der

Al-Qaida, der aus amerikanischer Sicht ohne jeden Zweifel den Tod verdient hatte. Ein Jahr zuvor hatte er der Supermacht in einem Interview mit dem Fernsehsender ABC in einer Höhle in Afghanistan den Krieg erklärt. Im August 1998 ließ bin Laden dann seine Selbstmordattentäter angreifen. Bei den Anschlägen auf die amerikanischen Botschaften in Kenia und Tansania starben 250 Menschen. Für die Anhänger des globalen Dschihads – und die gingen damals schon in die Tausende – war es so etwas wie ein Geburtstagsgeschenk, denn fast auf den Tag genau zehn Jahre zuvor hatte bin Laden die Al-Qaida gegründet, um nach der Vertreibung der »gottlosen« Sowjets aus Afghanistan die Kreuzfahrer – vor allem die Amerikaner – aus der arabischen Welt zurückzudrängen. Als Antwort auf die brutalen Anschläge in Ostafrika schickte US-Präsident Clinton 66 Cruise-Missile-Raketen auf den Weg in die Trainingslager der Al-Qaida am Hindukusch, doch die Terroristen waren für ein paar Tage in die Höhlenverstecke in den Bergen gezogen.

Und nun, Anfang Mai 1999, bot sich dem Anführer der freien Welt eine einmalige Chance: Informanten der CIA in Afghanistan beobachteten Osama bin Laden bei seinen Aktivitäten in und um Kandahar. Dreimal innerhalb von 36 Stunden meldeten sie, in welchem Haus der Terroristenführer gerade zu finden war. Das US-Militär hatte seine Cruise-Missile-Raketen parat, um ihm den Weg ins Paradies zu weisen. Clinton musste nur den Befehl für den Angriff geben. Aber konnte man der CIA noch trauen nach dem Desaster in Belgrad? Was, wenn bei der Attacke Dutzende von Unschuldigen sterben würden, unter ihnen viele Frauen und Kinder? Dreimal kam die Order aus dem Weißen Haus, nicht zu feuern. Dass diese Chance verpasst wurde, hat die Welt in der Tat verändert. Denn Osama bin Laden hatte gerade grünes Licht für seinen Angriff gegeben und war in diesen Tagen rege mit den Planungen für Nine Eleven beschäftigt. Er selbst wählte die jungen Männer aus, die am 11. September 2001 Amerika und die freie Welt angreifen sollten.

Nine Eleven ist gleichzeitig schreckliche Wirklichkeit und historischer Mythos geworden. Fast jeder erinnert sich, wo er an diesem Tag von den grausigen Nachrichten aus den USA erfahren hat. Die apokalyptischen Bilder aus New York und Washington haben sich tief in das kollektive Gedächtnis der Welt eingebrannt. Die Ereignisse dieses Tages haben viele Menschen, ihr Leben und auch den Lauf der Zeit dramatisch verändert. Katalytische oder kathartische Ereignisse der Weltgeschichte – in diese Kategorie fällt Nine Eleven sicher, der 8. Mai 1999 dagegen nicht – können manchmal ein komplettes Umdenken bewirken. Der Erste Weltkrieg beispielsweise veränderte die Regeln der Interaktion zwischen den Nationalstaaten. Unter dem Eindruck des Krieges und seiner zahllosen Opfer schufen die USA und ihre Verbündeten den Völkerbund, der allerdings scheiterte und später von den Vereinten Nationen abgelöst wurde. Ein alter Satz Regeln aus einem alten System sollte durch neue Standards ersetzt werden. Genau das Gleiche geschah auch nach dem Ende des Zweiten Weltkriegs in einem zerstörten und mit Schande beladenen Deutschland. Aus einer militaristischen Diktatur ging eine starke und verlässliche Demokratie hervor. Der Schrecken wurde als Chance und das Chaos als Gelegenheit begriffen, um die Welt im Fluss der Ereignisse zu verändern, zum Besseren zu formen.

Doch das katalytische Ereignis kann auch zum Gegenteil führen, wenn die Beteiligten überreagieren und auf längst veraltete Regeln und Denkmuster zurückgreifen, die mit der neuen Wirklichkeit nicht in Einklang zu bringen sind. Genau solch eine Überreaktion hat Nine Eleven hervorgerufen, der Tag, der die Welt veränderte. Dieses Buch will diesen Wandel beschreiben, analysieren und dabei hinterfragen, ob alles wirklich so kommen musste. Denn dramatische Ereignisse bieten den Akteuren der Politik, aber auch den betroffenen Menschen Möglichkeiten, sich für einen neuen Weg zu entscheiden. Der naheliegendste ist dabei nicht immer der beste und schon gar nicht der einzige, um zum Ziel zu gelangen. Wer im dichten Wald an einer Lichtung steht, mag auf den ersten Blick nur die angelegten Wege erkennen, obwohl noch weitere von hier wegführen, die vielleicht nicht so bequem zu begehen und weniger augenfällig sind.

Die unterschiedliche Wahrnehmung dieses Tages spiegelt sich in den Äußerungen von führenden Politikern aus den Monaten nach dem 11. September 2001. Da ist zum Beispiel die amerikanische Sicherheitsberaterin Condoleezza Rice, die mir im Interview sagte: »Wir Amerikaner werden nie wieder so sein wie früher. Weil wir den unschuldigen Glauben an unsere Unverletzbarkeit verloren haben. Wir werden unser Leben nicht einfach weiterführen können, als wäre nichts geschehen.«[1] Aus diesen Worten sprechen Trauma und Schuldgefühl einer Regierung, die ihr Land nicht schützen konnte, obwohl sie die Chance dazu gehabt hätte. Und die Angst, dass so etwas noch einmal geschieht. Diese Angst wurde zum beherrschenden Prinzip der amerikanischen Politik, und sie war so stark, dass sie eine Entschlossenheit erzeugte, die nicht hinterfragt werden durfte, eine Blindheit für abweichende Meinungen und alternative Optionen, eine Politik ohne Rücksicht auf Verluste und ein Weltbild, das die Welt in Gut und Böse aufteilte. Die Auswirkungen auf das Regelwerk und die Standards von Frieden und Krieg waren gravierend, denn von nun an bestimmte die Doppelmoral das Feld der Außenpolitik. Robert Cooper, ein enger Berater des britischen Premierministers Tony Blair, forderte etwa in einem Essay: »Untereinander sollten wir uns an die Gesetze halten, aber wenn wir im Dschungel operieren, müssen wir die Gesetze des Dschungels anwenden.«[2]

Angst, Schuldgefühle und rücksichtslose Entschlossenheit verhinderten, dass die eigentlich notwendige Schlussfolgerung aus Nine Eleven gezogen wurde: dass nämlich nicht allein die Auswüchse des Terrors und ihre Protagonisten, sondern vor allem seine Ursachen bekämpft werden müssen. Der damalige

Außenminister Joschka Fischer sagte in einem Interview mit dem ZDF: »Die Lektion des 11. September ist, dass wir tatsächlich in der Einen Welt leben. Wenn dem aber so ist, dann müssen wir diese Eine Welt auch bewusst gestalten. Und da es gleichzeitig ein Wertekonflikt ist, geht es um unsere Werte, also inwieweit diese Eine Welt denn tatsächlich möglichst gerechte Lebenschancen für die wachsende Menschheit auf demokratischer, auf menschenrechtlicher, auf einer wirtschaftlichen und sozialen Grundlage eröffnet. Denn wenn nicht, werden wir es mit immer wiederkehrenden Herausforderungen bis hin zur Bedrohung des Weltfriedens zu tun haben.«

War Nine Eleven wirklich eine Chance der Geschichte? Ich will dieser Frage nachgehen. Dabei stehen der 11. September selbst, seine Vorgeschichte und die Neuausrichtung der Politik in den Wochen danach im Zentrum des ersten Abschnitts. Der detaillierte Blick auf die Geschehnisse zeigt, wie tief die Ohnmacht Amerikas und seiner Führung am Tag der Angriffe war. Sie hätten verhindert werden können, wenn die US-Regierung in den Monaten zuvor die Warnungen ernst genommen hätte. Nur aus dieser Gesamtschau werden die Entscheidungsprozesse nachvollziehbar, die zu neuen, zweifelhaften Standards für den Umgang mit den globalen Bedrohungen führten.

Im zweiten Abschnitt geht es um die Bedeutung der Ereignisse für unsere Zeit. Denn die Folgen von Nine Eleven sind zwei regionale Kriege, die bis heute andauern, und ein dritter globaler – gegen den Terrorismus –, der die Welt noch lange in Atem halten wird und der die Menschen rund um den Globus betrifft, weil sie mitten auf dem Schlachtfeld dieses Kampfes leben. Hunderttausende Soldaten und Zivilisten sind diesen Kriegen schon zum Opfer gefallen. Der »War on Terrorism« geriet gleichzeitig zum Angriff auf die Menschen- und Bürgerrechte. Entführung, Folter und Mord wurden im Namen der Freiheit begangen, intern mit juristischen Winkelzügen als Selbstverteidigung gerechtfertigt und mit allen Mitteln vertuscht. Die Verschärfung der Sicherheitsgesetze, der Ausbau des Überwachungsstaates und das Aufblähen des Behördenapparats kennzeichnen die ersten Jahre nach den Attacken. Die Datensammelwut und die Rufe nach mehr Sicherheitsmaßnahmen finden kein Ende und bringen doch nicht mehr Sicherheit. Hier zeigt sich, wie sehr der Alptraum vom 11. September auch Macht über unser Alltagsleben gewinnt, in dem die Angst vor der Bedrohung zum ständigen Begleiter und zum Bremsklotz für die gesellschaftliche und wirtschaftliche Weiterentwicklung wird. Dies ist umso bedenklicher, als Nine Eleven unser Wirtschafts- und Finanzsystem geschwächt und – so meine These – die Krise der Jahre 2008 bis 2010 mit verursacht hat.

Der dritte Abschnitt beschäftigt sich mit den Lügen und Irrtümern rund um den 11. September und räumt mit den gängigen Verschwörungstheorien auf, die dank eines erschreckenden Maßes an Naivität, Ignoranz und Gewissenlosigkeit und den technischen Möglichkeiten, die das Internet bietet, weltweit immer mehr Anhänger finden. Die wilde Entschlossenheit ihrer Verfechter entspringt zum Teil auch der Enttäuschung und Wut darüber, dass die Politik der Gewalt der Terroristen fast ausschließlich mit Gegengewalt begegnete. Tatsächlich wäre eine Reaktion möglich und angemessen gewesen, in der Freiheit, Gerechtigkeit, Demokratie und Sicherheit in Einklang gebracht worden wären. Wie diese hätte aussehen können, möchte ich in dem Kapitel »Die verpasste Chance« skizzieren.

Als Folge der Anschläge ist eine neue Weltordnung entstanden, die sich unter dem Eindruck der begangenen Fehler nun dynamisch weiterentwickelt. Dies ist Gegenstand des vierten Abschnitts. Die Attentäter von Nine Eleven und ihr Anstifter, Osama bin Laden, wollten eine neue Weltordnung erzwingen, als sie die wirtschaftlichen und politischen Zentren der letzten verbliebenen Supermacht angriffen. Ihr Ziel war, einen Kampf der Kulturen zu provozieren, und im Moment sieht es ganz so aus, als hätten sie damit Erfolg. Damit ihre Absicht am Ende doch noch ins Leere läuft, wäre eine multilaterale Offensive für eine gerechtere und demokratischere Welt dringend erforderlich. In dieser Hinsicht bieten die Ereignisse des sogenannten arabischen Frühlings, die von jungen Leuten dominierten Reform- und Revolutionsbewegungen in zahlreichen Ländern Nordafrikas, eine wohl einmalige Chance der Geschichte. Sie bergen freilich auch ein großes Risiko: Sollten sich die Reformer nicht durchsetzen, könnte es zu einer Radikalisierung ungeahnten Ausmaßes kommen.

Immerhin gibt es heute mächtige Politiker, die bereit sind umzusteuern, allen voran US-Präsident Barack Obama. Er will der angstgetriebenen Einschüchterungspolitik der Bush-Ära die positive und kooperative Gestaltungskraft einer Supermacht entgegensetzen, die mit aufstrebenden Staaten wie China, Russland, Indien, Brasilien und anderen Schwellenländern eng zusammenarbeitet. Amerika braucht solche neuen Verbündeten angesichts der Herausforderungen einer globalisierten Welt. Der Kampf um die Ressourcen der Erde – Energie, Wasser und Nahrung – hat sich dramatisch verschärft. An den Brennpunkten der Weltpolitik streben Regierungen nach dem Besitz von Atomwaffen. Terroristen, die sich auf eine pervertierte Version des Islam berufen, suchen nach Massenvernichtungsmitteln für den Endkampf gegen den Westen. Und all das ist Sprengstoff für die multiethnischen Gesellschaften in Europa und den USA. Gleichzeitig wird die Kluft zwischen Arm und Reich immer größer, und mit ihr wächst die Gefahr eines gewalttätigen Extremismus. Vor diesem Hintergrund sind die zunehmende Vernetzung der Staaten und ihre gegenseitige, wirtschaftliche Abhängigkeit der wirksamste Schutz vor der Eskalation von Konflikten. Wir können von Glück sagen, dass die USA unter Barack Obama eine Kursänderung vorgenommen haben, doch wir sollten uns keinen Illusionen hingeben. Seine dialogbereite und gestaltende Politik verbindet er mit der eiskalten Entschlossenheit, auch die militärischen Fähigkeiten der US-Streitkräfte zu nutzen. Mit bewaffneten Drohnen machen Special Forces und CIA gemeinsam weltweit Jagd auf Terroristen. Und in der Nacht zum 2. Mai 2011 ließ er das ausführen, was Bill Clinton zwölf Jahre zuvor versäumt hatte: Ein Spezialkommando erschoss Osama bin Laden in seinem Unterschlupf im pakistanischen Abbottabad. Verdeckte Operationen waren und sind das wichtigste Werkzeug im Kampf gegen den Terrorismus der Al-Qaida, die trotz des Verlusts ihres Anführers nichts an Gefährlichkeit verloren hat.

Auch Deutschland muss sich entscheiden, ob und wie es die neue Weltordnung des 21. Jahrhunderts mitgestalten will. Nach Nine Eleven ließen sich Politik und Gesellschaft von der Angst und dem Aktionismus der US-Regierung anstecken oder gaben sich der naiven und falschen Hoffnung hin, dass Deutschland im globalen Krieg gegen den Terrorismus außerhalb des Schlachtfelds liegt. Dennoch waren wir an den Kriegen und Konflikten beteiligt und haben uns die Hände schmutzig gemacht im Spagat zwischen dem Streben nach Sicherheit und dem Erhalt von Menschen- und Bürgerrechten. Um die wichtigen Fragen kann sich Deutschland jetzt nicht mehr herumdrücken. Es muss seine nationalen Interessen definieren und die Mittel, mit denen es sie durchsetzen will – in der Welt, aber auch im eigenen Land. Denn das eine lässt sich vom anderen nicht trennen. Das verkrampfte Miteinander der Kulturen in unserer Gesellschaft, der wachsende Graben zwischen Muslimen und Nicht-Muslimen und die Zunahme von Fremdenfeindlichkeit und Rassismus, die von vermeintlich Intellektuellen oder dem sogenannten Bildungsbürgertum salonfähig gemacht werden, befördern die Radikalisierung junger Männer, die von Deutschland aus in den globalen Dschihad ziehen.

Zehn Jahre nach Nine Eleven müssen wir uns der Wirklichkeit stellen. Haben wir nicht in vielen Dingen genau das Gegenteil von dem erreicht, was wir uns vorgenommen hatten? Der Irakkrieg hat möglicherweise mehr Todesopfer gefordert als das brutale Regime von Saddam Hussein. Seine Nachfolger in Bagdad setzen in der Auseinandersetzung mit dem politischen Gegner weiter auf Gewalt. Von einer positiven Strahlkraft für die Region, die vom Irak ausgehen sollte, kann keine Rede sein. Die Welt ist nicht sicherer geworden, sondern unsicherer. Die Glaubwürdigkeit des westlichen Wertesystems ist durch Doppelmoral, Folter und Krieg zutiefst erschüttert; das einstige Vorbild Amerika verhasster denn je. Menschen- und Bürgerrechte werden mit Füßen getreten, die Freiheit zugunsten der Überwachung weiter eingeschränkt. Internationale Einrichtungen wie die UN und die NATO sind beschädigt, internationale Konventionen ausgehöhlt.

Afghanistan ist immer noch eines der ärmsten Länder der Erde mit einer instabilen und korrupten Regierung. Im Land tobt ein Krieg, den wir viel zu spät als solchen begriffen haben und den wir nun beenden wollen. Dafür lassen wir ausgerechnet jene wieder an die Macht, aus deren menschenverachtenden Praktiken wir die afghanischen Frauen und Kinder befreien wollten. Pakistan unterstützt eifrig den Terror in seinen Nachbarländern. Al-Qaida ist zur Weltanschauung geworden, die immer mehr Anhänger findet, und es spielt überhaupt keine Rolle, dass Osama bin Laden nun tot ist. Für all das haben wir mehrere Billionen Euro ausgegeben und mit einer globalen Finanz- und Wirtschaftskrise bezahlt. Was kann Deutschland, was kann Europa, was kann der Rest der Welt zu einer Politik beitragen, deren Ergebnisse weniger desaströs ausfallen und unsere guten Absichten nicht so offenkundig konterkarieren? Solange dies nicht gelingt, drängt sich eine andere, provokante und politisch inkorrekte Frage auf: Was ist die größere Bedrohung für unsere Welt und unser Wertesystem – Al-Qaida oder unsere Reaktion auf ihre Verbrechen?

Diese Frage beschäftigt mich seit vielen Jahren aus zwei Gründen. Im Mai 2001 habe ich einen Beitrag für *Frontal21*, das investigative Magazin des ZDF gemacht, für den ich die Spur der Al-Qaida in Deutschland untersucht hatte. Dabei ahnte ich nicht, wie nahe wir damals schon den Hintergründen zu Nine Eleven gekommen waren, denn wir berichteten auch über den Mann, der knapp zwei Jahre zuvor die Hamburger Terrorzelle für die Trainingslager Osama bin Ladens in Afghanistan begeistert hatte. Das erkannten wir natürlich erst bei den Recherchen nach dem 11. September 2001. In den Wochen nach den Anschlägen in den USA verfügte ich über die notwendigen Bilder, Informationen und Zugänge zu den Sicherheitsbehörden und fand mich deshalb plötzlich mit schöner Regelmäßigkeit als »Terrorismusexperte« im Studio wieder, der die Zusammenhänge erläutern sollte. Und von eben diesen Zusammenhängen fanden sich immer mehr. Selbst meine alten Magazinberichte für die Sendung *Bonn direkt* über Razzien in Deutschland bei den Unterstützern der sogenannten Metrobombenanschläge in Paris 1994 hingen mit Al-Qaida zusammen.

In dieser Zeit – um die Jahreswende 2001/2002 – meldete sich ein Informant bei mir, dessen Erzählungen der zweite Grund für meine Faszination am Thema sind. José B., so nannte er sich, war schon Mitte der 90er Jahre vom französischen Geheimdienst DGSE (Direction générale de la sécurité extérieure) in die Trainingslager der Al-Qaida am Hindukusch geschickt worden. Dort, so sagte der Algerier mir, habe er zwei wesentliche Grundzüge des globalen Dschihadismus verstanden: Es geht nie um den Kampf gegen westliche Werte, sondern ausschließlich um den Kampf gegen die Taten des Westens und die Taten der angeblich korrupten Regime in islamischen Ländern. Und zweitens: »Für die Terroristen spielt Zeit keine Rolle, nur das Ziel. Sie bereiten sich in Ruhe vor. Und wenn du draufgehst oder verhaftet wirst, dann macht es halt der nächste.« Diese Erkenntnisse und viele Details seiner Erlebnisse hatte José B. dem französischen, später auch dem britischen und dem deutschen Geheimdienst erzählt, lange bevor er sie mir weitergab. Die Ermittler – und auch die Politiker in Europa und den USA – wussten seit Jahren unendlich viel über diese heraufziehende

Bedrohung, aber sie handelten nicht danach, weil ihnen die Zusammmenhänge nicht klar waren.

Dieses Buch soll die Zusammenhänge offenlegen. Es basiert auf umfangreichen Recherchen und intensiven Gesprächen mit führenden Politikern, hochrangigen Militärs, einflussreichen Wirtschaftsmanagern und Entscheidungsträgern von Sicherheitsbehörden und Geheimdiensten, unter ihnen Angela Merkel, Donald Rumsfeld, John Ashcroft, Condoleezza Rice, Gerhard Schröder, Otto Schily, Pervez Musharraf und der ehemalige NSA/CIA-Chef Michael Hayden. Bei zahlreichen Sachverhalten müssen die Namen der Informanten ungenannt bleiben, weil sie um den Schutz ihrer Identität gebeten haben. Vieles von dem, was in diesem Buch steht, stammt aber auch aus Artikeln und Büchern, die jedermann zugänglich sind. Dabei habe ich einen Großteil dieser Informationen mit Hilfe der oben genannten Quellen verifizieren können. An manchen Stellen bleibt ein Rest von Unsicherheit: Zwar passten die Informationen zu den übrigen Rechercheergebnissen, sie konnten aber nicht unabhängig bestätigt werden. Das betrifft insbesondere Informationen aus nachrichtendienstlichen Kreisen, die sich ihrerseits wiederum auf Gewährsmänner beziehen, die entweder nicht namentlich genannt sind oder deren Zuverlässigkeit sich nicht unabhängig bestätigen ließ.

Natürlich sind manche Angaben, auf die ich mich stütze, auch das Produkt einer interessengesteuerten Öffentlichkeitsarbeit. Gerade offizielle Quellen lassen das Wirken der Entscheidungsträger in möglichst günstigem Licht erscheinen. Fehler haben hier in der Regel nur die »anderen« gemacht. Es ist verständlich, dass niemand eine Mitschuld für die rund 3000 Todesopfer am 11. September und die vielen Toten in den Jahren danach tragen will. Und die, die jetzt in der Verantwortung stehen und die neue Weltordnung mitgestalten, müssen erst noch beweisen, das sie gelernt haben aus Nine Eleven, dem Tag, der die Welt veränderte.

WAS WIRKLICH GESCHAH

Eine Chronologie von Nine Eleven

Als George W. Bush um 6 Uhr morgens in Sarasota, Florida, erwacht, ist das Unheil bereits auf dem Weg.[3] 17 Minuten vorher geben Mohammed Atta und Abdul Aziz al-Omari am Check-in-Schalter von US Airways in Portland, Maine, ihr Gepäck für den Zubringerflug nach Boston auf. Atta ist wütend, denn er bekommt nicht den gewünschten Bordpass für den Weiterflug nach Los Angeles. Das bedeutet einen weiteren Check-in und damit ein zusätzliches Risiko, dass er entdeckt wird, bevor sein großer Plan zur Ausführung kommt. Der Anführer der Terroristen vom 11. September hakt mit ärgerlicher Stimme nach: »Man hat mir versichert, dass wir nur einmal einchecken müssen.« Der US-Airways-Mitarbeiter lässt sich nicht beeindrucken. Atta setzt noch einmal an, aber belässt es dann doch dabei. Vielleicht erinnert er sich in diesem Moment an das *Handbuch für Gotteskrieger*, eine Art Anleitung für den Heiligen Krieg, die schon seit Jahren in islamistischen Kreisen zirkuliert. Dort heißt es: »Die Brüder, die sich auf einer Sondermission befinden, sollten sich nicht in religiöse oder alltägliche Diskussionen, wie zum Beispiel über gut und böse oder die Sitzplatzreservierung, verwickeln lassen.«[4] Nur keine Aufmerksamkeit erregen, deshalb beginnen die 19 Terroristen an diesem Tag ihre todbringende Reise an kleinen Flughäfen, denn dort – so das Handbuch – »sind die Sicherheitsmaßnahmen viel lascher als an den internationalen Airports«.

So versagen an diesem Morgen auch die letzten Barrieren in einem Sicherheitssystem, das sich Amerika viele Milliarden Dollar jährlich kosten lässt. Es soll verhindern, dass gefährliche Passagiere an Bord eines Flugzeugs gelangen. Aber wie lassen sich gut getarnte, zu allem entschlossene Terroristen entdecken, insbesondere wenn sie keine herkömmlichen Waffen mit sich führen? Die wichtigste Waffe der Attentäter sind sie selbst, und keiner von ihnen steht auf der Flugverbotsliste, die den Fluggesellschaften vorliegt. Auf dieser Liste sind am 11. September 2001 nur zwölf Namen verzeichnet. Hätten die Airlines Zugang zur sogenannten TIPOFF-Liste, in der das amerikanische Außenministerium rund 60 000 Terrorverdächtige aufführt, würden zwei der Terroristen – Khalid al-Midhar und Nawaf al-Hazmi – in diesen Minuten am Flughafen doch noch auffallen, denn nach ihnen sucht im Spätsommer 2001 das FBI mit Hochdruck. Doch so gelingt auch ihnen der Check-in am Dulles International Airport in Washington nach ihrem Zubringerflug aus Paterson, New Jersey, problemlos – jedenfalls beinahe.

Al-Midhar und al-Hazmi werden mit den drei übrigen Mitgliedern ihrer Zelle für eine zusätzliche Sicherheitsmaßnahme ausgewählt, das sogenannte CAPPS-Verfahren.[5] Es sieht vor, dass die Betroffenen und ihr Handgepäck noch einmal intensiv durchsucht werden und ihre Koffer erst verladen werden dürfen, wenn sie selbst in der Maschine sitzen. CAPPS geht von der Annahme aus, dass ein Terrorist nicht selbst an Bord des Flugzeugs sein will, das er in die Luft sprengt. Drei der Terroristen am Dulles Airport werden vom Computer zufällig ausgewählt, die zwei anderen erscheinen dem Airline-Mitarbeiter verdächtig, weil sie offenbar kein Englisch verstehen und einer keinen Lichtbildausweis dabei hat, um sich zu identifizieren. Dennoch wird nur das aufgegebene Gepäck der Terroristen bis zum Boarding zurückgehalten. Eine zusätzliche Durchsuchung findet vorschriftswidrig nicht statt, eine Schlamperei, die aber an vielen Flughäfen in den USA in dieser Zeit gang und gäbe ist.

Die fünf gehen durch eine normale Sicherheitsschleuse mit Röntgengerät und Metalldetektor. Letzterer schlägt bei dreien von ihnen an. Sie müssen durch weitere Kontrollen, unter anderem mit einem Hand-Detektor. Aber das Sicherheitspersonal, das wird die Auswertung der Überwachungskameras später zeigen, arbeitet nachlässig. Die Kontrolleure finden nicht heraus, was den Warnton verursacht hat. Die Tasche von Nawaf al-Hazmi, dem gesuchten Terrorverdächtigen, wird noch auf Sprengstoffspuren getestet – ohne Ergebnis. Auf die gleiche Weise gelangen alle 19 Terroristen an Bord ihrer Todesflüge. Obwohl fast alle von ihnen das CAPPS-System auslösen, versagt auch diese Sicherheitsschicht. Vielleicht hätte die intensive Durchsuchung des Handgepäcks die Teppichmesser zutage gefördert, mit denen die Terroristen später einige Besatzungsmitglieder ermorden werden. Die Metalldetektoren und Röntgengeräte können die kleinen und vermutlich gut versteckten Klingen nicht entdecken.

Es ist kurz vor 8 Uhr an diesem 11. September 2001. Die Terrorzellen sind verteilt, die Flugzeuge startbereit, die Operation beginnt. Um 7.59 Uhr hebt American Airlines Flug 11 nach Los Angeles von der Startbahn des Flughafens Boston ab. In der First und Business Class sitzen Mohammed Atta, Abdul Aziz al-Omari, Satam al-Suqami sowie die Brüder Wail und Waleed al-Shehri. Wenige Minuten danach folgt United Airlines Flug 175, ebenfalls von Boston nach Los Angeles mit Marwan al-Shehhi, den Brüdern Ahmed und Hamza al-Ghamdi, Mohand al-Shehri und Fayez Banihammad in der vorderen Kabine. An Bord von American Airlines Flug 77 von Washington nach Los Angeles warten derweil Khalid al-Midhar, die Brüder Nawaf und Salem al-Hazmi, Majed Moqed und Hani Hanjour auf den Start ihrer Maschine. Als Letztes wird auch United Airlines Flug 93 von Newark nach San Francisco abheben. In First und Business Class sitzen Ziad Jarrah, Saeed al-Ghamdi, Ahmed al-Haznawi und Ahmed al-Nami.

Dass die Terroristen so weit kommen konnten, ist in erster Linie einer Mischung aus Ignoranz, Arroganz, Inkompetenz und fehlender Kommunikation amerikanischer Sicherheitsbehörden und der für sie verantwortlichen Politiker zu verdanken. Doch dazu später mehr. In diesen Minuten spielt das keine Rolle, denn zwischen den Attentätern und ihrem Ziel stehen zu diesem Zeitpunkt bestenfalls noch der Mut und die Entschlossenheit von aufmerksamen Besatzungsmitgliedern und Passagieren, die sich Mohammed Atta und seinen Gefährten in den Weg stellen könnten. An Bord der Maschinen gibt es keine bewaffneten Begleiter, sogenannte Air-Marshals, wie sie bei der israelischen Fluggesellschaft El-Al Standard sind. Die Türen zu den Cockpits lassen sich problemlos öffnen, denn jedes Besatzungsmitglied trägt einen Schlüssel mit sich herum. Und so geschieht das, was nur wenige vorher für möglich gehalten hätten: Vier Flugzeuge, gefüllt mit Zehntausenden von Litern Treibstoff, werden zu tödlichen Waffen in den Händen von Terroristen.

Um 8.14 Uhr bestätigt die Cockpit-Crew von American Airlines Flug 11 eine Navigationsmeldung der zuständigen Luftkontrolle Boston Center. Die Maschine mit 81 Passagieren und 11 Besatzungsmitgliedern an Bord erreicht ihre Reiseflughöhe, die Anschnallzeichen erlöschen. Wenige Sekunden später bleibt ein weiterer Funkspruch von Boston Center unbeantwortet. Die Boeing 767 befindet sich offenbar nicht mehr unter Kontrolle von Flugkapitän John Ogonowski. In der Zwischenzeit haben die Terroristen zwei Flugbegleiterinnen mit Messern angegriffen. Sie schneiden einem israelischen Passagier, dem ehemaligen Armeeoffizier Daniel Lewin, der den Stewardessen möglicherweise zu Hilfe eilen will, die Kehle durch. Mohammed Atta und Abdul Aziz al-Omari übernehmen das Cockpit. Ihre Kumpane treiben Passagiere und Besatzung mit Pfefferspray in den hinteren Teil der Business Class Kabine und drohen mit einer Bombe. So beschreibt die Flugbegleiterin Betty Ong knapp fünf Minuten später die dramatischen Ereignisse an Bord. Ong hat mit dem Bordtelefon die Nummer des Reservierungsbüros von American Airlines in South Carolina gewählt. »Das Cockpit reagiert nicht«, sagt Ong, »in der Business Class wurde jemand erstochen. Und ich glaube, da ist Gas, wir können nicht atmen. Ich weiß nicht, aber ich glaube, wir werden entführt.« Das Reservierungsbüro informiert das Management von American Airlines. Die Flugaufsicht erfährt davon zunächst nichts.

Erst um 8.24 Uhr fängt Boston Center einen Funkspruch der Terroristen auf, die offenbar denken, sie würden eine Durchsage über das bordeigene Lautsprechersystem machen. Der zuständige Fluglotse, Pete Zalewski, traut seinen Ohren kaum: »Wir haben einige Flugzeuge. Verhalten Sie sich ruhig und alles ist in Ordnung. Wir kehren zum Flughafen zurück.« Und weiter: »Keine Bewegung. Alles wird gut. Wenn Sie sich bewegen, bringen Sie sich und das Flugzeug in Gefahr. Bleiben Sie ruhig.« Es ist vermutlich die Stimme von Mohammed Atta, der die Maschine fliegt. Zalewski springt auf und ruft so laut nach seinem Vorgesetzten, dass alle Kollegen um ihn herum zusammenzucken.

Die Passagiere in der Economy Class, in der Attas Warnung nicht zu hören ist, sind derweil im Glauben, es handele sich um einen medizinischen Notfall im vorderen Teil des Flugzeugs. So schildert es Betty Ong am Telefon dem Reservierungsbüro in South Carolina. Sie und ihre Kollegin Amy Sweeney, die mit einem American-Airlines-Büro in Boston telefoniert, geben die Sitznummern und Namen der Entführer durch. Fast kontinuierlich berichten sie, was an Bord gerade vor sich geht. Um 8.25 Uhr meldet die Flugkontrolle den Entführungsfall an die FAA, die nationale Flugaufsichtsbehörde der USA in Washington. Um 8.27 Uhr verlässt das Flugzeug seine vorgegebene Route und dreht nach Süden ab. Die FAA bemüht sich, den Flugverkehr auf dem Weg des entführten Flugzeugs nach New York in andere Zonen umzuleiten.

Um 8.34 Uhr versucht die Leitstelle in Boston erstmals, mit der amerikanischen Luftwaffe Kontakt aufzunehmen. Eigentlich muss sie dafür eine Kommandokette innerhalb der eigenen Hierarchie bis zum Entführungsbeauftragten der FAA einhalten. Dieser würde dann im Lagezentrum des US-Verteidigungsministeriums um Amtshilfe bitten. Das Pentagon wiederum müsste über eine weitere Befehlskette einen Luftwaffenstützpunkt anweisen, Kampfflugzeuge zur Sicherung des Luftraums einzusetzen. All diese Vorschriften werden an diesem Morgen missachtet. Um 8.38 Uhr erreicht Boston Center einen Offizier der zuständigen Nordost-Luftraumverteidigung im Bundesstaat New York (NEADS) und verlangt militärische Unterstützung. »Passiert das wirklich oder ist es nur eine Übung?«, fragt der Soldat. »Nein, keine Übung, kein Test«, so die Antwort. Um 8.41 Uhr befiehlt der Einsatz-Kommandeur von NEADS den Start mehrerer Kampfflugzeuge von der Otis-Luftwaffenbasis in Massachusetts. Aber es ist bereits zu spät.

Gegen 8.45 Uhr – die Abfangjäger sind noch nicht gestartet – meldet Amy Sweeney in ihrem Telefongespräch mit American Airlines, dass die Boeing 767 in steilen Sinkflug übergeht. Ihre Stimme wird panisch: »Wir fliegen tief. Wir fliegen sehr, sehr tief. Wir fliegen viel zu tief. Oh mein Gott, wir sind viel zu tief.« Der Kontakt bricht ab. Um 8 Uhr 46 Minuten und 40 Sekunden rast die Passagiermaschine in den nördlichen Turm des World Trade Centers. Die Explosion ist so stark, dass sich der Feuerball durch einen der Aufzugsschächte bis in die unteren Geschosse, die Straßenebene und ein Untergeschoss ausbreitet.

»Sie sehen gerade ein offensichtlich sehr verstörendes Live-Bild. Dies ist das World Trade Center, und wir haben unbestätigte Berichte heute Morgen, dass ein Flugzeug in einen der Türme des World Trade Centers gestürzt ist.« Mit diesen Worten unterbricht der amerikanische Fernsehsender CNN die Werbung in seinem Programm. Dicker Qualm steigt aus der Einschlagstelle zwischen dem 93. und 99. Stockwerk des Nordturms auf. Es ist 8.49 Uhr. Die Welt schaut live zu beim Terrorangriff auf die Vereinigten Staaten von Amerika. Es ist eine Inszenierung, der unzählige Menschen am Bildschirm beiwohnen – mit Grauen die einen, mit Bewunderung all jene, die sich den Motiven der Attentäter verbunden fühlen. Jeder, der die Ereignisse verfolgt, fühlt entweder das eine oder das andere.

Das scheinbar Undenkbare wird Wirklichkeit und vermittelt den Amerikanern ein bis dahin nahezu unbekanntes Gefühl der totalen Hilflosigkeit. Aus Sicht der Terroristen ist genau dies der erwünschte Effekt: Amerika soll spüren, wie es ist, ohnmächtig zum Opfer zu werden, so wie es in ihrer Wahrnehmung den Muslimen in Tschetschenien, Palästina, Bosnien, Kosovo, Irak und anderswo ergeht. Dieses zweite Pearl Harbor soll – anders als das Original – live im Fernsehen übertragen werden. Und es gelingt mit dem zweiten Einschlag. Es ist dieser Moment, der sich in das Gedächtnis der Menschheit einbrennt. Die entscheidende Erinnerung, durch die sich Nine Eleven definiert als Tag, der die Welt veränderte: Um 9 Uhr 3 Minuten und 11 Sekunden trifft United Airlines Flug 175 den Südturm des World Trade Centers.

Knapp zwanzig Minuten zuvor, gegen 8.44 Uhr, hatten die fünf Terroristen um Marwan al-Shehhi das Cockpit der Boeing 767 übernommen. Ihr Vorgehen gleicht dem der Zelle an Bord von American Airlines Flug 11. Sie töten die Piloten und weitere Besatzungsmitglieder, setzen Pfefferspray ein, drohen mit einer Bombe. Um 8.51 Uhr weicht die Maschine von ihrer zugewiesenen Flughöhe ab, die Flugaufsicht in New York bemüht sich vergeblich um Kontakt zum Cockpit. Ein Steward meldet sich bei seiner Fluggesellschaft. Mehrere Passagiere alarmieren Verwandte per Bord- oder Funktelefon. Sie schildern die Lage, während das Flugzeug Kurs auf New York nimmt.

Um 8.52 Uhr steigen die zwei angeforderten Kampfjets der US-Luftwaffe von der Otis Air Force Basis auf. In den Folgeminuten diskutieren Offiziere der Nordost-Luftverteidigung NEADS miteinander, wohin sie die Abfangjäger fliegen lassen sollen. Sie erfahren, dass die erste Passagiermaschine bereits in das World Trade Center gerast ist und dass wohl noch ein weiteres Flugzeug, United 175, entführt wurde. Die Kampfpiloten bekommen den Auftrag, vor der US-Küste über dem Atlantik zu kreisen. Aber selbst wenn sie direkt von ihrer Basis aus nach New York fliegen würden, könnten sie das, was nun folgt, nicht mehr verhindern.

Um 8.57 Uhr ordnet die Feuerwehr von New York eine geordnete Evakuierung beider Türme des World Trade Centers an. Um 9 Uhr sagt Peter Hanson, Passagier an Bord von United Airlines Flug 175, seinem Vater Lee am Telefon in Easton, Connecticut: »Es wird ganz schlimm hier. Passagiere übergeben sich. Das Flugzeug ruckt hin und her. Ich glaube nicht, dass der Pilot es steuert. Ich glaube, wir stürzen ab. Ich glaube, sie wollen uns in Chicago oder anderswo in ein Gebäude hineinfliegen. Mach dir keine Sorgen, Dad. Wenn es passiert, wird es schnell gehen. Mein Gott, mein Gott.« Drei Minuten später sterben die 56 Passagiere, neun Besatzungsmitglieder und zahlreiche weitere Menschen in den Stockwerken 77 bis 85 des Südturms des World Trade Centers.

Das ist der Zeitpunkt, an dem die amerikanische Regierung den Ernst der Lage erkennt, und zwar ebenfalls live im US-Fernsehen. George W. Bush sitzt mitten in einem netten Bildtermin, den ihm seine Berater organisiert haben – eine Vorlesestunde für Schüler einer Grundschule in Sarasota, Florida. Der amerikanische Präsident war zuvor von seiner Sicherheitsberaterin Condoleezza Rice über den Einschlag des ersten Flugzeugs telefonisch informiert worden. Beide gingen aber davon aus, dass es sich um eine zweimotorige Sportmaschine und damit wohl um einen tragischen Unfall gehandelt hatte. Um 9.05 Uhr – in der Vorlesestunde – beugt sich vor laufenden Kameras der Büroleiter des Weißen Hauses, Andrew Card, zu George W. Bush und flüstert ihm ins Ohr: »Ein zweites Flugzeug hat das World Trade Center getroffen. Amerika wird angegriffen.« Bush schaut verwirrt und senkt leicht den Kopf. Minutenlang bleibt er sitzen. In diesen Momenten, so wird er später sagen, habe er sich entschlossen, in den Krieg zu ziehen.

Aber gegen wen? Über ein abhörsicheres Telefon versucht der Präsident in einem Hinterzimmer der Schule, Näheres von Dick Cheney zu erfahren. Der amerikanische Vizepräsident weiß auch nicht mehr als das, was bei CNN im Fernsehen zu sehen und zu hören ist. In aller Eile kritzelt George W. Bush eine erste Reaktion auf einen Zettel, mit dem er um 9.29 Uhr vor die Kameras tritt. Er muss dem Eindruck entgegenwirken, dass ihm die Kontrolle entgleitet: »Wir erleben heute eine nationale Tragödie. Zwei Flugzeuge sind in das World Trade Center gestürzt. Offenbar ein Terrorangriff auf unser Land. Ich habe mit dem Vizepräsidenten gesprochen, dem Gouverneur von New York, dem FBI-Chef, und ich habe angeordnet, alle Ressourcen der Bundesregierung zu nutzen, um den Opfern und ihren Familien zu helfen und um eine komplette Untersuchung einzuleiten, um die zu jagen, die dafür verantwortlich sind. Terrorismus gegen unsere Nation wird keinen Erfolg haben.« Die Stimme des Präsidenten zittert. Aber nicht an seinen Worten wird er nach diesem ungeheuren Angriff gemessen werden, sondern an seinen Taten.

Es gehört zu den verstörenden Erkenntnissen über Nine Eleven, dass George W. Bush und seine Regierung vom unmittelbaren Einfluss ihrer Entscheidungen auf die weiteren Ereignisse an diesem Tag überzeugt sind, obwohl das tatsächliche Regierungshandeln kaum eine Rolle spielt. Die eigentlichen Akteure sind neben den Terroristen und ihren Opfern vor allem die Einsatzleiter von Feuerwehr und Polizei, regionale Befehlshaber der US-Luftwaffe und die Verantwortlichen bei der amerikanischen Flugsicherung. In den meisten Fällen handeln sie auf eigene Faust, ohne den Dienstweg oder die Befehlskette einzuhalten. Nach Einschätzung der sogenannten 9/11-Commission, die die Vorgänge rund um den 11. September später detailliert untersucht, ist dies weder ein Vorteil noch ein Nachteil. Es zeigt nur, dass die Handlungsroutinen, die für Flugzeugentführungen entwickelt wurden, ins Leere laufen, wenn die Flugzeuge als Waffen gebraucht werden.

Im Finanzdistrikt von New York herrscht Chaos. Zehntausende von Menschen fliehen aus dem World Trade Center, Hunderte sind in den Stockwerken oberhalb der Einschlagstellen gefangen. Sie haben sich in kleinen und großen Gruppen gesammelt, warten auf Hilfe. Um kurz nach 9 Uhr sind bereits mehr als 235 Feuerwehrmänner aus Manhattan und den angrenzenden Stadtbezirken im Einsatz. Sofort ist klar, dass jede Brandbekämpfung sinnlos wäre, es geht ausschließlich um die Rettung von Menschenleben. Die Helfer kämpfen sich gegen den Strom der Flüchtenden durch die verrauchten Treppenhäuser der beiden Wolkenkratzer, um die Eingeschlossenen zu befreien. Die Verwirrung ist groß, weil die Hausverwaltung die Beschäftigten im Südturm nach dem Einschlag des ersten Flugzeugs in den Nordturm zunächst aufgefordert hat, in ihren Büros auf Hilfe zu warten. Für einige ist es das Todesurteil, viele sterben bei der zweiten Explosion, stecken in den obersten Stockwerken in der Falle oder haben nicht genügend Zeit für den Abstieg. Noch ahnt keiner, dass die Stahlträger der beiden Türme weich werden und einzuknicken drohen.

Zu diesem Zeitpunkt hat die Polizei bereits fast 1000 Beamte an den Anschlagsort beordert. Sie sperren das Gebiet ab, helfen Verletzten, evakuieren die U-Bahn-Stationen. In den Straßenschluchten stehen Dutzende von Kamerateams, die das Entsetzen live in alle Welt übertragen. Die Hubschrauber der Fernsehsender zeigen nicht nur die dicken Qualmwolken über der Ostküstenmetropole, sondern auch Menschen, die an den Fenstern der obersten Stockwerke mit weißen Hemden auf sich aufmerksam machen oder versuchen, dem sicheren Erstickungstod zu entgehen. Einige von ihnen – auch das zeigen die Kameras – stürzen sich verzweifelt in die Tiefe.

Unmittelbar nach dem zweiten Einschlag gegen 9.05 Uhr verbietet die FAA, die nationale Flugkontrolle, bis auf weiteres alle Starts, Landungen und Überflüge in den Lufträumen um Boston und New York. Die US-Luftwaffe beordert ihre zwei Kampfjets jetzt direkt nach Manhattan, um weitere Attacken vielleicht noch zu verhindern. Auch auf der Langley Air Force Base in Hampton, Virginia, werden drei F-16-Maschinen in Alarmbereitschaft versetzt. Sie stehen mit ihren Piloten an Bord auf der Startbahn und erwarten den Einsatzbefehl. Um 9.15 Uhr bittet Boston Center die nationale Flugaufsichtsbehörde, alle Flugzeugbesatzungen über den USA zu informieren, dass mehrere Maschinen entführt wurden, und zu empfehlen, die Sicherheitsmaßnahmen für die Cockpits zu verschärfen. Die FAA kommt der Bitte nicht nach. Sie hat auch noch nicht erfahren, dass ihr Regionalcenter in Indianapolis ein weiteres Flugzeug vermisst. Die zweite Phase des Terrorangriffs ist längst angelaufen. Ihr Ziel ist die amerikanische Hauptstadt Washington.

Bereits um 8.54 Uhr, eine gute halbe Stunde nach dem Start vom Washington Dulles Airport, verlässt American Airlines Flug 77 die vorgegebene Route nach Los Angeles und dreht nach Süden ab. Mit Teppichmessern in den Händen haben die Terroristen um Khalid al-Midhar und Nawaf al-Hazmi das Kommando übernommen, diesmal ohne Blutvergießen. Die Flugaufsicht in Indianapolis versucht vergeblich, das Cockpit zu erreichen. Um 9 Uhr erfährt der Vizepräsident von American Airlines, Gerard Arpey, dass der Kontakt zu Flug 77 abgebrochen ist. Er verhängt ein Startverbot für alle Jets seiner Fluggesellschaft. An Bord der entführten Maschine sind neben den Entführern noch die sechsköpfige Besatzung und 53 Passagiere. Unter ihnen ist Barbara Olson, die Frau eines hochrangigen Mitglieds der US-Regierung. Gegen 9.20 Uhr erreicht sie ihren Mann per Telefon, schildert die Vorgänge, der Anruf bricht ab. In einem zweiten Gespräch kurz danach erfährt sie von ihm, dass zwei andere Flugzeuge in das World Trade Center gerast sind. Barbara Olson bleibt ruhig, dann reißt die Verbindung wieder ab. Etwa zu diesem Zeitpunkt realisiert die nationale Flugaufsicht FAA, dass American Flug 77 ebenfalls von Terroristen entführt sein könnte. Sie gibt ihre Befürchtung nicht an das Militär weiter. Dennoch diskutieren Offiziere der Luftraumverteidigung erstmals, mit welchen Waffen ein gekidnapptes Passagierflugzeug abgeschossen werden sollte, wenn dies notwendig würde.

Um 9.21 Uhr kommt es zu einer verwirrenden Fehlinformation. Boston Center meldet an NEADS, dass sich der entführte American Airlines Flug 11 (nicht Flug 77) doch noch in der Luft befinde – auf dem Weg nach Washington. Eine Verwechslung, die bei NEADS für helle Aufregung sorgt. Um 9.24 Uhr ergeht der Befehl an die drei Kampfflugzeuge in Langley, sofort in Richtung der US-Hauptstadt zu starten – ohne Wissen des Pentagons und der nationalen Flugaufsicht. Um 9.25 Uhr erlässt das Kommandozentrum der FAA ein landesweites Startverbot für alle Flugzeuge. Um 9.30 Uhr besprechen führende Offiziere in der Nationalen Kommandozentrale des US-Militärs im Pentagon das weitere Vorgehen. Um 9.32 Uhr entdecken die Fluglotsen am Washingtoner Dulles Airport ein Objekt auf ihrem Radarschirm, das mit hoher Geschwindigkeit Richtung Osten fliegt. Um 9.34 Uhr vollführt Hani Hanjour, der Todespilot von American Airlines Flug 77, eine fast komplette Kehrtwende, nimmt Kurs auf das US-Verteidigungsministerium und gibt volle Kraft auf die Triebwerke. Das waghalsige Manöver wird vom Piloten einer unbewaffneten Frachtmaschine der Nationalgarde beobachtet und an den Tower des Ronald Reagan Flughafens in der Nähe des Pentagons gemeldet. Die Fluglotsen informieren den Secret Service, der für den Schutz des Weißen Hauses zuständig ist, über die drohende Gefahr. Bei der sofortigen Evakuierung wird US-Vizepräsident Dick Cheney um 9.36 Uhr in den Bunker des Weißen Hauses gebracht. Fernsehbilder zeigen Regierungsangestellte, die das Zentrum der amerikanischen Macht fluchtartig verlassen. Gleichzeitig erhalten die drei Kampfjets aus Langley den Befehl, das Passagierflugzeug aufzuhalten. Aber die F-16 sind noch 150 Kilometer von Washington entfernt. Mit einer Geschwindigkeit von mehr als 850 Stundenkilometern trifft American Airlines Flug 77 die Südwestseite des Pentagons. Es ist 9 Uhr 37 Minuten und 46 Sekunden. Alle Insassen des Flugzeugs und 125 Mitarbeiter des US-Militärs sterben, 106 weitere werden verletzt. Das Symbol der militärischen Überlegenheit der Vereinigten Staaten von Amerika steht in Flammen – live übertragen rund um den Erdball.

Die US-Regierung befindet sich in diesem Moment auf der Flucht. In Florida rast der Konvoi mit dem amerikanischen Präsidenten zum Flughafen. Von der Andrews Air Force Basis in der Nähe von Washington startet um 9.43 Uhr ein Transportflugzeug mit Amerikas fliegender Kommandoleitstelle, von der aus im Falle eines Atomkriegs der Gegenschlag gesteuert werden kann. Verteidigungsminister Rumsfeld hilft bei den Rettungsmaßnahmen im Pentagon. Der Befehlsstand der US-Streitkräfte, das Weiße Haus, die FAA und andere Bundesbehörden versuchen gleichzeitig und damit teils vergeblich, hochrangige Entscheidungsträger anderer Bereiche in Telefonkonferenzen zusammenzubringen. Vizepräsident Dick Cheney hat im unterirdischen Tunnel auf dem Weg in den Bunker des Weißen Hauses einen Zwischenstopp eingelegt. Über ein Nottelefon spricht er mit Präsident Bush, der gerade an Bord der Air Force One gegangen ist. Cheney drängt den Präsidenten, nicht nach Washington zurückzukehren, die Lage sei zu unsicher. Bush bemerkt: »Hört sich an, als hätten wir es mit einem kleinen Krieg zu tun. Ich habe vom Pentagon gehört. Wir sind im Krieg. Und irgendjemand wird dafür bezahlen.«

Aber noch kann Amerika nur reagieren. Der Tagesmanager der nationalen Flugleitstelle der FAA, Ben Sliney, lässt allen Flugzeugen über den USA die sofortige Landung auf dem nächstgelegenen Flughafen anweisen. Anders als später von Condoleezza Rice und anderen Regierungsmitgliedern verbreitet, ist es nicht US-Verkehrsminister Normen Mineta, der diesen Befehl gibt, sondern der Angestellte einer Bundesbehörde. Dennoch folgen mehr als 4500 Flugzeuge seiner Anweisung. Sliney steht unter massivem Stress. Erst wenige Minuten zuvor hat die FAA-Kommandozentrale die Meldung bekommen, ein viertes Flugzeug sei entführt worden.

Der Zeitplan der Terroristen ist – so weiß man heute – an dieser Stelle durcheinandergeraten. Eigentlich sollte United Airlines Flug 93 um 8 Uhr am Newark International Airport in Richtung San Francisco starten. Wegen des hohen Verkehrsaufkommens hebt die Maschine mit 37 Passagieren und sieben Besatzungsmitgliedern mit 42-minütiger Verspätung ab, also kurz bevor American Airlines Flug 11 in das World Trade Center rast. Die Terroristen um den Deutsch-Libanesen Ziad Jarrah sind offenbar unentschlossen. Sie wissen nicht, ob die Piloten ihres Flugzeugs schon von den anderen Entführungen wissen und gewarnt sind. Außerdem sind sie nur zu viert. Der vorgesehene fünfte Mann, Mohammed al-Khatani, war Anfang August bei der Einreise in die USA an den Sicherheitsbehörden gescheitert und nach Dubai zurückgeschickt worden. Erst um 9.27 Uhr, lange nach dem Erlöschen der Anschnallzeichen, gibt Jarrah den Befehl zum Losschlagen. Was er nicht weiß, die Piloten sind da tatsächlich schon gewarnt, denn um 9.23 Uhr erhalten sie eine alarmierende Textnachricht von ihrer Fluggesellschaft United Airlines: »Vorsicht vor Eindringen ins Cockpit! Zwei Flugzeuge in New York haben das World Trade Center getroffen.« Um 9.26 Uhr antwortet Kapitän Jason Dahl: »Bestätige bitte letzte Nachricht!«. Um 9.28 Uhr empfängt die Flugsicherung in Cleveland über Funk Kampfgeräusche aus dem Cockpit und die Worte: »Mayday, mayday. Hey, verschwindet hier!« Kurz darauf sackt das Flugzeug um mehr als 300 Meter ab. Mehrfach versucht der Fluglotse, die Piloten von United 93 zu erreichen –

vergeblich. Erst um 9.32 Uhr hört er eine ausländisch klingende Stimme: »Setzen Sie sich bitte. Bleiben Sie sitzen. Wir haben eine Bombe an Bord.« Kurz danach noch einmal: »Meine Damen und Herren, hier spricht der Kapitän. Setzen Sie sich, bleiben Sie sitzen. Wir haben eine Bombe an Bord, also bleiben Sie sitzen!« Im Hintergrund fleht eine Stewardess um ihr Leben. Sie wird getötet, wie die Tonaufnahmen aus dem Cockpit belegen, die später in der Blackbox gefunden werden.

Der Fluglotse in Cleveland meldet die Entführung an die nationale Luftaufsichtsbehörde. Es ist 9.34 Uhr. Doch die FAA versäumt es für mehr als 30 weitere Minuten, die so wichtige Information an andere Behörden weiterzuleiten. Auch die US-Luftwaffe erfährt nichts, obwohl doch ihre Abfangjäger bereits im Anflug auf Washington sind. Eine direkte Kommunikation zwischen den Kampfpiloten und dem Kommandostand der Nordostamerikanischen Luftverteidigung NEADS ist nicht möglich. Die Luftwaffe braucht dafür die Unterstützung der Flugaufsicht. Mit anderen Worten: Die US-Streitkräfte sind ohne Hilfe anderer Bundesbehörden nicht in der Lage, den Luftraum über der amerikanischen Hauptstadt zu verteidigen. Statt von United 93 zu erfahren, bekommt NEADS direkt von der Flugleitstelle in Boston (nicht von der FAA-Zentrale) um 9.42 Uhr die Information, dass möglicherweise ein weiteres Flugzeug – Delta Airlines Flug 1989 – auf dem Weg von Boston nach Las Vegas entführt worden ist. Eine Falschmeldung, wie sich kurz danach herausstellt.

Wegen der unübersichtlichen Lage soll Präsident Bush vorerst nicht nach Washington zurückkehren. Um 9.54 Uhr hebt die Air Force One vom Flughafen in Florida ab und steigt steil in die Höhe. Es ist kein gutes Bild: Der mächtigste Mann der Welt auf der Flucht vor Terroristen – ohnmächtig gegenüber dem Schrecken. Und der hat auch in New York kein Ende.

Es gibt eigentlich keine Vorwarnung – außer einer. In einem Notruf berichtet einer der Eingeschlossenen vom 106. Stock des Südturms, dass eines der Stockwerke unter ihm zusammenbreche. Es ist 9.37 Uhr. Aber der Mitarbeiter der Notrufzentrale gibt die Information erst um 9.52 Uhr an die Polizei weiter, zu spät, um die Menschen im World Trade Center noch zu warnen. Um 9 Uhr 58 Minuten und 59 Sekunden stürzt der Turm ein. Ganze 10 Sekunden dauert es, mit 200 Stundenkilometern treffen die obersten Stockwerke den Boden.

Unter den Opfern sind auch zahlreiche Feuerwehrleute, die es bis in das 78. Stockwerk – also bis zur Einschlagstelle des Flugzeugs – geschafft hatten. Die Einsatzleitung befiehlt den sofortigen Rückzug aller Rettungskräfte aus dem Nordturm. Aber nur ein Teil von ihnen empfängt die Order auf den Funkgeräten. Eine riesige Staubwolke wälzt sich durch die Straßen von Manhattan. Tausende von Menschen fliehen in Panik. Die Fernsehsender verbreiten die apokalyptischen Bilder in alle Welt.

Die Lage an Bord von United Airlines Flug 93 spitzt sich zu. Mindestens zehn der Passagiere und mehrere Flugbegleiter telefonieren mit Verwandten und Bekannten und erfahren auf diese Weise, was genau in New York geschehen ist. Angesichts ihres unvermeidlichen Schicksals kommt es zu einer dramatischen und verzweifelten Entscheidung: »Die Passagiere stimmen darüber ab, ob wir das Cockpit stürmen und die Kontrolle über das Flugzeug zurückerobern sollen«, so beschreibt Jeremy Glick diesen Moment im Telefonat mit seiner Frau. Die Mehrheit ist für den Akt der Verzweiflung, denn sie wissen, dass ihnen sonst niemand mehr helfen kann – nicht der Präsident, nicht die Sicherheitsbehörden und auch nicht das amerikanische Militär. Um 9.57 Uhr verabschiedet sich die Stewardess Sandy Bradshaw telefonisch bei ihrem Mann mit den Worten: »Alle rennen in die erste Klasse. Ich muss auch los. Tschüss!« Der Lärm, der bei ihrem Angriff entsteht, ist später auf den Tonbandaufnahmen aus dem Cockpit zu hören. Ziad Jarrah kippt das Flugzeug von links nach rechts und zurück, um die Angreifer aufzuhalten. Dann um 9.59 Uhr zieht er die Maschine hoch und lässt sie wieder absacken. Ein, zwei Angriffswellen kann er so abfangen. Im Hintergrund ist die Stimme eines Passagiers zu hören: »Ins Cockpit. Wenn nicht, dann sterben wir. Los geht's!« Es ist 10.01 Uhr. Jarrah stabilisiert die Maschine und wendet sich an seine Begleiter: »Allah ist der Größte, Allah ist der Größte! War's das? Sollen wir es runterbringen?« – »Ja, bring's runter. Zieh's runter«, antwortet eine andere Stimme. Als die Passagiere wieder auf das Cockpit einstürmen, steuert Jarrah die Boeing 757 im Sturzflug nach unten und kippt sie auf den Rücken. »Allah ist der Größte, Allah ist der Größte!«, schreit einer der Terroristen, kurz bevor das Flugzeug mit einer Geschwindigkeit von mehr als 900 Stundenkilometern auf dem Boden aufschlägt. Auf einem Acker nahe Shanksville, Pennsylvania, endet um 10 Uhr 3 Minuten und 11 Sekunden die vierte Flugzeugentführung. Die Absturzstelle ist nur zwanzig Flugminuten von Washington entfernt. Wenn das Flugzeug früher gestartet wäre, dann hätten die Passagiere vielleicht nichts von den wahren Plänen ihrer Entführer erfahren und sich nicht zur Gegenwehr entschlossen. Vieles deutet darauf hin, dass Ziad Jarrah und seine Zelle an diesem Morgen das Kapitol oder das Weiße Haus zerstören sollten. Dass dies nicht geschah, verdankt Amerika einzig dem mutigen Eingreifen der Passagiere von United Airlines Flug 93.

Es gehört zu den großen Mythen des 11. September, dass bis heute viele glauben, die Passagiermaschine sei durch die amerikanische Luftwaffe abgeschossen worden. Selbst im Bunker des Weißen Hauses rätseln Vizepräsident Cheney, Condoleezza Rice und ihre Mitarbeiter mehrere Stunden lang, ob sie unmittelbar für den Tod der Fluggäste verantwortlich sind. Die genauen Zeitabläufe beweisen das Gegenteil. Denn erst um 10.02 Uhr, also nur eine Minute vor dem Absturz des Flugzeugs, meldet die FAA an den Secret Service im Weißen Haus, dass sich ein weiterer entführter Jet auf dem Weg nach Washington befinde. Um 10.07 Uhr erfährt erstmalig auch die US-Luftwaffe von der drohenden Gefahr, die den Fluglotsen schon seit einer guten halben Stunde bekannt ist. Im Kommandostand der Luftverteidigung herrscht heillose Verwirrung, denn gerade macht der Pilot eines der drei Kampfjets über Washington die Meldung, dass ein Flugzeug niedrig über die amerikanische Hauptstadt fliegt. Der diensthabende Offizier gibt den Befehl, die Maschine abzudrängen. Erst da entdeckt der Kampfpilot sein Versehen. Er hatte einen der Abfangjäger seiner eigenen Einheit für ein Passagierflugzeug gehalten.

Im Bunker unter dem Weißen Haus meldet ein Verbindungsoffizier um 10.10 Uhr an den Vizepräsidenten, dass die entführte Maschine nur noch 80 Meilen von Washington entfernt ist. Richard Cheney gibt den Befehl zum Abschuss. Rechtlich gesehen ist er dazu gar nicht befugt, sondern nur der oberste Befehlshaber George W. Bush oder US-Verteidigungsminister Donald Rumsfeld. Kurz darauf heißt es, das Flugzeug sei nur noch 60 Meilen entfernt. Unwirsch wiederholt Cheney seine Abschussorder. Es ist totenstill im Bunker. Ein enger Berater drängt Cheney, er solle das doch bitte einmal kurz mit dem Präsidenten abstimmen. Eine Telefonverbindung zu Air Force One wird hergestellt. Eine Protokollnotiz belegt, dass George W. Bush gegen 10.20 Uhr die Entscheidung seines Stellvertreters bestätigt. »Der Präsident gab den Befehl – einen schrecklichen Befehl –, das Flugzeug abzuschießen, wenn es nicht landet«, so sagte mir Condoleezza Rice im Interview. »Es folgte ein grauenhafter Moment, nach dem Absturz des Jets, als wir uns fragten, ob es wirklich von amerikanischer Hand abgeschossen worden war. Wir waren zutiefst erleichtert, als wir erfuhren, dass es sich um eine Heldentat der Passagiere handelte, die es lieber zum Absturz brachten, als zuzulassen, dass mit ihm noch mehr Amerikaner getötet würden.«

Tatsächlich ist das Flugzeug schon längst in Pennsylvania abgestürzt, als Dick Cheney erstmals den Abschussbefehl gibt. Die Meldungen über das nahende Flugzeug mit genauen Entfernungsangaben basierten vermutlich auf einer Projektion des weiteren Flugverlaufs von United 93 durch die Luftaufsicht, beginnend vom Zeitpunkt der Information an das Weiße Haus um 10.02 Uhr, ohne das Verschwinden der Maschine vom Radarschirm kurz danach zu berücksichtigen. Die Autorisierung zum Waffeneinsatz durch den Vizepräsidenten kommt auch niemals bei den Kampfpiloten an. Die Order geht über das Pentagon und weitere Stellen. Erst um 10.31 Uhr werden alle Luftverteidigungsstellungen der USA per Textnachricht informiert, dass »der Vizepräsident uns autorisiert hat, [verdächtige Flugzeuge] abzuschießen, wenn sie nicht reagieren.« Die Offiziere bei NEADS sind überrascht. Ihrer Kenntnis nach ist die letzte entführte Maschine in Pennsylvania abgestürzt. Um die Piloten der Abfangjäger über Washington, New York und anderen Regionen nicht zu verwirren, gibt NEADS die Order aus dem Weißen Haus gar nicht erst weiter. Aber allein der Befehl, auf ein amerikanisches Passagierflugzeug zu feuern, zeigt, dass die Supermacht in diesen Stunden mit dem Rücken zur Wand steht, dem Handeln der Terroristen hilflos ausgeliefert ist.

Wie groß die Konfusion an diesem Morgen ist, wird durch eine andere Episode klar. Ohne Wissen des Präsidenten, des Verteidigungsministeriums oder anderer Elemente der vorgesehenen Befehlskette inklusive der Luftverteidigung steigen um 10.38 Uhr weitere Kampfjets auf, diesmal mit dem klaren Befehl, alle Flugzeuge abzuschießen, die das Weiße Haus oder das Kapitol bedrohen könnten. Die Entscheidung darüber wird in die Hände der Piloten gelegt. Es sind Abfangjäger der Nationalgarde, in die Luft beordert durch ihren kommandierenden General, der sich wiederum auf einen Auftrag des amerikanischen Vizepräsidenten beruft. Dieser sei ihm allerdings von einem Agenten des Secret Service übermittelt worden. Wenn es tatsächlich zu einem Abschuss gekommen wäre, dann wäre dieser Einsatz tödlicher Gewalt allein auf Hörensagen gegründet gewesen, denn Dick Cheney bestreitet, den Befehl gegeben zu haben.

Das Chaos belegt, dass Amerika an diesem Morgen weitgehend handlungsunfähig ist. Die Luftaufsicht kann die ablaufenden Attacken nur beobachten. Sie versäumt es, die Piloten in allen Flugzeugen im Luftraum über den USA frühzeitig zu warnen, und versagt, als sie die US-Streitkräfte nicht sofort über die Entführung von United 93 informiert. Für die US-Luftwaffe gibt es nur beim ersten Flugzeug, American Airlines Flug 11, eine – allerdings viel zu kurze – Vorwarnzeit von knapp neun Minuten. Alle Beteiligten improvisieren unter weitgehender Missachtung der Vorschriften und bestehender Befehlsketten. Angesichts des Durcheinanders in der Kommunikation zwischen den verschiedenen Regierungsstellen muss bezweifelt werden, dass die Abfangjäger United Airlines 93 tatsächlich gestoppt hätten, wenn der Passagierjet bis nach Washington gelangt wäre. 19 entschlossene Terroristen bringen die Supermacht am 11. September 2001 an den Rand des Abgrunds.

Ein Donnergrollen kündigt das Finale der schrecklichen Attacke an. Um 10 Uhr 28 Minuten und 25 Sekunden sackt der Nordturm des World Trade Centers in sich zusammen. Wie durch ein Wunder überleben zwölf Feuerwehrmänner, ein Polizist und drei Zivilisten, die sich in einem der Treppenhäuser befinden. Das Wahrzeichen von New York gibt es nicht mehr. Hier, in Washington und in Pennsylvania sind 2973 Menschen innerhalb von zwei Stunden gestorben, unter ihnen 343 Feuerwehrleute und 60 Polizisten. Es ist schwer zu begreifen, dass dies alles das Werk von 19 jungen Männern ist, die ohne Waffen eine Weltmacht ins Wanken bringen. Aber seit diesem 11. September ist das Undenkbare möglich.

George W. Bush sitzt in seinem Sessel am Schreibtisch an Bord der Air Force One und sucht nach Erklärungen. Vielleicht denkt er nur daran, wie er nun unmittelbar auf die Angriffe reagieren sollte, vielleicht wird ihm auch klar, womit er es wirklich zu tun hat. Dass hinter all dem Osama bin Laden steckt, das muss auch er in diesem Moment, nach all den Warnungen in diesem Sommer, wissen.

Um 11 Uhr ordnet der Präsident für Amerikas Streitkräfte rund um den Globus DEFCON 3 an, die Alarmstufe, die in Zeiten des Kalten Krieges für den Fall einer nuklearen Attacke vorgesehen war. Bei einem Zwischenstopp auf der Luftwaffenbasis Barksdale in Louisiana gegen 11.45 Uhr nimmt Bush eine Videobotschaft auf. Dann geht es weiter zur Offutt Air Force Base in Nebraska. Fern von seinem Amtssitz bespricht sich der amerikanische Präsident gegen 15.15 Uhr per Videokonferenz mit denen, die im Weißen Haus die Stellung halten. »Wir befinden uns im Krieg«, soll Bush gesagt haben. Trotzdem solle Amerika morgen zur Normalität zurückkehren. Geschäfte und Banken sollen öffnen. Erstmals reden die Regierungsmitglieder über ihre Strategie gegen den internationalen Terrorismus. Der Geheimdienstchef nennt Al-Qaida als Drahtzieher hinter den Anschlägen. George Tenet hat die Bestätigung zwei Stunden zuvor erhalten. Beim Blick auf die Passagierlisten der entführten Flugzeuge ist den führenden Mitarbeitern der CIA ihr eigenes Versagen klar geworden. Khalid al-Midhar und Nawaf al-Hazmi an Bord von American Airlines Flug 77 gehörten eindeutig zum Netzwerk von Osama bin Laden. Den ganzen Sommer über hat die CIA nach ihnen gesucht, aber erst in den letzten Tagen vor dem 11. September das FBI an dieser Jagd beteiligt. Ein unverzeihlicher Fehler.

Am Abend – nach einem langen Tag auf der Flucht – kehrt George W. Bush per Hubschrauber nach Washington zurück. Die lange Abwesenheit hat dem Ansehen des Präsidenten geschadet. Ein starker Auftritt soll diesen Eindruck revidieren. Im Entwurf für seine Fernsehansprache haben seine Berater die Terrorattacke als Akt des Krieges bezeichnet. Bush persönlich streicht die Formulierung heraus. Er dürfe, so sagt er, an diesem Abend keine Ängste vor einem Krieg schüren.

»Der Präsident«, so erklärte mir Condoleezza Rice, »wollte dem amerikanischen Volk zuallererst sagen, dass wir jene, die uns das angetan haben, kriegen werden. Er wollte es aber auch wissen lassen, dass Amerika nicht allein ist; dass wir einen Weg finden werden, uns selbst treu zu bleiben; dass die Terroristen nicht gewinnen, indem sie uns in verängstigte und verschlossene Wesen verwandeln. Er wollte das Land beruhigen.«

Und so deutet George W. Bush in seiner Rede nur an, dass die Supermacht entschlossen ist, den Terrorismus mit Stumpf und Stiel auszurotten: »Wir werden keinen Unterschied machen zwischen den Terroristen und denen, die ihnen Unterschlupf gewähren.« – »Über diese Worte haben wir diskutiert«, so Rice. »Eigentlich wollten wir das Statement knapp halten. Aber der Präsident erkannte, dass wir den Taliban und allen, die Terroristen beherbergen, klarmachen mussten, dass sie mitverantwortlich sind, sonst wäre die Botschaft unvollständig.«

Am Ende schließt Bush das siebenminütige Statement mit den Worten: »Amerika hat seine Feinde auch früher schon bezwungen, und das werden wir jetzt auch tun. Niemand von uns wird diesen Tag je vergessen. Aber wir gehen voran, um die Freiheit zu verteidigen und alles, was in dieser Welt gut und gerecht ist.«

Über das Wie und Wann diskutiert der Präsident wenige Minuten später mit seinem Kriegskabinett im Bunker unter dem Weißen Haus. Mit dabei sind Vizepräsident Cheney, Verteidigungsminister Rumsfeld, Außenminister Powell, CIA-Chef Tenet und Sicherheitsberaterin Rice. Es geht nicht nur um militärische Angriffe auf die Taliban, Al-Qaida und Osama bin Laden. Wie kann Pakistan dazu gebracht werden, jede Unterstützung für die Taliban einzustellen? George Tenet erinnert die Runde daran, dass sich das globale Netzwerk der Al-Qaida über 60 Länder erstreckt. Eine Reihe von Ländern unterstützt den internationalen Terrorismus. »Die werden wir uns eines nach dem anderen vornehmen«, sagt George W. Bush. »Wir müssen die Länder zwingen, sich zu entscheiden, auf wessen Seite sie stehen.«[6] Die Entschlossenheit, keinen Dissens zu tolerieren, und die Welt nach dem Prinzip: »Wer nicht für uns ist, ist gegen uns« in zwei Lager zu teilen, wird zu einem der beiden Leitmotive der amerikanischen Weltpolitik in den kommenden Jahren. Das zweite ist das Prinzip der präventiven Gewaltanwendung, das zur Rechtfertigung aller Mittel – auch völkerrechtlich und moralisch verwerflicher Maßnahmen – dient. Gemeinsam werden sie als Bush-Doktrin in die Geschichte eingehen. Doch dahinter steckt eine Überlegung, die in den Tagen nach den Terroranschlägen von Vizepräsident Dick Cheney in die Diskussion gebracht wird. Seine sogenannte Ein-Prozent-Doktrin ist das eigentliche Fundament des politischen Handelns der nächsten Jahre. Sie wird die Welt verändern, so wie es dieser 11. September 2001 mit Amerika getan hat – aber dazu später mehr.

Der Weg in die Katastrophe

Am 11. September 2001 hatten Menschen rund um den Globus das Gefühl, dass die Anschläge im wahrsten Sinne des Wortes aus heiterem Himmel kamen. Wer rechnete schon ernsthaft mit einem Terrorakt dieses Ausmaßes? War ein derartiger Massenmord nicht das Monopol einer kleinen Zahl von politisch instabilen oder autoritär regierten Staaten? Und war Terrorismus nicht nur ein schreckliches, aber letztlich überschaubares und regional begrenztes Phänomen? Nur wenigen war bewusst, dass diese Annahmen längst nicht mehr stimmten und dass Nine Eleven eine Vorwarnzeit von mehr als acht Jahren gehabt hatte. Denn eigentlich sollte schon der 26. Februar 1993 die Welt verändern – so jedenfalls hatten es die Terroristen geplant.

Wenn sich ihr Anführer, Ramzi Yousef, nicht verrechnet hätte, dann wäre mindestens einer der Türme des World Trade Centers an diesem kalten Wintermorgen nach der Explosion einer Autobombe in Sekundenschnelle zusammengestürzt und hätte bis zu 40 000 Menschen unter seinen Trümmern begraben. Aber der Sprengsatz war trotz der 700 Kilogramm TNT zu klein und obendrein falsch platziert. Er explodierte im Tiefgeschoss der Zwillingstürme, gleich neben einigen Stahlbetonsäulen, die die Wucht der Bombe abfangen konnten. Damals starben sechs Menschen, mehr als Tausend wurden verletzt. Die niedrige Zahl der Opfer verschleierte offenbar die wahre Bedeutung dieses ersten Anschlags auf das World Trade Center. Die Ermittler, die Politiker und die Weltöffentlichkeit übersahen oder unterschätzten all jene Elemente der Attacke, die Ausdruck einer neuen, globalen und existentiellen Bedrohung für die Welt waren und die – so wissen wir heute – auch den 11. September kennzeichnen würden.

Offenbar hatte US-Präsident Clinton das auch noch nicht begriffen, als er im Mai 1999 die Chance verstreichen ließ, Osama bin Laden mit einem Raketenangriff zu töten. Wie erwähnt, hatten die Vorbereitungen für Nine Eleven gerade erst begonnen. Geleitet wurde die Operation von Khalid Sheikh Mohammed, dem Onkel von Ramzi Yousef, der für die Bombe im World Trade Center 1993 verantwortlich war. Gemeinsam hatten die beiden schon an einem ähnlichen Plan gearbeitet. Sie wollten elf Passagierflugzeuge auf internationalen Flugrouten in der Luft explodieren lassen und sich mit einer weiteren Maschine in das Hauptquartier des US-Geheimdienstes CIA in der Nähe von Washington stürzen. Als weitere mögliche Ziele hatten sie damals auch das World Trade Center in New York, den Sears Tower in Chicago und das Atomkraftwerk »Three Mile Island« auf ihrer Liste. Der sogenannte »Bojinka«-Plan (serbokroatisch für »großer Knall«) scheiterte, weil einer ihrer Mitverschwörer beim Mischen des Sprengstoffs in einer Wohnung in Manila am 6. Januar 1995 versehentlich eine Explosion auslöste. Doch seine Kumpane entkamen der philippinischen Polizei. Seitdem war das Vorhaben, Flugzeuge als Waffen einzusetzen, auch den amerikanischen Behörden bekannt. Yousef wurde später gefasst. Sein Onkel entwickelte derweil einen neuen Masterplan und schlug ihn dem Anführer der Al-Qaida vor. Osama bin Laden gab grünes Licht. Höchstpersönlich teilte er dem gebürtigen Kuwaiter zwei erfahrene Kämpfer für die Ausführung des Plans zu, die Saudis Khalid al-Midhar und Nawaf al-Hazmi. Im November 1999 folgte eine Reihe weiterer Rekruten, unter ihnen eine Gruppe von Muslimen aus Deutschland, die sich gerade in den Trainingslagern in Afghanistan für den bewaffneten Kampf ausbilden lassen wollten. Der Ägypter Mohammed Atta und seine Hamburger Freunde Marwan al-Shehhi, Ziad Jarrah und Ramzi bin al-Shibh wurden auch deshalb ausgewählt, weil sie sich in der westlichen Welt bestens auskannten und dort weniger auffielen als die meisten Freiwilligen in den Terrorlagern am Hindukusch. Atta, der Sohn eines ägyptischen Anwalts, studierte seit 1992 an der Technischen Universität in Hamburg-Harburg Städtebau und Stadtplanung. Er war schon vorher an der Universität in Kairo radikalisiert worden und bewegte sich nun im Umfeld der islamistischen Al-Quds-Moschee in Hamburg. Dort hatte er bin al-Shibh, al-Shehhi und Jarrah kennengelernt, die ebenfalls in der Hansestadt studierten.

Osama bin Laden bestimmte Mohammed Atta zum Anführer der Terrorzelle und weihte ihn in Einzelheiten des Plans ein. Khalid Sheikh Mohammed wurde ihr Führungsoffizier. Über Internet-Chatrooms hielt er mit ihnen Kontakt, als die Studenten Anfang 2000 nach Deutschland zurückkehrten. Im Mai/Juni 2000 siedelten Atta, al-Shehhi und Jarrah in die USA über, um sich an Flugschulen in Florida zu Piloten ausbilden zu lassen. Ramzi bin al-Shibh erhielt kein Visum. Er unterstützte die Planungen von Deutschland aus, indem er Gelder an seine Freunde überwies. Als Ersatz für al-Shibh reiste Hani Hanjour in die USA ein. Er steuerte später American Airlines Flug 77 ins Pentagon.

Die US-Regierung verschärfte derweil die Maßnahmen gegen Al-Qaida, weil das Netzwerk Ende 1999 eine Attacke auf die USA versucht hatte. Damals wurde an der kanadisch-amerikanischen Grenze zwischen Vancouver und Seattle ein junger Algerier festgenommen, der in seinem Auto eine hochexplosive Mischung von Chemikalien transportierte. Ahmed Ressam, so ergaben die Ermittlungen, war Teil einer von mehreren Terrorzellen, die im Auftrag Osama bin Ladens zum Jahreswechsel simultane Anschläge auf den Flughafen von Los Angeles und mehrere Ziele in Jordanien verüben sollten – die sogenannten millennium attack plots, die allesamt vereitelt werden konnten. Amerika war offenbar im Visier der Al-Qaida. Am 7. September 2000 setzte die CIA erstmals eine unbemannte Aufklärungsdrohne über Afghanistan ein. Die »Predator« filmte an diesem Tag das Al-Qaida-Camp Tarnak-Farms in der Nähe von Kandahar. Auf dem Video entdeckten die Analysten hinterher eine großgewachsene Gestalt in weißer Robe, umgeben von mehreren Bewaffneten. Obwohl sie sich sicher waren, dass es Osama bin Laden war, verweigerte Bill Clinton wie schon im Mai 1999 den Befehl zu einem Luftangriff auf den Stützpunkt der Terroristen.

Am 12. Oktober 2000 provozierte Al-Qaida die US-Regierung erneut. Im Hafen des jemenitischen Aden verübten die Terroristen mit einem sprengstoffbeladenen Boot einen Anschlag auf das amerikanische Kriegsschiff USS Cole. 17 Marinesoldaten wurden getötet, 40 weitere verletzt. Bin Laden selbst hatte die Attentäter ausgewählt und das Ziel der Attacke bestimmt. Die Clinton-Administration geriet innenpolitisch unter Druck, nun endlich massiv gegen die Bedrohung vorzugehen. Doch die Regierung ließ die Sache schleifen, denn ihr fehlte der eindeutige Beweis, dass Al-Qaida hinter der Attacke steckte – es sei eine »unbewiesene Annahme«, meldete der Sicherheitsberater, »vorläufige Einschätzung« nannte es die CIA. Präsident Clinton ließ einen Kriegsplan entwickeln. Mit einem Ultimatum an die Taliban sollte die Überstellung bin Ladens erreicht werden. Sollte der politische Druck nicht reichen, würden massive Luftangriffe folgen. Doch das Vorhaben kam nicht zur Ausführung, denn Amerika richtete den Blick nach innen.

Im November 2000 wurde in den USA ein neuer Präsident gewählt. Es war eine historische Wahl, denn der Wechsel von Clinton zu George W. Bush sorgte für eine Wende in der Anti-Terror-Politik der USA, die wohl deshalb so dramatisch ausfiel, weil das Wahlergebnis die amerikanische Gesellschaft spaltete und tiefes Misstrauen zwischen den politischen Lagern säte. Obwohl der damalige US-Vizepräsident Al Gore über eine halbe Million mehr Stimmen bekam, verhalfen das Wahlmännersystem und der Oberste Gerichtshof in Washington seinem republikanischen Widersacher zum Sieg. In einer denkbar knappen Entscheidung untersagten die Richter nach wiederholten Stimmenauszählungen im US-Bundesstaat Florida jede weitere Überprüfung des Wahlergebnisses und beendeten damit 36 Tage voll Agonie und erbitterten Streits zwischen Demokraten und Republikanern.

Dieser Streit hatte Folgen. Die neue Administration misstraute allen Ratschlägen der vorhergehenden Regierung. Anfang 2001 traf sich Sandy Berger, der Nationale Sicherheitsberater Clintons, mit seiner Nachfolgerin. Er erklärte Condoleezza Rice, dass »die Bush-Administration mehr Zeit für das Thema Terrorismus im Allgemeinen und Al-Qaida im Besonderen aufwenden werde als für jedes andere Thema.« Berger überreichte Rice einen Plan, den der Terrorismusexperte des Nationalen Sicherheitsrates, Richard Clarke, erarbeitet hatte. Er sah das Aufbrechen von Al-Qaida-Zellen und die Verhaftung ihrer Mitglieder vor, sowie eine systematische Attacke auf die Finanzströme des Terrornetzwerks durch das Einfrieren von Konten und die Schließung von Wohltätigkeitsorganisationen, die Gelder für den Heiligen Krieg sammelten. Außerdem sollte es finanzielle und logistische Hilfe für Regierungen geben, die gegen die Al-Qaida vorgehen wollten; das Konzept autorisierte die Ermordung von Osama bin Laden sowie die Zerstörung der Trainingslager; Spezialkommandos sollten mit Hilfe der Nordallianz in Afghanistan einmal richtig aufräumen. Alles in allem wäre es eine Kriegserklärung an den islamistischen Terrorismus und seine Unterstützer gewesen; deshalb wollte Bill Clinton die Entscheidung darüber seinem Nachfolger überlassen.

Was nun geschah, lässt sich nur schwer erklären. Der Plan wurde auf die lange Bank geschoben. Die Bush-Administration wollte das Thema Terrorismus im Rahmen einer umfassenden Strategie für den Umgang mit Staaten wie Pakistan und Afghanistan behandeln. Im Februar 2001 warnte eine vom Kongress in Auftrag gegebene Studie, dass »Terrorismus mit Massenopfern gerichtet gegen das amerikanische Festland« eine Katastrophe auslösen könnte. Deshalb empfahlen die Autoren dringend die Einrichtung einer »Heimatschutzbehörde«. Die

Bush-Regierung lehnte ab. Richard Clarkes Plan wurde erst am 29. Mai auf Arbeitsebene besprochen. Am 16. Juli lag der Entwurf für eine Direktive des Präsidenten vor, musste allerdings noch von Cheney, Rice, Powell, Tenet und Rumsfeld abgesegnet werden, bevor er George W. Bush zur Entscheidung vorgelegt werden konnte. Alle Beteiligten begaben sich zunächst einmal in die Sommerpause.

Wirklich ernst schien das Problem in der Bush-Administration niemand zu nehmen: Während des Sommers 2001 stieg die Regierung aus einer Initiative aus, mit der die OECD gegen die internationale Geldwäsche über sogenanntes Offshore-Banking vorgehen wollte. Die Offshore-Banken auf den Bahamas, den Jungferninseln und anderswo wurden auch vom Terrornetzwerk bin Ladens für seine Geldtransfers genutzt. Als der Kongress am 9. September vorschlug, das Pentagon solle aus seinem Etat von bis zu 258 Milliarden Dollar 600 Millionen Dollar für neue Anti-Terror-Maßnahmen bereitstellen, drohte Verteidigungsminister Rumsfeld mit dem Veto des Präsidenten. Als Justizminister Ashcroft am 10. September seine Haushaltsvorschläge vorlegte, war für die Terrorismusbekämpfung keinerlei Erhöhung vorgesehen. Das FBI hatte sich bei ihm gerade mit der Bitte um 58 Millionen Dollar für die Einstellung von Dolmetschern und Analysten in der Anti-Terror-Abteilung eine Abfuhr geholt.

Wenige Tage zuvor, am 4. September, hatte der Terrorismusexperte des Nationalen Sicherheitsrates tief frustriert über das Zaudern der Bush-Administration eine wütende Notiz an Condoleezza Rice geschrieben: »Die Entscheidungsträger sollten sich den Tag vorstellen, an dem die Sicherheitsbehörden Al-Qaida-Attacken nicht würden stoppen können und an dem Hunderte von Amerikanern in verschiedenen Ländern unter den Opfern sein würden, auch in den USA. [...] Dieser Tag kann jederzeit kommen.« Richard Clarke hatte sehr gute Gründe für seinen Ärger, denn seit Monaten häuften sich die Hinweise auf bevorstehende Terroranschläge gegen die USA. Die Sicherheitsbehörden und die führenden Politiker des Landes waren darüber im Bilde.

Der CIA-Chef zum Beispiel, der am Morgen des 11. September beim Frühstück im Washingtoner St. Regis Hotel vom Einschlag des zweiten Flugzeugs in das World Trade Center erfuhr. »Ich frage mich, ob das etwas mit diesem Kerl mit dem Pilotentraining zu tun hat«, murmelte George Tenet nach einem Bericht der *Washington Post* vor sich hin.[7] Mit seiner Bemerkung hatte er ins Schwarze getroffen. Einen Monat zuvor, am 10. August 2001, hatte Zacarias Moussaoui seinen Unterricht an der Pan Am International Flight Academy in Eagan im US-Bundesstaat Minnesota begonnen. 6800 Dollar des 19 000 Dollar teuren Kurses legte er dabei in bar auf den Tisch. Aber Moussaoui war ein schlechter Flugschüler, was seinem Ausbilder, einem ehemaligen Air-Force-Piloten, gleich auffiel. Trotz vieler Flugstunden auf einer Cessna an einer kleineren Flugschule in Oklahoma hatte der 33-Jährige nie einen Alleinflug gewagt, geschweige denn eine Prüfung abgelegt. Trotzdem wollte er Zehntausende von Dollar in das Training mit einem Passagierjet stecken. Auf Fragen nach seiner Heimat verhielt sich der Franzose marokkanischer Abstammung auffällig verschlossen. Der Fluglehrer war besorgt. Er meldete den verdächtigen Schüler an das FBI und fühlte sich von den Beamten zunächst nicht ernst genommen. Er drängte: »Merken Sie denn nicht, wie ernst die Sache ist? Der Mann will auf einer 747 trainieren. Eine vollgetankte 747 kann man als Waffe einsetzen.« Offenbar wirkte diese Warnung, denn am Folgetag wurde Moussaoui festgenommen.

Der vage Verdacht rechtfertigte noch keine landesweite Terrorwarnung, aber spätestens nach dem nächsten Anruf hätten beim FBI die Alarmglocken schrillen müssen. Am 16. August 2001 fragte die amerikanische Bundespolizei bei ihren Kollegen in aller Welt nach Informationen über den Verdächtigen. Aus Frankreich kam die Rückmeldung, Moussaoui sei ein radikalislamischer Extremist mit Verbindungen zu Ausbildungslagern für Terroristen in Afghanistan.[8] Die FBI-Agenten bemühten sich daraufhin vergeblich um einen Durchsuchungsbefehl für Moussaouis Apartment. Sie wären auf eine Goldader gestoßen. Auf der Festplatte seines Computers befanden sich verdächtige Dateien, darunter detaillierte Beschreibungen von landwirtschaftlichen Sprühflugzeugen.[9] Aber das erfuhr das FBI erst nach den Anschlägen von New York und Washington, als der Durchsuchungsbefehl angesichts der Ereignisse endlich genehmigt wurde.

Ein wenig mehr Aufmerksamkeit hätte die Ermittler in das Zentrum der Operation vom 11. September geführt: Moussaoui hatte Anfang August 2001 mehrere Überweisungen in einer Gesamthöhe von rund 15 000 Dollar aus Deutschland bekommen – von einem gewissen Ahad Abdallah Sabet. Hinter dem Pseudonym, so wissen die Ermittler heute, verbarg sich Ramzi bin al-Shibh, der Weggefährte Mohammed Attas in Hamburg, der auch an die anderen Attentäter Gelder überwiesen hatte. Moussaoui sollte als Ersatz für den Deutsch-Libanesen Ziad Jarrah bereitstehen, der offenbar daran dachte, aus der Operation auszusteigen. In den Monaten vor den Attacken war er mehrfach nach Deutschland gereist, um sich dort mit seiner Freundin zu treffen. Das alles war den Fahndern nicht bekannt. Aber die Ermittlungsberichte hatten es immerhin bis zum CIA-Chef geschafft, am 23. August war George Tenet über die Festnahme von Zacarias Moussaoui informiert worden.

Das sogenannte Phoenix-Memo kannte er an diesem Tag offenbar noch nicht. Es war der Bericht eines FBI-Agenten über einen arabischstämmigen Kunden an einer Flugschule in Arizona, auch sie eine Filiale der Pan Am. Dort trainierte Hani Hanjour, der sich später mit seinem Flugzeug ins Pentagon stürzen würde. Der Saudi fiel den Ausbildern auf, weil er äußerst schlecht Englisch sprach und damit für das Training auf amerikanischen Linienmaschinen eigentlich ungeeignet war. Ein zu Rate gezogener Prüfer der US-Luftaufsichtsbehörde FAA empfahl ihm einen arabischsprechenden Bekannten als Nachhilfelehrer in Englisch.[10] Ein FBI-Agent, der davon erfuhr, bat in einem Schreiben vom Juli 2001 die Zentrale in Washington um die Suche nach ähnlichen Fällen in anderen Bundesstaaten. Man vermute, dass Terrororganisationen, womöglich auch die Osama bin Ladens, Anschläge auf oder mit Flugzeugen planen könnten. Die Warnung verhallte auf den Fluren des FBI-Hauptquartiers in Washington ungehört. Nicht einmal innerhalb einer Behörde wurden die entscheidenden Informationen zusammengeführt, geschweige denn zwischen den konkurrierenden Sicherheitsorganen.

Denn auch die CIA beging einen unverzeihlichen Fehler. Sie hätte die Entführung von American Airlines Flug 77 verhindern können, wenn sie mit der US-Einwanderungsbehörde INS und dem FBI enger zusammengearbeitet hätte. Khalid al-Midhar und Nawaf al-Hazmi hatten sich im Januar 2000 in Kuala Lumpur mit Mitgliedern der Al-Qaida-Zelle getroffen, die den Anschlag auf die USS Cole vorbereiten sollte. Die Terroristen wurden dabei von CIA-Agenten fotografiert, die aufgrund von Abhörmaßnahmen der NSA (National Security Agency) Hinweise auf ein Planungstreffen mutmaßlicher Terroristen in der malaysischen Hauptstadt bekommen hatten. Die Observationsteams verloren die Spur der Verdächtigen, die unbemerkt einen Flug nach Bangkok nehmen konnten. Erst im März 2000 erhielt die CIA die Information, dass Nawaf al-Hazmi bereits im Januar mit einem Visum über Los Angeles in die USA eingereist war. Der Geheimdienst versäumte es jedoch, das FBI und die Einwanderungsbehörde INS über die Verdächtigen zu informieren. Ihre Namen wurden auch nicht auf die TIPOFF-Liste gesetzt. Tatsächlich war mit Nawaf al-Hazmi auch Khalid al-Midhar mit einem gültigen Visum in die USA eingereist. Das State Department hatte die Visa erteilt, weil es nicht über den Terrorverdacht informiert war. Die beiden Terroristen suchten sich eine Wohnung in San Diego und meldeten sich für Sprach- und Flugkurse an. Aber mit beidem waren die Saudis überfordert. Im Juni 2000 verließ al-Midhar die USA wieder. Al-Hazmi zog mit Hani Hanjour, der am 8. Dezember 2000 in San Diego eintraf, nach Arizona.

Am 11. Juni 2001 gab es eine Besprechung im New Yorker FBI-Büro, bei der die Bundespolizei mehreren Ermittlern der CIA einen Überblick über die Erkenntnisse im Zusammenhang mit dem Anschlag auf das Kriegsschiff im Jemen geben wollte. Die CIA zeigte den Kollegen dabei Überwachungsfotos von dem Vorbereitungstreffen in Kuala Lumpur, weigerte sich aber aus Geheimhaltungsgründen, die Namen der Fotografierten und nähere Hintergründe preiszugeben. Nach einem heftigen Wortgefecht über fehlende Kooperationsbereitschaft verrieten die Agenten immerhin, dass ein Mann namens Khalid al-Midhar dabei gewesen sei. Dass dieser mit dem Hauptdrahtzieher der Cole-Attacke eng verbunden war, dass er gemeinsam mit einem Nawaf al-Hazmi reiste und dass beide ein Visum für die USA besaßen, verschwiegen die CIA-Beamten. Wenn sie die Passnummer al-Midhars an das FBI weitergegeben hätten, dann hätte der Terrorist nicht am 13. Juni ein neues Visum bekommen und am 4. Juli am Flughafen Newark bei New York ungehindert in die USA einreisen können.

Erst nachdem die CIA einen Hinweis auf die neuerliche Einreise al-Midhars erhalten hatte, schickte sie den Kollegen der Bundespolizei am 23. August ein Telex über die mögliche Anwesenheit der mutmaßlichen Terroristen Khalid al-Midhar und Nawaf al-Hazmi in den USA. Dabei wies der Auslandsgeheimdienst ausdrücklich auf die besondere Brisanz der Information hin, denn die Gesuchten seien wohl in den Anschlag auf das amerikanische Kriegsschiff USS Cole verwickelt. Kurz nach Eingang der Warnung bestätigten die Einwanderungsbehörde und das FBI, dass al-Midhar und al-Hazmi schon einmal – im Jahr 2000 – gemeinsam in die USA eingereist waren. Das FBI

veranlasste eine bundesweite Fahndung nach den mutmaßlichen Terroristen, begann seine Suche aber bei den Adressen in
New York und Los Angeles, die die beiden auf ihren Einreise-
formularen angegeben hatten. Zu diesem Zeitpunkt warteten
sie längst in einem Apartment in New Jersey auf ihren Einsatz.
Dabei hatten al-Midhar und al-Hazmi unter ihren richtigen
Namen in den USA gelebt. Am 25. August buchten sie ihre Ti-
ckets für den American Airlines Flug 77, der am 11. September
ins Pentagon stürzte. Eine Anfrage bei den Fluggesellschaften
hätte das FBI vielleicht auf ihre Spur gebracht. Eine Meldung an
die Flugaufsicht FAA hätte sie vielleicht noch am 11. September
gestoppt. Beide besaßen auch amerikanische Führerscheine.
Ein Rundschreiben an die Führerscheinbehörden der jeweiligen
Bundesstaaten (in den USA ist die Ausstellung Ländersache)
hätte ebenfalls den Fahndungserfolg bringen können.

In den letzten Wochen vor Nine Eleven unternahmen Mohammed Atta und die anderen Terrorpiloten Testflüge kreuz
und quer durch Amerika. Sie flogen erster Klasse zwischen Boston, Las Vegas, San Francisco, Los Angeles, Baltimore und New
York hin und her und nahmen dabei Teppichmesser mit, ohne
dass es bei den Sicherheitskontrollen auffiel. Sie mieteten Klein-
flugzeuge, um im Raum New York und Washington Erkun-
dungsflüge nahe ihrer zukünftigen Routen zu machen. Danach
fällten sie die Entscheidung, dass Ziad Jarrah am 11. September
nicht, wie von Osama bin Laden gefordert, das Weiße Haus,
sondern das Kapitol angreifen sollte. Der Sitz des Präsidenten
war zu schwer anzufliegen. All das erzählte Atta seinem Freund
Ramzi bin al-Shibh bei einem letzten Geheimtreffen in einem
kleinen Ort in der Nähe von Barcelona in Spanien am 9. Juli
2001. In den Wochen danach hielten sie per Mobiltelefon Kontakt und stritten noch mehrere Male darüber, ob sie bin Ladens
wiederholten Befehl für einen Angriff auf das Weiße Haus ausführen sollten. Mitte August übermittelte der Anführer der An-
schlagsteams das ausgewählte Datum der Attacken in Form

eines Rätsels: Zwei Zweige, ein Schrägstrich und ein Lolli. Es war der Code für 11/9 – die europäische Variante für Nine Eleven oder den 11. September. Bin al-Shibh meldete den vereinbarten Anschlagstag nach Afghanistan weiter, bevor er und seine Helfer aus Hamburg sich auf die Reise an den Hindukusch begaben.

Hätte man die Anschläge zu diesem Zeitpunkt noch verhindern können? Was wäre gewesen, wenn die Mühlen der Bürokratie schneller gemahlen hätten? Wenn irgendein FBI-Mann auf eigenes Risiko ein paar zusätzliche Fragen gestellt hätte? In der Tat sind hier einige kritische Fragen angebracht, auch wenn niemand sagen kann, ob es am 11. September wirklich anders gekommen wäre. Jedenfalls muss es erstaunen, dass die amerikanischen Sicherheitsbehörden so spektakulär versagt haben, denn sie waren längst gewarnt. Nach Angaben eines Geheimdienstexperten der deutschen Bundesregierung herrschte bei den Amerikanern schon seit Beginn des Jahres 2001 höchste Nervosität. Meldungen befreundeter Geheimdienste, eigene Informantenberichte und Erkenntnisse aus internationalen Abhöraktionen legten nahe, dass ein großer Anschlag auf amerikanische Einrichtungen geplant war. Immer wieder fragten CIA und FBI bei ihren Partnerdiensten in Europa und im Nahen Osten die aktuellen Bedrohungslagen ab.

Ende März 2001 ging eine Terrorwarnung an alle Sicherheitsbehörden, nach der erhöhte Gefahr von Anschlägen für amerikanische Einrichtungen und Personal galt. Kurz danach erhielt die CIA eine Reihe von Hinweisen, dass führende Al-Qaida-Kader eine Operation planten. Am 13. April forderte das FBI deshalb seine Büros auf, alle Ressourcen für die Gewinnung von Informationen über »laufende Operationen und Aktivitäten in Zusammenhang mit sunnitischem Extremismus« einzusetzen. Am 19. April hieß es bei einer Besprechung mit führenden Kräften verschiedener Behörden, »bin Laden plant zahlreiche Operationen«. Bei einem weiteren Briefing im Mai wurde gemeldet:

»die Pläne des bin-Laden-Netzwerks schreiten voran.« Ein Informant erzählte dem FBI, dass es Anschlagspläne für London, Boston und New York gebe. In einem anderen Bericht hieß es, ein bekannter Al-Qaida-Terrorist plane, »Attacken innerhalb der Vereinigten Staaten auszuführen«.

Am 16. Mai meldete eine US-Botschaft einen Warnanruf, nach dem »Anhänger bin Ladens die Vereinigten Staaten infiltrieren wollten, um Anschläge zu verüben«. Selbst die Methode der bevorstehenden Attacke am 11. September war bereits Gegenstand der Warnungen. In der zweiten Maihälfte 2001 enthielten die Berichte zur Bedrohungslage Hinweise auf bevorstehende Flugzeugentführungen, mit denen der Drahtzieher des Anschlags auf das World Trade Center von 1993, Sheikh Abdel Rahman, freigepresst werden sollte. Nach Einschätzung des FBI deutete vieles darauf hin, dass bin Laden plante, mit der Entführung von Flugzeugen die Freilassung anderer Extremisten zu erreichen oder die Maschinen in Flughäfen stürzen zu lassen, dass Al-Qaida eine Logistik-Struktur in den USA unterhielt und dass im Sommer ein Flugzeug in die amerikanische Botschaft in Nairobi stürzen sollte. Aber die USA sollten sich »nicht zu sehr auf Botschaftsanschläge konzentrieren«, empfahl ein Informant aus der terroristischen Szene den Geheimdiensten. Die Terroristen würden vielmehr eine Attacke »ähnlich der auf das World Trade Center für reizvoll halten«. Bin Laden wolle »Piloten als Terroristen« anwerben, um einen ähnlich »spektakulären und traumatisierenden Anschlag zu verüben«.[11] Der konkrete Rückbezug auf den Anschlag vom 26. Februar 1993 war bemerkenswert. Offenbar war die Erinnerung an die Attacke in Islamistenkreisen gegenwärtiger als bei den Ermittlern.

Am 12. Juni warnte die CIA, dass Khalid Sheikh Mohammed Attentäter rekrutiere, die sich in den USA mit dort ansässigen Terroristen treffen sollen, um im Auftrag bin Ladens gemeinsam Anschläge zu verüben. Am 21. Juni erhöhte der Central Command in Florida die Alarmstufe für die US-Streitkräfte in sechs Ländern auf Delta-Level: Die fünfte US-Flotte verließ sofort ihren Hafen in Bahrain. Am 22. Juni alarmierte die CIA all ihre Außenposten, dass eine Selbstmordattacke auf amerikanische Ziele unmittelbar bevorstehe. Die US-Botschaft im Jemen wurde geschlossen. Am gleichen Tag nahm irgendjemand in der Regierung die Hinweise ernst genug, um die amerikanische Luftaufsichtsbehörde eine Warnung über mögliche Flugzeugentführungen an die Fluglinien herausgeben zu lassen. Am 25. Juni meldeten Geheimdienstberichte, dass Al-Qaida ihre eigenen Anhänger vor einer bevorstehenden Attacke warnte und sie aufforderte, sofort unterzutauchen. Tatsächlich erwartete Osama bin Laden schon in diesen Tagen den großen Anschlag in den USA. Er schickte seine Kämpfer in Verstecke und tauchte ebenfalls für fast einen Monat unter.

Die Nationale Sicherheitsagentur (NSA), das weltweite Lauschorgan der amerikanischen Geheimdienste, berichtete im Juni und Juli von 33 abgehörten Konversationen, nach denen »Anschläge mit dramatischen Konsequenzen für Regierungen und mit großen Opferzahlen« möglicherweise »unmittelbar« bevorstünden. Anfang Juli 2001 kamen die US-Sicherheitsbehörden zu einer dramatischen Einschätzung. »Basierend auf der Analyse aller Berichte der letzten fünf Monate glauben wir, dass OBL (Osama bin Laden) in den nächsten Wochen eine bedeutsame Attacke gegen amerikanische oder israelische Ziele verüben wird. Der Angriff wird spektakulär sein und zahlreiche Opfer in US-Einrichtungen verursachen. Die Vorbereitungen für die Attacke sind abgeschlossen. Der Anschlag wird mit wenig oder gar keiner Vorwarnung erfolgen.« Diese Information gaben Geheimdienstbeamte nach dem offiziellen Bericht der Untersuchungskommission des Kongresses zum 11. September Anfang Juli bei einem Briefing im Weißen Haus an »senior administration officials«. Der Begriff steht nach einem ungeschriebenen Gesetz in den Arbeitsbeziehungen zwischen der Regierung und den Journalisten in Washington für »hochrangige Regierungsmitglieder«, meist Minister, engste Berater oder gar den Präsidenten selbst. Seltsamerweise setzte das Weiße Haus alles daran, die Identität der Teilnehmer dieses Briefings geheim zu halten. CIA-Direktor Tenet verpflichtete die Untersuchungskommission des Kongresses zum Schweigen: »Das Wissen des Präsidenten um nachrichtendienstliche Informationen, die Gegenstand dieser Untersuchung sind, bleibt geheim, selbst wenn die Geheimhaltung für die Inhalte dieser nachrichtendienstlichen Informationen aufgehoben ist.« Mit anderen Worten: Geheime Details durften veröffentlicht werden, die Namen derer, die sie kannten, aber nicht, so als hänge die nationale Sicherheit davon ab, geheim zu halten, dass George W. Bush mit höchster Wahrscheinlichkeit seit Anfang Juli 2001 wusste, dass eine Katastrophe auf dem Weg war.

Trotz all der Hinweise auf eine mögliche Attacke in den USA hielten die Behörden ein anderes Ziel für wahrscheinlicher. Der G-8-Gipfel von Genua im Juli 2001 galt als mögliches Terrorziel Nr. 1. Im Mai hatte die CIA Anhaltspunkte für geplante Angriffe auf amerikanische Einrichtungen im Jemen und in Italien bekommen. Im Juni unterrichtete die ägyptische Regierung die USA über eine Drohung Osama bin Ladens, einen Anschlag mit einem Flugzeug auf den Tagungsort der Staats- und Regierungschefs verüben zu wollen. Das bestätigte der ägyptische Präsident Hosni Mubarak Ende September 2001 in einem Interview mit der französischen Tageszeitung *Le Figaro*. Er bezog sich dabei auf ein Video Osama bin Ladens vom 13. Juni 2001. Es sei darin, so Mubarak, von einem »Flugzeug, gefüllt mit explosivem Material« die Rede gewesen.

Die italienischen Sicherheitsbehörden, die eine ähnliche Warnung erhalten hatten, schlossen für die Zeit des Gipfels den Luftraum über Genua und stationieren Luftabwehrraketen in der Stadt. Nach Informationen aus deutschen Regierungskreisen war dies auch der Grund für die kurzfristige Entscheidung des Secret Service, George W. Bush und die gesamte amerikanische Delegation nicht, wie ursprünglich geplant, auf einem Schiff im Hafen von Genua unterzubringen.[12]

Vielleicht handelte es sich nur um ein geschicktes Ablenkungsmanöver von Osama bin Laden, denn Genua blieb von Terrorattacken verschont. Aber hätten die Dienste die Details der Drohung auch angesichts ähnlicher Hinweise aus den Monaten zuvor zu Ende gedacht, hätten sie unweigerlich auch darüber nachdenken müssen, wie denn ein Anschlag mit einem Großraumflugzeug auf ein bestimmtes Gebäude verübt werden könnte. Hätte man den Piloten dazu zwingen können? Wäre ein Terrorist an seine Stelle getreten? Und wo wäre dieser für seine Aufgabe trainiert worden? Genau dieses Szenario – der Austausch des Piloten durch entsprechend ausgebildete Terroristen – war den Ermittlern durch den »Bojinka«-Plan doch längst bekannt.

Der Gedanke, dass der Feind sich in den USA selbst vorbereiten und dort zuschlagen könnte, lag offenbar nicht nah genug, sonst hätten die Sicherheitsbehörden spätestens nach der Festnahme von Zacarias Moussaoui in Minnesota und den alarmierenden Einzelheiten aus dem Phoenix-Memo die richtigen Schlussfolgerungen ziehen müssen. Tatsächlich gab es für die Geheimdienste keine Entwarnung, nachdem der G-8-Gipfel und fast der komplette Juli ohne besondere Vorkommnisse verstrichen waren. Die CIA meldete Hinweise, dass Al-Qaida die erwarteten Operationen um ein bis zwei Monate aufgeschoben habe. Umso unverständlicher ist, dass George W. Bush, der täglich über die Bedrohungslage informiert wurde, seelenruhig einen überlangen Sommerurlaub antrat, um Golf zu spielen und Fische zu fangen. Unterbrochen wurde seine Erholung nur einmal, als am 6. August auf seiner Ranch in Crawford, Texas, all die genannten und Dutzende weiterer Hinweise zur Sprache kamen. Die CIA war davon überzeugt, dass Osama bin Laden unbedingt in den USA zuschlagen wollte. Deshalb standen über einem Artikel des Geheimberichts, der dem US-Präsidenten an diesem Tag übergeben wurde, gleich neben dem Top-Secret-Stempel die Worte: »Bin Laden Determined to Strike in U. S.« Überbringer des brisanten Dossiers war der CIA-Chef höchstpersönlich. George Tenet informierte den Präsidenten über das gesamte Ausmaß der Bedrohung. Im Bericht, der vor allem auf Al-Qaida-Aktivitäten in den Vorjahren einging, hieß es: »Nach FBI-Informationen zeigen sich Muster für verdächtige Aktivitäten in den USA, die auf Flugzeugentführungen oder andere Attacken hindeuten. Dazu gehören auch Ausspähversuche von Bundesgebäuden in New York in jüngerer Zeit.« Das FBI führe etwa 70 Ermittlungen innerhalb der USA in Zusammenhang mit Osama bin Laden durch und untersuche einen Hinweis, nach dem »Anhänger bin Ladens in den USA eine Attacke mit Sprengstoff planten«. Aber übermäßig zu beunruhigen schien das den amerikanischen Präsidenten nicht, denn schon am nächsten Tag ließ er sich wieder scherzend beim Golfspielen filmen.

Am 10. September 2001 gab es die vorletzte Chance für die amerikanischen Behörden, auf die drohende Gefahr aufmerksam zu werden. Die Computer der National Security Agency zeichneten zwei Telefongespräche zwischen Al-Qaida-Anhängern in Saudi-Arabien und führenden Mitgliedern der Terrororganisation in Afghanistan auf. »Morgen ist die Stunde Null«, hieß es da und: »Das Spiel beginnt morgen« mit einem »großen Angriff«.[13] Aber die Auswertung der Gespräche erfolgte erst Tage nach den Anschlägen vom 11. September. Das war keine Schlamperei, sondern der normale Ablauf in der Abhörpraxis der Dienste. Die tägliche Informationsflut ließ sich auch mit den schnellsten Computern nicht rechtzeitig analysieren. NSA-Chef Michael Hayden sagte mir dazu: »Es ist nicht peinlich, dass so etwas einen Tag gebraucht hat, um entdeckt zu werden. Hätten wir diese Unterhaltung früher bemerkt und berichtet, wäre es nur die 34. Nachricht in diesem Sommer gewesen, dass Al-Qaida etwas plant.« Doch die NSA hatte in den Monaten zuvor wiederholt Gespräche eines Operationszentrums der Al-Qaida im Jemen belauscht und dabei nicht bemerkt, dass besonders verdächtige Anrufe aus den USA kamen – von Khalid al-Midhar. Auch hier sieht Hayden kein Versagen seiner Behörde: »Es gab schließlich legale Beschränkungen. Und nichts an dem Inhalt wies darauf hin, dass diese Leute in den USA waren. Vielleicht war es eine verpasste Gelegenheit, aber wir taten, was wir tun durften.« Der Spielraum der Geheimdienste würde sich nach Nine Eleven schlagartig vergrößern.

Nach einem geheimen Dokument, das die Enthüllungsplattform WikiLeaks 2011 veröffentlichte, hatten die USA im Sommer 2001 noch eine bisher unbekannte Chance, die Terroranschläge vom 11. September zu verhindern. Demnach gab es eine weitere Terrorzelle, die wenige Wochen vor den Attacken am 15. August 2001 von London aus in die USA eingereist war, um die Ziele für Nine Eleven auszuspähen. Sie filmte das World Trade Center, das Weiße Haus, das Pentagon und das CIA-Hauptquartier. So steht es in einer geheimen Depesche der US-Botschaft in Doha (Katar) an das Heimatschutzministerium in Washington, die auf den 11. Februar 2010 datiert ist.

Die mutmaßlichen Terroristen Meshal al-Hajri, Fahad Abdullah and Ali Alfehaid, allesamt Staatsbürger von Katar, sollen den Attentätern um den Hamburger Studenten Mohammed Atta zugearbeitet oder selbst eine weitere Flugzeugentführung geplant haben. Nach ihrer Aufklärungsmission an der Ostküste flogen sie am 24. August nach Los Angeles, wo sie sich in einem Hotelzimmer nahe dem Flughafen einmieteten. Die Rechnung wurde von einem der Geldgeber der Attentäter vom 11. September bezahlt. Auf ihrem Zimmer, so erinnerte sich das Reinigungspersonal später, hatten die jungen Männer Pilotenuniformen und Computerausdrucke mit Fluglisten und Namen von Piloten.

Am 10. September 2001 waren sie auf einen Rückflug von Los Angeles nach Washington gebucht, den sie aber nicht antraten.

Das bisher unbekannte Terrorteam flog stattdessen am 10. September über London zurück nach Katar. Die Verdächtigen werden immer noch weltweit gesucht. Ebenso wie ein Mann namens Mohammed al-Mansoori, der ihnen bei ihrem Aufenthalt in Kalifornien geholfen haben soll. Dass diese Information fast zehn Jahre lang zurückgehalten wurde, fördert nicht unbedingt das Vertrauen in die amerikanischen Sicherheitsbehörden.

Wie bereits dargestellt, hätte der Plan der Terroristen selbst wenige Stunden vor den verheerenden Anschlägen noch vereitelt werden können, wenn die Sicherheitskontrollen an den Flughäfen besser funktioniert hätten. Zumindest die bereits auffällig gewordenen Terroristen, Khalid al-Midhar und Nawaf al-Hazmi, hätten gestoppt werden können und mit ihnen vielleicht auch die Entführung einer der vier Maschinen. Die Bush-Administration hat nie akzeptiert, dass sie dreist ausgetrickst wurde. Im Oktober 2001 war Bundesinnenminister Otto Schily zu Besuch bei US-Justizminister John Ashcroft, um über die Zusammenarbeit zwischen den Sicherheitsbehörden beider Länder zu beraten. Bei der abschließenden Pressekonferenz musste sich der Deutsche freundlich lächelnd anhören, wie sein amerikanischer Kollege Hamburg als Zentrale und Deutschland als Drehscheibe des Terrors anprangerte. Schily ärgerte sich darüber, wie er mir sagte: »Es gab die leichte Tendenz, die Verantwortung auf Deutschland zu schieben. Ich habe widersprochen. Die USA mussten auch lernen, dass sie zum Teil blind waren.« Tatsächlich hatten die Täter Monate, einige sogar Jahre, mitten in Amerika gelebt und sich in aller Seelenruhe auf ihr Unterfangen vorbereiten können.

Dafür hat in den USA bis heute niemand die Verantwortung übernommen, kein Minister und kein CIA-Chef. Noch bevor George Tenet beim jäh unterbrochenen Frühstück am 11. September der Name des Flugschülers Moussaoui in den Sinn kam, hatte er schon den Namen seines Herrn ausgesprochen. »Das deutet alles auf bin Laden hin. Ich muss jetzt gehen.«[14] Für

Tenet war es keine Überraschung, dass Al-Qaida für solch einen breit angelegten Angriff verantwortlich war. Er kannte die Warnungen der vorangegangenen Monate und die angespannte Bedrohungslage; er erahnte die Rolle Moussaouis und musste auch über die Details früherer Anschläge Bescheid wissen. Dass er, wie andere Experten in der Welt der Nachrichtendienste, nicht in der Lage war, die richtigen Schlüsse zu ziehen, das Undenkbare zu denken, kann man ihm persönlich kaum vorwerfen.[15] Er und viele andere Funktionsträger waren in eine selbstgestellte Falle gelaufen. Sie hatten den Gegner nicht ernst genug genommen, obwohl es eine Vielzahl von Hinweisen gab, die gerade das Gegenteil nahelegten. Der Öffentlichkeit waren diese Informationen nicht zugänglich, sie musste sich auf ihre Funktionsträger verlassen. Und die hatten versagt.

Das wütende Memo des Terrorismusexperten Richard Clarke hatte immerhin dafür gesorgt, dass der Entwurf einer Direktive des Präsidenten kurz vor den Anschlägen noch einmal deutlich verschärft worden war. Der Sturz des Taliban-Regimes in Afghanistan wurde nun zum Ziel erklärt. Endlich gab es ein klares, politisches und militärisches Konzept für das Vorgehen gegen Al-Qaida und die Taliban. Es trug das Datum 10. September 2001.

Der Kampf zwischen Gut und Böse

Denkt man sich den 11. September einfach weg – als hätte er nie stattgefunden –, sieht es beinahe so aus, als würde die Bush-Administration nur dort weitermachen, wo sie am Abend des 10. September aufgehört hatte: mit dem Plan, einen Regimewechsel in Afghanistan herbeizuführen. Der Präsident musste nur noch den entsprechenden Exekutivbefehl unterzeichnen. Tatsächlich aber verlieh die Katastrophe von New York und Washington dem regional geplanten Vorgehen eine globale Dimension. Es wurde ein weltweiter Krieg gegen den Terrorismus ausgerufen, ein Krieg, der möglicherweise niemals enden würde. Die Weichen dafür wurden in den Tagen nach dem 11. September gestellt. »Die ersten 36 Stunden – die Treffen und Debatten nach der unmittelbaren Krise – waren entscheidend«, so erinnert sich später Verteidigungsminister Donald Rumsfeld. Statt Mikro-Management zu betreiben, habe man neue »Konzepte und eine strategische Ausrichtung entwickeln« müssen. Das Zitat entstammt einer achtteiligen Artikelserie, mit der der *Washington Post* im Januar 2002 ein tiefer Einblick in das Denken und Handeln der Bush-Administration gelang.[16] Die folgende Beschreibung ist in Teilen dieser Darstellung entlehnt, bestätigt und ergänzt durch eigene Hintergrundgespräche und Interviews mit unmittelbar Beteiligten wie Donald Rumsfeld, Sicherheitsberaterin Condoleezza Rice, Justizminister John Ashcroft, NSA-Chef Michael Hayden und weiteren Beratern des amerikanischen Präsidenten.

Nach der Beratung des Kriegskabinetts im Bunker unter dem Weißen Haus verbringt George W. Bush eine unruhige Nacht. Weil angeblich ein Flugzeug auf Washington zusteuert, werden seine Frau und er von den Leibwächtern des Secret Sevice geweckt und in den Bunker gebracht. Ein Fehlalarm. In seinem

Tagebuch vergleicht der Präsident den 11. September mit dem japanischen Angriff auf Pearl Harbor. Nun will er, wie er schreibt, »die Welt gegen den Terrorismus mobilisieren«.

Am Morgen des 12. September möchte er am liebsten sofort zurückschlagen und weiß dabei auch schon einige seiner Verbündeten hinter sich. Am Vortag hatte Russlands Präsident Wladimir Putin seine Hilfe im Kampf gegen den Terrorismus zugesagt, Bundeskanzler Schröder versprach die »uneingeschränkte Solidarität« Deutschlands. Nun ist Tony Blair am Telefon und redet von »totaler Unterstützung«. Aber Bush will nicht mit teuren Raketen und Bomben auf »leere Zelte« feuern. Die Schadenfreude der Islamisten wäre ihm sicher gewesen. Sie hätten solch einen überhasteten Vergeltungsschlag als Zeichen für Amerikas Ohnmacht und Unfähigkeit gefeiert. Tatsächlich sind die Trainingslager der Al-Qaida in Afghanistan leer, die Terroristen haben sich in Erwartung eines amerikanischen Luftangriffs in den Bergen versteckt.

So berichtet es CIA-Chef Tenet beim Frührapport im Oval Office. Einige Informanten haben dem Geheimdienst von der Freude der Al-Qaida-Führung über den gelungenen Angriff auf die USA erzählt, ein weiterer Beweis dafür, dass Osama bin Laden der Drahtzieher hinter der Attacke ist. Die CIA, so empfiehlt Tenet dem Präsidenten, solle zur Speerspitze im Kampf gegen den Terrorismus werden. Agenten könnten in Afghanistan den bewaffneten Widerstand gegen das Taliban-Regime unterstützen und das Terrain für amerikanische Bodentruppen sondieren. Auch paramilitärische Einheiten stünden für den Einsatz bereit. Sie könnten den Bombern der US-Luftwaffe die notwendigen Zielkoordinaten liefern. George W. Bush verlangt einen umfassenden Plan, aber zunächst will er die Nation auf den kommenden Krieg vorbereiten, »ohne die Öffentlichkeit zu erschrecken«.

Bei der Besprechung im Kabinettszimmer kommt es zu einer kleinen Szene zwischen FBI-Chef Robert Mueller und Justizminister John Ashcroft, die ein Vorzeichen für das radikale Umdenken im amerikanischen Sicherheitsapparat ist. Mueller, der erst seit acht Tagen im Amt ist, trägt den Stand der Ermittlungen vor. Man müsse beim Sammeln der Beweise extrem sorgfältig und vorsichtig sein, um keine Indizien zu zerstören. Schließlich sollen auch mögliche Helfer der Attentäter vom 11. September später noch rechtskräftig verurteilt werden können. »Diese Diskussion sollten wir sofort beenden«, unterbricht ihn der Justizminister, »die wichtigste Mission der Strafverfolgungsbehörden ist, eine weitere Attacke zu verhindern und Komplizen oder Terroristen zu schnappen, bevor sie uns erneut angreifen. Wenn wir sie aufgrund fehlender Beweise nicht vor Gericht bringen können, dann ist es eben so.« Es ist ein Paradigmenwechsel. Nine Eleven hat das Selbstverständnis der Sicherheitsbehörden grundlegend verändert. Die Prävention hat absoluten Vorrang vor allem anderen – da ist es nur noch ein kleiner Schritt zur Aufweichung rechtsstaatlicher Prinzipien, weil der Zweck jedes Mittel zur Erreichung des Ziels rechtfertigt. Noch ist es nur eine spontane Reaktion des Justizministers, später wird es zur offiziellen Politik der US-Regierung. In einem Interview erklärte mir John Ashcroft im Mai 2002 den Grund für seinen Ausbruch. Er habe unter dem Eindruck eines Gesprächs mit George W. Bush am Abend des 11. September im Bunker unter dem Weißen Haus gestanden: »Ich hatte Gelegenheit, mit dem Präsidenten zu reden. Und als wir analysierten, was geschehen war und wie wir darauf reagieren sollten, wurde mir sehr klar, dass der Präsident so etwas nie wieder passieren lassen wollte und dass von nun an die Prävention absoluten Vorrang haben musste.« Ashcroft nahm dies als persönlichen Auftrag seines Freundes und sah es als seine vaterländische Pflicht an, jede noch so kleine Bedrohung schon im Keim zu ersticken. Dafür solle er, so die Weisung des Präsidenten, auch ungewöhnliche Maßnahmen in Betracht ziehen, um das Risiko zu minimieren.

Der Zwischenfall zeigt, wie sehr sich die Erlebnisse des 11. September und die Ohnmacht gegenüber den Ereignissen in die Psyche und das politische Denken führender Regierungsmitglieder eingegraben haben. Obwohl es George W. Bush und seine Berater vermutlich niemals öffentlich eingestehen werden, so musste sie angesichts der vielfältigen Warnungen und Hinweise im Vorfeld der Anschläge das Gefühl umtreiben, versagt und die Bevölkerung im Stich gelassen zu haben. Es ist das Schuldgefühl der Überlebenden – und zwar im doppelten Sinne. Keines der Regierungsmitglieder ist dem Angriff der Terroristen zum Opfer gefallen. Allerdings hätte es einige von ihnen ihr Amt kosten können, wenn die Versäumnisse im Vorfeld des 11. September an die Öffentlichkeit gelangt wären. Insbesondere der CIA-Chef, der Justizminister, der Verteidigungsminister und die Sicherheitsberaterin haben ein effektives und schnelles Vorgehen gegen die terroristische Bedrohung in den ersten Monaten der Bush-Administration behindert oder müssen ein eklatantes Versagen ihrer Behörden verantworten. Doch George W. Bush wird sie nicht zur Verantwortung ziehen, nicht zuletzt, weil er selbst versagt hat. Später wird Bush jeden Einzelnen von ihnen – allen voran CIA-Chef George Tenet – gegen öffentliche Kritik verteidigen. Die Berater des Präsidenten bestreiten im Gegenzug auch auf bohrende Nachfragen der Medien monatelang, dass es ausdrückliche Warnungen gegeben hat.

Der Fernsehsender CBS wird erst am 16. Mai 2002 das beschriebene Geheimtreffen in Crawford vom 6. August 2001 aufdecken. In einer denkwürdigen Pressekonferenz beteuert daraufhin die nationale Sicherheitsberaterin Condoleezza Rice, dass man damals wirklich nur »aus einer historischen Perspektive« über die Methoden bin Ladens gesprochen habe und dass dabei keinerlei »spezifische Warnungen« diskutiert worden seien.[17] Eine glatte Lüge. Nine Eleven hat den engeren Führungszirkel um den Präsidenten offenbar zur Schicksalsgemeinschaft zusammengeschmiedet, in der sich alle Beteiligten gegenseitig den Rücken decken, unabhängig davon, ob sie lügen, betrügen, nationales und internationales Recht brechen, Folter oder gar Morde verantworten müssen.

Im kleineren Kreis seines Kriegskabinetts legt der Präsident am Morgen des 12. September die Marschroute fest. Zunächst wolle man sich auf Al-Qaida, die Taliban und Afghanistan konzentrieren. Parallel dazu soll es eine Liste mit Forderungen an Pakistan geben. Danach würde es auf breiterer Front gegen den Terrorismus gehen, insbesondere gegen Staaten, die ihn unterstützen. »Die sind einfacher zu finden als bin Laden«, kommentiert Dick Cheney. Dann dürfen Kamerateams in den Kabinettssaal, und der Präsident erklärt dem weltweiten Terrorismus den Krieg. Am Vortag hat er das Wort Krieg noch eigenhändig aus seiner Rede gestrichen – jetzt brennt er darauf, zurückzuschlagen – nicht unüberlegt, nicht überhastet, aber mit aller Macht. Die Anschläge, so George W. Bush, sind »mehr als nur Terrorakte, sie sind ein Akt des Krieges. Wir haben es mit einem Feind zu tun, der versucht, sich zu verstecken, aber das wird ihm nicht für immer gelingen. Er wähnt sich in Sicherheit, aber das wird nicht so bleiben. Wir werden die Welt um uns scharen. […] Wir werden geduldig sein, fokussiert und standfest in unserer Entschlossenheit.« Und auf einmal ist die Rhetorik des Kalten Krieges wieder da, in dem Amerikas größter Feind als Inkarnation des Bösen galt. »Dies ist«, sagt der Präsident, »ein monumentaler Kampf zwischen Gut und Böse – aber das Gute wird siegen.« Amerika hat eine Mission, bei der die Welt geteilt ist in Freund und Feind.

Es hört sich nicht nur an wie das Weltbild eines »Cowboys«. Auch vor dem 11. September dachte der Texaner häufig in Schwarz-Weiß-Schablonen. Vielleicht hat George W. Bush während der langen Flugstunden auf der Flucht mit der Komplexität der Ereignisse gerungen und sie auf eine einfache Formel gebracht: Das Böse greift die Guten an. Die Guten werden antworten und alle Freunde ihrer Feinde würden nun auch ihre Feinde sein. Der Präsident der Vereinigten Staaten fügt die schrecklichen Bilder von New York und Washington in sein Weltbild ein, in dem für Graustufen und Ambivalenzen kein Platz ist. Viel hat dies mit Bushs religiösen Überzeugungen zu tun. Mit der Unterscheidung zwischen Gut und Böse trifft er den richtigen Ton in einem Land, in dem sich 90 Prozent der Einwohner als religiös bezeichnen. Das zeigt sich an diesem 12. September auch beim Treffen des Präsidenten mit den Anführern der Republikanischen und Demokratischen Partei im Kongress. Die Abgeordneten waren am Vortag von Spezialkommandos der Polizei aus dem Kapitol in Sicherheit gebracht worden. Die Parteispitzen hatten lange Stunden an einem geheimen Ort in der Nähe von Washington ausgeharrt. Die vergangenen neun Monate erbitterter Streitereien in Senat und Repräsentantenhaus sind danach nicht vergessen, aber sie treten in den Hintergrund. Gegenseitiges Vertrauen zwischen dem obersten Befehlshaber und den Volksvertretern ist jetzt wichtiger als die Partialinteressen der Parteien, so sehen es alle Gesprächsteilnehmer.

Einen Blankoscheck für den Krieg werde es aber nicht geben, so der Alterspräsident des Senats. Als der damals 83-jährige Robert Byrd sein Statement beendet, wird es ganz still im Raum: »Ich bete für Sie. Trotz Hollywood und Fernsehen gibt es eine Armee von Menschen, die an den göttlichen Ratschluss und an den Schöpfer glauben. Da stehen Sie, und mächtige Kräfte werden Ihnen zu Hilfe eilen.« Kein Zweifel, das Verhältnis zwischen Präsident und dem amerikanischen Kongress hat sich an diesem 12. September bereits verändert. Es ist der sogenannte »Rally 'round the flag effect«, nach dem sich die Amerikaner in Zeiten der Not um ihre Fahne und ihren Anführer scharen; und dabei übernehmen sie – kritiklos – seine antagonistische Weltsicht. Diese Haltung verstellte nach Nine Eleven den Blick auf die Ursachen der mörderischen Anschläge und auf die möglicherweise fatalen Konsequenzen, die durch die Dimensionsarmut der sogenannten Bush-Doktrin ausgelöst wurden.

Als am Nachmittag der nationale Sicherheitsrat wieder zusammenkommt, wird das Ziel der amerikanischen Politik festgelegt: »Die Eliminierung des Terrorismus – einschließlich der Terrororganisationen, der Netzwerke, der Finanzströme und der Zugänge zu Massenvernichtungsmitteln – als Bedrohung für unseren way of life und für alle freiheitsliebenden Nationen«. Erneut entbrennt eine Diskussion zwischen den Regierungsmitgliedern über die Prioritäten im Krieg gegen den Terrorismus. Nach Ansicht von Verteidigungsminister Rumsfeld könnte eine Konzentration auf Al-Qaida zur Folge haben, dass die Verbündeten den Kampf nur so lange unterstützen, bis Osama bin Ladens Organisation zerschlagen ist. Bei einer weltweiten Kampagne gegen den Terror stünde Amerika dann möglicherweise allein. Alle sind sich der einmaligen Chance bewusst, die die schrecklichen Ereignisse des Vortags bieten. Niemals zuvor konnten sich die USA einer solchen Welle der internationalen Solidarität gewiss sein. Ein globales Bündnis gegen den Terrorismus scheint in Reichweite. Gleichzeitig, so die Sorge, kann sich Amerika nicht erlauben, in seinem Vorgehen auf alle Verbündeten Rücksicht zu nehmen. Die Koalition könnte zum Bremsklotz werden. Als Ausweg aus diesem Dilemma schlägt Außenminister Powell eine »variable Bündnis-Geometrie« vor. Für unterschiedliche Aspekte des Anti-Terror-Kriegs soll es unterschiedliche, multilaterale Bündnisse geben. In einem ersten Schritt geht es um Al-Qaida und das unmittelbare Umfeld. Für den zweiten bringen Donald Rumsfeld und sein Stellvertreter, Paul Wolfowitz, den Irak ins Spiel. Warum nicht gleich die Gelegenheit nutzen, um dieses Problem mitzuerledigen? Die Mehrheit der Berater ist dagegen. Und der Präsident selbst setzt die Prioritäten. Um die Irak-Frage will er sich später kümmern. Jetzt gehe es um einen guten Plan für die Vernichtung der Terroristen und der Regime, die sie unterstützen. Alle Mittel – militärische, polizeiliche, geheimdienstliche, diplomatische und finanzielle – sollen zum Einsatz kommen. Internationale Bündnisse sind ausdrücklich erwünscht, solange sie das amerikanische Vorgehen nicht behindern.

Die Risiken sind noch unkalkulierbar. Lässt sich ein Land wie Afghanistan befrieden? Das hatten doch schon die Briten und die Sowjets versucht. Würde Pakistan destabilisiert und in die Hände islamischer Fundamentalisten fallen? Wie würden sich die Verbündeten verhalten, wenn die uneingeschränkte Solidarität mit Amerika am Ende auch das Leben der eigenen Soldaten kostete? Und wie würde die Öffentlichkeit diesen Krieg wahrnehmen? »Das amerikanische Volk will einen großen Knall«, sagt George W. Bush im Verlauf der Beratungen, »ich muss es überzeugen, dass dieser Krieg in vielen kleinen Schritten ausgefochten wird.«

Am nächsten Tag, dem 13. September 2001, erhält die CIA Hinweise auf unmittelbar bevorstehende neue Anschläge der Al-Qaida. Der Secret Service soll den Präsidenten wieder in den Bunker bringen, aber Bush lehnt ab. Er will sich von den Terroristen nicht seinen Tagesablauf diktieren lassen. Es wird beschlossen, die Sicherheitsmaßnahmen rund ums Weiße Haus zu verschärfen. Alle Mitarbeiter, die nicht dringend erforderlich sind, dürfen nach Hause gehen. Einmal mehr ist es ein Fehlalarm, aber das Gefühl der ständigen Bedrohung hat Einfluss auf die Diskussionen führender Regierungsmitglieder über das weitere Vorgehen. Eile ist geboten.

Im Lagezentrum erklärt der CIA-Chef dem Präsidenten die aktuelle Situation in Afghanistan. Er empfiehlt ein Bündnis mit der Nordallianz, einem losen Verbund von Kampfgruppen und Privatarmeen örtlicher Stammesführer, die seit Jahren im Konflikt mit den Taliban stehen. Rund 20 000 Kämpfer umfasst die bewaffnete Opposition. Ihr wichtigster Anführer allerdings, Ahmad Schah Massoud, ist am 9. September von Selbstmordattentätern der Al-Qaida ermordet worden. Seit Jahren schon wird die

Nordallianz von den USA mit Geldern unterstützt, nun soll die Finanzhilfe massiv aufgestockt werden. Paramilitärische Einheiten der CIA könnten sich den einzelnen Gruppen angliedern und den Angriff auf die Taliban und Al-Qaida koordinieren. Der Leiter des Anti-Terror-Zentrums der CIA, Cofer Black, bezeichnet die verdeckten Operationen als schnell umsetzbar und erfolgversprechend: »Wenn wir mit ihnen fertig sind, werden ihnen Fliegen über die Augäpfel laufen.« Das grausame Bild der verwesenden Leichen gefällt dem Präsidenten und seinen Beratern. Es suggeriert einen baldigen und sichtbaren Erfolg für eine Regierung, die unter großem Handlungsdruck steht.

Diesen Druck soll Außenminister Colin Powell auch an den wichtigsten Gesprächspartner der USA in der Region weitergeben. Die Atommacht Pakistan könnte zur Speerspitze der Konfrontation mit dem Taliban-Regime werden. Aber fundamentalistische Kreise im pakistanischen Militär und im Geheimdienst ISI unterstützen seit Jahren mit Waffen und Geld die selbsternannten Gotteskrieger in Kabul. Pakistans Präsident, General Pervez Musharraf, der sich 1999 an die Macht geputscht hatte, würde einen Umsturz riskieren, wenn er sich mit den USA gegen den Nachbarstaat verbündete. Das Risiko ist Powell und seinem Stab bewusst, als sie einen Forderungskatalog an die Regierung in Islamabad aufstellen. Pakistan soll Al-Qaida-Kämpfer im Grenzgebiet festnehmen und alle logistische Unterstützung für die Terroristen unterbinden, den US-Streitkräften Überflug- und Landerechte, sowie den uneingeschränkten Zugang zu allen Militärbasen des Landes gewähren, alle nachrichtendienstlichen Erkenntnisse und Einreiseinformationen sofort an die USA weitergeben, die Anschläge vom 11. September verurteilen, alle anti-amerikanische Propaganda verbieten und die Treibstofflieferungen an die Taliban einstellen. Die letzte Forderung ist die weitreichendste: »Sollten starke Beweise für die Täterschaft von Osama bin Laden und seines Al-Qaida-Netzwerks sprechen und sollten Afghanistan und die Taliban ihnen weiterhin Schutz gewähren, dann wird Pakistan seine diplomatischen Beziehungen zu den Taliban abbrechen, die Unterstützung der Taliban beenden und den USA in der beschriebenen Form helfen, Osama bin Laden und sein Al-Qaida-Netzwerk zu zerstören.« Kurz nach Übermittlung dieser Forderungen telefoniert Powell gegen halb zwei nachmittags mit dem pakistanischen Präsidenten und stellt ihn vor die Wahl. Er müsse sich entscheiden, ob er auf der Seite der USA stehe oder nicht, die Liste sei nicht verhandelbar. General Musharraf erinnert sich noch heute gut an diese Diskussion. Die Nutzung des pakistanischen Luftraums zum Beispiel sei für ihn »nicht akzeptabel gewesen«, sagte er mir. Man habe sich dann geeinigt. Tatsächlich musste Musharraf in allen Punkten nachgeben. Es ist die erste Anwendung der Bush-Doktrin: Wer nicht für uns ist, ist gegen uns.

Während der ehemalige General Colin Powell statt öffentlicher Ankündigungen den Weg der Telefondiplomatie wählt, um Amerikas Forderungen Nachdruck zu verleihen, setzt sich ausgerechnet ein Zivilist mit martialischen Formulierungen in Szene. Paul Wolfowitz, der stellvertretende Verteidigungsminister, bemühte sich schon seit Monaten, die Regierung für ein militärisches Vorgehen gegen Saddam Hussein zu begeistern. Nun erklärt er vor laufenden Fernsehkameras beim täglichen Pentagon-Briefing: »Es geht nicht einfach nur darum, ein paar Leute zu fangen, um sie zur Rechenschaft zu ziehen. Es geht darum, die Rückzugsgebiete und Nachschubsysteme der Terroristen zu zerstören und jenen Staaten ein Ende zu bereiten, die den Terrorismus unterstützen. Es wird eine Kampagne sein, keine Einzelaktion.« Die Worte »jenen Staaten ein Ende zu bereiten« sind die unverhohlene Ankündigung, gegebenenfalls auch Regierungen zu stürzen. Und gleichzeitig auch die Rechtfertigung für einen langen, vielleicht endlosen Eroberungskrieg. Noch hat die Bush-Administration ihre strategischen und militärischen Ziele nicht offiziell formuliert, deshalb erscheint das Vorpreschen von Paul Wolfowitz als schamloser Versuch, den

Präsidenten noch mehr unter Druck zu setzen. Andere Regierungsmitglieder sind entsetzt. Sie fürchten, dass sich neben dem Irak auch weitere Staaten angesprochen fühlen könnten. Moderate arabische Regierungen könnten verärgert sein. Bei einer Sitzung des Kriegskabinetts am Nachmittag wird der Irak nicht mehr erwähnt. Der Präsident signalisiert, dass er die verdeckten Operationen der CIA in Afghanistan genehmigen will. Vom Generalstabschef verlangt er die möglichen Szenarien und einen genauen Zeitplan für ein militärisches Vorgehen. Colin Powell berichtet von seinem Gespräch mit dem pakistanischen Präsidenten, Finanzminister Paul O'Neill erklärt, mit welchen Maßnahmen die Finanzströme des internationalen Terrorismus abgeschnitten werden sollen. Die geplanten Eingriffe in den Finanzverkehr und die Kontrollmaßnahmen sind so massiv, dass es im Beamtenapparat von Finanz- und Justizministerium große, auch rechtliche, Bedenken gibt. Aber der Präsident wischt die Zweifel beiseite: »Dies ist Krieg, nicht Frieden. Macht es!« Am gleichen Nachmittag noch wird Bush den New Yorkern mehr als 40 Milliarden Dollar als Direkthilfe für die Aufräum- und Wiederaufbaumaßnahmen versprechen. »Koste es, was es wolle«, so ist die Devise zwei Tage nach den Anschlägen.

Die trotzige Entschlossenheit ist auch Folge der tiefen emotionalen Wunden, die der 11. September geschlagen hat. Als Condoleezza Rice an diesem Abend nach Hause kommt, sieht sie im Fernsehen Bilder vom Wachwechsel der königlichen Garde vor dem Buckingham Palast in London, dazu spielt die Kapelle die amerikanische Nationalhymne. Rice fängt an zu weinen. »Ich musste tatsächlich weinen, zum ersten Mal«, sagte mir die Sicherheitsberaterin im Interview. »Es war eine Art Erleichterung, denn in diesen Tagen war die Anteilnahme der anderen sehr wichtig für uns. Die Kanadier, die unsere Flugzeuge in Kanada landen ließen. Die Anrufe von unseren Freunden in Deutschland und Frankreich. Die Briten, die unsere Nationalhymne spielten, die Russen, die stillhielten, als wir unsere Streitkräfte in Alarmbereitschaft versetzten, um einen Konflikt zu vermeiden.« Am Nachmittag war es dem Präsidenten bei einer Pressekonferenz im Weißen Haus ähnlich ergangen. Auf die Frage eines Journalisten nach seinen Gefühlen bricht der mächtigste Mann der Welt in Tränen aus.

Tiefe Trauer und das Gefühl von Ohnmacht, wohl auch von Schuld, fließen in die Beratungen über den »Schlachtplan« mit ein. Der 11. September 2001 hat den Menschen George W. Bush verändert. Während er in den ersten Monaten seiner Präsidentschaft den Eindruck erweckte, die große Verantwortung, die sein Amt mit sich bringt, noch nicht erfasst zu haben, scheint er sich nun zunehmend an seine Rolle als Oberster Befehlshaber zu gewöhnen. Er nimmt den Angriff auf Amerika sehr persönlich. Daraus entwickelt sich fast eine Art Besessenheit, dies auch in Worten und Taten zu reflektieren, gipfelnd in seiner Rede vor dem amerikanischen Kongress am 20. September. Zwischenstation auf dem Weg dahin ist die Gedenkfeier für die Opfer der Terroranschläge in der Kathedrale von Washington am 14. September. Seit dem Vortag hat Bush seine Redenschreiber gedrängt, die Töne der tiefen Trauer in die düsteren Klänge eines heraufziehenden Krieges zu überführen. Nun spricht er vor einem Millionenpublikum davon, dass die Zeit der Tränen und der Wut vorbei sei. Erst in der Not lerne man sich selbst kennen. »Aus dem warmen Mut der nationalen Einheit«, so zitiert er Franklin D. Roosevelt, erwachse »die standfeste Entschlossenheit, unsere Feinde zu besiegen«. Dann erklärt der Präsident die Ohnmacht, die so viele in den letzten Tagen gespürt haben, für beendet: »Der Beginn dieses Konflikts und seine Bedingungen wurden uns von anderen diktiert, aber er wird auf eine Art und zu einer Zeit enden, die wir wählen.«

Dieser 14. September ist eine Mischung aus öffentlicher Inszenierung und eifrigen Vorbereitungen für die erste Offensive gegen den Terrorismus. Schon am Morgen hatte die erste Sitzung des vollständigen Kabinetts nach den Anschlägen von

Dienstag mit stehenden Ovationen für den Kriegspräsidenten begonnen. George W. Bush ist tief gerührt. Im Eröffnungsgebet für die Beratungen bittet Verteidigungsminister Rumsfeld um die notwendige »Geduld, den Tatendrang in Zaum zu halten«. Amerika beginnt mit der Rückkehr zur Normalität. Der Verkehrsminister berichtet, dass der Flugverkehr langsam wieder aufgenommen wird. Der Präsident erinnert an innenpolitische Vorhaben, die trotz der Konzentration auf die Außenpolitik in den Folgewochen nicht unter den Tisch fallen sollen, und rechnet damit, dass der 11. September die Zusammenarbeit mit den demokratischen Abgeordneten im Kongress einfacher macht.

International haben die Ereignisse in Amerika eine große Welle der Solidarität ausgelöst. Und Colin Powell ist fest dazu entschlossen, die Chance zu nutzen, eine große Koalition gegen den Terrorismus zu schmieden. Nach seinen Anrufen bei 35 Staats- und Regierungschefs in den vergangenen Tagen fühle er sich »so multilateral, dass er langsam seekrank« werde. Der Präsident telefoniert an diesem Morgen wieder mit Tony Blair, der ein fünfseitiges Memorandum mit Vorschlägen für den kommenden Krieg geschickt hat. Ein Ultimatum an die Taliban soll möglichen Kampfhandlungen vorangehen. Beide sind sich einig, dass das Vorgehen in Afghanistan nur der Auftakt für eine weltweite Kampagne sein soll und dass in der Katastrophe des 11. September auch die große Chance liegt, gemeinsam mit Russland, China und den arabischen Staaten zahlreiche Konflikte in aller Welt zu lösen. Auf den symbolträchtigsten, den zwischen Israel und den Palästinensern, weist der britische Premierminister hin. Es soll einen neuen Anlauf für den Friedensprozess im Nahen Osten geben. Kurz nach seinem Gespräch mit Tony Blair ruft Bush den israelischen Regierungschef Ariel Scharon an und drängt ihn, alles zu tun, um die Gewalt in seiner Region zu reduzieren. Aber Scharon versteht Nine Eleven eher als einen Beweis dafür, dass die USA – und Israel – viel kompromissloser gegen den Terrorismus vorgehen müssen.

Am Nachmittag – nach seiner kriegerischen Gedenkrede in der Kathedrale – fliegt George W. Bush nach New York. Auch hier gehen Trauer und Ressentiment Hand in Hand. Zuerst steht er mitten in den Trümmern des World Trade Centers. Es ist eine surreale, apokalyptische Szenerie, in der sich eine Menge von verstaubten und aufgewühlten Bergungsarbeitern, Feuerwehrleuten und Polizisten um den Präsidenten schart. Sie jubeln ihm zu und fordern Vergeltung, einer zeigt auf Bush und schreit: »Enttäusche mich nicht!« Dann skandieren sie »USA, USA, USA«. Selbst der Erzbischof von New York, Kardinal Edward Egan, stimmt mit ein. Sie drücken dem Präsidenten ein Megaphon in die Hand, aber trotzdem sind seine Worte kaum zu verstehen. »Ich kann Sie nicht hören«, ruft ein Mann. Und George W. Bush schreit zurück: »Aber ich kann Sie hören. Und der Rest der Welt hört Sie. Und die Leute, die diese Gebäude hier zerstört haben, werden uns alle zusammen schon bald hören.« Kurz danach wird aus dem Kriegsherrn wieder der mitfühlende und tröstende Landesvater. Bush trifft rund 250 Angehörige von Opfern in einem nahegelegenen Konferenzzentrum. Viele von ihnen sind fest überzeugt, dass ihr vermisstes Familienmitglied noch lebt. Es sind Kinder da, die ihre Mutter oder ihren Vater wiederzufinden hoffen. Der Präsident redet mit jeder Familie, fragt Einzelne nach ihrer Geschichte, gibt Autogramme, die sie später dem Vermissten zeigen sollen – wohl wissend, dass alle Hoffnung vergebens ist. Er weint mit ihnen, und hin und wieder zaubert er ein Lächeln auf ihre Gesichter oder entlockt ihnen ein Lachen mit seinen aufmunternden, manchmal scherzhaften Bemerkungen. Es ist der Mensch George W. Bush, wie man ihn vor Nine Eleven kannte – jovial und wohlwollend –, und diese Charakterzüge leben auch in den kommenden Jahren immer wieder auf. Als Führer des mächtigsten Landes der Welt aber ist er härter, unnachgiebiger und auch ein Stück rücksichtsloser geworden. Das wird sich schon am nächsten Tag zeigen.

Bush will den Masterplan für den Krieg gegen den Terrorismus abschließend besprechen und hat dafür sein Kriegskabinett nach Camp David, auf den Landsitz der amerikanischen Präsidenten, eingeladen. Dorthin ist er jetzt unterwegs. Drei Stunden hat er sich für die Familien Zeit genommen, nun ist er müde, aber auch erfüllt von wilder Entschlossenheit. Für sich selbst, so beschreibt er es später in einem Interview mit der *Washington Post*, hat er die wichtigsten Entscheidungen schon getroffen. Der Krieg gegen den Terror wird der »Schwerpunkt unserer Regierungsarbeit«. Der Terrorismus wird ausgerottet, »egal, wie lange es dauert«. Die Kernpunkte der Doktrin sind klar: Wer Terroristen schützt und ihnen hilft, »ist genauso schuldig und wird zur Rechenschaft gezogen«. Dieser Krieg wird an vielen Fronten gleichzeitig geführt – nachrichtendienstlich, finanziell, diplomatisch und militärisch. »Wir werden sie mit allem, was wir haben, angreifen und dabei so umsichtig wie möglich vorgehen.« Auf all das will er sein »Team« in Camp David einschwören, damit niemand von der Regierungslinie abweicht.

Und seit diesem Tag, dem 14. September 2001, hat Bush auch freie Hand für seine Linie. Beide Häuser des Kongresses autorisieren den Präsidenten in einer Resolution, die »notwendige und angemessene Gewalt gegen jene Nationen, Organisationen und Personen anzuwenden, die nach seinem Kenntnisstand die Terroranschläge vom 11. September 2001 geplant, beauftragt, ausgeführt oder unterstützt haben, um dadurch alle künftigen Akte des internationalen Terrorismus gegen die Vereinigten Staaten durch eben diese Nationen, Organisationen und Personen zu verhindern.« Die Bush-Administration hatte die Abgeordneten gedrängt, mit einem Nebensatz die Anwendung von Gewalt explizit auch auf amerikanischem Boden zu erlauben – vergeblich. Aber das macht keinen Unterschied. Die US-Regierung wird im In- und Ausland jede Maßnahme anwenden, die sie im Kampf gegen den Terrorismus für notwendig hält, und sie dann – wie wir später noch sehen werden – auch mit juristischen

Gutachten rechtfertigen. Genau diese Absicht wird schon bei den Beratungen in Camp David deutlich.

Am 15. September hat George Tenet seinen großen Auftritt. Der CIA-Chef, dessen Behörde erheblichen Anteil am Versagen des amerikanischen Sicherheitsapparates hat, will die Scharte wieder auswetzen – mit einer 30-minütigen PowerPoint-Präsentation. Unter dem Titel »Going to War« beschreibt er detailliert das weitere Vorgehen. Die Phase 1 sieht die Vernichtung von Al-Qaida und der Taliban in Afghanistan vor. Ein halbes Dutzend CIA-Teams würden die Vorhut bilden, gefolgt von Special Forces der US-Streitkräfte, die gemeinsam mit der Nordallianz die Hochburgen des Gottesstaates einschließlich Kabul erobern sollen. Tenet fordert, die Militäroffensive in Mazar-e-Sharif im Norden Afghanistans zu beginnen. Auf diese Weise könnten die Nachschubwege nach Usbekistan gesichert werden. Gleichzeitig müsse man die paschtunischen Stämme im Süden mobilisieren.

Parallel dazu will die CIA gemeinsam mit anderen Geheimdiensten die Finanzstrukturen des Terrornetzwerks ausspähen, angreifen und zerstören. Die nötigen Informationen sollen durch geheime Computer-Überwachung und Abhörmaßnahmen gegen islamische Wohltätigkeitsorganisationen gesammelt werden. In einer »weltweiten Angriffs-Matrix« beschreibt Tenet verdeckte Operationen in rund 80 Ländern – von reinen Propagandamaßnahmen über gezielte Einbrüche zur Informationsgewinnung in staatliche Einrichtungen anderer Länder bis hin zur Anwendung tödlicher Gewalt. Der Präsident soll den Agenten freie Hand geben bei der Wahl der Mittel. Eines von ihnen wären unbemannte Predator-Drohnen, die – mit einer Hellfire-Rakete ausgestattet – auch »gezielte Tötungen« der Terrorführer durchführen könnten. Die CIA würde sich mit Partnern verbünden, die es mit den Menschenrechten nicht so genau nehmen, die Entführungen, Folter und Morde zu ihrem Standard-Repertoire zählten. Auch Kontakte mit sogenannten

Schurkenstaaten, so Tenet, seien kein Tabu, wenn man dadurch den Terrorismus besiegen könne.

Das Kriegskabinett ist begeistert. »Großartige Arbeit«, lobt George W. Bush. In diesem Moment hinterfragt niemand die teils fragwürdigen Methoden des Anti-Terror-Kampfes. Tatsächlich erschienen sie niemandem in der Runde fragwürdig. Im Krieg heiligt der Zweck die Mittel. So sieht es auch John Ashcroft, der die Prävention, den Schutz vor weiteren Angriffen, zur obersten Priorität erklärt. Sein Justizministerium arbeitet bereits an dem Gesetzespaket, mit dem er die Kompetenzen der Sicherheitsbehörden so weit ausdehnen will, dass amerikanische Bürgerrechte in Gefahr geraten. Es wird unter dem Namen Patriot Act in die Geschichte eingehen.

Generalstabschef Henry Shelton hat seinen Angriffsplan mitgebracht. Option 1 – ein Luftangriff mit Cruise Missile Raketen – ist schnell vom Tisch. Option 2 – Raketen und Luftangriffe mit Bombern – ebenfalls. Alle votieren für die dritte Option, eine Kombination aus Luftangriffen und einer Bodenoffensive gemeinsam mit der Nordallianz. Aber ihnen ist auch klar, dass es eher Wochen als Tage dauern wird, bis die Soldaten vor Ort sind. Umso wichtiger ist die Vorhut aus paramilitärischen Einheiten der CIA. Es wäre eine Zusammenarbeit zwischen Geheimdienst und US-Streitkräften, wie es sie noch nie gegeben hat. Bis zu diesem Zeitpunkt hatten sich die beiden konkurrierenden Elemente amerikanischer Machtprojektion immer misstrauisch beäugt. In Vietnam hatte das Militär auf seinen eigenen Geheimdienst gesetzt. Die zweifelhaften Operationen der CIA in Mittelamerika und Südostasien galten den Offizieren als suspekt, die den offenen Kampf vorzogen und für Attacken aus dem Hinterhalt nur Verachtung übrighatten. Nine Eleven würde dies ändern.

Die breitangelegte Kampagne gegen den Terrorismus soll auch einen Sinneswandel bei Staaten bewirken, die den Terror bisher geduldet oder gar gefördert haben. So jedenfalls die

Hoffnung von George W. Bush. Wenn es gelänge, die Terroristen aus einigen dieser Länder zu vertreiben, dann würden vielleicht auch Staaten wie der Iran ihr Verhalten ändern. Schließlich gelangt die Diskussion an einen Punkt, an dem sich die US-Regierung entscheiden muss, ob auch Amerika sein Verhalten ändern und die einmalige Chance auf ein multilaterales Vorgehen langfristig nutzen soll. Colin Powell wirft ein, dass eine breite internationale Koalition an der Seite der USA stehe. Wenn der Krieg aber auf andere Terrorgruppen oder Länder ausgedehnt würde, dann könne das Bündnis schnell auseinanderfallen. »Irgendwann sind wir dann vielleicht als Einzige übrig«, antwortet der Präsident, »aber das ist in Ordnung. Wir sind schließlich Amerika.« Zu diesem Punkt gibt es bei den Anwesenden unterschiedliche Wahrnehmungen. Vizepräsident Cheney nimmt Bushs Worte ernst und erkennt in ihnen die Bereitschaft, notfalls auch ohne Verbündete zu tun, was getan werden muss. Colin Powell hält die Äußerung für Gerede. Der Außenminister täuscht sich. George W. Bush will, dass seine Worte an den Taten gemessen werden. Deshalb besteht er auch auf einem Ultimatum an die Taliban. Sie sollen die Chance bekommen, Al-Qaida auszuliefern. »Wenn sie es nicht tun, müssen wir ihnen deutlich machen, dass die Vereinigten Staaten es ernst meinen.« Gleiches gilt auch für Pakistan. Präsident Musharraf ist auf die Forderungen der USA eingegangen, deshalb wird sein Land ein finanzielles Hilfspaket erhalten. Zieht er seine Zusagen zurück, drohen Pakistan Sanktionen. Auch militärische Optionen werden diskutiert. Wäre es nicht sogar sinnvoll, ein zweites Ziel anzugreifen, falls der Einsatz in Afghanistan kein Erfolg würde? Hätten die US-Streitkräfte die Kapazitäten, um Amerikas Anti-Terror-Krieg auch auf andere Länder auszudehnen?

Auf einmal ist das Thema Irak wieder auf dem Tisch, und Paul Wolfowitz drängt ein weiteres Mal, auch Saddam Hussein zum Ziel des Anti-Terror-Kampfes zu erklären. Immerhin sei er ein brutaler Diktator, eine Bedrohung für die benachbarten Länder und obendrein vielleicht bald im Besitz von Massenvernichtungsmitteln. Donald Rumsfeld merkt an, dass man früher oder später sowieso gegen den Irak angehen müsse, wenn man den Krieg gegen den Terrorismus wirklich gewinnen will. Powell hält dagegen. Erst Afghanistan. Wenn Amerika hier erfolgreich sei, könne man die Verbündeten vielleicht auch für ein Vorgehen gegen Saddam Hussein gewinnen, sofern sich eine Verbindung zu den Anschlägen vom 11. September nachweisen ließe. Auch George W. Bush hat Bedenken. Er will nicht »zu viele Dinge« gleichzeitig angehen, weil der fehlende Fokus ein »großes Risiko« darstelle. Der Präsident beendet kurzerhand die Diskussion, indem er eine lange Mittagspause verordnet – zum Nachdenken.

Einige Stunden später kommt das Kriegskabinett zu einer Abschlussrunde zusammen. Reihum fragt der Präsident seine Berater nach ihrer Empfehlung, allen voran Colin Powell. Der Außenminister erinnert daran, dass in den Augen der Welt nur der 11. September die Rechtfertigung für den Krieg liefert. Deshalb sei das Ziel Afghanistan, nicht Irak, weil es keinerlei Beweise für eine Verwicklung Saddam Husseins gebe. Und einen Plan für einen ausgewachsenen Krieg gegen den Irak gebe es auch nicht. Auch Verteidigungsminister Rumsfeld plädiert nun für Geduld, um die Fähigkeit für einen langen Krieg nicht zu unterminieren. George Tenet und Andrew Card, der Stabschef des Weißen Hauses, wollen die offene, militärische Operation in Afghanistan mit verdeckten Operationen in anderen Ländern verbinden. Der Irak, so Card, sei kein vordringliches Ziel. Zum Schluss empfiehlt auch der Vizepräsident, mit dem Irak noch zu warten. Dick Cheney will die Gelegenheit nutzen, Amerikas Einfluss im Nahen und Mittleren Osten zu stärken. Diese Chance habe der 11. September eröffnet. Dann werde man weitersehen. Jetzt seien zunächst Osama bin Laden, Al-Qaida und die Taliban die Ziele, Saddam Hussein vielleicht später. Über allem, so Cheney, stehe aber die Prävention durch den offensiven Kampf und die Verteidigung der Heimat. Alles müsse getan werden, um eine weitere Attacke zu verhindern.

George W. Bush behält sich die Entscheidung vor. Er will darüber nachdenken und spätestens bis zum Montagmorgen seinen Entschluss mitteilen. Nach dem Abendessen versuchen sich seine Berater abzulenken. John Ashcroft spielt Klavier. Condoleezza Rice singt Lieder wie »God bless America«. Der Präsident ist mit einem Puzzle beschäftigt. Die Szene, wie sie von der *Washington Post* beschrieben wird, hat etwas Beschauliches, ein Stück heile Welt mitten in einer finsteren Zeit. Wie düster sie werden könnte, davon vermittelt bereits der nächste Tag einen Eindruck. Der Vizepräsident lässt sich von Camp David aus als Gesprächspartner in die Sonntags-Talkshow von NBC, »Meet the Press«, schalten. Vor Millionen von Zuschauern erläutert Dick Cheney die Besonderheiten im Krieg gegen den Terrorismus, in dem »die Regierung, gewissermaßen, auch auf der dunklen Seite arbeiten muss. Vieles von dem, was jetzt getan werden muss, wird in aller Stille getan werden müssen, ohne jede Diskussion. Wir müssen die Kontakte und Methoden unserer Nachrichtendienste nutzen, wenn wir erfolgreich sein wollen. Das ist die Welt, in der diese Leute operieren. Und deshalb ist es entscheidend, alle uns zur Verfügung stehenden Mittel zu nutzen, um unser Ziel zu erreichen.«

Die »dunkle Seite«, das klingt nach Star Wars und Hollywood, aber hier geht es um die Wirklichkeit. Die sachliche Diskussion der vorhergehenden Tage ist getrieben und überlagert vom Trauma des 11. September und vom tiefen Schuldgefühl der Regierungsmitglieder. Auch wenn vielen Beobachtern in diesem Moment nicht klar ist, welche gravierende Veränderung Nine Eleven in der Psyche der letzten verbleibenden Supermacht verursacht hat, sind Cheneys Worte doch die Vorboten eines schmutzigen Krieges, in dem der Zweck jedes Mittel heiligt. Ausgesprochen vom Vizepräsidenten der Vereinigten Staaten wirkt es wie eine amtliche Genehmigung zur Verletzung nationalen und internationalen Rechts. Es ist ein Moment, in dem sich die Amtsträger eines demokratischen Systems auf unheimliche Weise Osama bin Laden und den Terroristen anverwandeln, die ebenfalls fest überzeugt davon sind, das absolut Gute zu tun. Gut und Böse sind Kategorien, die der Präsident selbst zum Maßstab seiner Politik gemacht hat. Insofern befindet sich sein Stellvertreter auf Linie.

Als George W. Bush am Sonntagnachmittag aus Camp David ins Weiße Haus zurückkehrt, begeht er einen schweren Fehler. Gegenüber Reportern nennt er den bevorstehenden Krieg einen »Kreuzzug«. Die fahrlässige Bemerkung löst bei Muslimen weltweit Ärger und Ängste aus; die Islamisten werden sie später in Propagandavideos als Beleg dafür nutzen, dass der Anti-Terror-Kampf in Wahrheit – wie sie sagen – ein »christlich-zionistischer Vernichtungsfeldzug gegen den Islam« ist. Ein denkbar schlechter Start für die Kriegs-PR.

Dabei sollen doch die Medien eines der wichtigsten Werkzeuge im Krieg gegen den Terrorismus werden. Deshalb trifft sich der Präsident mit Condoleezza Rice, seiner Beraterin Karen Hughes sowie Dan Bartlett und Ari Fleischer aus der Presseabteilung des Weißen Hauses, um sie auf die Aufgabe einzuschwören. Es werde zahlreiche Aspekte dieses Kampfes geben, der mit geheimen Mitteln geführt wird, so Bush. Darüber dürfe niemand reden. Lecks und Durchstechereien werde er nicht dulden. Für die operationalen Details sei ausschließlich das Pentagon zuständig, andere Aspekte dagegen, wie die Maßnahmen gegen die Finanzströme der Terroristen, müssten möglichst einfach und verständlich erklärt werden, am besten mit Hilfe visualisierter Beispiele. Der Präsident will seinen Mitarbeitern klarmachen, dass sie für die Zustimmung an der Heimatfront zuständig sind. In einem Interview mit der *Washington Post* wird er später sagen: »Wir mussten dem amerikanischen Volk erklären, dass wir unter Beschuss stehen und dass wir etwas dagegen tun würden. Ich hatte die Aufgabe, Entschlossenheit zu zeigen, meine Entschlossenheit als Oberster Befehlshaber, der alles tun würde, um zu gewinnen. Kein Zurückweichen, kein Wanken, keine juristischen Haarspaltereien.« Ganz offenbar stimmt George W. Bush mit den Äußerungen seines Stellvertreters im Fernsehen an diesem Morgen überein. Jedes Mittel ist im Einsatz gegen den Terrorismus gerechtfertigt. Diese Haltung breitet sich unter dem Eindruck von Nine Eleven in den verschiedensten Bereichen der US-Regierung aus.

Der Präsident gibt seinen Beratern den Auftrag, eine große Rede an die Nation vor beiden Häusern des Kongresses vorzubereiten. Sie soll das Ende des Parteiengezänks, die neue Einigkeit und Entschlossenheit Amerikas hervorheben und die Nation auf den Krieg einschwören, der sich nicht gegen Einzelne, sondern gegen das Phänomen des globalen Terrorismus richtet. Nach dem Termin mit seinem Presseteam bittet George W. Bush seine Sicherheitsberaterin, noch einige Minuten dazubleiben. Er diktiert ihr die Befehle, die er am Montagmorgen bei der Sitzung des Kriegskabinetts erteilen will. Auf einem Blatt Papier notiert Condoleezza Rice eine Liste mit elf Punkten – den Schlachtplan für den Krieg gegen den Terrorismus. Die CIA soll sofort mit der Unterstützung der Nordallianz in Afghanistan beginnen, während das US-Militär die Offensive gegen die Taliban vorbereitet. Neben den Luftangriffen ist auch der Einsatz amerikanischer Bodentruppen vorgesehen. Bush fordert Colin Powell auf, den Gotteskriegern in Kabul noch am selben Tag ein Ultimatum zu stellen. Sie sollen Osama bin Laden und die Al-Qaida ausliefern. Tun sie das nicht, werden sie selbst angegriffen.

Im Kriegskabinett am Montag gibt der Präsident auch eine neue Order an Justizministerium und Sicherheitsbehörden: Absolute Priorität hat ab sofort die Vereitelung künftiger Attacken. Zu diesem Zweck sollen den Ermittlern mit einem neuen Gesetz weitreichende Befugnisse zugestanden werden. Die Debatte um das weitere Vorgehen gegen den irakischen Diktator Saddam Hussein beendet Bush in der Sitzung – vorerst – mit den Worten: »Ich glaube, dass der Irak [in die Anschläge] verwickelt ist, aber ich werde ihn jetzt nicht angreifen. Bisher fehlen mir dafür noch die Beweise.« Dennoch gibt der Präsident den Befehl, an den Plänen für einen Irakkrieg weiterzuarbeiten.

Am Nachmittag des 17. September soll Bush im Verteidigungsministerium ein Briefing über den Stand der Vorbereitungen für einen möglichen Afghanistan-Feldzug bekommen. Auf einer Seite der vorbereiteten PowerPoint-Präsentation steht: »Unkonventionell denken – Vergiftung des Lebensmittelnachschubs.« Aber solch ein Angriff mit biologischen oder chemischen Waffen wäre eine Verletzung internationalen Kriegsrechts. Ein Berater des Präsidenten entdeckt die menschenverachtende Formulierung, und Condoleezza Rice lässt die entsprechende Seite nach Rücksprache mit Verteidigungsminister Rumsfeld entfernen, bevor Bush sie zu sehen bekommt. Offenbar liegt ein Hauch von Wild West in der Luft, denn kurz darauf erinnert Bush vor Reportern im Pentagon an das alte Plakat: »Gesucht – tot oder lebendig.« In diesem Geist unterzeichnet er noch am selben Tag ein zehnseitiges Memorandum, das den Kompetenzbereich der CIA erweitert: Sie darf bin Laden mit allen denkbaren Mitteln fangen oder töten und auch gegen das gesamte Al-Qaida-Netzwerk weltweit mit Gewalt vorgehen. »Streng geheim« ist dieser Freischein für die CIA, mit dem der Geheimdienst später auch völker- und menschenrechtswidrige Maßnahmen rechtfertigen wird.

Schon am nächsten Morgen, dem 18. September 2001, berichtet George Tenet im Kriegskabinett, dass ein erstes CIA-Team auf dem Weg nach Afghanistan sei. Auch die militärischen Vorbereitungen laufen auf Hochtouren. Parallel dazu arbeiten die Redenschreiber des Präsidenten an der geplanten Rede vor dem Kongress. Ganz ohne Pathos kommt sie nicht aus. Die Taliban, so heißt es im Entwurf, »werden dem Pfad bis zu seinem

Ende folgen – in das namenlose Grab der Geschichte voller ent-
hüllter Lügen«. Das ist selbst dem Präsidenten zu viel. Nach der
Kabinettssitzung erklärt George W. Bush seinen Redenschrei-
bern, was genau ihm vorschwebt. Der Krieg werde seine Präsidentschaft kennzeichnen und er wolle dem amerikanischen Volk
am Ende der Rede ein persönliches Versprechen geben, eine Art
Schwur, in diesem Kampf niemals nachzulassen. Kurz danach
empfängt Bush den französischen Präsidenten. Jacques Chirac
drängt darauf, dass die Vereinigten Staaten nicht im Alleingang,
sondern nur innerhalb einer internationalen Koalition handeln.
Bush beruhigt ihn, obwohl er längst entschieden hat, dass ihm
Verbündete zwar willkommen sind, er aber keine Rücksicht auf
sie nehmen wird. Beim Abendessen sprechen die beiden Präsidenten auch über die Taliban und den Irak. Von möglichen
Kriegsplänen gegen Saddam Hussein sagt Bush nichts.

Mittwoch, der 19. September ist angefüllt mit Beratungen
über die Rede. Den ganzen Tag über treffen Anregungen und
Bedenken zum vorliegenden Entwurf aus den verschiedenen
Ministerien ein. Die meisten werden von Karen Hughes, die
gemeinsam mit dem Präsidenten letzte Hand anlegt, zur Kennt-
nis genommen und zu den Akten gelegt. Mehrfach übt George
W. Bush seine Ansprache, die er am nächsten Abend halten will.
Im Kriegskabinett wird noch einmal diskutiert, ob der Name
Osama bin Laden in der Rede überhaupt erwähnt werden soll.
Donald Rumsfeld befürchtet, dass dem Al-Qaida-Chef damit zu
viel Bedeutung beigemessen würde. Am Ende wird George W.
Bush dem Einwand seines Verteidigungsministers nicht folgen.
In einem anderen Punkt dagegen wird das Skript noch einmal
verändert. Die Formulierung »Staaten, die künftig Terrorismus
unterstützen« ermöglicht es Ländern wie Libyen und Syrien,
sich trotz ihrer Vergangenheit zum neuen Kampf gegen den
Terrorismus zu bekennen. Die Diskussion um die Endfassung
der Rede geht am nächsten Morgen weiter. Zwei Neuigkeiten
hat sich George W. Bush für seinen Auftritt vor dem amerikani-

schen Kongress aufgehoben. Das Ultimatum an die Taliban will er höchstpersönlich vor den Augen der Welt stellen, um ihm mehr Gewicht zur verleihen. Und er wird die Bildung einer Heimatschutzbehörde ankündigen, deren Chef einer seiner engsten Freunde werden soll: Tom Ridge, der Gouverneur von Pennsylvania.

Gegen Abend trifft Bushs wichtigster Verbündeter in Europa, Tony Blair, im Weißen Haus ein. Anders als Jacques Chirac erfährt der britische Premierminister von George W. Bush die Einzelheiten des bevorstehenden Krieges in Afghanistan. Der amerikanische Präsident sagt ihm auch, dass er in dieser ersten Phase nicht gegen den Irak vorgehen will – noch nicht. Als George W. Bush kurz nach 21 Uhr Ortszeit an diesem 20. September 2001 im Kapitol zu seiner Rede anhebt, kreisen Kampfflugzeuge über der amerikanischen Hauptstadt. Informanten hatten der CIA erzählt, eine neue Attacke gegen Amerika stehe unmittelbar bevor. »Heute Abend sind wir ein Land, das sich der Gefahr bewusst geworden und aufgerufen ist, die Freiheit zu verteidigen. Unser Schmerz wurde zu Wut, und Wut zu Entschlossenheit«,[18] so beginnt George W. Bush die Rede, die den Rahmen und den Maßstab für seine Kriegspräsidentschaft definiert und die gleichzeitig zeigt, was sich durch Nine Eleven in der Welt verändert hat und verändern wird. »Wir werden alle uns zur Verfügung stehenden Mittel einsetzen – alle Mittel der Diplomatie, alle nachrichtendienstlichen Mittel, alle polizeilichen Instrumente, alle Möglichkeiten der finanziellen Einflussnahme und alle erforderlichen Waffen des Krieges, um das Netzwerk des weltweiten Terrors zu zerschlagen und zu besiegen.« Es wird ein langer, vielleicht endloser Krieg, und nicht über alle Maßnahmen, das lässt Bush vor 80 Millionen Zuschauern durchblicken, will und wird die US-Regierung öffentlich Rechenschaft ablegen: »Die Amerikaner sollten sich nicht auf eine Schlacht, sondern auf einen lang andauernden Feldzug einstellen, wie wir ihn bislang noch nicht erlebt haben. Dazu können bedeutende militärische Schläge gehören, die im Fernsehen zu sehen sein werden, und verdeckte Operationen, die selbst bei Erfolg geheim bleiben werden.« Bush genießt die Rolle als Oberster Befehlshaber im tosenden Applaus. Der ehemalige Gouverneur von Texas, dessen einfaches Weltbild schon vor seinem Amtsantritt von einigen Regierungen besorgt zur Kenntnis genommen wurde, ist entschlossen, die Welt zu verändern. Nie wieder soll die Supermacht ohnmächtig zum Spielball der Geschichte werden, im Gegenteil, Geschichte wird künftig in Washington gemacht, diktiert von einer tiefen Verletzung, dem Schuldkomplex des Überlebenden, wie die Schlussworte der Rede des Präsidenten beweisen: »Ich werde die Wunde für unser Land und die, die sie geschlagen haben, nicht vergessen. Ich werde nicht zurückweichen; ich werde nicht ruhen; ich werde nicht nachlassen, für die Freiheit und für die Sicherheit des amerikanischen Volkes zu kämpfen.«[19]

Von diesem Moment an ist die Politik Amerikas intern und öffentlich für die nächsten Jahre festgelegt. Die US-Regierung teilt die Welt in zwei Teile, in gut und böse, in Völker, die auf der Seite der USA stehen, und die Feinde auf der anderen. Es ist ein Krieg, in dem es um die absoluten Werte geht und in dem keine Neutralität möglich ist. Hätte es einen anderen Weg nach Nine Eleven überhaupt geben können? Darüber lässt sich lange streiten. Sicher ist aber: Die Angriffe auf New York und Washington hatten eine so tiefgreifende psychische Wirkung auf das amerikanische Volk und seine Regierung, dass die finstere Entschlossenheit von George W. Bush und seinen Beratern zumindest eine logische und konsequente Folge war – und vielleicht sogar die einzige Möglichkeit, einem Land auf der Suche nach Halt und Orientierung wieder Sicherheit zu geben. Bushs Berater – damals getrieben von Schuldgefühlen und der Angst vor weiteren Attacken – sprechen heute noch von einer fatalistischen Stimmung während dieser ersten zehn Tage nach dem 11. September. »In 35 Jahren, wenn alle Einzelheiten an die Öffentlichkeit gelangen, dann wird unser Fatalismus deutlich werden«, so beschreibt es der wohl engste Berater von George W. Bush, Karl Rove. Angesichts der Bedrohung war die Reaktion alternativlos: »Es wird keinen Augenblick der Agonie geben, keinen Moment des ›oh Gott‹. Keinen Moment des Zauderns aufgrund fehlenden Vertrauens. Keinen Moment des Zweifels am eingeschlagenen Kurs. Das alles wird es einfach nicht geben.«

Angesichts dieser ideologischen Entschlossenheit war es für die Akteure fast unmöglich, öffentlich Fehler einzugestehen. Abweichende Meinungen – in der Bevölkerung, in der Politik oder in der internationalen Staatengemeinschaft – wurden mit einer rücksichtslosen Intoleranz bekämpft und der Rest der Welt mehr oder weniger als Objekt amerikanischen Handelns begriffen. Ein geradezu messianisches Bewusstsein, die Erde zum Besseren verändern und die USA als Bollwerk gegen die Mächte des Bösen in Stellung bringen zu müssen, brach sich Bahn. Amerika zog in den endlosen Krieg.

WAS ES BEDEUTET

Der endlose Krieg

Francis Fukuyama ist widerlegt, und er hat es auch schon selbst zugegeben. Das Ende der Geschichte, von dem der amerikanische Politikwissenschaftler 1989 schrieb, ist vertagt.[20] Statt eines Erlöschens aller globalen Widersprüche mit dem Ende des Kalten Krieges sind die Flammen im World Trade Center und im Pentagon am 11. September 2001 als das Fanal eines neuen Widerspruchs zu begreifen – diesmal zwischen der vermeintlich siegreichen, westlichen Demokratie und der Weltanschauung eines politisch radikalisierten Islams, die den Namen Al-Qaida trägt. Es handelt sich nicht um einen Kampf der Kulturen, wie uns Büchsenspanner auf beiden Seiten einreden wollen. Es ist auch kein Krieg im klassischen Sinne – zwischen den großen Mächten dieser Welt. Und doch ist es ein Krieg – kein heißer wie die zwei großen Weltkriege des vergangenen Jahrhunderts und auch kein kalter, wie der dritte, der mit dem Fall der Mauer 1989 zu einem Ende kam. Nine Eleven ist der Auftakt zu einer neuen Art von Krieg.

Es ist ein »grauer Krieg«, so nennt ihn am 12. September 2001 ein Journalist der *Washington Post*, weil dieser Krieg in einer Art Grauzone stattfindet und Eigenschaften aufweist, die so gar nicht dem klassischen Kriegsbegriff entsprechen.[21] Er hat keine klaren Fronten, keine klaren Regeln. Als Waffen kann alles dienen – Flugzeuge, Schiffe, Menschen. Und alles kann zum Ziel werden – Wolkenkratzer, Züge, Einkaufszentren. Nine Eleven steht für einen Paradigmenwechsel, eine fundamentale Veränderung der weltpolitischen Lage, die sich über Jahre mit dem Heranwachsen einer neuen Bedrohung und zahlreichen Attacken angekündigt hatte. Die Verantwortlichen in der Politik – allen voran die Regierungen in Washington – hatten diese Entwicklung nur nicht verstanden. Nur wenige ahnten, was der 11. September 2001 zu bedeuten hatte, unter ihnen der damalige Außenminister Israels, Shimon Peres: »Schon vorher habe ich gespürt, dass sich die Welt verändert hat. Dass wir Armeen haben, für die es keine Feinde mehr gibt, stattdessen gibt es Gefahren, für die wir keine Armeen haben. Die alten Strategien sind tot. Das ist keine Konfrontation im klassisch militärischen Sinne, sondern etwas völlig Neues mit neuen Regeln. Was für die Wirtschaft gilt, gilt auch für diese neue Strategie: Sie ist global und nicht national.«[22]

Das Ziel der Angreifer in diesem neuen, grauen Krieg ist die Veränderung der Machtverhältnisse, das Zurückdrängen des amerikanischen Einflusses in der Welt. Aber die Herausforderer sind keine Nationalstaaten mehr, es sind jene, die sich selbst als Opfer der Regierungen und als Vorkämpfer für eine – wie sie behaupten – »gerechtere« Welt sehen. Sie greifen zum Terrorismus, der Waffe der vermeintlich Schwachen, aber während solche Konflikte in der Vergangenheit eher lokal und regional ausgetragen wurden, transportieren die Täter die Gewalt in die gesamte Welt – auch in die westlichen Metropolen. Es ist eine Ironie der Geschichte, dass sie ausgerechnet auf die Errungenschaften der verhassten Globalisierung angewiesen sind, um erfolgreich zu sein. Ohne den technologischen Fortschritt, die weltweite Reisefreiheit und den Schutz der Bürgerrechte wären sie überhaupt nicht in der Lage, am anderen Ende der Welt, mitten in einer freien und demokratischen Gesellschaft zuzuschlagen.

Auch dies ist ein Schlüsselmerkmal des »grauen Krieges«, denn dieser Krieg macht, wie es der Autor der *Washington Post* beschreibt, jeden Einzelnen zum Soldaten in dieser Auseinandersetzung. Allein aufgrund seiner Zugehörigkeit zum einen oder anderen Lager kann er zum Ziel der Gewalt werden. Und jeder Beteiligte, also jedermann, trägt durch sein Verhalten – sein persönliches Engagement, seine Wachsamkeit, seine Zivilcourage, seine Kampfbereitschaft oder auch seine Gleichgültigkeit – zum Erfolg oder Misserfolg in diesem Konflikt bei. Natürlich wird der Krieg gegen den Terrorismus auch mit militärischen Mitteln geführt, aber die amerikanischen Streitkräfte treten in den Monaten nach Nine Eleven zunächst in den Hintergrund und werden vom paramilitärischen Engagement der CIA überlagert, die aufgrund jahrzehntelanger Erfahrung mit zwielichtigen Operationen eher in der Lage ist, den Krieg im Schatten, entbunden von der Rechenschaftspflicht gegenüber der Öffentlichkeit, zu führen. Mit dem 11. September haben Osama bin Laden und die Al-Qaida ihre Spielregeln für den »grauen Krieg« eindeutig definiert. Nach Nine Eleven wäre es an der Bush-Administration gewesen, das Diktat der Terroristen abzulehnen und eigene Standards für den Umgang mit der neuen Bedrohung festzulegen.

Vor dem gleichen Problem standen auch alle anderen Regierungen rund um den Erdball. Natürlich wurde in den Hauptstädten Europas über das Konzept des Kriegs gegen den Terrorismus beraten, aber dabei wendete sich der Blick der Regierenden in Paris, Madrid, Rom, London und Berlin eher abwartend auf Washington. Die »uneingeschränkte Solidarität« mit dem Opfer Amerika verbot es offenbar, die von George W. Bush am 12. September ausgerufene Zweiteilung der Welt in Gut und Böse, in Freund und Feind offen zu hinterfragen. Die Reaktion ist verständlich, weil die Anschläge auf die Symbole der amerikanischen Macht auch in Europa als Angriff auf die Demokratie und die westlichen Werte verstanden wurden.

Und so war die US-Regierung zunächst gezwungen, die geeigneten Standards für den »grauen Krieg« allein festzulegen. Aber ob die Diskussion in Amerika oder Europa geführt wurde, im Kern ging es immer um eine Frage: Sollen der Kampf und seine Methoden die Werte einer aufgeklärten, demokratischen und freien Gesellschaft reflektieren oder ist die teilweise Aufgabe dieser Werte unerlässlich, um uns erfolgreich gegen den Angriff zu verteidigen? Die Fragen, wofür wir stehen und zu was wir bereit sind, hätten eigentlich zu einer tiefgreifenden Diskussion in der Gesellschaft führen sollen, aber überall – auch in Deutschland – flackerte diese nur sporadisch auf, wenn besonders unangenehme Details des »grauen Krieges« an die Öffentlichkeit gelangten. Diese Oberflächlichkeit und Gleichgültigkeit haben viel mit der Angst vor der unheimlichen Bedrohung des globalen Terrorismus zu tun, der sich in seinen Motiven und seinen Akteuren nicht so einfach beschreiben lässt wie Faschismus und Nazi-Regime oder Kommunismus und stalinistische Sowjet-Diktatur. In Amerika und anderswo war es dieses Fehlen einer ehrlichen und konsequenten Diskussion, die den Weg frei machte für die sogenannte Ein-Prozent-Doktrin des amerikanischen Vizepräsidenten Cheney. Sie wurde zum leitenden Prinzip der Politik in der Welt nach Nine Eleven und zum wichtigsten Standard im Krieg gegen den Terrorismus.

Ende November 2001 trafen sich Dick Cheney, Condoleezza Rice und George Tenet im Lageraum des Weißen Hauses. Der CIA-Chef hatte einen seiner Experten für Massenvernichtungsmittel mitgebracht. Gemeinsam trugen sie dem zweiten Mann im Staat ein Szenario vor, auf das sie im Oktober den ersten Hinweis bekommen hatten. Demnach sollten Osama bin Laden und sein Stellvertreter Ayman al-Zawahiri im August – wenige Wochen vor den Anschlägen in den USA – ungewöhnliche Besucher in ihrem Versteck in Afghanistan empfangen haben. Am Lagerfeuer saßen Sultan Bashiruddin Mahmood und sein Mitarbeiter Abdul Majid. Mahmood ist der ehemalige Vorsitzende der pakistanischen Atomenergiekommission. Er gilt in seiner Heimat als Nationalheld, weil er an der Entwicklung von Pakistans erster Atombombe beteiligt war. Dennoch wurde er Ende der 90er Jahre aus seinem Amt entlassen, weil er öffentlich für die Weiterverbreitung von Atomwaffen an alle islamischen Staaten eintrat und von der Übernahme der Weltherrschaft durch den Islam phantasierte. Nach seinem Rauswurf gründete Mahmood die Wohltätigkeitsorganisation UTN und unterstützte seitdem die Talibanbewegung, die er für die »Bewahrer der Wiedergeburt des Islam« hielt. Dass ausgerechnet er mit den Anführern der Al-Qaida zusammentraf, ließ im CIA-Hauptquartier die Alarmglocken schrillen.

Bei den weiteren Ermittlungen stellte sich heraus, dass Mahmood islamischen Regimen und Gruppen aktiv seine Hilfe für den Bau von Atomwaffen anbot. Eine der Regierungen war die des libyschen Diktators Muammar al-Gaddafi. Dessen Geheimdienstchef bestätigte der CIA die Offerte der UTN. Am 23. Oktober 2001 wurden Mahmood und Majid auf Forderung der USA vom pakistanischen Geheimdienst festgenommen und verhört. Die Befragungen waren zäh, die Erkenntnisse dürr. Die Regierung in Islamabad war aus Respekt gegenüber dem angesehenen Wissenschaftler nicht bereit, die Verdächtigen massiv unter Druck zu setzen und die Amerikaner unmittelbar an den Ermittlungen zu beteiligen. All dies trug Tenet Ende November dem Vizepräsidenten vor. Die Tragweite war allen im Raum klar. Wenn Mahmood sein Wissen und vielleicht sogar seine Zugänge zu Nuklearmaterial an Dritte weitergegeben hatte, dann drohte den USA eine Katastrophe, gegen die Nine Eleven wie ein harmloser Nadelstich wirkte. Massenvernichtungsmittel im Waffenarsenal von rücksichtslosen, unberechenbaren Regimen oder gar in den Händen fanatischer Terroristen, die den Untergang der USA und eine neue Weltordnung herbeisehnen – für die Berater des amerikanischen Präsidenten war es der ultimative Alptraum.

In den Jahren zuvor hätte solch ein Szenario bestenfalls als Plot für einen actiongeladenen Hollywoodfilm getaugt, jetzt lag es erstmals im Bereich des Möglichen. Der 11. September hatte gezeigt, dass selbst bislang Undenkbares gedacht werden musste, um auch auf unkonventionelle Anschläge vorbereitet zu sein – eine Erkenntnis, die bei den Beratungen des Kriegskabinetts in Camp David Mitte September immer wieder in die Diskussionen eingeflossen war. Damals hatte der Präsident dazu aufgefordert, bei der Suche nach Gegenmaßnahmen »out of the box«, abseits des Erwartbaren, zu denken. Dick Cheney, ohne Zweifel ein brillanter, aber auch skrupelloser Stratege der US-Regierung, formulierte an diesem Novembertag im Lageraum des Weißen Hauses Gedanken, die ihn schon lange umtrieben, und überschritt damit eine Grenze: »Wenn es auch nur ein einprozentiges Risiko gibt, dass pakistanische Wissenschaftler Al-Qaida beim Bau oder der Entwicklung einer Nuklearwaffe helfen, dann müssen wir so reagieren, als hätten wir Gewissheit. Hier geht es nicht um unsere Analyse oder darum, überzeugende Beweise zu finden. Hier geht es darum zu handeln.«[23]

Die Ein-Prozent-Doktrin ist von bestechender Einfachheit und hat den unschätzbaren Wert, dass sie jede Diskussion überflüssig macht, weil so unendlich viel auf dem Spiel steht. Allein der Verdacht ist Beweis genug, um die Anwendung staatlicher Gewalt – militärisch, geheimdienstlich, polizeilich, rechtlich, diplomatisch und wirtschaftlich – zu rechtfertigen. Cheneys Doktrin wurde zum Maßstab des amerikanischen Handelns im Antiterrorkampf – von der Spitze der Regierung bis zu den Verantwortlichen in Militär und Bürokratie. Sie war die dogmatische Formulierung und logische Übertragung des Prinzips, nach dem für die Sicherheitsbehörden die Prävention, der Schutz der Nation, absoluten Vorrang vor allem anderen hat. Sie ermöglichte die Abkoppelung der staatlichen Exekutive von der Kontrolle durch das Parlament und der Rechenschaftspflicht gegenüber der Bevölkerung. Sie entgrenzte den klassischen Kriegsbegriff, weil jeder Einzelne beim bloßen Verdachtsmoment zum feindlichen Kombattanten wurde – und folgte damit letztlich dem Diktat Osama bin Ladens.

Unmittelbare Folge der Beratungen zwischen Cheney, Rice und Tenet war massiver Druck auf den pakistanischen Präsidenten Musharraf, die Ermittlungen gegen Mahmood endlich ernst zu nehmen und amerikanische Ermittler am Verhör zu beteiligen. Mitte Dezember lieferten sie die Ergebnisse. Am Lagerfeuer in Afghanistan hatte der Wissenschaftler Osama bin Laden erklärt, wie Atombomben hergestellt werden könnten. Als er ihm die Schwierigkeiten der Urananreicherung beschrieb, fragte der Al-Qaida-Chef: »Was, wenn man bereits über angereichertes Uran verfügt?« Als der amerikanische Vizepräsident davon erfuhr, war er alarmiert. In den Wochen zuvor hatte es in den USA Anschläge mit Anthrax gegeben. In Briefumschlägen hatten unbekannte Täter Milzbranderreger verschickt. Fünf Menschen starben. Fast zur gleichen Zeit waren in einem zerstörten Al-Qaida-Lager in Afghanistan Dokumente gefunden worden, nach denen sich die Terroristen mit biologischen Kampfstoffen beschäftigt hatten. Geleitet wurde das Programm von Ayman al-Zawahiri. Die Spitze der Al-Qaida war offenbar mit der Entwicklung von Massenvernichtungsmitteln beschäftigt. Bei einer Besprechung mit CIA- und FBI-Experten wollte Dick Cheney wissen, ob es eine Verbindung zwischen den Anthrax-Anschlägen und Al-Qaida gab. Über die vorsichtigen Antworten – es gebe noch keine konkreten Beweise – war er so wütend, dass er die Vertreter der beiden Behörden angiftete und sie anwies, unabhängig von rechtlichen Bedenken all ihre Informationen miteinander zu teilen. Diese Sache habe »höchste Priorität«, die Zusammenarbeit der beiden Behörden sei »Scheiße« und das werde er »verflucht noch mal nicht dulden«.

Das »Nicht-Wissen« war für die Führungsriege um den Präsidenten nahezu unerträglich. Und in diesen Wochen gab es unendlich viel, was die US-Regierung nicht wusste. Wie groß war das Netzwerk der Al-Qaida? Waren die nächsten Attacken schon in Vorbereitung? Gab es Schläferzellen auf amerikanischem Boden? Waren die Nachrichtendienste und Regierungen anderer Staaten, die die USA im Kampf gegen den Terrorismus unterstützten, wirklich vertrauenswürdig? Oder hielten sie Informationen zurück? CIA, FBI, NSA und zahlreiche weitere Behörden sammelten weltweit Daten und Hinweise, ohne sich ein konkretes Bild vom Ausmaß der Bedrohung machen zu können. Da war die Cheney-Doktrin hochwillkommen, denn sie legitimierte das Handeln auch auf der Basis einer unzureichenden Informationslage. Das war der Grund, weshalb auf einmal ein Thema wieder an die Spitze der Prioritätenliste rutschte, das im September zurückgestellt worden war: der Irak.

Einige Wochen zuvor hatte Dick Cheney höchstpersönlich die CIA beauftragt, einen unbestätigten Bericht untersuchen zu lassen, nach dem sich der Anführer der Anschläge vom 11. September, Mohammed Atta, im Frühjahr 2001 in Prag mit einem Agenten des irakischen Geheimdienstes getroffen haben soll. Gab es da also doch eine Verbindung mit Al-Qaida? Steckte der Irak hinter den Anthrax-Anschlägen? Dass Saddam Husseins Regime über Milzbranderreger verfügte, galt als gesichert. Doch die Ermittlungen zeigten – durch die Analyse seiner Kreditkarten- und Telefonverbindungsdaten –, dass sich Atta im fraglichen Zeitraum durchgehend im US-Bundesstaat Virginia aufgehalten hatte. Aber vielleicht hatte ja einer der anderen Terroristen Attas Telefon und seine Kreditkarte benutzt? Nach der Cheney-Doktrin war die theoretische Möglichkeit so gut wie ein handfester Beweis. Außerdem ließ sie sich unmittelbar auf den Irak anwenden: Wenn nur ein einprozentiges Risiko bestand, dass Saddam Hussein im Besitz von Massenvernichtungswaffen, möglicherweise sogar einer Atombombe war, dann musste die US-Regierung handeln.

Die erste Phase des Anti-Terror-Kriegs verlief bis zu diesem Zeitpunkt weitgehend erfolgreich. In der Nacht zum 20. Oktober 2001 hatte sie begonnen. Sogenannte A-Teams, kleine Einheiten der Special Forces, acht bis zehn Mann stark, waren im Tiefflug mit Hubschraubern in den Norden Afghanistans eingedrungen. Im Süden sprangen Elitesoldaten der US-Armee aus Flugzeugen, gefilmt von Kamerateams des Pentagons. Die Bilder gingen um die Welt und signalisierten den offiziellen Beginn des Bodenkrieges. Gemeinsam mit der Nordallianz und dem paschtunischen Widerstand schafften insgesamt 316 US-Soldaten in enger Zusammenarbeit mit rund 110 Agenten der paramilitärischen Einheiten der CIA innerhalb weniger Wochen, was der sowjetischen Besatzungsmacht einst in zehn Jahren nicht gelungen war: die Eroberung und – zeitweise – Befriedung Afghanistans. Dabei konnten die USA die Zahl der eigenen Opfer auf ein Minimum beschränken, auch weil die afghanischen Verbündeten die Hauptlast der Kämpfe schulterten, unterstützt durch massive Luftangriffe amerikanischer Bomber und Kampfjets. Neben der amerikanischen Feuerkraft trugen rund 70 Millionen Dollar an Bestechungsgeldern zu einem schnellen Ende des Krieges bei.[24] CIA-Agenten boten Taliban-Kommandeuren bis zu 50 000 Dollar in 100-Dollar-Bündeln an. Gegen Bargeld liefen einige von ihnen mit Hunderten von Kämpfern zur Nordallianz über.

Aber der Afghanistan-Feldzug gab schon einen Vorgeschmack auf die Standards, nach denen die Bush-Administration den endlosen Krieg gegen den Terrorismus führen wollte. Die Operation mit dem symbolträchtigen Namen »Infinite Justice« (unendliche Gerechtigkeit) war ein schmutziger Stellvertreterkrieg, in dem internationales Kriegsrecht keine Rolle spielte. Nach der Gefangennahme einiger Hundert Taliban- und Al-Qaida-Kämpfer kam es am 25. November 2001 in der Festung Kalai Dschanghi in der Nähe von Masar-e-Sharif zu einer bewaffneten Revolte.[25] Die Bewacher der Nordallianz hatten den Fehler gemacht, die Gefangenen nicht nach Waffen zu durchsuchen, ein Lapsus, der regulären US-Truppen wohl nicht unterlaufen wäre. Im Gefecht starb ein CIA-Agent, fünf amerikanische Soldaten wurden schwer verletzt. Der Nordallianz-General Rashid Dostum nutzte die Gelegenheit, um über 600 Kämpfer der Al-Qaida und Taliban in der Festung abschlachten zu lassen.[26] Die USA ließen ihn gewähren. Immer wieder starben Zivilisten bei amerikanischen Luftangriffen und Kommandoaktionen. Am 11. Oktober 2001 zerstörten amerikanische Bomber das Dorf Karam. Nach örtlichen Angaben wurden zwischen 100 und 500 Zivilisten getötet. Verteidigungsminister Rumsfeld rechtfertigte das Vorgehen mit dem Vorhandensein eines großen Waffenlagers und nannte die hohe Zahl an zivilen Opfern »lächerlich«. Am 1. Dezember forderten Attacken auf mehrere Dörfer bei Tora Bora über 100 Todesopfer, darunter viele Frauen und Kinder, wie die Organisation Ärzte ohne Grenzen später bestätigte. Das Pentagon sprach von legitimen Zielen.

Am 20. Dezember bombardierten die USA einen Fahrzeugkonvoi in der Provinz Paktia. 50 bis 60 Menschen starben. Nach Angaben der US-Regierung befanden sich Anführer der Taliban in den Wagen. Überlebende behaupteten, es seien Stammesführer auf dem Weg zur Amtseinführung von Präsident Karzai gewesen. Beim Bombardement des Dorfes Madoo durch US-Kampfjets, ebenfalls im Dezember 2001, starben 55 Menschen, darunter einige Kleinkinder. Am 29. Dezember zerstörte die Luftwaffe das Dorf Niazi Qala, in dem die Einsatzplaner ein großes Waffenlager vermuteten; tatsächlich fanden sich später Überreste davon in den Trümmern. Insgesamt kamen in dem Ort aber 100 Menschen ums Leben, darunter eine Hochzeitsgesellschaft, unter der sich auch zahlreiche Frauen und Kinder befanden. In vielen Fällen basierten die Einsätze auf absichtlichen Fehlinformationen rivalisierender Gruppen innerhalb der Nordallianz. Einmal ermordeten US-Soldaten zwei Gefangene, die mit Plastikhandschellen gefesselt waren. US-Verteidigungsminister Rumsfeld lehnte eine eingehende Untersuchung der Vorfälle und die Bestrafung der mutmaßlichen Täter ab.

Da dieser Krieg weitgehend unbeobachtet von westlichen

Medien geführt wurde, ließen sich die Angaben nur schwer verifizieren. Die US-Streitkräfte werteten die Angriffe in ihrem
Luftoperationszentrum in Saudi-Arabien aus, wo Spezialisten
die Aussagen der Kampfpiloten mit den vorgegebenen Zielda-
ten und den Satellitenaufnahmen nach der erfolgten Bombardierung verglichen.[27] Trotzdem gab es keinen Rechenschaftsbe-
richt über die Aktionen. Es blieb offen, nach welchen Kriterien
die Ziele ausgewählt wurden, ob der bloße Verdacht oder der
Hinweis auf feindliche Aktivitäten für den Einsatzbefehl ausreichte und ob die mögliche Gefährdung von Zivilisten bei den
Entscheidungen überhaupt eine Rolle spielte.

Nach internationalen Schätzungen wurden im ersten Jahr des
Afghanistan-Krieges von den US-Einheiten und ihren Verbündeten bis zu 3800 Zivilisten getötet. Diese sogenannten Kollateralschäden waren die Folge der gewählten Strategie des indirekten Krieges, bei dem amerikanische Bodentruppen bei der
Aufklärung des Feindgebietes nur eine Nebenrolle spielten.
Aufgrund ihrer geringen Zahl konnten sie keine genauen Ziel-
daten liefern, so dass die wichtigste Waffe der USA bei ihren
nächtlichen Luftangriffen, Flugzeuge des Typs AC130, mit ihren schweren 105-mm-Bordkanonen ganze Dörfer in Schutt
und Asche legten.

Alles in allem verlief die Operation also entsprechend den
Maßstäben, die die Bush-Administration sich selbst in den ersten Wochen nach den Anschlägen vom 11. September gesetzt
hatte. Militärisch war die erste Phase des Krieges ein Erfolg. Die
Ausbildungslager der Al-Qaida wurden zerstört, ihre Schutz-
macht, das menschenverachtende Taliban-Regime, vernichtet,
wichtige Führungsmitglieder der Terrororganisation getötet
oder gefangen. In Kabul installierte die Besatzungsmacht mit
dem Paschtunen Hamid Karzai einen loyalen Statthalter als
Präsidenten, der selbst gegen die Taliban gekämpft hatte. Und
auf dem Petersberg in der Nähe von Bonn beschloss die internationale Afghanistan-Konferenz ein umfassendes Wiederaufbau-

Programm für das Land am Hindukusch. Doch dieses Konzept war von Beginn an zum Scheitern verurteilt. Die US-Regierung hatte nicht das geringste Interesse, das Land durch eine große Zahl von Soldaten zu stabilisieren. Man wollte auf keinen Fall wie einst die Sowjets zum Ziel des afghanischen Widerstands werden. Es gab auch keinerlei Pläne für den Wiederaufbau. Das Nation-Building sollten andere übernehmen oder bleiben lassen. Angesichts der geostrategischen Lage Afghanistans zwischen der Atommacht Pakistan und dem Iran, der sich anschickte, eine zu werden, erlaubten sich George W. Bush und seine Berater eine abenteuerliche und naive Gleichgültigkeit. Die Zahlen belegen, dass die Beschlüsse vom Petersberg von Beginn an bestenfalls eine punktuelle Chance auf Verwirklichung hatten. Ein halbes Jahr nach der Befreiung Kabuls befanden sich nur 8000 US-Soldaten im Land. Insgesamt kamen auf einen Soldaten 635 Einwohner, beim KFOR-Einsatz der NATO im Kosovo waren es knapp 53 Einwohner. Im Kosovo setzte die Allianz 5000 Polizeibeamte aus ganz Europa ein. In Afghanistan gab es im ersten Jahr keinen einzigen. Die USA waren beinah das einzige Land, das seine Zusagen vom Petersberg nicht brach – es hatte gar keine gemacht. Bei der finanziellen Unterstützung für die Regierung von Hamid Karzai sah es nicht besser aus – die teilnehmenden Regierungen bei der Geberkonferenz in Tokio blieben die Hälfte der versprochenen 4,6 Milliarden Dollar schuldig. Für den Wiederaufbau im Kosovo standen im ersten Jahr 577 US-Dollar pro Einwohner zur Verfügung, in Afghanistan waren es ganze 42. Der vollmundige Name des Stabilisierungseinsatzes in Afghanistan, »Enduring Freedom« (andauernde Freiheit), blieb ein leeres Versprechen. Ohne Geld und ohne Sicherheitskräfte musste das Land wieder ins Chaos stürzen.

Und die US-Regierung tat offenbar alles, damit dies auch wirklich geschah: Sie ließ Osama bin Laden entkommen und richtete all ihre Aufmerksamkeit viel zu schnell auf ein neues

Ziel – den Irak. Am 10. November 2001 trat der Al-Qaida-Chef im »Zentrum für Islamstudien« im ostafghanischen Dschalalabad vor mehr als tausend Gästen auf, hielt eine flammende Abschiedsrede und verteilte großzügige Geldgeschenke an die Anwesenden. Am Tag danach floh er mit einem Autokonvoi in die Bergfestung Tora Bora, die die Mudschaheddin während der sowjetischen Besatzung mit Hilfe der CIA ausgebaut hatten. Amerikanische Flugzeuge bombardierten den Zufluchtsort von mehr als 1500 Al-Qaida-Kämpfern mit sogenannten »Daisy Cutters«, thermobarischen Bomben, deren Gemisch aus Ammoniumnitrat und Aluminium das Gelände in eine Feuerhölle verwandelte. Bei einem dieser Angriffe wurde die Familie von Ayman al-Zawahiri getötet. Anfang Dezember näherte sich eine Delta-Einheit der US-Armee dem Versteck bin Ladens. Eigentlich saß der Terrorführer und Drahtzieher der Anschläge von New York und Washington in der Falle. Doch die dringend angeforderte Verstärkung und der Befehl zum Zugriff blieben aus. Die amerikanischen Befehlshaber setzten für den Kampf in den Bergen auf örtliche Kommandeure der Nordallianz. Ein schwerer Fehler, denn diese ließen Hunderte von Islamisten gegen üppige Bestechungsgelder nach Pakistan entkommen. Die Grenze zwischen den beiden Staaten war löchrig wie ein Schweizer Käse, weil die pakistanische Armee zu wenig Soldaten einsetzte, um das unwegsame Gelände zu kontrollieren. Trotz massiver Warnungen der CIA und der Forderung, das Gebiet mit US-Soldaten hermetisch abzuriegeln, verließ sich die Bush-Regierung auf die Zusicherungen des pakistanischen Präsidenten, der Al-Qaida die Flucht über die Grenze zu verwehren.

Nach Aussage mehrerer Augenzeugen machte sich Osama bin Laden Mitte Dezember 2001, begleitet von vier seiner engsten Getreuen, mit Pferden auf den Weg Richtung Norden, während zahlreiche seiner Kämpfer im Süden nach Pakistan entkamen. Seine Flucht war mehr als nur eine kleine Panne im Krieg gegen den Terrorismus. Sie wurde zur Grundlage für die Verwandlung der Al-Qaida von einer kleinen Terrorgruppe in eine Quasi-Ideologie, die weltweit ihre Wirkung entfaltete und immer neue Anhänger fand. Vielleicht wäre dies nicht geschehen, wenn die US-Regierung mit einem größeren Militäraufgebot den Feind streng nach Lehrbuch umzingelt und dann aufgerieben hätte. Der »Krieg« gegen den Terrorismus in Afghanistan wurde jedoch als Stellvertreterkrieg mit Hightecheinsatz in Form von Präzisionsbomben geführt. Diese Art des Kampfes kostete zwar weniger Opfer unter den westlichen Soldaten, aber am Ende kam sie Amerika und die Welt viel teurer zu stehen. Weil Osama bin Laden und viele seiner Kämpfer entkommen konnten, starben in den folgenden Jahren immer mehr Menschen bei Terroranschlägen in anderen Teilen der Welt und beim nächsten Krieg der US-Regierung – im Irak.

Insgesamt trug der Irakkrieg erheblich zum Wiedererstarken der Al-Qaida bei. Dabei war er ganz anders gedacht. Die Bush-Administration wollte aus einem befreiten Irak einen »Leuchtturm der Demokratie« machen, der mit seiner Strahlkraft auf die anderen Staaten der Region einwirken, zu einer Schwächung des syrischen Regimes beitragen und die Lage in Israel entspannen sollte. Staaten, die sich davon nicht beeindrucken ließen, hätten mit einer ähnlichen Demonstration militärischer Stärke rechnen müssen. »Die Menschen müssen verstehen, dass wir uns im vierten Weltkrieg befinden, nach zwei heißen und einem kalten Krieg in den letzten hundert Jahren. Es ist ein Krieg, der den Nahen Osten demokratisieren soll – von Nordafrika bis in den Iran. Unter 22 arabischen Staaten befindet sich derzeit keine einzige demokratische Regierung.« So erklärte der ehemalige CIA-Chef der USA, James Woolsey, den Plan in einem ZDF-Interview Mitte 2002. Nach diesem Konzept war die Einsetzung »demokratischer« Regime die beste Strategie im Krieg gegen den Terrorismus, weil man den Terroristen so die Rückzugsgebiete nehmen würde. Die gewaltsame Entwaffnung von Schurkenstaaten verhinderte schließlich auch, dass sie Terroristen mit Massenvernichtungsmitteln ausstatten konnten. Jedes noch so kleine Risiko, so hatte Cheney gesagt, zwang die USA zu handeln, als sei die Bedrohung bewiesen. George W. Bush folgte der Doktrin seines Stellvertreters.

In seiner Rede zur Lage der Nation am 29. Januar 2002 eröffnete der US-Präsident neue Fronten. Er übte heftige Kritik an Nordkorea, Irak und Iran, weil sie die Menschheit bedrohten: »Staaten wie diese und ihre terroristischen Verbündeten stellen eine Achse des Bösen dar, die sich bewaffnet, um den Frieden der Welt zu bedrohen. [...] Der Preis der Gleichgültigkeit demgegenüber könnte katastrophal sein. [...] Ich werde nicht untätig zusehen, wie das Unheil näher und näher kommt. Die Vereinigten Staaten von Amerika werden den gefährlichsten Regimen der Erde nicht erlauben, uns mit den zerstörerischsten Waffen der Welt zu bedrohen.«[28] Als »dramatische Ausdehnung« der Mission wertete die *New York Times* die Rede des Präsidenten, während sich ein enger Berater Bushs in der *Washington Post* beeilte, den verheerenden Eindruck abzufedern, den seine Äußerungen auf die Menschen in den arabischen Ländern haben würde: »Auf keinen Fall versuchen die Vereinigten Staaten, anderen Ländern ihren Willen aufzuzwingen.«[29]

Ein Ablenkungsmanöver, denn genau das war der Plan des Weißen Hauses. Die Entscheidung für den Irakkrieg war zu diesem Zeitpunkt bereits gefallen. In öffentlichen Statements hieß es zwar nur »alle Optionen liegen auf dem Tisch«, aber hinter den Kulissen machte die Regierung keinen Hehl aus ihrem Vorhaben. Nach einem Bericht des *Time*-Magazins erklärte Vizepräsident Cheney im März 2002 bei einem Treffen mit republikanischen Senatoren unter dem Siegel der Verschwiegenheit: »Die Frage ist nicht mehr, ob die Vereinigten Staaten den Irak angreifen, sondern nur noch, wann sie es tun.«[30] Wenige Tage zuvor, so *Time*, habe Cheney während einer Besprechung im Büro der Sicherheitsberaterin gesagt: »Fuck Saddam, wir werden ihn ausradieren.« Während in der Golfregion schon unter Hochdruck amerikanische Militärbasen für den geplanten Krieg ausgebaut wurden, sagte Condoleezza Rice mir im Interview Anfang Mai 2002 einmal mehr, dass man lediglich die vorhandenen Optionen prüfe: »Der Präsident hat dem deutschen Kanzler immer gesagt, dass er keine Pläne für eine Militäraktion gegen den Irak auf seinem Schreibtisch hat. Aber er will die Aufmerksamkeit aller freiheitsliebenden Staaten darauf lenken, dass der Status quo mit einem Saddam Hussein, der Massenvernichtungswaffen gegen sein eigenes Volk und seine Nachbarn eingesetzt hat, der weiterhin unter Missachtung aller internationalen Verpflichtungen keine Waffeninspektoren ins Land lässt und der weiterhin seine Nachbarn bedroht, nicht akzeptabel ist.«

Wenige Wochen später sprach George W. Bush öffentlich über das Konzept eines Präventivkriegs im Alleingang. Bei einer Rede an der Militärakademie West Point sagte er: »Wenn wir warten, bis die Bedrohungen vollständig sichtbar werden, dann haben wir zu lange gewartet. […] Wir müssen den schlimmsten Bedrohungen entgegentreten, bevor sie auftauchen.«[31] Und im August 2002 erklärte der amerikanische Vizepräsident der staunenden Welt, dass die USA notfalls allein und ohne UN-Mandat das Regime im Irak beseitigen würden.[32] Die Strategie der präventiven Kriegsführung war nun offizielle Regierungsdoktrin.

Es folgte der Zusammenbruch der transatlantischen Beziehungen. Das Bush-Team legte nicht den geringsten Wert darauf, die Verbündeten einzubeziehen, weil es von ihnen nur die Zustimmung zu den Entscheidungen in Washington erwartete. Schließlich hatte auch der deutsche Kanzler nach Nine Eleven von der »uneingeschränkten Solidarität« mit den USA gesprochen. Ein Dreivierteljahr später schmetterte Gerhard Schröder – nicht zuletzt aus wahltaktischen Gründen – ein kräftiges »Ohne uns!« in die Fernsehkameras und erwartete Verständnis auf der anderen Seite des Atlantiks. Stattdessen reagierte die amerikanische Regierung trotzig. Im ZDF sagte Regierungsberater Richard Perle: »Die Haltung unserer europäischen Verbündeten ist in dieser Sache nicht relevant. Mit Ausnahme Großbritanniens, das uns unterstützen wird, schauen die anderen Europäer weg oder machen irgendwelche Deals mit Saddam Hussein.« Anthony Cordesman vom Center for Strategic and International Studies erklärte: »Sie müssen den Tatsachen ins Auge sehen. Wenn es sich um ein Problem in Europa handelte, dann würde es fraglos nur im Verbund mit den Partnern gelöst werden. Aber wir laden nicht 19 NATO-Mitglieder ein, von denen 17 sowieso keinen sinnvollen Beitrag leisten werden, um über unsere Politik in einer völlig anderen Region der Welt mitzuentscheiden.«

Kurz darauf bezeichnete Donald Rumsfeld Staaten wie Deutschland und Frankreich als »altes Europa«, das, stellt man die EU- und NATO-Osterweiterung in Rechnung, sowieso an Bedeutung verliere. Danach verglich der Verteidigungsminister Deutschland mit Kuba und Libyen. Fast täglich erreichte der populistische Diskurs neue Tiefpunkte. In der amerikanischen Presse war von »Euroweichlingen«, »EU-nuchen« und »käsefressenden Kapitulationsaffen« die Rede, und die Pommes frites in der Cafeteria des Kongresses wurden von »French Fries« in »Freedom Fries« umgetauft. In Deutschland machten Rudolf Scharpings Attacke gegen die jüdische Lobby in den USA und Herta Däubler-Gmelins indirekter Bush-Hitler-Vergleich Schlagzeilen. Im September trat George W. Bush vor die Vollversammlung der Vereinten Nationen und forderte »Rückgrat« in der Auseinandersetzung mit dem Irak, sonst drohe die UN zu einem »unwirksamen und unbedeutenden Debattierverein« zu verkommen.

Im gleichen Monat veröffentlichte das Weiße Haus sein Gesamtkonzept zur Neuordnung der Welt, die »Nationale Sicherheitsstrategie der Vereinigten Staaten von Amerika«. Die 35-seitige NSS war in weiten Teilen eine Selbstverpflichtung Amerikas zum Einsatz für die Freiheit in enger Zusammenarbeit mit den internationalen Einrichtungen, von der UN bis zur Weltgesundheitsorganisation. Die Vorschläge für die Verteidigung der Menschenwürde, die Armutsbekämpfung, die Konfliktlösung, den gemeinsamen Schutz vor Bedrohungen und die Beteiligung benachteiligter Länder am globalen Wirtschaftswachstum lasen sich wie eine Blaupause für eine neue, gerechtere Weltordnung. Sie wären eine ideale Antwort auf die Anschläge vom 11. September 2001 gewesen, aber sie wurden entwertet durch einen kurzen Absatz im dritten Teil des Dokuments: »Während die Vereinigten Staaten stets die Unterstützung durch die Internationale Gemeinschaft suchen werden, werden wir nicht zögern, unser Recht auf Selbstverteidigung notfalls auch allein auszuüben, indem wir präventiv Terroristen daran hindern, unserem Volk und unserem Land Schaden zuzufügen.«[33]

Mit diesen Worten gab sich die amerikanische Regierung selbst das Recht, vorbeugend und auf eigene Faust Gewalt anzuwenden, von der gezielten Tötung einzelner Feinde bis zu einem Krieg ohne völkerrechtliches Mandat wie beim späteren Einmarsch im Irak. In der NSS hieß es: »Die Gründe für unsere Aktionen werden klar sein, die Mittel angemessen und die Sache gerecht.« Deshalb brauchten George W. Bush und seine Berater unbedingt eine überzeugende Rechtfertigung für das Vorgehen gegen das Regime von Saddam Hussein. Und was konnte überzeugender sein als die Vorstellung, dass der Alptraum der Menschheit schon bald Wirklichkeit werden könnte: die totale Vernichtung durch atomare Waffen. Diese Angst musste der Öffentlichkeit nun nur noch anschaulich vermittelt werden, also antwortete Sicherheitsberaterin Rice am 8. September 2002 im Fernsehen auf die Frage, warum die US-Regierung so schnell gegen den Irak in den Krieg ziehen wolle: »Wir wollen später keine smoking gun in der Form eines Atompilzes sehen.« Der vorgestellte Atompilz wurde zum Totschlagsargument gegen alle Kritiker. Am 7. Oktober bemühte auch US-Präsident Bush das Horrorszenario: »Im Angesicht der Gefahr dürfen wir nicht auf den letzten Beweis – die smoking gun – warten, der in Gestalt eines Atompilzes erbracht werden könnte.«

Die Belege blieben freilich dürftig, aber die Regierungsmitglieder waren von der drohenden Gefahr überzeugt. Sie schürten eine Angst, von der sie selbst besessen waren und die ihnen aufgrund von Geheimdienstinformationen mehr als berechtigt erschien – doch sie liefen dabei in eine selbstgestellte Falle. Weil Dick Cheney und Verteidigungsminister Rumsfeld ein tiefes Misstrauen gegenüber den Nachrichtendiensten hegten, schufen sie sich kurz nach dem Amtsantritt im Januar 2001 eigene Aufklärungsabteilungen und verlangten von der CIA den direkten Zugang zu allen Quellenberichten. Normalerweise waren Hunderte von Analysten damit beschäftigt, aus der vorhandenen Informationsflut wirklich verlässliche Angaben herauszufiltern, sie mit anderen Ressourcen abzugleichen, Lagebilder zu erstellen und möglicherweise auch Empfehlungen für das politische Handeln auszusprechen. Ohne sie fehlten alle Schutzmechanismen zum Aussondern von unglaubwürdigen Quellen und falschen Berichten.

Die Rohdaten gelangten unter Umgehung aller Hierarchien und Verifizierungsroutinen gleich an die allerhöchste Ebene der Regierung, ein Vorgang, der in Geheimdienstkreisen mit dem Begriff »Stovepipe«, also »Ofenrohr« bezeichnet wird. Nach Ansicht von Kenneth Pollack, der einst im Nationalen Sicherheitsrat der USA arbeitete, hatte das Bush-Team »den vorhandenen Filterungsprozess demontiert, der seit 50 Jahren dafür sorgte, dass die Entscheidungsträger keine Falschinformationen bekamen. Sie haben diese Ofenrohre geschaffen, um die Führungsspitze direkt mit den gewünschten Informationen zu versorgen. Sie glauben nämlich, dass die professionelle Bürokratie ihnen absichtlich und böswillig Informationen vorenthält.«[34]

Dieses tiefe Misstrauen basierte auf persönlichen Erfahrungen von Cheney, der 1991 als Verteidigungsminister in der ersten Bush-Regierung den Golfkrieg miterlebt hatte. Damals hatten die Geheimdienste weder den bevorstehenden Einmarsch irakischer Truppen in Kuwait vorhergesehen noch auch nur ansatzweise verlässliche Informationen über das irakische Potential an Massenvernichtungswaffen zur damaligen Zeit liefern können. Nach dem Krieg stellte sich heraus, dass Saddam Hussein neben chemischen und biologischen Kampfstoffen auch über weitreichende Kapazitäten im Nuklearbereich verfügte.[35] Die CIA hatte damals in geheimen Analysen behauptet, der Irak brauche noch mindestens fünf bis zehn Jahre für die Fertigstellung einer Atombombe. In Wirklichkeit, so fanden die UN-Inspektoren später heraus, hätte das irakische Programm in weniger als zwei Jahren zum Erfolg geführt. Dick Cheney war über diese Enthüllungen empört gewesen. Und der 11. September 2001 hatte diese Empörung wieder aufleben lassen. In seinen Augen hatte die CIA zum zweiten Mal versagt, deshalb traute er den Berichten der amerikanischen Geheimdienste nicht mehr. Sie konzentrierten sich zu sehr auf die Analyse aktueller Bedrohungslagen, statt sich mit der Prävention künftiger Terrorakte zu beschäftigen. Cheney tauchte gemeinsam mit seinem Büroleiter Lewis Libby immer häufiger auch unangemeldet bei den Lagebesprechungen der CIA auf. In enger Abstimmung mit einem eigens dafür eingerichteten »Büro für Spezialpläne« im Pentagon bohrten Cheney, Libby, Vize-Verteidigungsminister Paul Wolfowitz und sein Staatssekretär Douglas Feith nach Informationen, ließen sich Rohdaten aus anderen Aufklärungsbehörden der USA liefern und werteten sie in der Runde ihrer engsten Mitarbeiter selbst aus. Vermutungen und vage Anhaltspunkte galten – gemäß der Cheney-Doktrin – als Beweise, entlastende Fakten, die den Entscheidungsträgern nicht ins Konzept passten, wurden einfach ausgeblendet.

So gelangten nachweislich falsche Informationen in die Reden des amerikanischen Präsidenten. Er behauptete, der Irak habe mehrfach versucht, sich für den Bau von Atomwaffen »extrastarke Aluminiumröhren« zu beschaffen. Außerdem habe Saddam Hussein in einem afrikanischen Land »bedeutende Mengen Uran« – sogenannten Yellowcake – kaufen wollen.

Vorwürfe, die auch andere Regierungsmitglieder bei öffentlichen Auftritten wiederholten. In Wirklichkeit hatte der Irak, wie die Internationale Atomenergiebehörde IAEA (International Atomic Energy Agency) bei ihren Inspektionen herausfand, die verdächtigen Aluminiumröhren für die Herstellung von Artilleriemunition gekauft. Für eine Verwendung in einem geheimen Atomprogramm waren sie aufgrund ihrer spezifischen Beschichtung ungeeignet. Die Angaben über den angeblichen Yellowcake-Deal mit dem Niger entstammten zwei Dokumenten, die in Geheimdienstkreisen zirkulierten. Sie waren leicht als Fälschungen zu erkennen, da weder die genannten Daten noch einige der inhaltlichen Angaben stimmen konnten. Die Unterschrift des Präsidenten von Niger entsprach eindeutig nicht der des echten Mamadou Tandja, und eines der Schriftstücke trug die Signatur eines Ministers, der zum angegeben Zeitpunkt längst nicht mehr im Amt war.

Das alles hinderte den amerikanischen Außenminister nicht, bei seinem denkwürdigen Auftritt vor dem Weltsicherheitsrat am 4. Februar 2003 eine Reihe von Falschinformationen als Rechtfertigung für ein militärisches Vorgehen gegen den Irak vorzubringen. Seine Äußerungen, so Colin Powell, seien »Fakten und Schlussfolgerungen, gegründet auf soliden Informationen und soliden Quellen«.[36] Ganz wohl war Powell dabei jedoch nicht. Kurz vor seiner Rede vor den Vereinten Nationen hatte er vom Nationalen Sicherheitsrat eine Art Waschliste von angeblichen Beweisen gegen Saddam Hussein bekommen. Vier Tage lang pflückte er gemeinsam mit CIA-Direktor Tenet und seinen Mitarbeitern die gewagtesten Unterstellungen heraus, um sich vor dem Weltsicherheitsrat nicht zu blamieren.[37] So entfernten sie Hinweise auf die angeblichen Verbindungen zwischen Saddam Hussein und den Terroranschlägen vom 11. September, die zweifelhaften Niger-Dokumente und Ähnliches. In vielen Punkten mussten sie mit Lewis Libby, dem Stabschef des Vizepräsidenten, streiten, der immer wieder verlangte, dass Powell die Möglichkeit eines Treffens von Mohammed Atta, dem Anführer der Terroristen vom 11. September, mit irakischen Agenten in Prag unbedingt erwähnen sollte. In dieser Sache blieb der Außenminister hart. Immerhin benannte er einen angeblichen Verbindungsmann der Al-Qaida im Irak, Abu Musab al-Zarqawi, der im Norden des Landes ungehindert Terroristen trainiere. Powell führte auch die Aluminiumröhren zum Bau von Atomwaffen an und die mobilen Bio- und Chemiewaffenlabors des Irak.[38]

Unmittelbar hinter ihm – sichtbar für alle Fernsehzuschauer – saß George Tenet. Der CIA-Chef wusste, dass der Hinweis auf die rollenden Labors aus einer obskuren Quelle kam, die vom deutschen Bundesnachrichtendienst aufgetan worden war. Der BND hatte seine amerikanischen Partner ausdrücklich gewarnt, dass die Aussagen des Informanten mit dem Decknamen »Curveball« nicht verifiziert werden konnten. Aber Tenet konnte sich keine Zweifel erlauben. Am 21. Dezember 2002 hatte er die Liste mit allen Anschuldigungen gegen den Irak von seinem Stellvertreter im Oval Office dem Präsidenten, dem Vizepräsidenten und der Sicherheitsberaterin vortragen lassen. Selbst George W. Bush erkannte, wie dünn die Beweislage war, und wandte sich an seinen Geheimdienstchef: »Man hat mir von Belegen für die Massenvernichtungswaffen erzählt, und das ist alles, was wir haben?« Tenet soll daraufhin, so berichteten es mehrere der Anwesenden hinterher, aufgestanden sein und dem Präsidenten mit einem Begriff aus dem Basketball geantwortet haben: »Das ist ein Slam Dunk-Fall« – also ein hundertprozentiger Treffer, eine glasklare Angelegenheit.[39]

Nach all den öffentlichen Behauptungen in den Monaten zuvor gab es weder für Tenet noch für andere Mitglieder der Administration einen Weg zurück. Warum auch – Dick Cheney,

Paul Wolfowitz und andere Büchsenspanner waren überzeugt, das einzig Richtige und absolut Gute zu tun. Denn sie handelten auf der Basis einer Überzeugung und eines Plans, der bereits vor mehr als zehn Jahren Gestalt angenommen hatte. Mitten in der Amtszeit von George Bush senior, die Berliner Mauer war gefallen, der Kalte Krieg gewonnen, erhielt der damalige Stabschef der amerikanischen Streitkräfte, Colin Powell, im Frühjahr 1990 einen wichtigen Auftrag. Er sollte ein strategisches Konzept für die neuen Herausforderungen nach dem Ende des Kalten Krieges erarbeiten und dabei besonders die internationale Zusammenarbeit in einer multipolaren Welt kleiner und großer Machtzentren berücksichtigen. Ein anderer Mitarbeiter im Pentagon würde ein Alternativkonzept entwickeln, das einen eher unilateralen Weg erkunden und am Ende mit dem Powell-Papier auf dem Schreibtisch des amerikanischen Verteidigungsministers landen sollte. Der hieß damals Richard Cheney.

Cheney hatte sich eigentlich schon für eine Theorie entschieden. Er sorgte dafür, dass vor allem die Thesen des Hardliners Eingang in das Dokument fanden, das er dem Präsidenten im Sommer vortragen wollte. Amerika solle seine gewonnene Vorherrschaft mit allen Mitteln verteidigen, auch mit präventiven Attacken, denn die USA dürften nicht erst reagieren, wenn sie angegriffen würden, sondern müssten initiativ handeln, um Schlimmeres zu verhüten. Der Hardliner hieß Paul Wolfowitz. Damals erschienen den Beratern von Bush senior die Thesen des späteren Vize-Verteidigungsministers als zu arrogant und hart. Unter dem Eindruck der Golfkrise 1990/91, in der Bush mit diplomatischem Geschick eine internationale Koalition gegen den irakischen Diktator Saddam Hussein zusammenbrachte, befahl der Präsident, das Strategiepapier zu entschärfen. Selbst wenn die USA, so die Überlegung, genau diese Vorherrschaft anstreben wollten, wäre es kaum opportun, dies öffentlich zu machen. Die gerade damals so dringend benötigten Verbündeten sollten um keinen Preis verärgert werden. Die weichgespülte Fassung des Pentagon-Konzepts schlug sich in George Bushs Rede von Dezember 1990 nieder, in der er das Prinzip der »Partners in Leadership«, des partnerschaftlichen Führungsanspruchs für eine neue Weltordnung verkündete.

Aber für die Falken um Cheney und Wolfowitz war der Krieg gegen Saddam Hussein ein »Triumph ohne Sieg«, so der Titel einer Golfkriegsanalyse des Magazins *U. S. News & World Report*, die 1992 erschien.[40] Amerika stand neuen weltpolitischen Herausforderungen gegenüber, hatte aber nur aus Rücksicht auf die Verbündeten und die Weltgemeinschaft auf den Marsch nach Bagdad und den Sturz Saddam Husseins verzichtet. Als sie durch die UN-Inspektionen erfuhren, wie nah der Despot an den Bau einer Atombombe herangekommen war, waren sie über die Zurückhaltung der eigenen Regierung empört. Auch den mühseligen Prozess der Abstimmung mit den Vereinten Nationen vor dem Irakkrieg hatten die Falken als eine unnötige Fessel für die letzte verbleibende Supermacht empfunden. Diese Überlegungen fanden Eingang in ein neues Strategiepapier des Pentagons, der »verteidigungspolitischen Richtlinie« (Defense Policy Guidance) von 1992, die dem ursprünglichen Wolfowitz-Entwurf zum Verwechseln ähnlich war.

In der ersten Bush-Administration waren die Falken, die sogenannten Neokonservativen, in der Minderzahl gegenüber besonneneren Kräften um US-Außenminister James Baker, den nationalen Sicherheitsberater Brent Scowcroft und den bedachtsamen Stabschef Colin Powell. Acht Jahre später unter George Bush junior war das anders. Die Neokonservativen hatten nach der Abwahl Bushs ihre Thesen in einen Think-Tank mit dem Namen »Projekt für ein neues amerikanisches Jahrhundert« mitgenommen. Während der Clinton-Jahre propagierte das Institut den Bau einer nationalen Raketenabwehr, die nach ihrer erfolgreichen Stationierung dann auch eine offensive Interventionspolitik der USA ermöglichen würde, allem voran im Nahen Osten. In einem offenen Brief an Präsident Clinton riefen Richard Perle, Paul Wolfowitz, Donald Rumsfeld und andere Neokonservative zu einem amerikanischen Angriff auf den Irak auf, notfalls auch ohne jedes völkerrechtliche Mandat. »Die amerikanische Politik«, so steht es in dem Schreiben von 1998, »darf nicht länger durch dieses Beharren auf Einstimmigkeit im Sicherheitsrat der Vereinten Nationen gelähmt und irregeleitet werden.«

Mit der Ernennung Dick Cheneys zum Vizepräsidenten zeichnete sich für die Falken eine zweite Chance ab, ihre Vorstellungen in die Tat umzusetzen. Sie aktualisierten ihr Konzept und ließen es im September 2000 unter dem Titel »Rebuilding Americas Defenses« (Der Wiederaufbau von Amerikas Verteidigung) erscheinen. Mit diesem Titel artikulierten die Autoren ihren gemeinsamen Vorwurf an die Clinton-Administration, sie habe die militärische und politische Stärke der Vereinigten Staaten mutwillig aufs Spiel gesetzt oder sogar zerstört. Im Vorwort nahm die Studie Bezug auf die alte Pentagon-Richtlinie von 1992 und nannte sie »eine Blaupause, um die Vorherrschaft der USA zu erhalten, den Aufstieg von Rivalen um die Macht zu verhindern und um eine internationale Sicherheitsstruktur zu schaffen, die amerikanischen Prinzipien und Interessen entspricht«.[41]

Auf den nachfolgenden 90 Seiten ging es um die Ausdehnung der »Pax Americana«, also die Verbreitung von Freiheit und Demokratie nach amerikanischem Vorbild. Zu diesem Zweck müssten die Streitkräfte in der Lage sein, zahlreiche Kriege gleichzeitig zu führen, auch um unliebsame Regime zu entfernen: »Die militärische Vorherrschaft Amerikas wird weiterhin zu einem bedeutenden Teil auf der Fähigkeit beruhen, ausreichende Landstreitkräfte bereitzuhalten, um politische Ziele wie die Entfernung eines gefährlichen und feindseligen Regimes zu erreichen.« Wenig später heißt es im Text: »Wir können Nordkorea, Iran, Irak oder ähnlichen Staaten nicht erlauben, den amerikanischen Führungsanspruch zu untergraben, Amerikas

Verbündete einzuschüchtern oder das amerikanische Festland zu bedrohen.« Das Prinzip der präventiven und unilateralen Kriegsführung wurde in dem Dokument beschrieben und gerechtfertigt: »Es ist wichtig, die Umstände zu formen, bevor sie zu Krisen führen, und Bedrohungen zu begegnen, bevor sie zu Gefahren heranwachsen.« Die Autoren des Werkes wünschten sich am Vorabend der amerikanischen Präsidentschaftswahlen im Jahr 2000, dass die neue Regierung ihren Bericht »als Fahrplan für die unmittelbaren und künftigen Verteidigungspläne der Nation« nutzen würde.

Wer einen Blick auf die Namen der Unterzeichner des Dokuments warf, hätte kurz nach dem Amtsantritt Bushs schon wissen können, wohin die Reise geht. Es waren namhafte Professoren von amerikanischen Eliteuniversitäten, führende Rechtsausleger aus Think Tanks und der Rüstungsindustrie und die Crème de la Crème der konservativen Verteidigungsexperten in den USA. Eine Reihe von ihnen wurden in die neue Administration berufen: Eliot Cohen als Mitglied des Rats für Verteidigungspolitik des Pentagons, Lewis Libby als Büroleiter des Vizepräsidenten und Paul Wolfowitz als stellvertretender Verteidigungsminister. Weitere Falken, die das »Projekt für ein neues amerikanisches Jahrhundert« unterstützten, waren Richard Perle, ebenfalls eine Zeitlang Mitglied des Rats für Verteidigungspolitik, John Bolton, stellvertretender Außenminister, Douglas Feith, Staatssekretär im Verteidigungsministerium, Donald Rumsfeld, Verteidigungsminister, und Dick Cheney, Vizepräsident der Vereinigten Staaten von Amerika.

Das Weltbild führender Köpfe der neuen Regierung basierte auf einer düsteren Zukunftsperspektive, nach der hinter jeder Ecke eine Bedrohung lauerte. Die treibende Kraft für ihre außenpolitischen Pläne war demzufolge das Gefühl, das nach Nine Eleven auch alle anderen Politikfelder erobern würde: Angst. Eine Angst, die sich rational begründen ließ und die den Akteuren offenbar bereits einen Plan eingegeben hatte. Hinweise auf beides finden sich in einem Memorandum, das Verteidigungsminister Rumsfeld am 30. Januar 2001, zehn Tage nach der Vereidigung von George W. Bush, an seine Kabinettskollegen schickte. Der »Zusammenbruch der Sowjetunion«, so hieß es in der Mail, habe »neue regionale Mächte geschaffen«.[42] Einige von ihnen seien gegenüber den USA »sehr feindlich eingestellt und bewaffnen sich, um uns davon abzuhalten, unsere konventionelle oder nukleare Macht in regionalen Konflikten einzusetzen«. Die Liberalisierung des Welthandels mache es »den ärmsten Nationen der Erde möglich, schnell die zerstörerischste Militärtechnologie zu beschaffen, die wir kennen, darunter nukleare, chemische und biologische Waffen und ihre Trägersysteme. Wir können sie daran nicht hindern.« Auch China, Russland, Iran, Irak und Nordkorea investierten in solche Technologien, die sich in der Folge noch weiter ausbreiten könnten. Am Ende des Memos stand eine Handlungsempfehlung von Donald Rumsfeld: Man müsse die »vorhandene militärische Macht nutzen, um Nationen in Übersee davon abzubringen, unsere Interessen herauszufordern«, bis man die Streitkräfte auf die neuen Rahmenbedingungen des 21. Jahrhunderts ausgerichtet habe. Als ich Donald Rumsfeld während eines Interviews im März 2011 nach dieser Handlungsempfehlung fragte, sagte er mir, er habe damit nur die Haltung des amerikanischen Kriegspräsidenten Dwight D. Eisenhower aufgegriffen, nach der Frieden nur durch Stärke möglich sei, weil Schwäche provoziere: »Ich dachte, dass Krieg das Scheitern von Außenpolitik ist. Deshalb mussten wir eine Außenpolitik der Stärke machen.«

Die Falken in der Bush-Administration hatten sich längst auf den ersten Testlauf für ihr Vorhaben verständigt, als George W. Bush sein Sicherheitskabinett am Nachmittag des 30. Januar 2001 zu seiner ersten Sitzung im Lagezentrum des Weißen Hauses begrüßte. Auf der Tagesordnung stand nur ein Punkt – die Nahostpolitik. Doch der Konflikt zwischen Israel und den Palästinensern wurde vom US-Präsidenten schnell zur Nebensache erklärt: »Es ist Zeit, dass wir uns da rausziehen.« Als Außenminister Powell Bedenken anmeldete, weil er vonseiten des israelischen Militärs in diesem Fall neue Gewaltoffensiven befürchtete, antwortete Bush: »Vielleicht ist das der beste Weg, damit alles wieder ins Lot kommt. Manchmal kann die Machtdemonstration einer Seite die Dinge klären.« Damit war das Thema abgehakt, ein anderes sollte die Agenda bestimmen: »Wie der Irak die ganze Region destabilisiert.« Ganz offenbar hatte der Kreis um den Präsidenten – vermutlich Cheney, Rumsfeld und Rice – das Treffen genauso geplant und den CIA-Chef gebeten, auf riesigen Satellitenbildern von angeblichen Produktionsstätten für Massenvernichtungsmittel Einzelheiten zu erläutern. Am Ende der Sitzung verteilte George W. Bush die Aufgaben: Powell sollte neue Sanktionen vorschlagen, Rumsfeld militärische Optionen erarbeiten, Tenet verdeckte Operationen des Geheimdienstes konzipieren und Paul O'Neill die Finanzgeschäfte des Saddam-Regimes ins Visier nehmen.

Finanzminister O'Neill konnte sich des Eindrucks nicht erwehren, dass es bereits ein Drehbuch für einen Irakkrieg gab. In der nächsten Sitzung des Sicherheitsrates, am 1. Februar 2001, wurde die Vermutung zur Gewissheit. Auf der Tagesordnung stand neben einem Bericht über die wirtschaftliche Lage des Irak auch der »politisch-militärische Plan für eine Zeit nach Saddam Hussein«. Gerade hatte Colin Powell begonnen, die Sanktionen gegen den Irak zu erläutern, da wurde er schon von Donald Rumsfeld unterbrochen: »Sanktionen sind gut, aber in Wirklichkeit wollen wir doch darüber nachdenken, wie Saddam zu erledigen ist. Stellt euch vor, wie die Region […] mit einem Regime aussehen würde, das den US-Interessen entgegenkommt. Es würde in der Region und darüber hinaus alles verändern. Es würde demonstrieren, um was es bei der amerikanischen Politik geht.«

Der Verteidigungsminister machte den Irak zum Testfall für die Analyse aus seinem Memorandum, dass man die »vorhandene militärische Macht nutzen muss, um Nationen in Übersee davon abzubringen, unsere Interessen herauszufordern«. Der Sturz Saddam Husseins sollte als disziplinierendes Lehrbeispiel oder besser zur Abschreckung für andere Schurkenstaaten dienen. Obwohl weder Rumsfeld noch Dick Cheney das in der Sitzung so deutlich formulierten, blieb genau dieser Eindruck bei Finanzminister O'Neill haften: »Es gab keine wirkliche Erörterung dieser umfassenden Idee, die alle konkreten Maßnahmen anzutreiben schien. Aber von Beginn an ging es um den Fall Hussein, wie wir ihn ausschalten und den Irak in ein neues Land verwandeln könnten. Wenn wir das täten, so die Vorannahme, würden sich alle anderen Probleme auch in Luft auflösen. Also mussten wir einen Weg finden, dieses Ziel zu erreichen. Das war die Tonart. Der Präsident sagte: Prima! Überlegt euch mal, wie wir das hinkriegen.« Genau das bestätigte mir Donald Rumsfeld auch im Interview, schließlich sei »der Irak ja schon seit langem auf Platz 1 der Terrorismusliste« gewesen.

Diese Vorgeschichte des Irakkrieges liefert seit Jahren Stoff für Verschwörungstheorien. Wenn der Sturz Saddam Husseins schon lange vor dem Amtsantritt von George W. Bush beschlossene Sache war und in den ersten Monaten der neuen Regierung konkretisiert wurde, lag es dann nicht sogar im Interesse der Regierung, trotz überwältigender Anzeichen für drohende Anschläge durch islamistische Terroristen die Gefahr bewusst zu ignorieren in der Hoffnung, dass ein Angriff auf Amerika die Rechtfertigung für einen Krieg gegen Schurkenstaaten und Terrorgruppen liefern würde? Das Problem ist nur: Dafür gibt es nicht den leisesten Hinweis – weder in den Hunderten von Original-Dokumenten und Sitzungsprotokollen, die Finanzminister Paul O'Neill nach seinem erzwungenen Rücktritt aus der Regierung im Dezember 2002 mitgenommen hatte, noch in den Beschreibungen und Erinnerungen jener Entscheidungsträger in Ministerien, Geheimdiensten und Sicherheitsbehörden, die der Bush-Regierung extrem kritisch gegenüberstanden und die mit vielen Journalisten, auch mit mir, darüber geredet haben. Ich habe nicht den geringsten Zweifel, dass Bush, Cheney, Rumsfeld und Rice ihre Pläne für einen Umsturz des irakischen Diktators auch ohne die Anschläge vom 11. September weiterverfolgt und irgendwann umgesetzt hätten. In meinem Interview habe ich die Sicherheitsberaterin danach gefragt. Ihre Antwort: »Ich weiß, dass viele Leute fragen, ob wir Beweise für eine Verwicklung von Saddam Hussein in Nine Eleven haben. Aber wir hatten ein Problem mit ihm vor Nine Eleven, und wir haben es hinterher. Er ist entschlossen, Massenvernichtungswaffen zu beschaffen und sie vor der internationalen Gemeinschaft zu verstecken. Es gibt keinen Grund, daran zu zweifeln, dass er diese Waffen auch einsetzt. Er hat schließlich schon einmal Massenvernichtungswaffen eingesetzt, chemische Kampfstoffe gegen sein eigenes Volk.« Doch im Februar 2001 hatten Bush und seine Berater nicht genügend in der Hand für eine öffentliche Diskussion.

Dennoch stand der Irak im Frühjahr und Sommer 2001 wiederholt im Mittelpunkt der Beratungen des Sicherheitskabinetts. Die Planungen für einen Krieg schritten voran, es wurden konkrete Konzepte für den Umgang mit den irakischen Ölvorkommen, den Einsatz von Friedenstruppen und die Durchführung von Kriegsverbrecherprozessen erarbeitet. Allein, es fehlte an belastbaren Beweisen für ein irakisches Programm zur Herstellung von Massenvernichtungsmitteln. George Tenet machte immer wieder deutlich, dass man sehr vieles nicht wisse, so dass man nur spekulieren könne, ob Saddam Hussein solche Waffen wirklich entwickeln ließ. Rumsfeld, sein Stellvertreter Wolfowitz und Vizepräsident Dick Cheney reagierten zunehmend frustriert auf die vagen Berichte der CIA.

Doch dann kam Nine Eleven. Der Anschlag bewies, dass tatsächlich eine Bedrohung existiert hatte, die nicht früh und massiv genug bekämpft worden war. Ähnliches musste auch für den Irak oder andere Staaten gelten, die nach Massenvernichtungswaffen strebten. Dass sich das nicht belegen ließ, spielte keine große Rolle. Hätten die Terroranschläge nicht verhindert werden können, wenn man auf die Geheimdienstberichte über eine drohende Gefahr durch Al-Qaida viel entschlossener reagiert hätte, etwa mit einer flächendeckenden Bombardierung der Trainingslager und dem Sturz des Taliban-Regimes? Angst- und Schuldgefühle beseitigten die letzten Skrupel. Nine Eleven war die einmalige Gelegenheit für die Neokonservativen, sich mit ihrer Doktrin innerhalb der Bush-Administration durchzusetzen. Und es war ihr Konzept, das George W. Bushs »State of the Union«-Rede vor dem amerikanischen Kongress am 28. Januar 2003 zugrunde lag. Der Präsident rechtfertigte einen bevorstehenden Krieg, für den die Hardliner um Dick Cheney und Paul Wolfowitz das Drehbuch geschrieben hatten und der nur der Auftakt für die Ausbreitung ihrer Pax Americana sein sollte. Das allerdings durfte Bush so deutlich nicht sagen, also verpackte er den arroganten Weltmachtanspruch der Hardliner in eine beschönigende und fromme Rhetorik, geprägt vom Sendungsbewusstsein der letzten Supermacht: »Amerika ist eine starke Nation – ehrenhaft in der Anwendung unserer Stärken. Wir üben Macht aus, ohne zu erobern. Wir bringen Opfer für die Freiheit von Fremden. Wir sind ein freies Volk, das weiß, dass die Freiheit das Recht eines jeden einzelnen Menschen und einer jeden Nation ist. Die uns so teure Freiheit ist nicht das Geschenk Amerikas an die Welt, sondern das Geschenk Gottes an die gesamte Menschheit.«[43]

Am 20. März 2003 begann der Krieg im Namen der Freiheit. Die Anschläge vom 11. September haben diesen Krieg zumindest befördert, vielleicht sogar erst möglich gemacht. Und dieser Krieg würde die Welt seinerseits weiter verändern. Die eigentliche Invasion dauerte nicht einmal einen Monat, und sie war überaus erfolgreich. Mit Hochgeschwindigkeit stürmten die amerikanischen Truppen gen Bagdad, dessen Stadtzentrum sie am 7. April erreichten. Sie trafen auf vergleichsweise wenig

Gegenwehr. Bis zum offiziellen Ende der Kampfhandlungen am 1. Mai kamen rund 2300 irakische und 171 alliierte Soldaten um Leben. Über die vermutlich hohe Zahl der zivilen Opfer in diesen Wochen gibt es keine offiziellen Angaben. Ein Teil der irakischen Regierung wurde gefangen, Saddam Hussein allerdings war rechtzeitig untergetaucht. Und nun das Verrückte: Wenn die Bush-Administration einen besseren Plan für die Zeit nach dem Umsturz gehabt hätte, wäre der Irak vielleicht tatsächlich ein Beleg für die Richtigkeit neokonservativer Thesen geworden und die Kritik im Rest der Welt wäre langsam, aber sicher einem gewissen Respekt, vielleicht sogar einer Bewunderung für die visionäre Entschlossenheit des amerikanischen Präsidenten gewichen. Aber genau das Gegenteil geschah.

Der Grund für das Debakel war derselbe, der schon zur falschen Rechtfertigung für den Krieg, der Lüge von den angeblichen Massenvernichtungswaffen, geführt hatte. Die Spitzen der US-Regierung misstrauten nicht nur den Geheimdiensten, sondern auch der Washingtoner Bürokratie im Außenministerium und im Pentagon. In grenzenloser Selbstüberschätzung und Arroganz glaubten Bush, Cheney, Rice und Rumsfeld, dass sie alles besser wussten als die Experten in ihren Behörden. Die aber hatten bei den Planungen für den Irakkrieg immer wieder darauf hingewiesen, dass Erfolg oder Misserfolg nicht allein vom militärischen Sieg abhingen. Der Frieden hinterher musste auch erkämpft und gewonnen werden. Schon im Frühsommer 2002 hatte sich im Pentagon Widerstand gegen den Plan geregt, den Irak mit einer vielleicht nur hundert- oder hundertfünfzigtausend Mann starken Truppe anzugreifen. Hochrangige Soldaten verrieten Journalisten in Washington die geheimen Aufmarschkonzepte des Büros für Spezialpläne, die daraufhin prompt in allen Zeitungen nachzulesen waren. Empört drohte Verteidigungsminister Rumsfeld den illoyalen Unbekannten mit drakonischen Strafen. Die Zivilisten in der Führungsspitze des Pentagons, Donald Rumsfeld, Paul Wolfowitz und Douglas Feith, die selbst niemals in einem Krieg gekämpft hatten, wussten es natürlich besser. Sie bestanden auf der kleineren Truppe. Der schnelle Erfolg des Feldzuges schien ihnen dann auch recht zu geben. Aber die ungehorsamen Offiziere hatten um mehr Truppen gebeten, weil sie wussten, welche Kraftanstrengung vor allem die Nachkriegszeit in diesem nicht gerade kleinen Land erfordern würde.

»Einige hunderttausend Soldaten« würden dafür wohl schon gebraucht, erklärte sogar der Stabschef der amerikanischen Armee, General Eric Shinseki, am 25. Februar 2003 bei einer öffentlichen Anhörung im Kongress den staunenden Abgeordneten. Zwei Tage später demontierte Paul Wolfowitz den angesehenen General, indem er die Bemerkungen Shinsekis als »weit übertrieben« abqualifizierte: »Es fällt schwer zu glauben, dass man mehr Streitkräfte dafür braucht, in einem Irak nach Saddam die Stabilität zu gewährleisten, als den Krieg zu führen und die Kapitulation seiner Sicherheitstruppe und der ganzen Armee zu erzwingen.« Bald danach trat Shinseki in den vorzeitigen Ruhestand. Die Folgen der Fehlplanung waren katastrophal. Unmittelbar nach dem Einmarsch der 145 000 US-Soldaten begann das Chaos. Von den 23 Ministerien in Bagdad erstürmten die Plünderer insgesamt 17 und nahmen alles mit, was ihnen irgendwie nützlich erschien. Unschätzbar wertvolle Kulturgüter aus dem Nationalmuseum und der Nationalen Bibliothek des Irak verschwanden in den Händen von Kriminellen. Teure Geräte aus den Krankenhäusern der Stadt wurden gestohlen. Die US-Soldaten ließen den Mob gewähren. Nur einen einzigen Ort schützten sie – das Ölministerium. Der Eindruck, den dies machte, war verheerend. Für die irakische Bevölkerung bestätigte sich damit das Vorurteil, dass es den USA nicht um die Freiheit der Menschen, sondern nur um die Ölreserven des Landes und die Profite amerikanischer Konzerne ging. Dabei hatte eine Arbeitsgruppe des US-Außenministeriums, an der auch Exil-Iraker beteiligt waren, schon vor dem Krieg vor Szenarien gewarnt, die die Einführung einer Demokratie im Land erschweren würden. In einem Bericht hieß es, »die Zeitspanne unmittelbar nach einem Regimewechsel könnte Kriminellen die Gelegenheit zu Morden und Plünderungen geben«. Doch die Regierungsspitze schlug die Warnungen in den Wind. Sehr zum Ärger der Berater, unter ihnen der irakische Anwalt Feisal Istrabadi: »Wir haben im Projekt flächendeckende Plünderungen vorhergesagt. Man musste keinen Universitätsabschluss haben, um das zu erkennen. Es war vorhersehbar, dass bei einem Fehlen jeder Autorität in Bagdad Chaos und Gesetzlosigkeit um sich greifen würden.«[44]

Doch die US-Streitkräfte hatten weder den Auftrag noch das notwendige Personal, um im Irak für Recht und Ordnung zu sorgen. Zu den dramatischen Folgen gehörte, dass Plünderer ungehindert tonnenweise Waffen und Sprengstoff aus irakischen Militärstützpunkten entwenden konnten. Nur 25 Kilometer südwestlich von Bagdad liegt der Ort Yusifiyah, in dessen Nähe Saddam Hussein zahlreiche Produktionsstätten für Raketen, Waffen und Kampfstoffe hatte erbauen lassen, darunter Al-Qaqaa – eine riesige Fabrik für Sprengstoffe wie PETN, RDX und HMX. Im April und Mai 2003 plünderten Bewohner aus dem Umland die Bestände, ohne dass die US-Soldaten der 101. Luftlandedivision eingriffen, die in der Nähe ihr Lager aufgeschlagen hatten. Sie wussten offenbar nicht, welche gefährlichen Materialien in Al-Qaqaa lagerten und welche strategische Bedeutung der Schutz dieser Einrichtung gehabt hätte. Die Plünderer verkauften einen Großteil des Sprengstoffs an arabische Terroristen, die unmittelbar nach dem Einmarsch der amerikanischen Truppen in den Irak eingesickert waren. Es gibt Belege dafür, dass der verheerende Bombenanschlag auf das UN-Hauptquartier in Bagdad im August 2003 bereits mit Diebesgut aus der Kampfmittelfabrik verübt wurde. Insgesamt gingen allein aus Al-Qaqaa 40 000 Tonnen Sprengstoffe verloren, ausreichend Material für die Terrorkampagnen der Al-Qaida im Irak, denen zahlreiche US-Soldaten und irakische Zivilisten zum Opfer fielen.

Im hilflosen Versuch, der chaotischen Lage in den ersten Wochen nach dem Einmarsch durch Einsetzung eines zivilen Verwalters – einer Art Ersatz-Präsident – Herr zu werden, folgte der nächste, fatale Fehler. Paul Bremer, der neue Zivilverwalter, verkündete die Auflösung der irakischen Armee und schuf damit auf einen Schlag eine Armee der Unzufriedenen, die der Zivilverwaltung in den Folgewochen mit Demonstrationen und Ausschreitungen die Arbeit schwer machte. Genau davor hatte der CIA-Resident in Bagdad den Zivilverwalter kurz nach seiner Ankunft eindringlich gewarnt: »Wenn Sie die entlassen, dann sind das weitere 350 000 Iraker, die Sie anpinkeln, und die haben Waffen.«[45] Bremers Antwort: »Ich habe keine andere Wahl. Das sind meine Befehle.« Ein Hinweis darauf, dass er vom Präsidenten selbst mit der Demobilisierung beauftragt wurde. Die *New York Times* schätzte die Zahl der betroffenen Soldaten und ihrer Angehörigen auf rund 2,7 Millionen Menschen, also rund zehn Prozent der Gesamtbevölkerung, denen die Lebensgrundlage entzogen wurde. Erst Monate später erkannte die US-Regierung, welch fatalen Fehler sie gemacht hatte. Aber da hatten sich Tausende der Enttäuschten schon dem Widerstand im irakischen Untergrund angeschlossen.

Die Lage im Irak wurde immer dramatischer. Im Juni 2003 verübten Aufständische im Schnitt fünf bis sechs Attacken pro Tag, in erster Linie Schüsse aus dem Hinterhalt, Minenfallen für amerikanische Konvois, Angriffe auf Pipelines, die Wasser- und Stromversorgung. Bis August hatte sich die Zahl der Attacken verdreifacht, nun auch mit Raketenangriffen und Sprengstoffanschlägen. In der ersten Novemberwoche schließlich zählte das amerikanische Oberkommando durchschnittlich weit über 30 Anschläge pro Tag. Ständig entstanden neue Terrorgruppen, die Al-Qaida gründete ihren eigenen regionalen Ableger. Blutige Auseinandersetzungen zwischen Schiiten, Sunniten und

Kurden im Norden und Süden des Landes waren an der Tagesordnung. Einzig die Sensationsmeldung vom 14. Dezember 2003 sorgte kurzzeitig für Entlastung. Die Bilder vom tags zuvor festgenommenen Saddam Hussein gingen um die Welt: Ein schmuddeliger Schrat, dem ein Arzt bei einer Untersuchung mit einem Holzstäbchen im Mund herumstochert. Es war eine entwürdigende Inszenierung, die den gefürchteten Diktator, der sich am Ende in ein Erdloch verkrochen hatte, endgültig entzauberte. Erstmals gab es da die langersehnten Bilder von jubelnden Irakern in den Straßen, die wussten, dass ihnen dieses menschliche Wrack nun nicht mehr gefährlich werden konnte.

Die Gesamtbilanz des Irakkrieges ist jedoch bedrückend. Als die amerikanischen Streitkräfte am 19. August 2010 ihre offiziell letzten Kampfverbände aus dem Land abzogen, wies die Statistik 112 600 zivile Todesopfer aus. Mehr als 20 000 Menschen waren bei über 2100 Terroranschlägen ums Leben gekommen – unter ihnen auch ein Großteil der rund 9500 getöteten irakischen Soldaten und Polizisten. Das US-Verteidigungsministerium zählte seit dem Einmarsch in 2003 insgesamt 4418 getötete US-Soldaten und mehr als 32 000 Verwundete. Die Verbündeten der USA, allen voran Großbritannien und Italien, hatten fast 350 Tote zu beklagen. Als wäre das alles nicht schon schlimm genug, trug die amerikanische Besatzung nachhaltig dazu bei, dem Ansehen des Landes zu einem neuen Tiefpunkt zu verhelfen. Von einer positiven Strahlkraft, wie sie sich die Bush-Administration erhofft hatte, keine Spur.

Stattdessen hatte Amerika ein wichtiges Mittel im Kampf gegen den Terrorismus verspielt – die Glaubwürdigkeit. Stichwort: Massenvernichtungsmittel. Die einzigen wirklich verbotenen Waffensysteme, deren Entwicklung der Irak vorangetrieben hatte, waren offenbar Raketen mit einer Reichweite von über 150 Kilometern, deren Herstellung und Besitz dem Irak nach den gültigen UN-Resolutionen nicht erlaubt war. Ansonsten kam der 1100-köpfige US-Suchtrupp für Massenvernichtungswaffen unter der Führung des ehemaligen Waffeninspektors David Kay im Oktober 2003 zu dem Schluss: »Trotz der Indizien für Saddam Husseins andauerndes Streben nach nuklearen Waffen haben wir bis heute keine Beweise dafür finden können, dass der Irak nach 1998 den Versuch unternommen hatte, eine Nuklearwaffe zu bauen oder spaltfähiges Material herzustellen.«[46] Auch chemische und biologische Kampfstoffe fanden die Inspektoren nicht. Es blieb der Eindruck, dass die Vorwürfe gegen den irakischen Diktator Saddam Hussein nur als Vorwand für eine völkerrechtswidrige Invasion gedient hatten. Hinzu kam neben der dilettantischen und verantwortungslosen Nachkriegsplanung auch das rücksichtslose Verhalten vieler US-Soldaten, die sich bei Razzien eher wie brutale Besatzer denn wie starke Befreier aufführten. Sie verwüsteten Wohnungen, beleidigten irakische Frauen, nahmen ganzen Familien ihre Häuser weg, um dort ihr Quartier aufzuschlagen, und misshandelten Terrorverdächtige. In mehreren Fällen ermordeten sie unschuldige oder wehrlose Iraker.

Immer wieder wurden an amerikanischen Checkpoints auch irakische Zivilisten erschossen. Bildmaterial von solchen Zwischenfällen gelangte an die Öffentlichkeit. So zum Beispiel die Fotoserie aus Tal-Afar im Nordwesten des Irak. Ein Auto fuhr mit hoher Geschwindigkeit auf einen Checkpoint zu. US-Soldaten forderten den Wagen mit Handzeichen vergeblich zum Anhalten auf. Auch ein Warnschuss blieb erfolglos. Dann eröffneten sie das Feuer. Im Kugelhagel starben Hussein und Camille Hasan, die zu schnell gefahren waren, um zu Beginn der nächtlichen Ausgangssperre rechtzeitig mit ihren Kindern zu Hause zu sein. In einem geheimen Bericht der amerikanischen Streitkräfte zu dem Vorfall steht: »Auf der Rückbank waren sechs Kinder. Sie blieben unverletzt.« Doch in Wahrheit hatte eine Kugel den 11-jährigen Raken am Rückgrat getroffen. Er würde gelähmt bleiben. Das geschönte Protokoll gehört zu den Geheimberichten über unzählige grauenhafte Szenen, die den Irakkrieg in seiner brutalen Wirklichkeit spiegeln. Mehr als 390 000 solcher sogenannten SIGACTS – Meldungen der amerikanischen Streitkräfte über bedeutsame Aktionen – waren der Internet-Plattform WikiLeaks zugespielt worden, die sie dann im Oktober 2010 veröffentlichte. Nach einer Auswertung des Büros für Investigativen Journalismus sowie des *Spiegel*, des *Guardian* und der *New York Times* hatten amerikanische Soldaten an Checkpoints aus Angst vor Bombenanschlägen häufig das Feuer auf Autos und Personen eröffnet. Allein durch die Taktik dieser »Escalation of Force« wurden mehr als 681 Zivilisten getötet, darunter auch 30 Kinder. In den SIGACTS heißt es beispielsweise: »Querschläger vom Asphalt traf 6-Jährigen.« In einem anderen Fall: »Arzt fuhr Schwangere zum Krankenhaus, wurde von Koalitionstruppen erschossen.«

Der Blutzoll, den die Zivilbevölkerung für die Befreiung des Irak von Diktator Saddam Hussein zu entrichten hatte, war extrem hoch. Nach Angaben der Organisation Iraq Body Count, die durch Spenden finanziert wird, belegen die von WikiLeaks enthüllten Dokumente, dass allein im Zeitraum 2004 bis 2009 mehr als 66 000 Zivilisten getötet wurden, 15 000 mehr als bisher bekannt. Natürlich spiegelt sich in den Dokumenten auch die menschenverachtende Brutalität der Terroristen und Aufständischen im Irak wider. Fast die Hälfte der zivilen Opfer, 32 000 Menschen, starb durch Bombenanschläge, Massenerschießungen und Enthauptungen. Aber die andere Hälfte ging auf das Konto der Besatzungsarmee und irakischer Sicherheitskräfte. Das Pentagon hatte penibel über alle Vorfälle Protokoll geführt, doch die Zahlen blieben geheim. Denn durch sie wäre die immense Kluft zwischen Anspruch und Wirklichkeit, zwischen Worten und Taten der US-Regierung noch deutlicher geworden.

George W. Bush hatte am 14. April 2004 bei einer Pressekonferenz im Weißen Haus versprochen: »Wir werden weiterhin größte Vorsicht walten lassen, um Schaden von Zivilisten abzuwenden.« Die rund 390 000 SIGACTS legen das Gegenteil nahe. Die geheimen Unterlagen zeigen auch, dass die US-Truppen in vielen Fällen wegschauten, wenn Gefangene vom irakischen Militär oder der Polizei gefoltert oder getötet wurden. In den SIGACTS finden sich mehr als 1300 solcher Fälle mit Notizen wie: »... von irakischer Polizei geschlagen ...«, »... starb aufgrund der Misshandlungen ...«, »... Bohrmaschine benutzt, um Löcher in die Beine zu bohren ...«, »... mit Kabeln und Schläuchen geschlagen ...«, »... mit Stromschlag getötet ...«. Auch diese Vorfälle durften offenbar nicht bekannt werden, schließlich hatte der US-Präsident in seiner Rede zum Kriegsauftakt am 17. März 2003 versprochen, man werde »die Maschinerie des Terrors« im Irak und das Folter-Regime von Saddam Hussein »zerstören«. Stattdessen wechselten offenbar nur die Täter: Nicht mehr die sunnitischen Schergen des Diktators, sondern die mehrheitlich schiitischen Sicherheitskräfte des neuen Irak ließen ihre Wut an wehrlosen Gefangenen, oftmals auch unschuldigen Zivilisten, aus – und die US-Streitkräfte griffen nicht ein. Mehr als zwanzig der amerikanischen Berichte über die Foltermethoden in den Jahren nach 2004 enden mit den Worten: »Weil Koalitionstruppen an angeblicher Misshandlung nicht beteiligt waren, ist keine weitere Untersuchung nötig.«

Es sind unbequeme Details, die das volle Ausmaß einer regierungsamtlichen Doppelmoral enthüllen. Vielleicht wegen der befürchteten Folgen für die eh schon tief erschütterte Glaubwürdigkeit Amerikas reagierte ausgerechnet die Regierung von Barack Obama mit Sarkasmus und schweren Vorwürfen gegen WikiLeaks und mehrere angesehene Medien. »Wir bedauern, dass WikiLeaks Personen anstiftet, das Gesetz zu brechen, geheime Dokumente weiterzugeben, und dann bedenkenlos die geheimen Informationen mit der Welt teilt, einschließlich unserer Feinde«, so Geoff Morrell, der Pressesprecher des US-Verteidigungsministeriums, im Oktober 2010. Er wies darauf hin, dass es sich bei den SIGACTS um »unmittelbare, rohe Beobach-

tungen taktischer Einheiten« handelt: »Es sind nur Schnapp-
schüsse von tragischen und profanen Ereignissen. Sie erzählen
nicht die ganze Geschichte.« Durch die Preisgabe »könnten unsere Soldaten und ihre Mitstreiter getötet werden«, weil »unsere Feinde Einblicke bekommen, wie wir operieren«.

Dabei hatte WikiLeaks alles unternommen, um die Identität
der in den Dossiers genannten Täter und Akteure unkenntlich
zu machen. Durch eine eigens entwickelte Software wurden alle
Namen und Orte zunächst geschwärzt und nur dann wieder les-
bar gemacht, wenn ihre Veröffentlichung nicht zu Repressalien
oder Gefährdungen führen konnte. Deshalb wies der Gründer
von WikiLeaks, Julian Assange, bei einer Pressekonferenz in
London die Vorwürfe zurück. Die US-Regierung wolle offenbar
eindeutige Kriegsverbrechen verharmlosen und vertuschen:
»Die zweitwichtigste Waffe der Mächtigen ist das Schulterzu-
cken«, so Assange. »Ihre wichtigste Waffe ist das Verschweigen.
Dieses Schweigen haben wir durchbrochen. Und nun können
wir sie bei dem Versuch beobachten, eine sehr ernste Angelegenheit einfach abzutun.«

Wie ernst die Angelegenheit war, zeigten die Vorfälle von Abu
Ghraib. Offenbar waren die irakischen Sicherheitskräfte bei ihren Folterungen nur dem Vorbild der Amerikaner gefolgt. Abu
Ghraib ist eine Haftanstalt westlich der irakischen Hauptstadt
Bagdad, in der die Häftlinge schon zu Zeiten des Diktators Saddam Hussein gefoltert und hingerichtet wurden. Nach dem
Einmarsch in den Irak führten US-Soldaten und Wachleute pri-
vater Firmen, angeleitet von Geheimdienstmitarbeitern und
unter Beteiligung amerikanischer Ärzte, diese Praktiken offenbar fort. Im Mai 2004 gelangten Fotos und Videos an die Öffentlichkeit, die die entwürdigenden und brutalen Methoden
belegen. Einer der Verantwortlichen, der Soldat Charles Graner, wurde später in den USA zu zehn Jahren Haft verurteilt.
Sein Vorgesetzter, Oberstleutnant Steven Jordan, kam mit
einem Verweis davon.

Die Gefangenen von Abu Ghraib wurden geschlagen, mit Kot beschmiert, zu Oralsex gezwungen. Frauen mussten ihre Brüste entblößen, einige wurden vergewaltigt. Ein Foto zeigt die Freundin von Charles Graner, die US-Soldatin Lynndie England, die einen am Boden liegenden Iraker an einer Hundeleine hält. Ein amerikanisches Gericht verurteilte England, die auf vielen Bildern mit Gefangenen in entwürdigenden Situationen posiert, später zu drei Jahren Haft. Zum Symbol für die Gräueltaten von Abu Ghraib wurde aber das Bild von Satar Jabar, der mit ausgebreiteten Armen, bekleidet mit einer Decke und einer Kapuze über dem Gesicht auf einer kleinen Kiste steht. Seine Hände sind an Kabel angeschlossen, um ihn mit Stromstößen zu foltern. Dokumentiert sind insgesamt mehr als ein Dutzend Todesfälle im Irak, die möglicherweise auf Foltermaßnahmen in amerikanischer Gefangenschaft zurückzuführen sind. Dazu gehört der Mord an dem irakischen General Abed Hamed Mowhoush am 26. November 2003 in einer Militäreinrichtung mit dem Spitznamen »Hotel zur Schmiede« bei Qaim nahe der syrischen Grenze.[47]

Der irakische Offizier hatte sich am 10. November freiwillig in die Hände der Amerikaner begeben, um im Gegenzug dafür die Freilassung seiner beiden Söhne zu erreichen, die bei Razzien verhaftet worden waren. Mowhoush galt als einer der Anführer der Aufständischen im Nordirak. Weil diese mit Terroranschlägen und Hinterhalten immer erfolgreicher wurden, sollten Gefangene, nach Anweisung von oben, mit härteren Methoden dazu gebracht werden, die Namen und Verstecke der irakischen Kämpfer zu verraten. Am 18. November notierte der verantwortliche Verhörspezialist in einem Lagebericht: »Ich habe die Handschuhe ausgezogen, weil Abed sich weigert mitzuspielen.« Vor anderen Gefangenen wurde Mowhoush lächerlich gemacht und herabgewürdigt. Daraufhin stellte er jede Kooperation ein.

Am 24. November 2004 wurde der Häftling von einem CIA-

Agenten mit dem Decknamen »Brian« und einigen irakischen Helfern, die als sogenanntes »Skorpion-Team« für den Geheimdienst die Schmutzarbeit erledigten, befragt. In einem geheimen Memorandum heißt es: »Brian und die vier Eingeborenen (sic!) verhörten den Gefangenen. Als er nicht antwortete, oder Antworten gab, die ihnen nicht gefielen, bekam Mowhoush einen Schlag. Nach ein paar Schlägen wurden daraus Boxhiebe. Und nach den Boxhieben benutzten sie ein Stück Schlauch.« Auch ein Baseballschläger kam zum Einsatz. Am Ende mussten sie den Gefolterten in seine Zelle zurücktragen.

Zwei Tage später steckten der amerikanische Offizier Lewis Welshofer und der Gefreite Jerry Loper den Gefangenen nach einer erneuten Befragung um 8.45 Uhr in einen Schlafsack, den sie mit einem Elektrokabel verschnürten. Um 9.06 Uhr war der 56-Jährige tot. Alle Wiederbelebungsversuche blieben erfolglos. In einem Statement erklärten die US-Streitkräfte anschließend, General Mowhoush habe sich krank gefühlt und sei eines natürlichen Todes gestorben. Im Autopsiebericht wurden alle Hinweise auf die Beteiligung der CIA nachträglich gelöscht. Als der Vorfall bekannt wurde, hielt das US-Verteidigungsministerium zahlreiche Details zurück und sorgte dafür, dass die Presse von der Verhandlung gegen die Haupttäter vor dem Militärgericht im US-Stützpunkt Fort Carson, Colorado ausgeschlossen wurde. Insbesondere die Verwicklung der CIA und der Anti-Terror-Einheit der Armee sollte geheim bleiben. Der Angeklagte Lewis Welshofer gab bei einer Anhörung zu Protokoll, es sei stolz auf seine Arbeit, die US-Soldaten das Leben gerettet habe. Er habe niemanden gefoltert. Tatsächlich hatte ein Rechtsgutachten des amerikanischen Justizministeriums »klaustrophobe Techniken«, wie das Einsperren von Gefangenen in engen Metallkisten, ausdrücklich erlaubt. Dieses Gutachten war den Verhörspezialisten von CIA und Militär bekannt und offenbar als Blankovollmacht verstanden worden.

Für das Ansehen der USA war die Veröffentlichung dieser und

anderer Geschichten eine Katastrophe. Die Folterbilder von Abu Ghraib wurden nach ihrem Auftauchen von arabischen Fernsehsendern fast rund um die Uhr gezeigt und heftig diskutiert. Stets verbunden mit der Frage, wer denn nun schlimmer sei, Saddam Hussein oder die amerikanischen Besatzer? Muslime aller Altersgruppen, mit denen ich während meiner Reisen in Europa und Nordafrika gesprochen habe, sehen in Abu Ghraib den Beleg für eine Doppelmoral des Westens, der von Freiheit und Gerechtigkeit rede, aber das Gegenteil tue. »Was in Abu Ghraib geschehen ist, das richtet sich gegen die gesamte Welt«, so ereiferte sich Jamal Benyaich, ein junger Marokkaner, den ich in Tanger traf. »Wenn Männer von einer schweinischen Frau misshandelt werden, dann zeigt das, wie schweinisch und kulturlos das amerikanische Volk ist. Wir dachten von Amerika, dass es gewisse Menschenrechte vertritt. Aber sie haben Bush geholt. Bush, einen Straßenlümmel. Die Araber hatten eine gute Meinung von Amerika, aber das hat Bush geändert.«

Benyaich ist der Sohn eines reichen Immobilienhändlers in Marokko. Sein ältester Bruder Abdelaziz saß damals in einem spanischen Gefängnis, sein Bruder Salaheddin verbüßte in Marokko eine 18-jährige Haftstrafe – beide sollen in die Anschläge von Casablanca verwickelt gewesen sein und möglicherweise sogar in die von Madrid. Abdallah, der Zweitjüngste, starb beim Bombenangriff der US-Luftwaffe auf Osama bin Ladens Bergfestung Tora Bora in Afghanistan. Drei Gotteskrieger in einer Familie. Im britischen Leeds erklärte uns Ahmad, ein Freund der Selbstmordattentäter von London: »Ein Terrorist ist einer, der die Leute so in Angst versetzen will, dass sie sich seiner Sichtweise anschließen. Demnach ist Bush der größte lebende Terrorist dieser Welt – und Blair ist sein Komplize.« Seiner Ansicht nach rechtfertigte das »brutale Besatzungsregime« der USA im Irak jede Art von Widerstand, einschließlich Bombenanschläge: »Wenn jemand aus einem anderen Land in dein Haus käme und von dir verlangt, dass du seinem Lebensstil folgst und Verwandte von dir tötet, Nachbarn erschießt und deine Schwestern vergewaltigt, was würdest du dann mit so einem tun? Die natürliche, menschliche Regung wäre, dass du dich verteidigst – oder nicht?« Islamistischer Terrorismus wird als Selbstverteidigung verharmlost und gerechtfertigt. Dieser Haltung begegnet man häufig – von Afghanistan und Irak über die Slums von Casablanca bis in viele muslimische Gemeinden in Großbritannien, den Niederlanden und Deutschland.

Deshalb kamen die US-Geheimdienste in einer gemeinsamen Analyse des Irakkriegs im September 2006 zu dem Schluss, dass die Invasion die Bedrohung durch den Terrorismus nicht gesenkt, sondern deutlich verstärkt hatte. Eine neue Generation von Fundamentalisten sei entstanden und habe die Ideologie von Al-Qaida weiterverbreitet. Mit anderen Worten: Der Irakkrieg erschuf neue Terroristen, und seine Folgen reichen weit über die Grenzen des Zweistromlands hinaus. Er diente als Treibstoff und Rechtfertigung für Anschläge in anderen Ländern, zum Beispiel in Jordanien, Saudi-Arabien, Tunesien, Marokko, der Türkei, Spanien und Großbritannien. Im Jahr 2004 sprengten sich im Irak mehr als 140 Selbstmordattentäter in die Luft, 2005 waren es fast 500; viele von ihnen kamen aus anderen arabischen Ländern, manche auch aus Westeuropa. Junge Muslime, die mit dem Märtyrer-Gedanken spielen, lernten aus den Fernsehbildern aus dem Irak, dass sie nicht verrückte Einzelgänger, sondern Teil einer Bewegung waren und dass ihre Taten eine Wirkung haben. Jeder Anschlag wurde wie ein Sieg gefeiert. Der Selbstmordattentäter bekam Kultstatus, auch bei jungen Muslimen in westlichen Gesellschaften.

Dies ist die wohl nachhaltigste und schlimmste Folge von Nine Eleven, denn in den vergangenen zehn Jahren hat sich eine Kultur des Krieges wie ein Nebelschleier über die Welt gelegt. Zwar findet der heiße Krieg nach wie vor in Ländern wie Irak und Afghanistan statt. Dort wird er mit aller Härte ausgefochten. Im Irak nimmt die Zahl der Bombenanschläge seit dem offiziellen Ende der Kampfmission im Sommer 2010 wieder zu, nachdem die Zahl der Toten in den Jahren zuvor gesunken war. In Afghanistan ist der Konflikt mit den Taliban und zahlreichen Gruppen aus dem Terrornetzwerk der Al-Qaida seit 2005 immer weiter eskaliert. Aber es war der graue Krieg, der Politik und Gesellschaft in den westlichen Ländern zunehmend durchdrang. Selbst wirtschaftliche und soziale Fragen wurden im Kontext des War on Terrorism diskutiert, bis zu einem Punkt, an dem die westlichen Demokratien selbst zutiefst gespalten schienen, wie die Debatte um die kruden Thesen des ehemaligen Bundesbankvorstands Thilo Sarrazin im Herbst 2010 zeigte.

In einem klassischen Krieg würden die Feldherrn während der tobenden Schlacht auf ihrem Hügel stehen, aus dem Blick von oben ihre Schlussfolgerungen ziehen und taktische Befehle erteilen. Da, wo es eng wird im Feld, würden sie frische Kräfte einsetzen, sich an anderer Stelle durch einen Ausfall von der Umklammerung des Feindes befreien oder diesem mit einem geschickten Vorstoß der Kavallerie in den Rücken fallen. Heutzutage ist das Schlachtfeld viel unübersichtlicher, weil es die ganze Erde umspannt und weil auch in einem scheinbar friedlichen Land ein unsichtbarer Krieg toben kann, der nur ab und an wirklich greifbar wird. Dennoch ist der Blick aufs große Ganze möglich und genauso erschreckend wie der auf das unmittelbare Schlachtfeld in Irak und Afghanistan: Osama bin Laden, besser seine Ideologie des Hasses, schickt sich an, den Sieg davonzutragen, auch nach seinem Tod. Denn er hat genau das erreicht, was er sich von Nine Eleven versprochen hatte.

Was, wenn die Angriffe auf Ziele in den USA nur dazu gedacht waren, Amerika aus der Reserve zu locken? Vielleicht glaubten die Terroristen gar nicht daran, die Vereinigten Staaten auf eigenem Boden besiegen zu können. Wenn aber das Hauptziel die Vertreibung amerikanischer Streitkräfte von heiligem Boden in Saudi-Arabien war, dann mussten die Terroristen den US-Truppen in der Region empfindliche Verluste beibringen. Je mehr US-Soldaten im Krieg gegen den Terrorismus engagiert waren, desto leichter konnten sie zum Ziel verheerender Anschläge werden, die dann eine öffentliche Diskussion in den USA auslösen würden. Wie viel Blut wäre Amerika bereit, für die Kontrolle der Ölfelder am Persischen Golf und am Kaspischen Meer zu bezahlen? Folgt man dieser Lesart der Ereignisse, wäre Nine Eleven eine Art Köder für die Falle gewesen, in die US-Präsident George W. Bush auch prompt hineintappte.[48] Es wäre ganz im Sinne von Al-Qaida gewesen, die gesamte Region des Nahen und Mittleren Ostens zu destabilisieren und unregierbar zu machen. Die völlig berechenbaren Reaktionen der US-Regierung sollten Osama bin Laden und seinem Netzwerk in die Hände spielen. Die Terroristen verließen sich dabei auf die Arroganz einer Weltmacht, die die Gelegenheit zur Machtausübung schamlos ausnutzen und sich selbst damit ins Unrecht setzen würde.

In der Tat handelte es sich im Wesentlichen um einen Rückfall in den Imperialismus längst vergangener Tage. Am deutlichsten wurde diese neue alte Weltordnung wohl von einem engen Berater des britischen Premierministers Tony Blair beschrieben. In dem schon erwähnten Essay entwarf der Diplomat Robert Cooper das Konzept eines neuen liberalen Imperialismus, der die Souveränität anderer Staaten aus humanitären Gründen missachtet. Es war ein Plädoyer für eine offene Doppelmoral in der Außenpolitik, die, wie Cooper schrieb, es auch in der Vergangenheit schon gegeben habe – damals allerdings, ohne dass es die Regierungen öffentlich zugegeben hätten. Der Vordenker der Labour-Regierung in London teilte die Welt in zwei Hälften, die entwickelten postmodernen und die unterentwickelten prämodernen Staaten, und forderte: »Die Herausforderung an die postmoderne Welt ist es, sich an den Gedanken einer Politik zu gewöhnen, die nach zweierlei Maß gemessen wird. Untereinander operieren wir auf der Grundlage von Gesetzen und einer offenen kooperativen Sicherheit. Aber wenn das postmoderne Europa es mit Staaten der altmodischeren Art zu tun bekommt, dann müssen wir auf die raueren Methoden der Vergangenheit zurückgreifen – militärischer Druck, vorbeugende Angriffe, Täuschungsmanöver und was immer notwendig ist im Umgang mit denen, die immer noch in der Welt des 19. Jahrhunderts leben, in der jeder Staat für sich alleine stand. Untereinander sollten wir uns an die Gesetze halten, aber wenn wir im Dschungel operieren, müssen wir die Gesetze des Dschungels anwenden.«[49]

Diese neuen Standards der Bush-Administration im Krieg gegen den Terrorismus ermöglichten der schwer angeschlagenen Terrorgruppe Al-Qaida die Wiedergeburt als Ideologie und Weltanschauung, die rund um den Globus neue Anhänger fand, und sie garantierten die Endlosigkeit dieses Konflikts. Und was war das Ergebnis? Der endlose Krieg gegen den Terrorismus schränkte Amerikas Fähigkeit, Kriege zu führen und seine Macht zu projizieren, massiv ein. Wirtschaftlich stand die Supermacht bald am Abgrund. Die soziale und politische Spaltung der amerikanischen Gesellschaft verengte den Handlungsspielraum des Präsidenten. Die Auseinandersetzung mit dem Terrorismus wurde zunehmend, aber fälschlicherweise, als Kampf der Kulturen wahrgenommen. Die Entgrenzung des Kriegsbegriffs machte alle Beteiligten zu Kombattanten. Der missionarische Eifer und die Arroganz der amerikanischen Eliten waren nicht einem gesunden Selbstbewusstsein, sondern tiefen Selbstzweifeln gewichen. Selbst die Hardliner in der Bush-Administration beschlich das Gefühl, dass der Krieg gegen den Terrorismus so nicht zu gewinnen war. »Fangen wir, töten wir, schrecken wir jeden Tag mehr Terroristen ab, als die Koranschulen und radikalen Prediger rekrutieren, trainieren und gegen uns schicken?«, so fragte Verteidigungsminister Rumsfeld am 16. Oktober 2003 in einer E-Mail seinen Stellvertreter Paul Wolfowitz. »Die USA stecken relativ wenig in einen langfristigen Plan, aber umso mehr in den Versuch, einzelne Terroristen zu stoppen. Das Kosten-Nutzen-Verhältnis spricht gegen uns. Wir investieren Milliarden, die Terroristen nur Millionen. Heißt das: ›Je härter wir arbeiten, desto mehr fallen wir zurück?‹« Aber das sind nur flüchtige Selbstzweifel, die nie zu einem echten Politikwechsel führten.

Das Land, das einst selbst als Leuchtturm der Freiheit zum Vorbild aller und zur »unverzichtbaren Nation« geworden war, verabschiedete sich unwiderruflich aus dieser Rolle. Was an diesem Prozess am meisten abstößt, ist der Versuch der Bush-Administration, den Rückfall in die politische Steinzeit und den Machtmissbrauch als Maßnahme zum Schutz von Recht und Gesetz zu verkaufen. Folter, Mord und Kriegsverbrechen bekamen einen legalistischen Anstrich, die Barbarei wurde von Juristen abgesegnet.

In den 390 000 SIGACTS, die WikiLeaks veröffentlichte, ist eine Szene aus dem Irakkrieg beschrieben: Der Kampfhubschrauber schwebte unmittelbar vor dem Lastwagen, feuerbereit. Vor dem Fahrzeug standen zwei mutmaßliche Terroristen mit erhobenen Händen. Kurz zuvor hatten sie noch auf ihre Verfolger geschossen. Jetzt wollten sie sich ergeben. Die Piloten fragten bei ihrer Basis um Rat. Die Antwort: »Freigabe zum Feuern … Unser Anwalt sagt, dass sie sich einem Luftfahrzeug nicht ergeben können und weiterhin rechtmäßige Ziele sind.« Die Männer starben durch eine Hellfire-Rakete.

Der Angriff auf die Menschenrechte

Die Erosion der Menschenrechte im Krieg gegen den Terrorismus begann mit einem Konflikt innerhalb der amerikanischen Regierung. Im Dezember 2001 stritten sich das Pentagon und die CIA über die Frage, was man mit gefangenen Taliban- und Al-Qaida-Kämpfern in Afghanistan anfangen sollte. George Tenet ließ den Verteidigungsminister wissen, dass der Geheimdienst mit der globalen Jagd auf Terroristen schon alle Hände voll zu tun hatte. Aber Donald Rumsfeld wollte seine US-Streitkräfte auf keinen Fall zu Gefängniswärtern für die CIA degradieren lassen. Die Soldaten hatten den Agenten ja schon die führende Rolle im Afghanistan-Feldzug überlassen müssen. Am Ende des Streits stand ein Kompromiss: Die CIA würde sich um gefangene Top-Terroristen kümmern, das Militär um alle anderen. Keine der beiden Regierungsbehörden hatte Erfahrung mit dieser Aufgabe. So entstand Camp X-Ray, das Internierungslager in der US-Basis Guantanamo auf Kuba.

Im Januar 2002 gingen die Bilder von Guantanamo um die Welt, Gefangene in orangenen Overalls, an Händen und Füßen gefesselt, nach Angaben von Bürgerrechtlern unter unmenschlichen, mindestens aber rechtlich fragwürdigen Bedingungen festgehalten. Doch das US-Justizministerium hatte die juristischen Rahmenbedingungen geprüft und die Häftlinge kurzerhand zu »ungesetzlichen, feindlichen Kombattanten« erklärt, weil sie sich im Kampf in Afghanistan nicht an die allgemein anerkannten Regeln des Krieges gehalten hatten. Deshalb, so George W. Bush, werde Amerika die Gefangenen, unter ihnen französische, belgische, schwedische und australische Staatsbürger, nicht nach den Vorschriften der Genfer Konvention als Kriegsgefangene behandeln. Seine Haltung verärgerte nicht nur den eigenen Außenminister, Colin Powell, sondern stieß auch bei den Kommandeuren der Streitkräfte auf größte Bedenken.[50] Sie fürchteten um die Sicherheit und die faire Behandlung für amerikanische Soldaten, die im Verlauf der Militäroperationen in Afghanistan oder in künftigen Kriegen in Gefangenschaft gerieten und dann unter Berufung auf den Präzedenzfall Guantanamo ebenfalls schlecht behandelt würden.

Doch die Bush-Administration sah in der Internierung ohne klare Rechtsgrundlage und ohne Anspruch auf ein ordentliches Gerichtsverfahren keine Verletzung der Genfer Konvention. Schließlich habe der Oberste Gerichtshof der USA im Jahr 1942 die Einstufung von Gefangenen als »ungesetzliche Kombattanten« ausdrücklich erlaubt. Die Regierung unterschlug allerdings, dass das Gericht solchen Häftlingen zwar einen zivilrechtlichen Prozess verweigert, sie aber ausdrücklich der Militärgerichtsbarkeit unterstellt hatte, die ein Verfahren vor einem Tribunal vorsah. Doch nicht einmal das wollte die Bush-Regierung den Gefangenen in Camp X-Ray zubilligen. Als ich im Mai 2002 Condoleezza Rice danach fragte, sagte sie: »Der wichtigste Aspekt der Genfer Konvention ist, dass sie zwischen Kriegsteilnehmern und unbeteiligten Zivilisten unterscheidet. Al-Qaida glaubt nicht an diese Unterscheidung. Diese Organisation und die Taliban-Regierung haben Menschen als Schutzschilde in Moscheen missbraucht. Wenn wir sie behandelten, als würden sie die Regeln der Kriegsführung beachten, dann würden wir die Genfer Konvention schwächen und nicht stärken.« Verkürzt gesagt: Da der Gegner nach dem Gesetz des Dschungels handelte, fühlten sich die USA nicht mehr an internationale Konventionen und Verträge gebunden, sondern hielten die Anwendung des Dschungelrechts für legitim. Condoleezza Rice verteidigte diesen Gedanken auf meine Nachfrage: »Natürlich muss es eine Verpflichtung geben, internationale Gesetze zu achten. Die USA sind Mitbegründer des internationalen Rechts und gehören zu seinen stärksten Befürwortern. Wir müssen alle dazu bringen, diese Standards zu befolgen. Aber es gibt Staaten und Regime, die man nicht reformieren kann, indem man sie in einen Vertrag einbindet.« Wenn ihr euch nicht daran haltet, dann müssen wir es auch nicht – das war ein eindeutiges Signal an Staaten wie Irak, Iran oder Libyen, die sich um internationale Vereinbarungen nicht scheren. Aber es war auch der mühsame Versuch, die Abkehr von rechtsstaatlichen und völkerrechtlichen Prinzipien mit juristischen Haarspaltereien zu beschönigen.[51] Ein böser Fehler und schwerer Schlag gegen Amerikas Glaubwürdigkeit, dessen Triebfeder wieder einmal die Angst vor weiteren Anschlägen war. Ausgerechnet der moralische Anführer der freien Welt, der als Opfer von Nine Eleven einen natürlichen Anspruch auf diese Rolle hatte, verriet seine eigenen Prinzipien – nach dem Motto: Der Zweck heiligt die Mittel. Das galt für die amerikanischen Streitkräfte genauso wie für die CIA.

»Es gibt nichts, das wir nicht tun werden. Nichts, das wir nicht versuchen werden. Und es gibt kein Land, mit dem wir nicht zusammenarbeiten werden, um unser Ziel zu erreichen. Die Fesseln, meine Freunde, wurden uns abgenommen.« Es waren bemerkenswerte Sätze, die an diesem 10. März 2002 in einem abgelegenen Hotel irgendwo in Neuseeland gesprochen wurden. Die Chefs der verschiedenen Geheimdienste Kanadas, Großbritanniens, Australiens und Neuseelands – rund zwanzig an der Zahl – hörten mit leichtem Frösteln zu, was ihnen George Tenet da vortrug. Der Operationschef der CIA, Jim Pavitt, assistierte: »Wir werden mit Nachrichtendiensten kooperieren, die keinerlei Skrupel kennen, wenn sie Gefangene zum Sprechen bringen wollen.«[52]

Es war eines der regelmäßigen Treffen der Behördenleiter der englischsprachigen Länder, die sich durch ihre Geschichte und Traditionen verbunden fühlen. Diesmal hatten sie sich am Ende der Welt versammelt, um die Aktivitäten im globalen Kampf gegen den Terrorismus miteinander abzustimmen. Aber den Wortführern aus den USA ging es um mehr. Sie forderten eine

so weitreichende Zusammenarbeit, als wären die unterschiedlichen Dienste nur »ein einziger«, wie Tenet sagte. Er wollte die
anderen als Erfüllungsgehilfen rekrutieren mit dem einzigen
Ziel, nationale und internationale Gesetze, Konventionen und
sonstige Beschränkungen zu umgehen. Die Agenda der Tagung
reichte von der Behandlung von Terrorverdächtigen über die
Aufgabenverteilung im Umgang mit anderen Nachrichtendiensten bis zum intensiven Austausch elektronischer Überwa-
chungsdaten. Für Letzteres gab es längst eine Struktur, das
sogenannte Echelon-System, ein Netzwerk von Abhöreinrich-
tungen rund um die Erde, mit dem täglich drei Milliarden Telefongespräche und Funksprüche, E-Mails, Datentransfers und
Faxe aufgefangen werden. Riesige Computersysteme bei der
National Security Agency NSA nahe Washington und in einer
britischen Einrichtung in der Nähe von Cheltenham durchsuchen die gespeicherten Informationen nach verdächtigen
Worten wie Bombe, Sprengstoff, Waffen etc. Innerhalb von
Echelon sind die Daten streng nach Regionen getrennt; strikte
Regeln sorgen dafür, dass ein Land nicht ohne richterliche
Genehmigung seine eigenen Bürger ausspähen kann oder Zu-
griff auf die gesammelten Daten bekommt.

Diese »Fessel« wollte George Tenet durch sogenannte »kre-
ative Partnerschaften« abstreifen: Jeder der Nachrichtendienste
sollte Bürger der anderen Staaten gezielt ausspähen, die gewonnenen Erkenntnisse in Berichten zusammenfassen und an die
Staaten der Abgehörten weiterreichen. Auf diese Weise würden
die jeweiligen nationalen Gesetze – so behauptete Tenet – nicht
im Wortsinne gebrochen. Einer seiner Zuhörer erinnerte sich
später: »Die Persönlichkeitsrechte in den führenden Demokratien würden quasi umgangen. Die Idee dahinter: Es herrscht ein
Krieg, der diese Maßnahmen erfordert.« Im März 2011 sagte
mir der ehemalige NSA-Chef Michael Hayden, der in Neuseeland dabei war: »3000 Tote haben alles verändert. Und durch
einen minimalen Eingriff in die Privatsphäre konnten wir uns

schützen. Alle Geheimdienste handelten nach ihren eigenen nationalen Interessen und Traditionen. Aber sie teilten die Ansicht, dass wir uns im Krieg befanden.«

Es ist eine brandgefährliche Überzeugung, denn sie bedroht die Grundlagen unseres freiheitlichen, demokratischen Systems. Der Krieg gegen den Terrorismus musste, so nahm man an, nicht nur im Ausland sondern auch im Inland geführt werden. Deshalb sollten auch dort neue Regeln gelten. Nine Eleven hat nicht nur die Standards für die Kriegsführung verändert, sondern damit gleichzeitig auch die Art und Weise, wie Nachrichtendienste, Polizei, Strafverfolgungs- und Justizbehörden operieren, denn ihre Arbeit wurde von der US-Regierung als Teil des großen Krieges gegen den Terrorismus betrachtet.

In Deutschland sind die jeweiligen Zuständigkeiten, Kompetenzen und Arbeitsweisen der Behörden wie in vielen westlichen Demokratien gesetzlich geregelt. Hierzulande gibt es auch die vielleicht weitreichendste Trennung zwischen Geheimdiensten und Polizei; ein personenbezogener Informationsaustausch ist nur zur unmittelbaren Gefahrenabwehr erlaubt. Die Aktivitäten von Bundeskriminalamt und Länderpolizeien sind an staatsanwaltliche Begleitung und – in den meisten Fällen – richterliche Genehmigungen gebunden. Diese werden in der Regel nur erteilt, wenn für das spezifische Vorgehen ein hinreichend begründeter Tatverdacht vorliegt.

Vermutungen oder Behauptungen der Ermittler oder Staatsanwälte reichen dafür nicht aus. Das ist auch im amerikanischen Rechtssystem so. Im vierten Verfassungszusatz ist festgelegt, dass »probable cause«, also ein hinreichender Grund gegeben sein muss, bevor der Staat die verfassungsmäßig garantierten Grundrechte einschränken darf. Zu diesem besonders geschützten Bereich gehört das Recht auf Schutz von »Personen, Häusern, Papieren und des Besitzes gegen ungerechtfertigte Durchsuchungen und Beschlagnahmen und gegen staatliche Anordnungen«. Dieses Recht gilt auch für Personen, die nicht die Staatsbürgerschaft des jeweiligen Landes besitzen, weil sie Bestandteil der internationalen Menschenrechtskonventionen sind. Eine grundsätzliche Veränderung könnte nur mit verfassungsändernder Mehrheit durch die vom Volk gewählten Vertreter, also das Parlament, erfolgen. Selbst dieses unterläge je nach Art der Einschränkung oder Maßnahme und nach Anrufung durch betroffene Personen und Institutionen noch der Überprüfung durch den obersten Gerichtshof und darüber hinaus – wenn eingeschaltet – durch den internationalen Gerichtshof für Menschenrechte.

Als sich die Geheimdienstchefs der englischsprachigen Länder im März 2002 in Neuseeland trafen, da hatten ihre Partner in den USA diese »Fesseln« längst abgelegt und warben nun bei den anderen dafür, es ebenfalls so zu machen. Wenn man selbst vor harschen Verhörmethoden zurückschrecke, gebe es ja immer noch die guten Kontakte zu Staaten, die es damit nicht so genau nehmen, Pakistan und Algerien zum Beispiel, zu denen der britische Geheimdienst beste Beziehungen unterhält. FBI-Chef Robert Mueller, der schweigend mit anhörte, was CIA und NSA den befreundeten Nachrichtendiensten nahelegten, hatte den internen Streit zwischen den US-Behörden um die Rechtmäßigkeit eines solchen Vorgehens zu diesem Zeitpunkt längst verloren. Das fiel auch dem deutschen Bundesnachrichtendienst auf. Ein hochrangiger Beamter bestätigte mir eine nie gekannte Vernetzung zwischen den englischsprachigen Diensten, die sich den amerikanischen Praktiken kritiklos anschlossen.

Im November 2001 war Ibn al-Sheikh al-Libi, einer der wichtigeren Al-Qaida-Offiziere in Pakistan, festgenommen worden. Das FBI empfahl, ihn mit Verhörmethoden zum Sprechen zu bringen, die schon in früheren Terrorermittlungen erfolgreich gewesen waren: ein freundlicher Umgang, Geldgeschenke, Hafterleichterungen, Unterstützung für ihre Familien. In einem Fall hatte ein Terrorist bereitwillig ausgepackt, nachdem seine Frau eine dringend notwendige Operation erhalten hatte. In den Trainingslagern der Al-Qaida war den Rekruten eingetrichtert worden, dass die USA sie bei ihrer Gefangennahme foltern würden. Mit dem Gegenteil, so das FBI, könne man vom Überraschungseffekt profitieren. Der Konflikt mit George Tenet, der für ein hartes Vorgehen eintrat, war von diesem bis zum Präsidenten getragen worden. George W. Bush entschied zugunsten der CIA. Al-Libi wurde an den ägyptischen Geheimdienst weitergereicht und gefoltert.

In zahlreichen anderen Fällen nutzte die CIA die außergewöhnliche Macht, die ihr der amerikanische Präsident durch seinen Geheimbefehl Mitte September 2001 gegeben hatte, manchmal auch in Zusammenarbeit mit den US-Streitkräften. Im Januar 2002 wurde der Pakistani Muhammad Saad Iqbal Madni auf der Grundlage von CIA-Informationen in Indonesien verhaftet. Ohne ein Anhörungsverfahren oder einen Anwalt einzuschalten, überstellte ihn die indonesische Regierung nach Ägypten. Den Transport übernahm ein Jet des amerikanischen Geheimdienstes.[53] Ähnliches widerfuhr einem jemenitischen Studenten der Mikrobiologie, den der pakistanische Geheimdienst am 24. Oktober 2001 in einer dunklen Ecke des Flughafens von Karatschi der CIA übergab. Der junge Mann, der Handschellen und eine Augenbinde trug, soll Al-Qaida finanziell unterstützt haben. Er wurde ohne die für eine Auslieferung oder Abschiebung notwendigen Papiere nach Jordanien ausgeflogen. Seitdem fehlt von Jamil Qasim Saeed Mohammed jede Spur. Auch Al-Haj Abdu Ali Sharqawi wurde in Pakistan festgenommen und nach Jordanien gebracht. Im Hauptquartier des jordanischen Geheimdienstes GID in einem Vorort von Amman wurde Sharqawi nach eigenen Angaben bedroht, gefoltert und vor Experten des Internationalen Roten Kreuzes versteckt.[54] Später transferierte ihn die CIA nach Guantanamo.

Der GID erhält von seinen amerikanischen Partnern Geld, Ausrüstung und Ausbildungshilfe im Gegenzug für eine enge internationale Zusammenarbeit. Nach einer Untersuchung der

Vereinten Nationen vom Januar 2007 gehört Folter zur Routine im Hauptquartier des jordanischen Geheimdienstes. Häufig erhalten Gefangene Stockschläge auf die Fußsohlen. Mit aufgeplatzter Haut müssen sie dann über Salz laufen. »Gegrilltes Huhn« heißt beim GID eine andere Foltermethode, bei der den Verdächtigen die Hände hinter den Beinen mit Handschellen gefesselt werden. Dann hängt man sie kopfüber mit den Kniekehlen über eine Stange und prügelt auf sie ein. Masaad Omer Behari erinnert sich noch genau an die Schmerzen. Bei dem Sudanesen, den österreichische und amerikanische Behörden 1998 der Beteiligung an einem Anschlagsplan in Wien verdächtigt hatten, wendete der GID beide Foltermethoden an. »Ich dachte, sie töten mich«, so Behari, »ich betete, weil ich dachte, dass ich sterben würde.«

Der UN-Sonderermittler Manfred Nowak, ein österreichischer Verfassungs- und Menschenrechtsprofessor, ist davon überzeugt, dass die Angaben zahlreicher Gefangener zutreffen und dass sich der Chef der jordanischen Terrorabwehr persönlich an Folterungen beteiligte. Die jordanische Regierung bestreitet die Vorwürfe bis heute.

Im Januar 2002 wurden in Bosnien fünf Algerier und ein Jemenit unter Terrorismusverdacht festgenommen, aber kurz danach aus Mangel an Beweisen freigesprochen. Obwohl die Menschenrechtskammer der bosnischen Justiz den Verbleib von vier der sechs Verdächtigen im Land anordnete, wurden alle sechs von amerikanischen Soldaten gekidnappt und in das Internierungslager Guantanamo ausgeflogen. Die Vertreterin des UN-Flüchtlingskommissariats in Sarajevo, Madeleine Rees, kritisierte den Coup damals »als außerrechtliche Entführung aus einem souveränen Staatsgebiet« unter Umgehung bestehender Gesetze. Der Vorwurf des gesetzwidrigen Verhaltens betraf längst nicht mehr die USA allein; die Erosion wichtiger Menschen- und Bürgerrechte hatte auch bei einigen ihrer westlichen Verbündeten begonnen. Unter dem Schock von Nine Eleven veränderten sich mitten in Europa die rechtsstaatlichen Standards – zunächst aus Solidarität zu Amerika, später aus Angst und Überzeugung.

Am 10. Dezember 2001 wurden die beiden Ägypter Ahmed Agaiza und Mohammed El Zari, die in Schweden politisches Asyl beantragt hatten, von Spezialkräften der schwedischen Polizei verhaftet. Am selben Tag noch brachte sie ein Flugzeug in ihre Heimat zurück, obwohl sie dort als mutmaßliche Terroristen verfolgt wurden. Ihre Schnell-Deportation ohne anwaltlichen Beistand und ohne Anhörung war eine Verletzung mehrerer internationaler Rechtsnormen, denn nach Paragraph 8 der Europäischen Menschenrechtscharta, der UN-Konvention gegen Folter und Artikel 3 der Genfer Flüchtlingskonvention gilt ein Verbot der Abschiebung in Staaten, in denen es Folter und Todesstrafe gibt. Garantiert wird demnach auch die uneingeschränkte Möglichkeit, in einem Notverfahren den Europäischen Gerichtshof für Menschenrechte anzurufen. Neben Schweden setzten sich auch andere europäische Staaten über diese Vorschriften hinweg. Frankreich überstellte zwei Islamisten an Algerien, Österreich lieferte einen weiteren an Ägypten aus. Die Regierungen beriefen sich dabei auf eine Resolution des Weltsicherheitsrates kurz nach den Anschlägen vom 11. September. Danach sollten Staaten »sicherstellen, dass der Flüchtlingsstatus nicht missbraucht werden kann von Tätern, Planern und Helfern von Terroranschlägen, und dass politische Gründe nicht dazu dienen, die Auslieferung von mutmaßlichen Terroristen zu verweigern.«[55] Auf dieser Basis wollte auch der damalige Bundesinnenminister Otto Schily 2002 einen Verdächtigen nach Ägypten deportieren lassen, sobald die schriftliche Zusicherung der Regierung in Kairo vorläge, auf die Vollstreckung eines möglichen Todesurteils gegen den Mann zu verzichten. In dem Dokument sollten auch ein fairer Prozess und der Verzicht auf Folter garantiert sein. Die schwedische Regierung hatte eine ähnliche Zusicherung bekommen, dennoch wurde Ahmed

Agaiza nach Angaben von Amnesty International in Isolationshaft in Ägypten so stark gefoltert, dass er nachher Schwierigkeiten beim Gehen hatte.

Der Wunsch nach einem harten Vorgehen gegen Verdächtige, die politisches Asyl zu Unrecht für sich in Anspruch nehmen, ist durchaus verständlich. Aber mit der neuen Praxis wurden Standards aufgeweicht, die in der Vergangenheit vielen Unschuldigen und politischen Dissidenten das Leben gerettet haben. Es gibt bei den ausliefernden Staaten zudem weder das Interesse noch eine Verpflichtung, zu überprüfen, ob die Ausgelieferten in ihrem Heimatland tatsächlich ein faires Verfahren erhalten.

In mehreren Fällen trugen deutsche Sicherheitsbehörden zu den dubiosen Praktiken bei, profitierten von ihnen oder schauten weg, obwohl es sich teilweise um Straftaten gegen deutsche Staatsbürger handelte. Ende 2003 wurde Khaled el-Masri, ein Deutscher libanesischer Abstammung, bei einem Aufenthalt in Mazedonien vom örtlichen Geheimdienst festgenommen und befragt, dann an die CIA weitergereicht, von dieser in ein Gefängnis in Afghanistan verschleppt und bei den Verhören dort schwer misshandelt. El-Masri war in den Jahren zuvor in der islamistischen Szene im bayerischen Neu-Ulm aktiv gewesen, wurde aber von amerikanischen Behörden mit einem gesuchten Al-Qaida-Terroristen, der die Hamburger Terrorzelle für den Dschihad begeistert haben soll, verwechselt. Nachdem die CIA-Ermittler ihren Fehler erkannt hatten, wollte sie ihren Gefangenen wieder loswerden, zumal sie befürchteten, dass el-Masri, der einen Hungerstreik begonnen hatte, im Gefängnis sterben könnte. Doch die Leiterin der Al-Qaida-Einheit im Hauptquartier des Geheimdienstes lehnte die drängenden Forderungen ihrer eigenen Mitarbeiter auf Freilassung des Gefangenen ab. Im Mai 2004 erfuhr CIA-Chef Tenet von dem Problem. Er informierte US-Sicherheitsberaterin Condoleezza Rice. Am 28. Mai flog die CIA ihren Gefangenen wieder zurück nach Europa und setzte ihn im albanisch-mazedonischen Grenzgebiet aus. Drei Tage später, am 31. Mai 2004, wurde Bundesinnenminister Schily vom amerikanischen Botschafter in Deutschland über den Fall informiert. Auf Wunsch von Daniel Coats versprach Schily, den Fall geheim zu halten. Erst durch die Initiative el-Masris wurden deutsche Strafverfolgungsbehörden aktiv. Im Januar 2007 erließ das Amtsgericht München Haftbefehle gegen zehn mutmaßliche CIA-Mitarbeiter, die an der Entführung des Deutschen beteiligt gewesen sein sollen, unter ihnen Lyle Edgard Lumsden, Eric Robert Hume, James Kovalesky und Harry Kirk Elarbee. Ein Auslieferungsersuchen an die USA wurde von der Bundesregierung jedoch nicht weitergeleitet. Auch wenn deutsche Behörden und Politiker behaupten, sie hätten erst nach el-Masris Freilassung von dem Vorgehen ihrer amerikanischen Partner erfahren, gibt es eindeutige Belege dafür, dass die mazedonischen Ermittler und die Verhörspezialisten in Afghanistan während ihrer Vernehmungen über detaillierte Kenntnisse von el-Masris Lebensverhältnissen und Aktivitäten in Neu-Ulm verfügten. Es waren Informationen, die sie nur von deutschen Behörden bekommen haben können. Der Fall el-Masri, in dem ein Islamist zum Terroristen abgestempelt wurde, ist ein Schandfleck in der jüngeren deutschen Geschichte – leider nicht der einzige.

Im November 2001 wurde der in Bremen geborene türkische Staatsbürger Murat Kurnaz in Pakistan festgenommen und den US-Streikräften übergeben. Ab Januar 2002 war er als sogenannter feindlicher Kämpfer im Lager Guantanamo inhaftiert. Dort verhörten ihn Beamte des Bundesnachrichtendienstes und des Bundesamtes für Verfassungsschutz im September 2002. Ihrer Einschätzung, dass Kurnaz unschuldig und nur »zur falschen Zeit am falschen Ort« gewesen sei, schlossen sich die amerikanischen Behörden an. Sie boten der Bundesregierung die Freilassung des Bremers an, doch die lehnte mit Verweis auf die türkische Staatsangehörigkeit des Betroffenen ab. Deshalb kam Kurnaz erst im August 2006 frei. Nach seiner Rückkehr erhob er schwere Vorwürfe gegen Soldaten des deutschen Kommandos Spezialkräfte (KSK), die ihn nach seinen Angaben im Gefängnis in Afghanistan misshandelt haben sollen.

Mohammed Haydar Zammar stand in Kontakt mit der Hamburger Terrorzelle um Mohammed Atta und galt als Vorbild für junge Muslime, die in den Heiligen Krieg ziehen wollten. Zammar soll Mohammed Atta, Marwan al-Shehhi und Ziad Jarrah in Osama bin Ladens Ausbildungslager am Hindukusch vermittelt haben. Am 8. Dezember 2001 nahm eine Spezialeinheit des marokkanischen Geheimdienstes den Syrer mit deutschem Pass am Flughafen von Casablanca fest. Er wollte zu seiner Frau und den sechs Kindern in Deutschland zurückkehren. Der entscheidende Hinweis kam vom Bundeskriminalamt. Das belegt ein Schreiben des BKA an die Verbindungsstelle der CIA in Berlin vom 26. November 2001. Der amerikanische Geheimdienst reichte Zammar nach Damaskus weiter, wo er jahrelang im berüchtigten Far-Filastin-Gefängnis ohne Prozess inhaftiert war und nach Angaben von Amnesty International wiederholt gefoltert wurde. Amerikanische und deutsche Behörden waren sich der Fragwürdigkeit dieser Praxis sehr wohl bewusst. So übermittelte der Geschäftsträger der deutschen Botschaft in Washington im Juni 2002 an das Auswärtige Amt das Anliegen der US-Regierung, dass Deutschland und die EU auf »Schritte gegen Marokko, gegebenenfalls wegen Menschenrechtsverletzungen im Zusammenhang mit der Verhaftung Zammars«, verzichten sollten, da diese »auf dringende Bitte der USA« erfolgt seien. Die Bundesregierung entschied sich – trotz der deutschen Staatsbürgerschaft des Terrorverdächtigen –, dem Gesuch stattzugeben. Und das war nicht die einzige fragwürdige Entscheidung der deutschen Behörden.

Im Juli 2002 empfing man den Chef des syrischen Geheimdienstes, General Assif Schaukat im Bundeskanzleramt und konfrontierte ihn mit dem Fall Zammar. Konfrontiert ist allerdings das falsche Wort, denn die Präsidenten von Bundesnachrichtendienst, Verfassungsschutz und BKA verständigten sich mit General Schaukat sehr höflich auf einen Deal: Die Bundesanwaltschaft wurde angewiesen – eigentlich ein unerhörter Vorgang –, das Verfahren gegen zwei syrische Spione in Deutschland einzustellen, im Gegenzug bekamen deutsche Sicherheitsbehörden Zugang zu Mohammed Zammar. Einzige Auflage: strikte Geheimhaltung.

Am 20. November 2002 reisten jeweils zwei Beamte vom Bundesnachrichtendienst, vom Bundesamt für Verfassungsschutz und vom Bundeskriminalamt nach Damaskus und besuchten den angeblich verschollenen Deutschen im Gefängnis. Zammar erzählte ihnen seine ganze Geschichte, dazu gehörten mehrere Aufenthalte in Trainingslagern der Al-Qaida und in Kriegsgebieten wie Bosnien. Er nannte die Namen anderer Islamisten aus Deutschland, die ebenfalls in den Camps gewesen waren, und gab zu, die Hamburger Zelle und weitere junge Männer, darunter auch Murat Kurnaz, nach Afghanistan vermittelt zu haben. Das war's. Von den Anschlagsplänen für den 11. September, so Zammar, habe er nichts gewusst. Aufgrund der Vernehmung, die drei Tage dauerte, und aufgrund eigener Ermittlungsergebnisse glaubten die deutschen Fahnder seiner Version. Das Verhör war sachlich und höflich abgelaufen, der Befragte hatte nicht den Eindruck gemacht, als hätte man ihn gefoltert, und Zammar selbst hatte nur von Misshandlungen kurz nach seiner Festnahme im Jahr 2001 erzählt. Der dringenden Bitte Zammars, ihn nach Deutschland zu holen, da er in seiner kleinen lichtlosen Zelle dahinvegetiere, entsprachen die Beamten nicht. Da der Häftling ansonsten gepflegt, nur ein wenig abgemagert, aber nicht »hinfällig« aussah und in ihrer Wahrnehmung nicht unangemessen behandelt worden war, reiste die Delegation nach einem freundlichen Abendessen mit dem syrischen Geheimdienstchef mit gutem Gewissen in die Heimat zurück.[56]

Aber die Ermittler und ihre Vorgesetzten mussten wissen, dass im Gefängnis Far-Filastin gefoltert wird. Amnesty International listet 38 Foltermethoden auf, die durch Zeugenaussagen belegt sind, darunter das Schlagen mit dicken Kabeln und Elektroschocks. Gefangene, die diese Prozedur überstehen, würden Besuchern schon aus Angst vor weiteren Brutalitäten nicht erzählen, was ihnen angetan wurde. Informationen, die aus solchen Verhören stammen, dürfen in deutschen Gerichtsverfahren nicht verwendet werden. Tatsächlich nutzten die Sicherheitsbehörden die Angaben von Zammar – obwohl ja nicht unter Folter entstanden – ausschließlich für Ermittlungen gegen andere Verdächtige, also zur Gefahrenabwehr. Hatten sie doch kein gutes Gefühl bei der Sache? Oder hielten sie sich nur an die Abmachung mit dem syrischen Geheimdienst, der über das Bekanntwerden des Deals bei einem öffentlichen Prozess in Deutschland sicher verärgert gewesen wäre?

Das Auswärtige Amt bemühte sich inzwischen um diplomatischen Zugang zu dem Gefangenen, entweder wusste man nichts vom Besuch der deutschen Sicherheitsbeamten in Damaskus oder man wollte schlicht die Form wahren. Von Mitte 2002 bis Mai 2005 schickte die Deutsche Botschaft insgesamt acht Briefe an die syrische Regierung, in denen sie ganz offiziell um die Zulassung eines Anwalts und die Mitteilung des Haftgrunds bat. Alles vergeblich. Die Syrer antworteten nicht einmal. Auch nicht auf ein Rechtshilfeersuchen des Bundesjustizministeriums. Aber die zuständigen Minister Joschka Fischer und Herta Däubler-Gmelin hätten ihre syrischen Amtskollegen auch direkt kontaktieren können. Sie taten es nicht. Schließlich musste man ja auch der Verantwortung gegenüber allen anderen Staatsbürgern gerecht werden – das Einzelschicksal Zammars spielte demgegenüber offenbar keine Rolle.

Am 14. Dezember 2005 musste die Bundesregierung dann doch offiziell den Geheimbesuch deutscher Beamter in Damaskus bestätigen. Im sogenannten BND-Untersuchungsausschuss wurden die Fälle Zammar, Kurnaz und el-Masri behandelt. Immer wieder betonten Zeugen aus der Bundesregierung, sie hätten von den Praktiken der Amerikaner nichts gewusst. Entweder sind dies blanke Lügen, oder die Bundesregierung hat aus Naivität und Unfähigkeit die Augen vor den Tatsachen verschlossen, wie sie in internen Dokumenten, aber auch in der Presse seit März 2002 beschrieben wurden. In diesem Monat veröffentlichte die *Washington Post* erstmals einen umfangreichen Artikel über die Praxis der CIA-Kidnappings und die Überstellung von Gefangenen an Folterstaaten. Im Jahr 2007 wurde Zammar schließlich für die angebliche Mitgliedschaft in der syrischen Muslimbruderschaft zunächst zum Tode verurteilt, dann aber zu einer zwölfjährigen Haftstrafe begnadigt.

Bis heute rechtfertigt auch der damalige Bundesinnenminister Otto Schily die Befragungen Zammars durch deutsche Beamte: »Wenn ich Erkenntnisse gewinne und diese für notwendige Abwehrmaßnahmen nutzen kann, dann müssen wir das tun.« Grundsätzlich jedoch, so Schily in unserem Gespräch im Februar 2011, halte er Folter für »absolut unzulässig. Wenn eigene Werte verleugnet werden, ist das gefährlich. Da darf man sich nicht wundern, dass das nach hinten losgeht.« Aber hat sich die Bundesregierung durch ihre Kooperation mit der CIA und durch ihr Wegsehen in den konkreten Fällen el-Masri, Kurnaz und Zammar nicht mitschuldig gemacht? Schilys Antwort: »Ich habe bestimmte Schweigepflichten ...«

Zwischen dem Vorgehen der USA und dem ihrer europäischen Partner gab es zu diesem Zeitpunkt noch einen grundlegenden Unterschied. Während die Deportationen aus Schweden, Frankreich, Österreich und Deutschland auf Rechtsersuchen oder gar abgeschlossenen Gerichtsverfahren in den Ländern der Betroffenen basierten, gründete die CIA ihre Aktionen auf den bloßen Verdacht. Es lagen in der Regel keine Beweise, sondern nur Hinweise aus geheimen, zum Teil dubiosen Quellen vor. Ein rechtsstaatliches Verfahren fand nicht statt. Aber der politische Druck der US-Regierung auf die europäischen Partner wuchs.

US-Präsident Bush wandte sich mit einem 40-Punkte-Katalog an den Präsidenten der Europäischen Kommission, Romano Prodi. In der Einleitung war die Rede von »einer Vorschlagsliste mit Aktionen, die die Europäische Union unternehmen könnte, um den Vereinigten Staaten im internationalen Vorgehen gegen den Terrorismus zu helfen«.[57] Für eine Reihe von Nicht-Regierungs-Organisationen, Bürgerrechtsgruppen und zahlreiche Abgeordnete im Europaparlament war das Schreiben vom 16. Oktober 2001 ein geradezu unverschämter Forderungskatalog. Einige der »Vorschläge« widersprachen nicht nur den geltenden Bestimmungen der europäischen Gesetzgebung, sondern gingen weit über das hinaus, was die US-Regierung im eigenen Land auch nach den Anschlägen vom 11. September für notwendig und rechtens hielt. So schlug Präsident Bush beispielsweise vor, die gesetzlich vorgesehene Vernichtung von Verbindungsdaten durch Telekommunikationsunternehmen grundsätzlich aufzuheben, um auch nach längeren Zeiträumen darauf zugreifen zu können. Das aber widersprach den geltenden Datenschutzrichtlinien und dem Persönlichkeitsschutz, wie er durch die europäische Menschenrechtscharta garantiert ist. Gezielte Ausnahmen für verdächtigen Datenverkehr waren in den unterschiedlichen Abkommen der Europäischen Union längst vorgesehen, während in den USA solche Zugriffe im Einzelfall auch nach der neuen Anti-Terror-Gesetzgebung offiziell immer noch weitgehend verboten waren.

Im Bereich der internationalen Zusammenarbeit zwischen Polizei und Justiz wünschten sich die USA, dass »Polizeibehörden und örtliche Gerichte der Mitglieder- und Beitrittsstaaten direkt mit amerikanischen Strafverfolgungsbehörden zusammenarbeiten«, also dass FBI und CIA Zugang zu Informationen von regionalen Ermittlungsgruppen bekämen. Der bisher übliche Weg über ein schriftliches Rechtshilfeersuchen sollte verkürzt werden, indem man die Anfragen nun einfach mündlich zu stellen gedachte. Die notwendigen Papiere könne man ja später nachreichen. Die Umsetzung dieser dreisten Forderung wäre nicht nur ein tiefer Eingriff in die Souveränität der europäischen Staaten gewesen, sondern hätte auch eine unabhängige Kontrolle jeder Fahndungsmaßnahme erschwert, die möglicherweise nur »auf Zuruf« erfolgt war.

Am deutlichsten wurde die Absicht der USA jedoch bei den Vorschlägen über den Umgang mit »unerwünschten Personen«:

- Verpflichtung zur Auslieferung von Bürgern in Terrorismusfällen. Abschaffung der Möglichkeit, die Auslieferung unter Berufung auf »politische Beweggründe« zu verhindern.
- Suche nach Alternativen zu Auslieferungsverfahren, zum Beispiel Abschiebung und Deportation, wo immer es rechtlich möglich und wirkungsvoll erscheint.
- Etablierung eines Verfahrens, das die Weitergabe von Einwanderungsdaten über Individuen ermöglicht, die mit Terrororganisationen in Verbindung stehen.
- Bessere Zusammenarbeit bei der Entfernung derer, die den Aufenthaltsstatus verletzen, kriminell werden oder unerwünscht sind.

Auch diese Forderungen liefen den Menschenrechtskonventionen und Datenschutzbestimmungen nach dem Schengener Abkommen zuwider und sollten den Weg für Willkürmaßnahmen öffnen. Danach könnte sich ein Oppositioneller, der sich für die Unabhängigkeit Tschetscheniens einsetzt, nicht mehr auf politisches Asyl berufen, sobald Russland ihn in einem Gerichtsverfahren zum Terroristen abgestempelt hätte. Ist er wirklich ein Terrorist, sollte er das Recht auf politisches Asyl gar nicht erst haben. Aber was, wenn er nun keiner ist? Welche unabhängige Instanz prüft den Gehalt der gegen ihn erhobenen Vorwürfe? Und wer definiert, wie »unerwünscht« jemand sein muss, damit seine »Entfernung« gerechtfertigt ist? Ein Großteil der amerikanischen Vorschläge hätte nicht einmal in den USA selbst Aussichten darauf, verwirklicht zu werden, und in keinem der

40 Punkte ist von einer Verpflichtung der Vereinigten Staaten die Rede, den europäischen Staaten einen ähnlich weitreichenden Zugriff auf die Daten ihrer Bürger und Behörden zu gewähren.

Die Europäische Union reagierte auf den Forderungskatalog aus Washington mit großer Zurückhaltung. Paradox ist nur: In den zehn Jahren seit dem 11. September veränderte sich die europäische Politik, Rechtsprechung und Ermittlungspraxis von innen heraus so sehr, dass viele der von der Bush-Administration geforderten Maßnahmen doch noch Wirklichkeit wurden. Bis dahin suchten und fanden die USA Wege, auch ohne die Hilfe ihrer Verbündeten an alle Daten heranzukommen, die sie für den Krieg gegen den Terrorismus brauchten. Informationen sind die wichtigste Waffe in diesem Krieg. Und nach den neuen Standards mussten sie nicht einmal abgesichert sein, um eine Handlung zu rechtfertigen. Tatsächlich gelangten die amerikanischen Sicherheitsbehörden schon kurz nach Nine Eleven an einen wahren Schatz von Datensätzen – rechtswidrig, aber ohne jede Anwendung staatlicher Gewalt.

Am 13. September 2001 meldete sich einer der größten Verarbeiter von Kreditkartentransaktionen der Welt beim FBI mit einem unwiderstehlichen Angebot. First Data wollte der Regierung jede gewünschte Unterstützung im Kampf gegen den Terrorismus geben. Die Bundespolizei erkannte die Chance und griff zu, denn First Data ist auch der Eigentümer von Western Union, der ersten Adresse für weltweite Geldüberweisungen mit insgesamt 12 000 Filialen rund um den Globus. Allein in Pakistan betreibt das Unternehmen 1500 Geschäftsstellen. Gerade in weniger entwickelten Staaten ist Western Union oft die einzige und schnellste Möglichkeit, Bargeld problemlos von einem Ort an den anderen zu transferieren. Es war ein Glücksfall für die Ermittler, diese Daten, einschließlich der Kreditkartentransaktionen, ohne jede richterliche Genehmigung nach verdächtigen Aktivitäten überprüfen zu können, denn zu diesem

Zeitpunkt wussten sie noch so gut wie nichts über die Finanzierung der Anschläge vom 11. September und die Vorbereitungen, die zum größten Teil auf amerikanischem Boden stattgefunden haben. Die Angst vor weiteren Attacken war groß und rechtfertigte aus Sicht der Verantwortlichen jedes Mittel.

In diesen Tagen kamen im Weißen Haus die Behördenchefs von CIA, FBI und NSA zusammen. Vizepräsident Dick Cheney leitete die Sitzung. Gemeinsam beschlossen sie, die Kooperation zwischen First Data und dem FBI streng geheim zu halten – sogar vor den zuständigen Ausschüssen des amerikanischen Kongresses. Der hatte ja schließlich – so die Lesart – mit der Resolution vom 14. September dem Präsidenten alle notwendigen Vollmachten bereits erteilt. Dass der Wortlaut der Erklärung nur die Anwendung »notwendiger Gewalt«, nicht aber »notwendiger Maßnahmen« autorisierte und dass von einem Einsatz auf amerikanischem Boden bewusst nicht die Rede war, spielte in der Bush-Administration offenbar keine Rolle. Unzählige US-Bürger wurden zum Ziel der Ausspähaktion des FBI. In einem eigens eingerichteten Büro gleich neben dem technischen Verarbeitungszentrum von First Data in Nebraska hatten die Fahnder Zugriff auf die Geldgeschäfte von Millionen von Menschen in den USA und anderswo, da das Unternehmen – insbesondere über seine Tochter Western Union – für zahlreiche ausländische Kreditkartenfirmen und Banken die Transaktionen abwickelte. Unter den Betroffenen waren mit Sicherheit auch deutsche Staatsbürger. Zu jedem Kunden konnten die Ermittler bei Bedarf ein detailliertes Profil anlegen. Wenn sich konkrete Verdachtsmomente ergaben, wahrten sie wenigstens noch den Anschein der Rechtmäßigkeit: Ein Bundesgericht in Omaha stellte bereitwillig die notwendigen Verfügungen aus.

Mit dem Essen kam der Appetit. Auf den Rat eines Wall-Street-Managers hin wandte sich die US-Regierung auch an die Gesellschaft für weltweite Telekommunikation zwischen Banken – die SWIFT (Society for Worldwide Interbank Financial

Telecommunication). Dabei handelt es sich um einen weltweiten Zusammenschluss von mehr als 7800 Finanzinstituten, die all ihre Transaktionen über die Datenserver von SWIFT abwickeln. Das Hauptquartier der Kooperative liegt in Brüssel, ein wichtiges Verarbeitungszentrum aber in den USA, so dass die US-Behörden von den Finanzmanagern auf dieser Basis Zugang zu den Daten forderten. Im Glauben, dass es sich nur um eine kurzfristige Maßnahme zur Aufklärung der Terroranschläge und zur Abwehr weiterer Attacken handelte, stimmten die Verantwortlichen zu, sofern das US-Finanzministerium eine entsprechende schriftliche Anordnung vorweisen konnte. Diese kam nicht etwa von einem Gericht, sondern direkt vom Ministerium, und war – anders als üblich – so unspezifisch formuliert, dass die CIA mit einem Schlag Zugang zu Daten über täglich knapp drei Millionen Finanztransaktionen bekam – inklusive der Kontonummern und Adressen von Einzelpersonen, Unternehmen und Verbänden. Die Fahnder mussten nicht einmal nachweisen, dass die Nutzung spezifischer Informationen für konkrete Terrorermittlungen notwendig war. Weder die Abfragen noch die zugrunde liegenden Verdachtsmomente wurden dokumentiert und geprüft. Das Missbrauchspotential war enorm.

Über die Bedenken einiger Rechtsexperten in den beteiligten Behörden setzte man sich schnell hinweg. Amerikanische Datenschutzbestimmungen, so hieß es, seien nur auf Banken anzuwenden, nicht aber auf die SWIFT, die ja nur die Infrastruktur für den Informationsaustausch bereitstellt. Außerdem habe der US-Präsident durch den International Emergency Economic Powers Act, ein Notstandsgesetz zum Schutz der US-Wirtschaft, nach dem 11. September die nötige Ermächtigung zu solchen Maßnahmen im Kampf gegen den Terrorismus erhalten. Der Aufsichtsrat von SWIFT und die Chefs der Zentralbanken in den westeuropäischen Ländern wussten seit 2002, dass die Finanztransaktionen im Kampf gegen den internationalen Terrorismus überwacht wurden. Sie hielten sich an die strikte Geheimhaltung, die das US-Finanzministerium von ihnen verlangte.

Nachdem aus der kurzfristig gedachten Zusammenarbeit ein dauerhaftes Unternehmen zu werden schien, drohten die Manager von SWIFT im Jahr 2003 mit dem Ausstieg aus der Vereinbarung. Bei einem Geheimtreffen mit dem Chef der amerikanischen Notenbank verständigte man sich auf einen Kompromiss: Beobachter des Konsortiums konnten die Herausgabe von Daten verweigern, wenn die Relevanz für Terrorermittlungen nicht glaubhaft dargelegt werden konnte. Alle Abfragen wurden von da an schriftlich dokumentiert. Im Gegenzug blieb der CIA der Zugriff gestattet. Erst im Juni 2006 wurde das streng geheime Programm durch einen Bericht der *New York Times* öffentlich bekannt.[58] Datenschützer in den USA, aber auch in Europa waren empört. Der amerikanische Geheimdienst hatte fünf Jahre lang nahezu ungehindert die Konten von Millionen europäischer Bankkunden ausspähen können, da ihre Datensätze komplett auf dem amerikanischen Serversystem gespeichert waren.

SWIFT zog daraus Konsequenzen und kündigte an, seine Rechner in den USA zum 1. Januar 2010 auf europäischen Boden zu verlagern. Doch die Obama-Administration wollte auf eines ihrer wichtigsten Werkzeuge im Anti-Terror-Kampf nicht verzichten. Ihre europäischen Verbündeten offenbar auch nicht. Deren Sicherheitsbehörden hatten bis Ende 2009 nämlich selbst rund 1400 Meldungen über auffällige Kontobewegungen von ihren Partnerdiensten in den USA erhalten. Eine Neuregelung durch die europäischen Innenminister, nach der SWIFT die Daten auch künftig an US-Behörden weitergeben sollte, weil diese als Einzige über die technische Ausrüstung für deren Auswertung verfügten, lehnte das EU-Parlament im Februar 2010 ab. Im Sommer stimmten die Abgeordneten einem geänderten Entwurf zu. Demnach muss das US-Finanzministerium bei der Anforderung von umfangreichen Datensätzen künftig erklären, warum diese für die Strafverfolgung von Terroristen oder deren Hintermännern, oder die Prävention von Anschlägen notwendig ist. Es geht also um konkrete Verdachtsmomente, die dann von EUROPOL, der Polizeibehörde der Europäischen Union, überprüft werden. Außerdem sollen Kontrolleure der EU den amerikanischen Ermittlern bei ihrer Arbeit über die Schulter schauen. In Finanztransaktionen innerhalb Europas, also beispielsweise Überweisungen von Deutschland nach Spanien, bekommen amerikanische Stellen keinen Einblick mehr. So bald wie möglich wollen die europäischen Regierungen ein eigenes Auswertungssystem aufbauen. Datenschützer kritisieren, dass die EU den Zugriff der Geheimdienste auf Massendaten gar nicht mehr grundsätzlich hinterfragt und dass es für Betroffene keine Möglichkeit gibt, gegen eine Verwendung ihrer persönlichen Daten zu klagen.

Zu wissen, was Menschen kaufen oder wem sie Geld schicken oder von wem sie es bekommen, ist das eine. Aber auch zu wissen, was sie reden und denken, mit wem sie Kontakt haben und wo sie sich aufhalten, das andere. Um an diese Daten zu kommen, musste die NSA zwei Milliarden Festnetz- und Handy-Anrufe pro Tag innerhalb der USA und ins Ausland und den kompletten E-Mail-Verkehr überwachen. Und genau das tat sie. Dazu kamen weitere Milliarden von Kommunikationshäppchen aus aller Welt, die im Digitalzeitalter durch Telekommunikations- und Internetknoten in den USA laufen oder per Satellit aufgefangen werden. Milliarden von Menschen weltweit konnten so zum Ziel der größten Ausspäh-Operation in der Geschichte der Menschheit werden – entweder durch gezielte Auswertung konkreter Verbindungen oder – in der Mehrheit der Fälle – durch die Suche nach verdächtigen Schlüsselworten wie »Bombe« mit Hilfe der Großrechner des Echelon-Systems.

Das Abhören von amerikanischen Staatsbürgern war den Behörden – wie erwähnt – vor Nine Eleven nur in Einzelfällen aufgrund von gerichtlichen Anordnungen erlaubt. Im Oktober

2001 autorisierte US-Präsident Bush mit einer geheimen Order das, was seit den Anschlägen ohnehin geschah: einen riesigen Lauschangriff auf die Bürger seines eigenen Landes ohne richterliche Anordnung. Ein Mitarbeiter eines Nachrichtendienstes erinnerte sich später: »Das Einholen der richterlichen Genehmigungen hätte den gesamten Umfang unserer Maßnahmen zutage fördern können. [...] Also haben wir einfach so weitergemacht.«[59] Ohne den Geheimbefehl zu erwähnen, wurden acht führende Abgeordnete aus den zuständigen Ausschüssen des Kongresses über den massiven Ausbau der technischen Kapazitäten der NSA informiert. Sie hatten rechtliche Bedenken, wurden aber zum Schweigen vergattert, um die Jagd nach den Terroristen und ihren Geldgebern nicht zu gefährden.

Die geheime Kooperation zwischen FBI und First Data, die Überwachung von SWIFT-Transaktionen durch die CIA und das globale Ausspähen der Kommunikationssphäre durch die NSA widersprachen in weiten Teilen dem vierten Zusatz der jahrhundertealten Bill of Rights und waren damit ein eklatanter Bruch der amerikanischen Verfassung. Führende Mitglieder der Bush-Administration bestreiten das bis heute und berufen sich dabei sowohl auf besondere Vollmachten des Präsidenten als auch auf die Anti-Terror-Gesetzgebung, den sogenannten Patriot Act. Nach dem ersten Entwurf dieses Gesetzes aus dem Justizministerium sollten FBI und andere Behörden künftig das Recht haben, verdächtige Personen ohne richterliche Genehmigung auszuspähen, abzuhören, festzunehmen und – auch für längere Zeit – festzuhalten. Ein Recht auf die gerichtliche Prüfung des Verfahrens war nicht vorgesehen. Durchsuchungsaktionen gegen mutmaßliche Terroristen dürften geheim, ohne dass der Betroffene es merkt, durchgeführt werden. Alle E-Mails des Verdächtigen könnten ohne sein Wissen gelesen werden. Justizminister John Ashcroft hatte im Bewusstsein, dass er auf direkten Befehl des Präsidenten der Vereinigten Staaten von Amerika handelte, bei seinem Entwurf für den Patriot Act alle sonst üblichen Verfahrenswege außer Acht gelassen und das Gesetz sogar schon in den Sonntagstalkshows angekündigt, ohne andere wichtige Regierungsstellen oder den amerikanischen Kongress zu informieren. Aber der ließ sich das nicht so einfach gefallen. Zahlreiche Abgeordnete, auch von der Republikanischen Partei, fanden sich an der Seite der Bürgerrechtsbewegung wieder, die verlangte, in dem Gesetz wenigstens einige Schutzmechanismen einzubauen, um den Missbrauch der neuen Kompetenzen zu verhindern. Als völlig unakzeptabel sahen die Parteifreunde des Justizministers sein Vorhaben an, Sondergerichte einzuführen, die schon bei geringfügigen Verdachtsfällen Hausdurchsuchungen und Festnahmen anordnen konnten, solange Grund zu der Annahme bestehe, dass es sich um Terroristen handeln könnte.

Der Widerstand der Volksvertreter ärgerte John Ashcroft. Er sah sich bei der Ausführung seines Auftrags, den er direkt vom Präsidenten bekommen hatte, ausgebremst. Und so nutzte er einen Auftritt vor dem Rechtsausschuss des Senats, um mit einem Totschlagsargument, das in der öffentlichen Diskussion der nächsten Monate immer wieder auftauchen würde, seine politischen Widersacher mundtot zu machen: »Meine Botschaft richtet sich an alle, die friedliebende Menschen mit den Phantomen von verlorenen Freiheiten erschrecken: Eure Kritik hilft nur den Terroristen, denn sie zersetzt die nationale Einheit und zerstört unsere Entschlossenheit. Sie liefert den Feinden Amerikas Munition.« Mit anderen Worten: Wer immer sich den neuen Anti-Terror-Gesetzen oder anderen Maßnahmen im Krieg gegen den Terrorismus widersetzt, der schadet der nationalen Sicherheit und begeht damit Hochverrat. Jeder, der gegen den Patriot Act stimmte, würde sich in den Stunden der Not nicht als Patriot, sondern als Gegner des amerikanischen Volkes zeigen.

Ashcrofts Drohung hatte Erfolg. Konservative Republikaner und die demokratischen Senatoren trauten sich nicht, Veränderungen am Gesetzentwurf durchzusetzen, weil sie Angst davor hatten, spätestens im nächsten Wahlkampf als Vaterlandsverräter abgestempelt zu werden. Am 12. Oktober 2001 verabschiedete eine überwältigende Mehrheit im Repräsentantenhaus (337 zu 79 Stimmen) die endgültige Version des Gesetzes, dessen mehr als 340 Seiten kaum einer der Abgeordneten wirklich gelesen hatte, weil die Fraktionsspitzen erst wenige Stunden vor der Abstimmung nur eine Handvoll Kopien des vollständigen Textes für die Parlamentarier bereitlegen ließen. Es war eine Gesetzgebung im Handstreich – mit einem ordentlichen demokratischen Verfahren hatte der Vorgang wenig zu tun.

Die Anwendung des Patriot Acts führte in den USA zu einer Festnahmewelle, die einer Art Hexenjagd gleichkam. In den ersten 18 Monaten nach dem 11. September wurden insgesamt 762 Verdächtige festgenommen und ohne jede Anklage über Monate festgehalten. Ein Großteil von ihnen waren Amerikaner arabischer Abstammung. In vielen Fällen, das geht aus einem Untersuchungsbericht des Generalinspekteurs des US-Justizministeriums von Juni 2003 hervor, hatte man den Festgenommenen das Recht auf einen Anwalt verwehrt, einige waren in Haft sogar misshandelt worden. In keinem der Fälle kam es zu einer Anklage. Vor einem Senatsausschuss verteidigte John Ashcroft diese Praxis mit den Worten: »Wir entschuldigen uns nicht dafür, dass wir Verdächtige so lange festhalten, bis wir herausbekommen haben, ob sie Verbindungen zu Terroristen unterhalten.«[60] Einige Jahre zuvor hatte Ashcroft als US-Senator noch ganz andere Töne von sich gegeben. In einer flammenden Rede im Kongress warf er Präsident Clinton versuchten Verfassungsbruch vor, weil er dem FBI weitreichende Möglichkeiten zur Überwachung des Internets geben wollte: »Die gesetzlichen Vorhaben dürfen unsere verfassungsmäßigen Freiheiten nicht zerstören. [...] Das Recht zum Schutz vor unrechtmäßigen Durchsuchungen ist ein untrennbarer Bestandteil des amerikanischen Wertekanons. Zweihundert Jahre an Gerichtsentscheidungen haben dieses fundamentale Recht verteidigt. Das Interesse des Staates an einer wirksamen Verbrechensbekämpfung darf niemals die Bill of Rights der Bürger verletzen.«[61] Ganz offenbar hatte Nine Eleven John Ashcroft so verändert, dass er zum Schutz der Bevölkerung jahrhundertealte Prinzipien einfach über Bord warf.

Der Justizminister genehmigte die Einrichtung von Internierungslagern für Terrorverdächtige, falls notwendig, schlug das sogenannte TIPS-Programm vor, das alle Bürger vom Postboten bis zur Supermarktkassiererin aufforderte, ihren Nachbarn nachzuspionieren und sie gegebenenfalls zu denunzieren, und prügelte nach dem Scheitern von TIPS ein leicht abgespecktes, aber immer noch riesiges Heimatschutzgesetz durch den amerikanischen Kongress.

Die Abgeordneten hatten noch nicht einmal zwei Tage Zeit, das Paket zu lesen, bevor die meisten von ihnen ohne eingehende Beratung dem Gesetz zustimmten. Im Februar 2003 gelangte ein geheimer Entwurf des Justizministeriums für eine deutliche Verschärfung des Patriot Acts an die Öffentlichkeit. Das Gesetz sollte die Zuständigkeiten der Strafverfolgungsbehörden und Nachrichtendienste radikal erweitern, richterliche Kontrollen über Überwachungsmaßnahmen weiter reduzieren oder ganz abschaffen, geheime Verhaftungen erlauben, DNA-Proben auf Verdacht zulassen und die Anwendung der Todesstrafe ausweiten. Der Entwurf enthielt außerdem eine Bestimmung, nach der das Justizministerium alle Informationen über inhaftierte Terrorverdächtige vor der Öffentlichkeit geheim halten könnte, und eine Klausel, nach der Verdächtige mit dem Verlust ihrer amerikanischen Staatsbürgerschaft rechnen müssten, sollten sie eine als Terrororganisation eingestufte Gruppe in irgendeiner Form unterstützen, auch wenn die Unterstützung selbst nach US-Recht legal wäre. Die vorzeitige Veröffentlichung ließ Ashcrofts Pläne vorerst scheitern. In der Praxis machte es keinen großen Unterschied.

Am 24. März 2003 berichtete die *Washington Post* auf der

Titelseite, das Justizministerium und das FBI hätten die Zahl der Abhörmaßnahmen und Razzien ohne richterliche Genehmigungen geradezu dramatisch in die Höhe geschraubt.[62] Ashcroft persönlich unterschrieb nach dem 11. September mehr als 170 Anordnungen für Lauschangriffe und Durchsuchungen gegen Terrorverdächtige, mehr als dreimal so viele wie in den 20 Jahren (insgesamt 47 Fälle) zuvor. Die Genehmigungen waren geheim und wurden erst nach frühestens 72 Stunden von einem ebenso geheimen Richterkollegium überprüft. Darüber hinaus erzwang das FBI von zahlreichen amerikanischen Firmen mit sogenannten National Security Letters ohne jegliche juristische Überprüfung die Herausgabe von elektronischen Datensätzen über Finanzen, Telefongespräche, E-Mail-Verkehr und andere persönliche Informationen. In keinem der Fälle wurden die Betroffenen über die Maßnahmen informiert. Die Briefe durften vom mittleren Management des FBI ausgefertigt werden, wobei nach einem Rechtsgutachten des Justizministeriums lediglich ein einfacher Verdacht als Grundlage des Handelns ausreichte. Handfeste Beweise waren nicht notwendig. Dass all dies ganz im Sinne des US-Präsidenten war, belegt eine Pressekonferenz vom 10. September 2003, bei der George W. Bush vom Kongress das Recht für Bundesbeamte forderte, die Beschlagnahme wichtiger Daten und Dokumente mit Hilfe sogenannter administrativer Vorladungen und ohne jede Überprüfung durch einen Richter oder wenigstens einen Staatsanwalt selbst anzuordnen.[63] Dass dies mit Hilfe der National Security Letters längst gängige Praxis war, erwähnte der Präsident nicht.

Die Bush-Administration schreckte noch nicht einmal vor dem Plan zurück, eine umfassende Datenbank mit Informationen über jeden einzelnen US-Bürger anzulegen. Das Projekt trug den Titel »Total Information Awareness« (TIA) und hatte große Ähnlichkeit mit den Zwangsmaßnahmen des totalitären Big-Brother-Regimes aus George Orwells *1984*. Hinter TIA verbarg sich eine virtuelle zentralisierte Datenbank, in der die

Regierung, wie der konservative Kolumnist William Safire damals heftig kritisierte, »jeden Kauf mit Ihrer Kreditkarte, jedes Zeitschriftenabonnement, jedes ärztliche Rezept, jede besuchte Webseite, jede verschickte oder empfangene E-Mail, jeden erworbenen akademischen Grad, jede getätigte Bankeinzahlung, jede gebuchte Reise und jede Veranstaltung, die sie besuchen«, erfassen wollte. Tatsächlich sollte das TIA-Projekt alle elektronisch verfügbaren Daten in einem universalen Überwachungssystem mit Milliarden von Informationen zusammenführen, um wiedererkennbare Verhaltensmuster aufzuspüren und so möglicherweise künftige Terroranschläge zu verhindern. Klingt verrückt? Wäre es auch – und teuer. Mehr als 200 Millionen Dollar waren für dieses Projekt vorgesehen. Als die Pläne in die öffentliche Kritik gerieten, gab die Bush-Administration bekannt, sie habe das Vorhaben aufgegeben. Doch Teile des Programms wurden unter anderem Namen fortgeführt. Der ehemalige NSA-Chef Michael Hayden bestreitet das nicht, will es aber auch nicht bestätigen. Stattdessen verteidigt er auch heute noch die Datensammelwut seiner Behörde: »Die NSA muss geheim und mächtig sein. Dadurch zieht sie das Misstrauen der Politik auf sich. Aber warum eigentlich? Wir scheuen davor zurück, Informationen die zu dem einen Zweck gesammelt wurden, für einen anderen zu verwenden. Dabei sammelt doch Google heutzutage so viele persönliche Daten. Die Regierung verfolgt immerhin eine gute Absicht damit, nämlich das Land zu verteidigen.«

Das Justizministerium, FBI und andere Behörden nutzten ihre Sondervollmachten exzessiv, um noch nicht begangene Verbrechen präventiv zu verfolgen. In Buffalo im US-Bundesstaat New York wurden rund ein Jahr nach der Attacke vom 11. September fünf junge Männer jemenitischer Abstammung verhaftet, die angeblich einer terroristischen Schläferzelle angehörten.[64] Einziges Problem: Obwohl das FBI auf der Grundlage des Patriot Acts die fünf über zehn Monate abgehört, ihre E-Mails und

Briefe heimlich gelesen und ihre Konten geprüft hatte, gab es nur einen einzigen Hinweis auf ihre mögliche Verwicklung in den internationalen Terrorismus: Sie hatten sich im Juni 2001 kurzzeitig in einem Trainingslager der Al-Qaida in Afghanistan aufgehalten. Das allein aber würde nach herkömmlichen Standards nicht ausreichen, um ihnen die Unterstützung einer Terrororganisation nachzuweisen. Weder das abgefangene oder beschlagnahmte Schriftmaterial noch die abgehörten Telefongespräche lieferten brauchbare Hinweise auf terroristische Aktivitäten. Entweder waren die fünf unschuldig, oder sie hielten sich – gemäß dem Auftrag einer Schläferzelle – streng an alle Gesetze, um nicht aufzufallen. Wie aber sollte man so etwas bestrafen können? Auf massiven Druck der Behörden plädierte schließlich einer der fünf auf schuldig und erklärte sich bereit, gegen die anderen auszusagen.

Die Verdächtigen landeten hinter Gittern, obwohl erhebliche Zweifel an ihrer tatsächlichen Schuld bestanden. Die jungen Männer mit amerikanischer Staatsbürgerschaft wurden zum Ziel einer allumfassenden Anti-Terror-Gesetzgebung und müssen nun gewissermaßen präventive Haftstrafen absitzen. Der Mann allerdings, der sie in Buffalo für die Reise in die Trainingslager begeistert hatte, gehörte eindeutig terroristischen Kreisen an. Kamal Derwish starb am 3. November 2002, als die Rakete einer Aufklärungsdrohne der CIA in das Fahrzeug seines Mentors mitten in der Wüste von Jemen einschlug. Er saß neben Abu Ali al-Harithi, der zwei Jahre zuvor am Bombenanschlag auf das amerikanische Kriegsschiff USS Cole im Hafen von Aden beteiligt gewesen war.[65]

Die gezielten Tötungen waren die extremste Anwendung des Geheimbefehls, mit dem George W. Bush der CIA im September 2001 einen Freischein für ihren Kampf gegen den internationalen Terrorismus gegeben hatte. Verdächtige wurden gezielt mit einem Luftschlag oder einer Raketenattacke durch eine Drohne getötet. 2004 wurde die Methode durch einen Geheimbefehl von Verteidigungsminister Donald Rumsfeld auch zu einem Standardverfahren des amerikanischen Militärs. In dem Dokument mit der Überschrift »Al-Qaida Network Exord« (Al-Qaida Netzwerk Exekutivorder) waren rund 20 Länder aufgelistet, in denen Terrorverdächtige aufgrund der Sondervollmacht getötet werden durften, darunter Pakistan, Saudi-Arabien, Syrien, Jemen, Somalia und einige arabische Emirate. Unter strikter Geheimhaltung sollten die Special Forces Terroristen auch grenzüberschreitend verfolgen und liquidieren können. Zahlreiche Operationen führten CIA und US-Streitkräfte gemeinsam aus; zwischen 2004 und 2008 wurden allerdings auch rund ein Dutzend Tötungsmissionen abgesagt, weil sie zu risikoreich, die Hinweise zu dürftig oder die möglichen diplomatischen Konsequenzen zu schwerwiegend gewesen wären. Ab dem Frühjahr 2008 erhöhte sich die Zahl solcher Angriffe deutlich, denn die US-Regierung hatte erkannt, dass die Al-Qaida einen wachsenden Einfluss auf die Lage in Afghanistan ausübte. Im pakistanisch-afghanischen Grenzgebiet beriet sie andere Gruppen bei der Ausbildung ihrer Rekruten und der Professionalisierung ihrer Propaganda, beschaffte ihnen Gelder und stellte ihnen technisches Know-how zur Verfügung. Die Taliban hatten ihre Taktik geändert und mit dem Einsatz von Selbstmordattentätern begonnen. Um diese Al-Qaidaisierung zu stoppen, machten die USA wieder Jagd auf die Führungsspitze.

Eine logische Folge dieser Lizenz zum Töten war aber auch die Diskussion, die in den Monaten nach dem 11. September in den Sicherheitsbehörden zum Thema Folter entbrannte. Wenn es gerechtfertigt war, Gefangene an Folterregime weiterzureichen, um sie dort im Beisein von amerikanischen Ermittlern mit brutalen Methoden zum Reden zu bringen, war dann nicht Folter grundsätzlich als Mittel im amerikanischen Kampf gegen den Terrorismus zulässig?

Exemplarisch für die Überlegungen ist ein Gespräch des Leiters des Anti-Terror-Centers der CIA, Cofer Black, mit Rolf

Mowatt-Larssen, einem seiner engsten Mitarbeiter. Das »europäische Modell« für den Umgang mit Al-Qaida-Verdächtigen, so Black, funktioniere nicht. Man müsse »Kidnapping und extreme Verhörmethoden, also die hässlichen Dinge« in Betracht ziehen. Mowatt-Larssen war besorgt und fragte nach den Standards für Beweise, um solch ein Vorgehen zu rechtfertigen: »Beweise sind entscheidend. Schließlich werden viele Leute verdächtigt, etwas zu wissen, was sie in Wirklichkeit nicht wissen.« Wenn die Standards nicht klar sind, dann »könntest du einer Menge Leute Schaden zufügen und dir damit neue Feinde schaffen«. Daraufhin stellte Cofer Black eine Gegenfrage: »Was ist, wenn es um eine Person geht, die wissen könnte, wo Osama bin Laden steckt oder eine Bombe? Herauszufinden, was er weiß, könnte eine Menge Menschenleben retten. Was ist dann mit deinen Standards, mein Freund?«[66]

Es war keine theoretische Diskussion. In der Nacht vom 27. auf den 28. März 2002 nahmen amerikanische und pakistanische Kommandoeinheiten in Faisalabad den Palästinenser Abu Zubaydah gefangen. Im heftigen Gefecht wurde der Al-Qaida-Mann schwer verletzt. Unmittelbar nach seiner Festnahme bezeichnete der US-Präsident ihn als Mitglied der Führungsriege um Osama bin Laden und als »Operationschef« der Terroristen. Doch die in seinem Versteck gefundenen Computerdiscs und Dokumente belegten nur, dass Zubaydah über Jahre hinweg als Organisator für Tausende von jungen Männern gedient hatte, die in die Trainingslager Osama bin Ladens reisten und danach in ihre Heimat zurückkehrten oder sich an der Vorbereitung von Anschlägen in aller Welt beteiligten. Die Ermittler fanden Telefonnummern und Adressen, die ihnen bei der Suche nach Verdächtigen helfen konnten, aber keinerlei Hinweise auf konkrete Terroroperationen. Nicht einmal in seinem Tagebuch entdeckten sie wirklich wertvolle Informationen, dafür aber deutliche Anzeichen dafür, dass Zubaydah psychisch krank war. Er litt an Schizophrenie und war auch deshalb innerhalb der Al-Qaida nicht mehr als ein mittlerer Manager ohne Zugang zum engsten Führungszirkel.

Aber vielleicht – so die Hoffnung – wusste Zubaydah doch, wo Osama bin Laden zu finden war. Man musste ihn nur zum Reden bringen. CIA-Chef Tenet entschied sich, den Verletzten von erstklassigen Ärzten der amerikanischen Johns-Hopkins-Universität gesundpflegen zu lassen, um ihn dann foltern zu können. Die juristische Grundlage dafür sah er in einem Rechtsgutachten des Justizministeriums von Januar 2002, nach dem internationales Recht, insbesondere die Genfer Konvention zur Behandlung von Kriegsgefangenen, nicht auf mutmaßliche Terroristen anzuwenden sei. Auf dieser Basis hatte das Militär auch das Internierungslager Guantanamo eingerichtet. Im Mai war Zubaydah von seinen Schusswunden im Bauch und in einem Bein so weit genesen, dass es losgehen konnte. Bis dahin hatte er in ersten Verhören durch FBI-Agenten nur wenige, aber dennoch wertvolle Hinweise gegeben. So verriet Zubaydah den Namen des eigentlichen Drahtziehers der Anschläge vom 11. September, Khalid Sheikh Mohammed, genannt Mukhtar. Und er erzählte von José Padilla, einem jungen Amerikaner, der angeblich in den USA einen Anschlag mit einer schmutzigen Bombe verüben wollte. Die Informationen waren konkret genug, dass die CIA und der pakistanische Geheimdienst den Verdächtigen ausfindig machen konnten. Am 8. Mai 2002 wurde Padilla bei seiner Einreise am Flughafen in Chicago festgenommen. Handfeste Beweise für konkrete Anschlagsvorbereitungen gab es nicht. Wohlgemerkt, Zubaydah hatte den Hinweis nicht unter Folter preisgegeben. Ein Verhörspezialist vom FBI, der sich mit den Vorschriften des Korans bestens auskannte, hatte den Al-Qaida-Mann überzeugt, dass Allah ihn nur deshalb seine schweren Verletzungen überleben ließ, damit er mit den amerikanischen Ermittlern zusammenarbeiten konnte. Das reichte aus, damit der geistig Verwirrte Zubaydah ausnahmsweise einmal einen wertvollen Hinweis lieferte.

Nach diesen ersten Wochen waren einige Ermittler davon überzeugt, dass ihr Gefangener kein wirklich führender Al-Qaida-Funktionär war, sondern nur ein Reisemanager, und dass er nicht viel mehr wusste, als er schon gesagt hatte. Doch im CIA-Hauptquartier hoffte man auf wertvollere Informationen, schließlich hatte der Präsident die Festnahme Zubaydahs als großen Schlag gegen die Terroristen gefeiert. Also folterte der Geheimdienst einen geistig Verwirrten, um die Welt vor dem Bösen zu bewahren. Er wurde von Handlangern aus dem paramilitärischen Programm der CIA geschlagen, mit dem Tode bedroht, mit grellem Licht und ohrenbetäubendem Lärm traktiert. Für jeden einzelnen Schritt wurde die schriftliche Genehmigung von Vorgesetzten eingeholt. Zubaydahs Peiniger hielten sogar notwendige Medikamente zurück. Die erhofften Hinweise blieben aus. Dann, im August 2002, wendete die CIA erstmals Waterboarding an: Sein Gesicht wurde mit einem Handtuch bedeckt und mit Wasser überschüttet, so dass er zu ertrinken glaubte. Nach 35 Sekunden unter Wasser begann er zu reden. Die professionellen Verhörexperten der CIA konnten übernehmen. Einige unter ihnen hatten sich geweigert, einen Lehrgang für die Anwendung der brutalen Verhörtechniken zu absolvieren, weil sie Zweifel an der Rechtmäßigkeit hatten. Ihr Präsident, George W. Bush, hatte die Tortur höchstpersönlich genehmigt.

Wo Osama bin Laden steckte, erzählte Abu Zubaydah dennoch nicht, vermutlich, weil er es nicht wusste. Stattdessen redete er nach wiederholtem Waterboarding von Anschlagsplänen gegen Einkaufszentren, Banken, Atomkraftwerke und die Wasserversorgung großer Städte. Nichts von alldem war nachprüfbar, aber alles musste ernst genommen werden – deshalb befand sich Amerika in der zweiten Jahreshälfte 2002 in ständigem Alarmzustand. Zehntausende von Polizisten waren mit dem Schutz der möglichen Ziele beschäftigt. Nach Einschätzung eines ehemaligen Geheimdienst-Mitarbeiters, der am Fall mitgewirkt hat, erzählte der Gefangene einfach irgendetwas, weil er sich in Todesgefahr wähnte: »Wir bekamen tonnenweise Information, aber das Hauptquartier sagte immer: ›Da muss noch mehr sein‹. Er bettelte um sein Leben. Aber er gab uns keine neuen Informationen. Er hatte keine Informationen, die er uns geben konnte.«

Mit der Folter von Abu Zubaydah wurde eine Grenze überschritten, sorgfältig gerechtfertigt durch Rechtsgutachten des US-Justizministeriums, die als streng geheim eingestuft waren und die dem Autor vorliegen. Der stellvertretende Justizminister Jay S. Baybee bewertet darin detailliert die »verbesserten Verhörmethoden«, mit denen die CIA dem Gefangenen wertvolle Informationen entlocken wollte. Obwohl nach Einschätzung der Rechtsexperten die Methode des Waterboarding »eine Androhung des unmittelbaren Todes darstellt«, bescheinigen sie der CIA den »guten Willen und Glauben, dass die Anwendung der Prozeduren, einschließlich des Waterboarding, keine mentalen Schäden verursacht«. Deshalb kommen sie zu dem Schluss, dass »es hier keine spezifische Absicht gibt, andauernde geistige Schäden« anzurichten. Also sei die Anwendung keine Verletzung der einschlägigen Gesetze.

In einem Memorandum an den Rechtsberater des Präsidenten und späteren Justizminister Alberto Gonzales vom 1. August 2002 nimmt Baybee noch grundsätzlicher zu den Methoden Stellung und bewertet auch, inwieweit den Verhörspezialisten nach nationalem oder internationalem Recht eine Bestrafung drohen könnte. Seine Schlussfolgerungen sind eindeutig und erschreckend. Waterboarding und ähnliche Praktiken seien nicht als Folter zu werten. Denn zur Folter gehörten nur »extreme Handlungen«, die »ernsthafte Schmerzen« verursachten. Die physischen Schmerzen, so schreibt Baybee, »müssten eine Intensität haben, wie sie bei ernsten physischen Verletzungen, bei Tod oder Organversagen auftritt«. Für ernste, mentale Schäden reiche nicht der Moment der Anwendung, sondern nur »die andauernde mentale Schädigung«. Weil die Folter nur extreme Handlungen umfasse, gebe es »eine große Anzahl von Handlungen, die zwar grausam, unmenschlich oder entwürdigend, […] im strengen Sinn aber keine Folter sind«. Das Justizministerium geht in der Rechtfertigung der Verhörmethoden sogar noch einen Schritt weiter: Wenn ein Mitarbeiter der Regierung »feindlichen Kämpfern während eines Verhörs Schmerzen zufügt […], dann täte er dies, um künftige Angriffe des Al-Qaida-Netzwerks auf die USA zu verhindern. In diesem Fall, so glauben wir, könnte er argumentieren, dass seine Handlungen durch die verfassungsmäßige Autorität der Exekutive, die Nation vor einem Angriff zu schützen, gerechtfertigt sind.« Mit anderen Worten: Eine Anordnung des Präsidenten und das Recht auf Selbstverteidigung nach internationalem Völkerrecht schützen jeden Folterer vor Bestrafung. Das war ein Freibrief und ein Signal an alle Verantwortlichen in Sicherheitsbehörden und Streitkräften, dass im Kampf gegen den Terrorismus jedes Mittel erlaubt ist.

Dass die USA zu diesen extremen Mitteln griffen, sollte allerdings streng geheim bleiben. In den Augen des CIA-Chefs waren die Gefängnisse in Syrien, Jordanien oder Ägypten, an die normale Terrorverdächtige für harsche Verhöre weitergereicht wurden, nicht sicher und abgeschieden genug für sogenannte High Value Detainees, also Gefangene von besonders hohem Wert. Nicht einmal das Internationale Rote Kreuz sollte Zugang zu den gefangenen Anführern der Al-Qaida bekommen. Deshalb richtete die CIA an mehreren Orten in der Welt geheime Gefängnisse ein, unter anderem in Afghanistan, im Irak, in Thailand, aber auch mitten in Europa, in Polen und Rumänien. Es gibt sogar Hinweise darauf, dass die CIA eine Insel auf einem See in einem afrikanischen Land als Geheimgefängnis in Erwägung zog und dass sie schließlich für viele Millionen Dollar ein Hochsicherheitsgefängnis mitten in der Wüste eines nicht näher genannten Staates bauen ließ. Genutzt wurde es nie, weil die Praxis der geheimen Gefängnisse durch einen Artikel der *Washington Post* im Jahr 2005 öffentlich gemacht wurde.

Die Gefangenen wurden mit unmarkierten Jets des Geheimdienstes aus den Krisengebieten zu den Gefängnissen geflogen. Abu Zubaydahs Verhöre fanden in einer unterirdischen Einrichtung in Thailand statt, über die nicht einmal der thailändische Premierminister informiert worden war. Sein eigener Geheimdienst hatte mit der CIA ein Stillschweigeabkommen geschlossen. Als vereinzelt Medien über die amerikanische Basis in Thailand berichteten, mussten die Verhörspezialisten das Gefängnis räumen. Ersatz hatten sie bereits gefunden – in Polen. Im September 2002 war der Helfer der Hamburger Terrorzelle, Ramzi bin al-Shibh, und Monate darauf auch der Planungschef der Terroranschläge vom 11. September, Khalid Sheikh Mohammed, den Fahndern in die Hände gefallen. Auch sie wurden in Geheimgefängnissen gefoltert. Bin al-Shibh hielt nicht lange stand, er erzählte den Ermittlern, was sie hören wollten. Schwieriger war es bei Khalid Sheikh Mohammed, den die Fahnder kurz KSM nannten. Er war am 1. März 2003 in einem Versteck in Rawalpindi gefasst worden, weil ihn ein Informant per SMS an den pakistanischen Geheimdienst verraten hatte. Der Mann erhielt die ausgesetzte Belohnung von 25 Millionen Dollar und wurde mit neuer Identität in den USA angesiedelt.

KSM wurde von der CIA zunächst nach Afghanistan und dann weiter nach Polen gebracht. Das Flugzeug landete auf dem Gelände des Flughafens Szymany, hundert Kilometer nördlich von Warschau. Von dort brachte man den Gefangenen in eine nahe gelegene Einrichtung des polnischen Geheimdienstes, die die CIA als Verhörgefängnis nutzte. Auf den engen Verbündeten mitten in Europa, so dachte man in Washington, konnte man sich in Sachen Geheimhaltung hundertprozentig verlassen: »Polen«, so freute sich der Operationschef der CIA, Jim Pavitt, »ist der 51. Staat der USA, und die Amerikaner ahnen davon nichts.« Der damalige polnische Premierminister Leszek Miller

übte sich in unserem Gespräch in semantischen Haarspaltereien. Ja, man habe mit der CIA zusammengearbeitet, aber nein,
es habe keine CIA-Gefängnisse in Polen gegeben und polnische
Offiziere hätten auch niemanden verhört. Damit hat er vermutlich recht, denn es war eine polnische Einrichtung, in der die
CIA freie Hand hatte.

Die Verhöre von Khalid Sheikh Mohammed übernahm Deuce
Martinez, der als CIA-Mitarbeiter Erfahrungen bei der systema-
tischen Suche nach Terrorverdächtigen gesammelt hatte, ansonsten aber keine besonderen Vorkenntnisse in Befragungstechniken mitbrachte. Dennoch gelang es ihm aufgrund seiner
geduldigen Art, eine Beziehung zu dem Gefangenen aufzu-
bauen. Der Muslim und der Katholik plauderten und stritten
über Religion und Familie. Der Terrorist dichtete sogar religiöse Verse für die Frau von Martinez. Er schrieb einen Beschwer-
debrief über seine Unterbringung und Verpflegung an das Rote
Kreuz, der nie weitergeleitet wurde. Er verlangte, nach New
York verlegt zu werden und einen Anwalt zu bekommen, und
nervte mit seinen Gesängen aus dem Koran. Aber er erzählte Martinez auch stolz von seinen Planungen für den 11. September, so
dass die Vorgeschichte der Angriffe auf die USA nahezu lückenlos aufgeklärt werden konnte. Wertvolle Informationen für den
weiteren Kampf der USA gegen Al-Qaida gab Khalid Sheikh
Mohammed indes nicht preis, obwohl auch er gefoltert wurde.
Martinez wollte sich an den umstrittenen Praktiken nicht beteiligen. Es waren Mitglieder der paramilitärischen Einheit der
CIA, die Methoden aus einem alten Handbuch der sowjetischen
Armee anwendeten. Schlafentzug, Temperaturwechsel, Schläge,
aber KSM schwieg oder lieferte Informationen, die sich schnell
als falsch herausstellten.

So wendeten seine Peiniger schließlich auch das Waterboarding an – mehr als hundertmal innerhalb von zwei Wochen! Er-
gebnislos. Nicht einmal als die CIA damit drohte, seiner Familie
und seinen Kindern etwas anzutun, war KSM zur Kooperation

bereit. Nur in einem weiteren Punkt gab er im Verlauf seiner Gespräche mit Martinez Auskunft. Er selbst habe im Januar 2002 dem amerikanischen Journalisten Daniel Pearl vor laufender Kamera den Kopf abgeschnitten. Der brutale Mord an dem Reporter des *Wall Street Journal* hatte weltweit für Entsetzen und Empörung gesorgt. Deuce Martinez ist aufgrund zahlreicher Details, die der Terrorist ihm schilderte, davon überzeugt, dass Mohammed tatsächlich der Mörder Pearls ist. Die CIA bezweifelt das bis heute.[67]

Das System der illegalen Entführungen und der geheimen Foltergefängnisse beschreibt der Sonderermittler des Europäischen Parlaments, Dick Marty, in seinem Untersuchungsbericht vom Juni 2006. Darin listet Marty zahlreiche Fälle auf, darunter auch den des ägyptischen Staatsbürgers Abu Omar. Der Asylbewerber Omar, den die italienischen Sicherheitsbehörden als Islamist eingestuft hatten, wurde am 17. Juni 2003 in Mailand am helllichten Tag auf offener Straße von CIA-Agenten gekidnappt, mit einem der unmarkierten Jets von der italienischen NATO-Basis Aviano über Ramstein in Deutschland nach Kairo geflogen und dort gefoltert. Es ist der einzige dokumentierte Fall, bei dem die USA unter Verletzung der staatlichen Souveränität eines westeuropäischen Bündnispartners einen Terrorverdächtigen entführten. Die italienische Justiz hat deshalb Haftbefehl gegen 22 mutmaßlich beteiligte CIA-Mitarbeiter erlassen. Insgesamt kommt Dick Marty aber zu dem Schluss, dass das illegale Programm der CIA, »das sich wie ein Spinnennetz über den Globus spannte«, nicht ohne die Hilfe der Bündnispartner funktionieren konnte: »Es ist nun klar, dass Behörden in mehreren europäischen Ländern aktiv an den gesetzwidrigen Aktivitäten der CIA beteiligt waren und dass andere Länder diese Aktivitäten wissentlich ignoriert haben oder nichts von ihnen wissen wollten.«

Auch in den USA schaute die Politik weg. Bereits im September 2002 wurden vier Mitglieder des amerikanischen Kongresses

– unter ihnen die spätere Sprecherin des Abgeordnetenhauses, Nancy Pelosi – über die Foltermethoden der CIA informiert.[68] Bei einem vertraulichen Treffen ließ man sie einen virtuellen Rundgang durch ein typisches CIA-Geheimgefängnis machen. Sie erfuhren Details zu den Befragungstechniken einschließlich der Praxis des Waterboarding. Obwohl die Informationen bis in grausame Einzelheiten gingen, fragte ein Abgeordneter sogar, ob die Methoden hart genug seien. Einwände gab es offenbar keine. In den Folgejahren fanden rund 30 solcher geheimen Briefings für amerikanische Kongressmitglieder statt. Den Beteiligten war es untersagt, öffentlich über das Erfahrene zu sprechen. Viele befürchteten offenbar auch weitere Anschläge gegen die USA. Diese Bedrohung, so dachten sie, rechtfertigte das harte Vorgehen des amerikanischen Geheimdienstes. »Die Einstellung war: Uns ist egal, was ihr diesen Typen antut, solange ihr die notwendigen Informationen bekommt, um das amerikanische Volk zu schützen«, so erinnert sich ein Behördenvertreter an die Atmosphäre bei den Gesprächen. Erst als im Jahr 2005 das Folterprogramm von der Presse aufgegriffen wurde, empörten sich Abgeordnete beider Parteien über die üblen Methoden der CIA. In der Folge wurden die »Black Sites« geschlossen und die Gefangenen zum amerikanischen Militärstützpunkt Guantanamo auf Kuba gebracht.

Um die angewandten Praktiken, die Einschränkung der Bürgerrechte und die Verletzung von Menschenrechten fair beurteilen zu können, muss natürlich auch ihr Nutzen für die Verhinderung von Terroranschlägen in die Rechnung mit einbezogen werden. Immerhin wurden einige führende Mitglieder der Al-Qaida aufgrund internationaler Abhör- und Überwachungsmaßnahmen gefasst. Ein Coup gelang der CIA im Herbst 2002. Auf der Basis der Informationen über die Finanzströme extremistischer Gruppen und Einzelpersonen hatte das FBI den Finanzier Pacha Wazir in den Vereinigten Arabischen Emiraten als wichtigsten Banker des Terror-Netzwerks identifiziert. Dank einer bis dahin nie gekannten Zusammenarbeit mit den staatlichen Banken der Emirate erfuhren die Ermittler, dass Wazir über seine Geschäfte und bankähnlichen Einrichtungen in Asien und Europa innerhalb von zwei Jahren 67 Millionen Dollar für Al-Qaida bewegt hatte. Er half den Terroristen nicht aus Überzeugung, denn er war kein Islamist, sondern ein eiskalter Geschäftemacher. Weil er aber keine Filialen in den USA betrieb, hatten die amerikanischen Justizbehörden keinerlei Handhabe gegen ihn. Als die Zentralbank in Dubai im Herbst 2002 das komplette Millionenvermögen des zwielichtigen Geldmanagers einfror, bat Wazir um einen Gesprächstermin mit dem FBI. Auf dem Weg zum Treffen wurde er von CIA-Agenten entführt und intensiv befragt. Wazir verweigerte die erhofften Antworten. Deshalb kidnappte der US-Geheimdienst kurz danach den Bruder Wazirs in Deutschland, der für ihn als Statthalter in Europa fungierte. Auch er schwieg. Also ersetzte die CIA die zwei Leiter der Geschäftsstelle Wazirs in Karatschi in Pakistan durch eigene Agenten pakistanischer Abstammung und übernahm auf diese Weise die Abwicklung der Al-Qaida-Geschäfte. Dutzende von Terroristen sollen auf diese Weise gefasst worden sein. Pacha Wazir saß, wie er uns sagte, bis vor wenigen Monaten ohne Anklage und Aussicht auf einen Prozess in einem US-Gefängnis im afghanischen Bagram.[69] Nun baut er sich eine neue Zukunft in Afghanistan auf. Die drei anderen Entführten sind verschollen.

Auch die Überwachung der Geldtransfers mit Hilfe von Western Union führte zu konkreten Ergebnissen. Als im März 2002 eine Welle von Selbstmordattentaten durch palästinensische Terroristen in Israel mit mehr als 100 Todesopfern einen schrecklichen Höhepunkt erreichte, entschloss sich die US-Regierung, dem Verbündeten im Nahen Osten zu helfen. Der israelische Inlandsgeheimdienst Schin Bet reichte den Namen eines mutmaßlichen Geldgebers des Palästinensischen Islamischen Dschihad an die CIA weiter. Als dieser Mann Geld über ein Büro

der Western Union im Libanon in das israelische Hebron überwies, erhielt der Schin Bet von der CIA – mit Genehmigung
eines Richters – innerhalb weniger Minuten die Anschrift des
Western-Union-Büros und des mutmaßlichen Empfängers. Als
dieser das Geld abholte, wurde er von israelischen Agenten bis
zu seinem Versteck verfolgt. Die weitere Überwachung des
Mannes führte zur Enttarnung mehrerer Terrorzellen. Mehrfach wiederholten CIA und Schin Bet die Praxis. Auf Grundlage
der gewonnenen Erkenntnisse wurde ein palästinensischer Ext-
remistenführer zusammen mit sechs Terroristen am 8. April
2003 gezielt getötet. Am 1. Mai starben ein Sprengstoffexperte
der Hamas und 13 weitere Palästinenser bei einem Angriff der
israelischen Armee auf ihr Versteck im Gazastreifen. Es folgten
weitere gezielte Tötungen, die allerdings zu einer Eskalation der
Straßengewalt durch die palästinensische Bevölkerung führten.
Aus der Wut über das – aus meiner Sicht verständliche – Vorgehen der israelischen Streitkräfte und Geheimdienste entwickelte
sich neuer Hass, der sicher auch zur Rekrutierung neuer Selbstmordattentäter führte.

Wie groß die Erfolge waren, die durch die gezielte Außer-
kraftsetzung von Menschen- und Bürgerrechten erzielt wurden,
kann niemand genau sagen. Der Preis aber, den die westliche
Welt dafür zu zahlen hatte, war in jedem Fall ungleich größer. Es
gehört zu den schlimmsten Folgen von Nine Eleven, dass noch
Jahre später die Grundprinzipien genau jener freiheitlich-
demokratischen Grundordnung mit Füßen getreten werden, die
Osama bin Laden und seine Anhänger zerstören wollten. Die
Anschläge vom 11. September 2001 waren ein schreckliches
Verbrechen, aber noch erschreckender ist, wie schnell und wie
umfassend wir uns auf das gleiche Niveau herabgegeben haben,
um unsere Freiheit gegen solche Angriffe zu verteidigen. Die
neuen Standards im Krieg gegen den Terrorismus haben die Unterschiede zwischen Rechts- und Unrechtsstaaten nivelliert und
das wichtigste Gut der westlichen Demokratien zerstört: die

Glaubwürdigkeit. Durch die Wahl der Mittel wurde die Chance für eine glaubwürdige Antwort auf die Herausforderung des 11. September 2001 verspielt, gemäß einem Satz des britischen Kulturphilosophen Christopher Dawson aus dem Jahr 1942: »Sobald die Menschen im Kampf gegen das Böse jedes Mittel für gerechtfertigt halten, lässt sich ihre gute Absicht bald nicht mehr von dem Bösen unterscheiden, das sie vernichten wollen.«

Die Macht der Alpträume

»Das Ding ist ein Alptraum«, sagte George W. Bush, während er die zylindrische Metallbüchse in seinen Händen wog. Schweigend starrte das Sicherheitskabinett des Präsidenten auf den unscheinbaren Gegenstand, ein Mitbringsel des CIA-Chefs, der an diesem Tag im März 2003 im Lagerraum des Weißen Hauses deutlich machen wollte, wie groß die Bedrohung durch Al-Qaida weiterhin war. George Tenet hatte den neuartigen Sprengsatz nach Konstruktionsplänen anfertigen lassen, die auf einem Computerlaufwerk in einer Wohnung mutmaßlicher Terroristen in Saudi-Arabien gefunden worden waren. Die Chemiewaffe »al-Mobtakar al-Farid« (die einzigartige Erfindung) sollte in einem Umkreis von 200 Metern alle Menschen töten können. Jahrelang hatten die Geheimdienste Hinweise darauf gefunden, dass die Terroristen vergeblich versuchten, solch einen Sprengsatz zu entwickeln.

»Al-Mobtakar« ermöglichte die Verbindung einer Säure mit Natriumcyanid, das gemeinhin als Metallreiniger oder Rattengift benutzt wird, zu einem tödlichen Gas, dessen zwei Komponenten eine schreckliche Wirkung entfalten: »Die eine lähmt das Nervensystem und verursacht schwere oder tödliche Schäden an Herz und Lunge. Die andere zerstört die Lungenmembranen, wodurch der Betroffene erstickt, denn die Luftsäcke füllen sich mit Blut. Das Opfer blutet aus Mund, Ohren und Nase.« So stand es in den gefundenen Dokumenten. Es folgte ein detaillierter Leitfaden mit genauen Mischungsverhältnissen der benötigten Substanzen, mit Fotos von den nötigen Behältnissen und schließlich auch mit einer Beschreibung des Acetonperoxid-Zünders, der per Schaltuhr oder Handy-Signal ausgelöst werden kann. Das bei der Vermischung der Chemikalien entstehende Gas – ähnlich dem von den Nazis eingesetzten Zyklon B – wäre in geschlossenen Räumen absolut tödlich. Der unbekannte Autor fügte noch eine Liste denkbarer Ziele hinzu, wie U-Bahnen, Bordelle, Einkaufszentren, Kinos, Kasinos, Tanzclubs, Kirchen und Schulen.

Der »Alptraum«, das konnten die CIA-Techniker mit dem Nachbau beweisen, würde funktionieren. Und er war so klein, dass er problemlos in einem Rucksack an den möglichen Anschlagsort transportiert werden konnte. Die nötigen Zutaten waren überall erhältlich. Ein Angriff mit einem Dutzend solcher Sprengsätze in Chicago, New York oder Washington wäre ein neues Nine Eleven und gleichzeitig der erste Einsatz von Massenvernichtungsmitteln auf amerikanischem Boden. Keine Frage, das war ein Alptraum für den Präsidenten und seine Berater. Deshalb stand die blanke Angst in ihren Augen, als sie den Metallzylinder zu sehen bekamen. Der Präsident forderte seine Sicherheitsbehörden auf, alles zu tun, um solche Anschläge zu verhindern.

In gewissem Sinn ist diese Situation außerordentlich typisch für den Gang der Ereignisse während der letzten zehn Jahre. Politiker und Sicherheitsbehörden ließen sich in ihrem Handeln von Gefühlen der Ungewissheit und Angst leiten, obwohl sie wussten, dass gerade diese Gefühle die mächtigsten Verbündeten der Terroristen sind. Nach einer Definition des Begriffs Terrorismus wollen die Akteure mit ihrem Handeln die Bevölkerung eines Landes verängstigen und eine Regierung oder internationale Organisation dazu zwingen, etwas zu tun oder zu unterlassen. Das wichtigste Ziel der Terroristen ist die Psyche der Menschen, die sie nicht nur mit brutalen Gewalttaten, sondern schon mit der bloßen Ankündigung derselben zum Beispiel in Propagandavideos erreichen wollen. Das stellt die Regierenden vor ein fast unlösbares Problem: Wenn sie die Bevölkerung offen und ehrlich über die Erkenntnisse der Sicherheitsbehörden informieren, schüren sie damit möglicherweise gerade jene Panik, die sie um jeden Preis verhindern müssen. Wenn sie aber konkrete Informationen zurückhalten, verzichten sie damit auf die Mithilfe einer aufmerksamen Bevölkerung und müssen sich nach einem gelungenen Terroranschlag den Vorwurf gefallen lassen, sie hätten die Menschen nicht rechtzeitig gewarnt. Die Politiker in Amerika und anderswo entschieden sich für einen Mittelweg. Sie sorgten dafür, dass ein Gefühl der Bedrohung aufgrund einer recht abstrakten Gefahr kontinuierlich erhalten blieb. Das hatte zwei entscheidende Vorteile: In der Bevölkerung war aufgrund des Sicherheitsbedürfnisses der Bürger ein Grundverständnis für alle staatlichen Maßnahmen im Kampf gegen den Terrorismus vorhanden. Selbst Aktivitäten, die nicht direkt zur Verhinderung von Anschlägen beitrugen, wurden nicht ernsthaft hinterfragt, solange sie nur das Gefühl von mehr Sicherheit vermittelten. Außerdem – so der zweite Vorteil – wurde nach versuchten oder sogar erfolgreichen Anschlägen der Ärger über mögliche Versäumnisse im Vorfeld abgefedert.

Angst dominiert auch das Denken und Handeln der Sicherheitsbehörden mit ihren teils unterschiedlichen Aufgaben. Für die Polizei beispielsweise ist die unmittelbare Gefahrenabwehr höchstes Gebot. Wenn sie konkrete Hinweise auf mögliche Straftaten, also auch Terroranschläge, bekommt, muss sie handeln. Nachrichtendienste dagegen sehen die Aufklärung von Strukturen als ihre wichtigste Aufgabe an. Da kann es helfen, Verdächtige weiterhin zu beobachten, um mehr über ihre Helfer und Hintermänner zu erfahren. Aber wie lange ist solch ein abwartendes Beobachten gerechtfertigt, ohne die Bevölkerung in unverantwortlicher Weise zu gefährden? Schließlich könnte ein überwachter Terrorverdächtiger untertauchen und sich an Anschlägen beteiligen. Es ist ein schwieriger Spagat. Wenn die Behörden zu schnell zuschlagen, gibt es zwei Restrisiken: Ein Teil des Netzwerks bliebe möglicherweise unangetastet und könnte sich zu schnellem Handeln, also Terrorakten im Affekt, entschließen. Und der Verdächtige käme möglicherweise schnell wieder auf freien Fuß, weil das Beweismaterial gegen ihn vor Gericht nicht ausreicht. Wenn die Behörden aber abwarten, drohen andere Gefahren: Vielleicht können sie die Anschlagspläne nicht rechtzeitig aufdecken, um eine Attacke zu verhindern. Und wenn nach einem katastrophalen Angriff herauskäme, dass die Ermittler die Täter längst im Blick hatten, könnte der Ärger über das Versagen einen massiven Vertrauensverlust und eine politische Destabilisierung zur Folge haben.

Angesichts der Bedrohung sind mutige Entscheidungen notwendig, aber allzu oft drücken sich die Verantwortlichen darum – aus Angst, einen Fehler zu machen. Das kann ernste Konsequenzen haben, wie der Fall Mohammed Siddique Khan belegt. Im Februar 2003 meldete die CIA die voraussichtliche Ankunft eines Terrorverdächtigen aus Großbritannien an das FBI. Die Bundespolizei sollte den britischen Staatsbürger pakistanischer Abstammung bei seinem Aufenthalt in den USA observieren. Die Hinweise über seine geplante Einreise stammten aus Telefongesprächen und E-Mails, die von der NSA abgefangen worden waren und in denen von Bombenattacken auf »Synagogen an der amerikanischen Ostküste« die Rede war. Khan war gefährlich genug, dass die CIA unbedingt mehr über ihn erfahren wollte, während sich das FBI vor allem darum sorgte, dass er den Observationsteams entkommen und tatsächlich Anschläge verüben könnte. Im Streit darüber, wer die Verantwortung übernehmen sollte, konnten sich die beiden Sicherheitsbehörden nicht einigen. Hätten sie ihn gemeinsam und lückenlos überwacht, wären den Fahndern dabei vermutlich zahlreiche Unterstützer des Dschihad in den USA ins Netz gegangen. Stattdessen setzten sie Khan auf die Flugverbotsliste. Als er am Flughafen Heathrow an seiner Amerikareise gehindert wurde, wusste er, dass er offenbar im Visier amerikanischer Sicherheitsbehörden war. Also lebte er weiter ein recht unauffälliges Leben als Schullehrer im britischen Leeds, kommunizierte nicht mehr mit seinen Kontaktpersonen in den USA und achtete genau darauf, dass die Behörden seine wahren Absichten nicht durchschauten. Mohammed Siddique Khan gewann drei junge Männer für seinen neuen Plan, den sie gemeinsam am 7. Juli 2005 in die Tat umsetzten. Bei den Selbstmordanschlägen auf die Londoner U-Bahn starben an diesem Tag 56 Menschen, mehr als 700 wurden verletzt.

Das Beispiel lehrt, dass wir das Risiko möglicherweise sogar erhöhen, wenn wir uns kurzfristig für Risikovermeidung und mehr Sicherheit entscheiden. Andererseits hätte Khan tatsächlich in den USA untertauchen und Anschläge auf Synagogen verüben können. Durch die Maßnahmen von Politik und Sicherheitsbehörden sind in den vergangenen zehn Jahren zahlreiche Anschläge verhindert worden, dennoch waren auch viele Versuche erfolgreich oder entfalteten trotz ihres Scheiterns die von den Terroristen erwünschte Wirkung. Das wirft Fragen auf: Steht der Aufwand im Kampf gegen den Terrorismus in einem vernünftigen Verhältnis zu den Erfolgen? Sind die Prioritäten richtig gesetzt? Wird die Verteidigung der Freiheit selbst zu einer Bedrohung für eben diese Freiheit? Zerstören wir mit unserem Vorgehen ausgerechnet jene Werte, die wir verteidigen wollen? Gibt es Alternativen, die über das militärische, geheimdienstliche und polizeiliche Vorgehen hinausgehen oder es gar teilweise überflüssig machen? Gibt es so etwas wie einen ganzheitlichen und nachhaltigen Anti-Terror-Kampf – oder müssen wir mit der Bedrohung leben lernen?

Schauen wir uns einmal an, was die Angst – die Macht der Alpträume – in unserer Gesellschaft verändert hat. Wenn ich eine Reise in die USA machen will, dann muss ich rechtzeitig vorher detaillierte Angaben zu meiner Person und meinem Leben an amerikanische Behörden weitermelden. Nun wird bei der Einreise auch noch eine zusätzliche Gebühr fällig. Egal, wohin ich reise, auf dem Flughafen werde ich intensiv gefilzt. Ich muss Schuhe, Gürtel und Armbanduhr ausziehen, mein Handgepäck wird gescannt und gelegentlich durchsucht, nur weil ich als Alleinreisender das Klischee des gefährlichen Einzeltäters erfülle. Nicht auszudenken, wenn ich kein Deutscher wäre und irgendwie arabisch-muslimisch aussähe. Dann würde ich wohl viele Stunden meines Lebens in Verhörräumen an den Flughäfen dieser Welt verbringen, zumal sich auf meinem Laptop so manche Anleitung zum Bombenbau findet. Meine Zahnpasta oder das Duschgel landet in einem Tütchen oder – bei versehentlich mitgebrachten, größeren Mengen – auch schon mal im Mülleimer. Auch bei anderen öffentlichen Einrichtungen muss ich rigide Sicherheitskontrollen über mich ergehen lassen. All diese Maßnahmen der vergangenen Jahre kosten Milliarden von Euro, die ich mit höheren Ticketpreisen und meinen Steuern zum Teil mitfinanziere.

Aufgrund der weltweiten Überwachung der Kommunikation und der Kontobewegungen muss ich damit rechnen, dass irgendeine in- oder ausländische Behörde mich aufgrund meiner beruflichen Beschäftigung mit dem Thema Terrorismus verdächtig findet, mich nicht mehr frei herumreisen lässt, mir die Gefährdung der nationalen Sicherheit vorwirft, meine Computer-Festplatte mit Hilfe eines Bundestrojaners durchsucht, eine Razzia in meinem Haus durchführt oder mich wegen des Besitzes von Dateien mit Anleitungen zum Bombenbau vor Gericht bringt. Klingt weit hergeholt? Keineswegs. Bei meinem Kollegen Bruno Schirra vom Magazin *Cicero* durchsuchte die Polizei das ganze Haus und beschlagnahmte seine Computer und Akten, weil er in einem Artikel eine Information verbreitet hatte, die die Behörden lieber geheim halten wollten. Jörg Brase wurde, als er noch für das investigative ZDF-Magazin *Frontal21* arbeitete, von deutschen Ermittlern bei seinen Kontakten zum Anwalt eines Terrorverdächtigen abgehört. Der Bundesnachrichtendienst las die E-Mails, die Susanne Koelbl vom *Spiegel* an einen afghanischen Minister geschrieben hatte, der unter Korruptionsverdacht stand. Auch andere Journalisten gerieten unfreiwillig in das Visier des Bundesnachrichtendienstes. Bisher nicht öffentlich bekannt ist der Vorstoß des Bundeskriminalamts, an meine persönlichen Daten zu kommen.

Im Herbst 2006 erhielt ich von einem Mitarbeiter der Online-Abteilung des ZDF den Hinweis, dass das BKA meine privaten Kontodaten inklusive meiner Bankverbindungen angefordert hatte. In dem Schreiben einer Kriminalkommissarin an die Hauptredaktion Neue Medien vom 23. 11. 2006 hieß es: »Bitte teilen Sie dem Bundeskriminalamt zu dem genannten E-Mail-Account die Ihnen vorliegenden Daten (insbesondere Namen, Geburtsdatum, vollständige Anschrift, Bankverbindungen, etc.) des Inhabers/der Inhaberin mit.« Dem angeschriebenen Mitarbeiter wurde ausdrücklich untersagt, mich über das Vorhaben zu informieren. Zum Glück hielt sich der Kollege nicht an diese Anweisung. Ich reichte den unsittlichen Antrag sofort an den Chefredakteur und unsere Rechtsabteilung weiter. Auf Nachfrage beim BKA stellte sich heraus, dass die Ermittler von ihren FBI-Kollegen in den USA die Daten der Computerfestplatte eines Terrorverdächtigen erhalten hatten, der bis heute in Guantanamo festgehalten wird. Mohammedou Ould Slahi soll mehrere Mitglieder der Hamburger Terrorzelle für den Heiligen Krieg angeworben haben. Auf seiner Festplatte fand das FBI neben Adressen und Telefonnummern von Islamisten in Bremen und Augsburg auch mehrere E-Mails von mir, die ich Slahi im Sommer 2001 geschickt hatte. Damals war er noch auf freiem Fuß in Mauretanien. Er hatte jahrelang in Deutschland gelebt, bevor er im Herbst 1999 als Bote Osama bin Ladens nach Kanada reiste, um dort an der Vorbereitung für Terroranschläge zur Jahrtausendwende mitzuwirken. Wir hatten seinen Fall und die Vernetzungen der Al-Qaida in Deutschland am 8. Mai 2001 in einem Beitrag für *Frontal21* dargestellt. Bald nach der Ausstrahlung meldete er sich über das Internet und war bereit, per E-Mail einige Fragen zu beantworten. Nach dem 11. September wurde Slahi dann verhaftet und von der CIA nach Guantanamo gebracht. Seinen Computer behielten die Amerikaner, bis sie schließlich eine Kopie der Festplatte an ihre deutschen Partner weiterreichten, um nähere Angaben über seine Kontakte in

Deutschland zu bekommen. Die Abfrage meiner E-Mail- und Bankdaten ohne mein Wissen war nach Einschätzung des ZDF-Justitiariats rechtswidrig. Das BKA verteidigte das Vorgehen jedoch als legale Maßnahme nach Paragraph 113 des Telekommunikationsgesetzes, dessen Bestimmung zur Vorratsdatenspeicherung im März 2010 durch das Bundesverfassungsgericht für grundgesetzwidrig erklärt wurde. Dennoch entschuldigte sich der Präsident des Amtes, Jörg Ziercke, für den Versuch, von meinem Arbeitgeber persönliche Daten zu erlangen. Trotz wiederholter Nachfragen weiß ich bis heute nicht, ob die Bundesbehörde neben dem ZDF auch meinen privaten E-Mail-Provider um Auskunft ersucht und diese vielleicht sogar erhalten hat.

Weitaus schlimmer als diese persönliche Verunsicherung Einzelner ist, dass durch die Diskussion um die Terrorgefahr und die Allgegenwärtigkeit der Sicherheitsmaßnahmen die Freiheit unserer Gedanken in Gefahr geraten ist. Viele Menschen in Deutschland ertappen sich dabei, ein vorher nie gekanntes Misstrauen gegenüber Muslimen zu hegen. Sind sie nicht alle irgendwie verdächtig, Gewalt als legitimes Mittel zumindest in Israel, im Irak und in Afghanistan gutzuheißen? Viele Muslime in Deutschland fühlen sich völlig zu Recht dadurch diskriminiert und begegnen anderen mit dem Gefühl, dass sie möglicherweise schon für einen Terroristen gehalten werden, wenn sie es wagen, offensichtliche Missstände in der deutschen Gesellschaft zu kritisieren. Wenn irgendjemand in Deutschland – egal mit welchem ethnischen, nationalen, kulturellen oder intellektuellen Hintergrund – etwas Kritisches über überflüssige Sicherheitsmaßnahmen oder die teils menschenfeindliche Behandlung von Muslimen in unserem Land sagt, wird er schnell als Verharmloser oder gar Vaterlandsverräter verunglimpft. Der Alptraum Nine Eleven, die Angst vor weiteren Attacken und die Sehnsucht nach Sicherheit haben sich in unseren Alltag, unser Denken und Handeln und in unseren Umgang miteinander hineingeschlichen. Zunehmend sind wir bereit, staatliche Eingriffe in unsere Bürgerfreiheit in Kauf zu nehmen, ohne sie zu hinterfragen.

Auch deshalb hat der Anti-Terror-Kampf ein Monster der Bürokratie geschaffen, das Millionen und Abermillionen an Steuergeldern verschlingt. In den USA ist das Netzwerk der Terrorbekämpfer so unübersichtlich geworden, dass sich nicht mehr überprüfen lässt, wie effektiv das Ganze ist. Nach zweijährigen Recherchen fand die *Washington Post* heraus, dass beinahe 1300 staatliche Organisationen und Behörden sowie fast 2000 private Firmen verteilt auf mehr als 10 000 Orte in den USA in diesem Bereich arbeiten.[70] Bei vielen von ihnen gibt es Überschneidungen und Dopplungen in der Zuständigkeit. So kümmern sich allein 51 Organisationen um die Finanzströme der Terroristen. Mehr als 850 000 Mitarbeiter in zivilen und militärischen Einrichtungen dürfen streng geheime Vorgänge einsehen. »Seit Nine Eleven«, klagt der ehemalige US-Verteidigungsminister Robert Gates, »gab es in diesem Bereich ein solches Wachstum, dass es eine Herausforderung ist, überhaupt den Überblick zu behalten.«

Der Aktivismus nach Nine Eleven ist nachvollziehbar. Was immer auch nur den Hauch einer Chance auf mehr Sicherheit versprach, wurde gemacht, egal ob es seine Wirksamkeit schon unter Beweis gestellt hatte und wie viel es kostete. Treibender Faktor war wieder einmal die Angst vor neuen Attacken und die Entschlossenheit, so etwas nie wieder zuzulassen. Also stieg der Haushaltposten für nachrichtendienstliche Aktivitäten vom 11. September 2001 bis Juli 2010 um das 2,5-Fache auf insgesamt 75 Milliarden Dollar. Diese Summe umfasst nur die Operationen im Ausland und beinhaltet noch keinerlei militärische Programme. Der Geheimdienst der US-Streitkräfte hat die Zahl seiner Mitarbeiter auf mehr als 16 500 verdoppelt. Aus 35 Anti-Terror-Einheiten des FBI wurden 106. Der Etat der NSA stieg ebenfalls um 100 Prozent.

Nicht zu vernachlässigen ist auch der massive Ausbau von

Sicherheitspersonal. Aus Angst vor Anschlägen beschäftigen die Geheimorganisationen und Regierungsbehörden ein Heer von Bodyguards und Wachmännern. Im gesamten öffentlichen Sektor sieht es ja nicht anders aus – nahezu jede öffentliche Einrichtung beschäftigt ihr eigenes Sicherheitspersonal, ausgestattet mit Waffen und den unverzichtbaren Metalldetektoren.

Unmittelbar nach Nine Eleven wurden 24 neue Organisationen zur Terrorbekämpfung gegründet, allen voran das Heimatschutzministerium. In 2002 kamen 37 dazu, 2003 weitere 36, 2004 noch 26, dann 31, dann 32 und schließlich jeweils mehr als 20 in den Jahren 2007–2009, alles in allem 263 neue Organisationen. Wie viele davon der obersten Behörde der Vereinigten Staaten für die Koordination der Nachrichtendienste unterstehen, ist selbst dem Director for National Intelligence nicht klar. Im militärischen Bereich, dem allein zwei Drittel aller Geheimprogramme zuzuordnen sind, sollte der ehemalige General John Vines die Effektivität bewerten. Er kam zu einem vernichtenden Urteil: »Ich kenne keine Behörde mit der Autorität, der Verantwortung oder auch nur der Fähigkeit, all diese übergreifenden Aktivitäten zu koordinieren. Die Komplexität dieses Systems spottet jeder Beschreibung. [...] Wir können deshalb nicht feststellen, ob es uns auch wirklich sicherer macht.«

Die Antwort ist ein klares Nein, denn trotz aller Anstrengungen und des enormen Aufwands gibt es riesige Defizite. Die National Security Agency überwacht täglich 1,7 Milliarden E-Mails, Telefonanrufe und andere Kommunikationsakte – doch die Daten landen in bis zu 70 unterschiedlichen Datenbanken, die nicht miteinander vernetzt sind. Die technische Komplexität ist einfach zu groß. Im gesamten System fehlt es weiter an Auswertern und Übersetzern. Nahezu jede der Anti-Terror-Organisationen schreibt ihre eigenen Berichte und zitiert dabei oft aus denen der anderen, so dass die gleichen Informationen mehrfach in Umlauf gebracht werden. Selbst das Nationale Terrorabwehrzentrum (NCTC) in McLean nahe Washington, in dem die ultimative Bedrohungsanalyse erstellt wird, hat meist nichts Neues zu bieten. Die Flut der Informationen ist so groß, dass die Entscheidungsträger in ihr ertrinken und die wirklich entscheidenden Daten untergehen. Das ist das Hauptproblem der nachrichtendienstlichen Terrorbekämpfung.

Im Herbst 2009 erschoss der Armeeoffizier Nidal Malik Hasan auf dem Stützpunkt Fort Hood, Texas, 13 Menschen und verletzte weitere 30. Zu seiner Tat angespornt und gesteuert wurde Hasan durch einen bekannten und gefährlichen Hassprediger im Jemen, mit dem er über Monate in E-Mail-Kontakt stand. Doch dies war sowohl der NSA als auch der zuständigen Einheit der US-Streitkräfte für Spionageabwehr entgangen. Dabei hatten amerikanische Geheimdienste den Hassprediger längst im Visier, weil er schon im Zusammenhang mit den Anschlägen vom 11. September 2001 eine Rolle gespielt hatte. Hasan, ein studierter Psychiater, war offenbar anfällig für extremistische Propaganda. Er hatte seine Vorgesetzten mehrfach gewarnt, es werde Ärger geben, wenn Muslime wie er dazu gezwungen würden, ihren Dienst im besetzten Irak zu leisten. Doch von diesen Drohungen wusste die Spionageabwehr der Armee nichts, weil sie sich zu sehr auf eine andere Aufgabe konzentrierte. Sie beobachtete islamistische Gruppen innerhalb der USA, die den Streitkräften vielleicht gefährlich werden könnten. Es war eine Verschwendung von personellen und finanziellen Ressourcen, da diese Gruppen bereits intensiv vom FBI überwacht wurden, das dafür eigene Ermittlerteams gebildet hatte.

Fehlende Abstimmung zwischen den Behörden ist auch die Ursache für einen weiteren Vorfall im Dezember 2009. Ein junger Nigerianer, der aus dem Jemen eingeflogen war, gelangte in Amsterdam ungehindert an Bord eines Passagierflugzeugs in die USA, obwohl er den Geheimdiensten eigentlich als radikaler Islamist bekannt war. Kurz vor der Ankunft in Detroit versuchte Umar Farouk Abdulmutallab, einen Sprengsatz zu zünden, den er in seine Unterhose eingenäht hatte. Ein aufmerksamer Passagier stürzte sich auf ihn und konnte damit Schlimmeres verhindern. Wie bei Nine Eleven hatten alle anderen Schutzmechanismen vorher versagt – obwohl diese Sicherheitsmaßnahmen acht Jahre nach den verheerenden Anschlägen noch viel umfangreicher, personalintensiver und teurer geworden waren.

Nach dem Amoklauf von Nidal Malik Hasan in Fort Hood hatte US-Präsident Barack Obama den Einsatz von geheimen Kommandoeinheiten autorisiert, die im Jemen Terroristen aufspüren und töten sollten, unter ihnen auch den genannten Hassprediger, der Hasan zu seiner Tat angestiftet hatte. Es war eine Hightech-Operation, in der alle Daten aus dem überwachten E-Mail- und Telefonverkehr, alle Quellenberichte, Überwachungsvideos und Luftaufnahmen im Nationalen Terrorabwehrzentrum (NCTC) in den USA zusammenliefen. Doch dort treffen täglich 5000 Einzelinformationen ein, die arbeitsteilig gesichtet werden. Deshalb bleiben wichtige Details, die möglicherweise miteinander zu tun haben, aber an verschiedenen Tagen auftauchen oder am gleichen Tag von unterschiedlichen Auswertern geprüft werden, unverbunden. Sonst wäre vielleicht der Geheimdienstbericht mit dem Namen eines radikalen Islamisten aus Nigeria aufgefallen, der in den Jemen gehen wollte. Und die Meldung eines angesehenen Bankers aus Nigeria an die US-Botschaft in Lagos, dass sein Sohn sich offenbar einer radikalislamischen Gruppe anschließen wollte und im Jemen verschwunden war. Die Vernetzung dieser Informationen hätte Abdulmutallab von einer Verdächtigen-Liste des Außenministeriums auf die Flugverbotsliste gebracht. Er wäre dann vielleicht schon in Amsterdam gestoppt worden.

So aber blieb es einem einzelnen mutigen Passagier überlassen, einen neuen Terroranschlag in den USA zu verhindern. Obwohl der Angriff gescheitert war, entfaltete er doch große Wirkung. Präsident Obama hielt sich zu einem Weihnachtsurlaub auf Hawaii auf. Während sich die Nation über das Versagen der Sicherheitsbehörden ereiferte, suggerierten Strandfotos eines Präsidenten mit freiem Oberkörper, dass er die Sache nicht wirklich ernst nahm. Der ehemalige Vizepräsident Dick Cheney warf Obama vor, er sei offenbar nicht in der Lage, das Land vor der islamistischen Bedrohung zu schützen. Das könne man ja auch nicht erwarten von einem Präsidenten, der Hussein mit zweitem Vornamen heiße und selbst eigentlich ein Muslim sei, so ätzten die republikanischen Heißsporne im Internet. Er habe schließlich einen muslimischen Vater, deshalb sei er nach islamischem Recht ebenfalls ein Muslim. Flankiert wurde die rechte Propaganda von Fotomontagen mit Obama als Osama bin Laden vor dem Weißen Haus und dem Schriftzug: »Du willst also den Wechsel, Amerika? Dann warte mal ab.« Obwohl der Anschlagsversuch gescheitert war, erzielten die Terroristen eine große politische Wirkung.

Darin liegt eine große Gefahr für die amerikanische Demokratie, wie mir der ehemalige Nationale Sicherheitsberater, Zbigniew Brzeziński, sagte: »Ich bin besorgt, dass die Öffentlichkeit nach einem neuen Terroranschlag sehr empfänglich für Demagogie sein wird. Die Republikaner werden den Demokraten vorwerfen, sie seien unfähig, das Land zu schützen.« Die Folge könnten verheerende Wahlniederlagen für die Demokratische Partei sein. Der Druck auf Präsident Obama würde sehr groß, seine moderate Außen- und Sicherheitspolitik wieder den Konzepten seines Vorgängers anzunähern. Das wiederum könnte den Terroristen neuen Auftrieb geben, da auch sie auf die Pflege von Feindbildern angewiesen sind, um Anhänger für ihre Ideologie des brutalen Terrorkriegs zu gewinnen.

Am 1. Mai 2010 wäre es beinahe zu einem neuen Anschlag gekommen, als Faisal Shahzad versuchte, am Times Square in New York eine Autobombe zu zünden. Der junge Mann ist amerikanischer Staatsbürger pakistanischer Abstammung. Er hatte in einem Trainingslager der Taliban in Pakistan gelernt, wie man Bomben baut. Einem aufmerksamen Passanten ist zu verdanken, dass der Anschlag vereitelt wurde. Das Beispiel zeigt, dass viele

Sicherheitsmaßnahmen unwirksam werden, wenn die Gefahr mitten aus der westlichen Gesellschaft kommt. Umso wichtiger wird es, dass die Bürger eines Landes lernen, mit der Gefahr terroristischer Anschläge zu leben, sie durch ihre Aufmerksamkeit möglicherweise zu verhindern oder ihnen mit Gelassenheit einen Teil ihrer Wirkung zu nehmen.

In diesem Bereich spielen die Massenmedien eine große Rolle. Wie Sicherheitsbehörden und Politik befinden auch sie sich in einem Dilemma. Häufig erfahren sie aus Sicherheitskreisen von Terrorwarnungen und stehen vor der Frage, ob sie diese veröffentlichen sollen. Nach den Anschlägen von Madrid am 11. März 2004 wollten wir beim ZDF die wachsende Bedrohung in Westeuropa sachlich und tiefgründig schildern, ohne dabei Panik zu schüren. Also entschlossen wir uns zu einer 45-minütigen Dokumentation, die sich aber nicht allein auf die Hintergründe der Attacken von Madrid konzentrieren sollte. Bei Ermittlungen in mehreren europäischen Ländern hatten die Behörden festgestellt, dass junge Muslime, die in der westlichen Gesellschaft aufgewachsen waren, an den Terrorplanungen beteiligt waren. Das Phänomen des hausgemachten Terrorismus interessierte uns besonders, deshalb wollten wir unseren Zuschauern ein mögliches Szenario besonders drastisch vor Augen führen, indem wir die Vorbereitung und Ausführung eines Anschlags mit Rucksackbomben auf die Londoner U-Bahn simulierten. In einem Hotelzimmer drehten wir den Bau eines Sprengsatzes aus PET-Flaschen, Zucker, Klebeband und Drähten und platzierten ihn in einem Rucksack. Den Anschlag filmten wir mit einer winzigen Kamera, die in einer Brille versteckt war, so dass dem Zuschauer das Geschehen aus der Perspektive des Bombenlegers vermittelt wurde. Die eigentliche Explosion wurde in der Endbearbeitung am Schneidetisch mit technischen Tricks hinzugefügt.

Gleich nach der Ausstrahlung der Dokumentation am 15. Juli 2004 bezeichneten einige Medienkritiker die Inszenierung als Sensationsheischerei, mit der man Panik schüre. Außerdem

könnten Islamisten durch unseren Film auf mögliche Anschlags-
ideen gebracht werden. Dass dieses Szenario fast auf den Tag
genau ein Jahr später Wirklichkeit wurde, schien den Kritikern
nachträglich recht zu geben. Doch gerade eine offensive und
sachliche Aufklärung trug in Großbritannien dazu bei, dass die
Bevölkerung Londons weitgehend ruhig und gelassen die beiden Anschlagswellen vom Juli 2005 ertrug, ohne durch Hysterie
und Panik die Wirkung der Attacken zu vervielfachen. Dies lag
nicht nur an der langjährigen Erfahrung der Briten mit der Bedrohung durch die irische Terrorgruppe IRA, sondern auch an
den Aufklärungskampagnen der Regierung. Sie hatte Broschü-
ren mit detaillierten Ratschlägen für das Verhalten bei Terroranschlägen an alle Bürger verschickt, in der Londoner U-Bahn
mit Plakataktionen auf die Gefahr hingewiesen und die Bevölkerung bei Katastrophenübungen unmittelbar mit einbezogen.
Diese Übungen basierten auf den gefundenen Anschlagsplänen,
ebenso wie die Simulation eines Terrorangriffs auf die Subway
in einer Fernsehsendung der BBC.

Solch eine Dramatisierung kann gerechtfertigt sein, denn die
Simulation – der Effekt am Anfang unseres Films – vom Juli
2004 hielt nach dem *heute journal* 2,27 Millionen Zuschauer am
Bildschirm, von denen fast alle die Dokumentation dann auch
bis zum Ende verfolgten – trotz der komplexen Sachverhalte,
der zahlreichen und damit auch verwirrenden arabischen Namen und der unangenehmen Kernaussage des Films. Im Ergebnis verstanden diese Zuschauer vielleicht besser, dass wir einerseits lernen müssen, mit dem Phänomen des hausgemachten
Terrorismus zu leben. Dass es aber andererseits auch jenseits
polizeilicher und militärischer Maßnahmen eine Möglichkeit
gibt, dem Terrorismus beizukommen – etwa indem wir durch
individuelles und bürgerschaftliches Engagement der Radikalisierung junger Muslime entgegenwirken. Die Dokumentation
zeigte auch, dass Guantanamo, der Irakkrieg und die Folterbilder von Abu Ghraib erheblich dazu beitrugen, dass immer mehr

junge Muslime zum globalisierten Dschihad der Al-Qaida bereit waren.

Doch Aufklärung und sachliche Auseinandersetzung sind bei diesem Thema eher die Ausnahme, denn jeder Hinweis kann schon diffuse Ängste auslösen, und mit der schnellen Schlagzeile zur Terrorgefahr lassen sich Auflagen steigern und Zuschauerquoten in die Höhe treiben. Das Hinterfragen und Erklären kommen dabei häufig zu kurz. Der leichtfertige Umgang mit einem komplizierten und beunruhigenden Thema hat unsere Gesellschaft und unser tägliches Leben verändert. Wie erwähnt reichen die Folgen von einem dumpfen Misstrauen gegenüber allen Muslimen über politischen Aktionismus im Anti-Terror-Kampf bis zur bereitwilligen Akzeptanz von unsinnigen Sicherheitsmaßnahmen. Ein Beispiel: Im August 2006 wurden in Großbritannien ein halbes Dutzend Terrorverdächtige festgenommen, die offenbar geplant hatten, mehrere Passagierjets bei Transatlantikflügen in die Luft zu sprengen oder über dichtbesiedeltem Gebiet zum Absturz zu bringen. Der Sprengstoff sollte in Getränkedosen und -flaschen, die weiteren Bestandteile wie zum Beispiel Zünder im Handgepäck an Bord gebracht und dort zusammengesetzt werden. Wären sie erfolgreich gewesen, hätten mehr Menschen dabei sterben können als am 11. September 2001. Ohne Zweifel handelte es sich um eine ernsthafte Bedrohung. Ein Teil der Angeklagten wurde zu langjährigen Haftstrafen verurteilt. Als Folge des aufgedeckten Plans verabschiedete die Europäische Union eine Richtlinie, nach der alle Fluggäste nur noch Kleinstmengen an Flüssigkeiten in die Passagierkabine mitbringen dürfen. Das Wegwerfen und Aussortieren von Getränken an der Sicherheitsschleuse im Flughafen verursacht seitdem sowohl lange Warteschlangen und Ärger bei den Reisenden als auch Kosten in Milliardenhöhe für die Flughafenbetreiber. Dabei steht der Aufwand in keinem Verhältnis zum Zweck, da in jedem Duty-Free-Shop hinter der Sicherheitsbarriere genügend Zutaten für den Bau von Brand- und Sprengsätzen gekauft werden können. Viel wichtiger wäre es gewesen, sich intensiver mit dem Problem des hausgemachten Terrorismus zu beschäftigen, da auch im vorliegenden Fall zahlreiche junge Muslime beteiligt waren, die in Großbritannien aufgewachsen waren. Auch die Einführung von sogenannten Nackt- oder Ganzkörperscannern ist völlig überflüssig, da die Technologie mit recht einfachen Mitteln ausgetrickst werden kann, zum Beispiel indem man Sprengstoff mit einem dicken Stück Fleisch abdeckt.

Aber Forderungen nach Maßnahmen, die zumindest das Gefühl von mehr Sicherheit vermitteln, fallen leichter, als sich intensiv um die Ursachenbekämpfung zu kümmern. Als in Deutschland die sogenannten Kofferbomber im Sommer 2006 mit ihrem Plan scheiterten, zwei große Sprengsätze in Regionalzügen zu zünden, riefen einige Politiker gleich nach Videoüberwachung und Sicherheitsschleusen an allen Bahnhöfen des Landes. Eine völlig abstruse Forderung angesichts von endlosen Bahnstrecken, an denen Terroristen ihre Bomben dennoch platzieren könnten. Außerdem gäbe es unendlich viele andere, ungeschützte Ziele vom Kino bis zum Einkaufszentrum. Gerade das Beispiel der Kofferbomber lehrt, dass selbst weitreichende Befugnisse der Sicherheitsbehörden und alle Schutzmaßnahmen niemals hundertprozentige Sicherheit garantieren können, denn die beiden Täter waren den Ermittlern bislang nicht aufgefallen. Hätten sie nicht kleine Fehler beim Bau ihrer Bomben gemacht, dann wären sie mit ihren Plänen erfolgreich gewesen.

Vor diesem Hintergrund muss auch der Sinn von Online-Durchsuchungen hinterfragt werden, wie sie im neuen BKA-Gesetz verankert wurden. Der Zugriff des Bundeskriminalamts und anderer Ermittlungsbehörden auf die Computer-Festplatten von Terrorverdächtigen ist nur dann nützlich, wenn die Ermittler mutmaßliche Terroristen schon im Visier haben. Und wenn diese klug und technisch ein wenig versiert sind, bewahren sie ihre Pläne eben nicht auf ihrem Computer auf, sondern nutzen andere Mittel der Datenspeicherung und Kommunikation.

So war es auch bei der Sauerlandzelle, vier jungen Muslimen, darunter zwei Konvertiten, die 2007 große Autobombenanschläge gegen amerikanische Ziele in Deutschland geplant hatten. Die Verdächtigen nutzten eine Vielzahl von SIM-Karten sowie Computer in Internetcafés und gingen über ungeschützte Drahtlosnetzwerke ahnungsloser Bürger in ihre E-Mail-Konten. Die Behörden überwachten den Telefon- und E-Mail-Verkehr, mussten jedoch hinterher feststellen, dass sie lediglich einen Teil der Kommunikation mitverfolgt hatten. Nur durch gute Observationsarbeit und die wertvollen Hinweise amerikanischer Geheimdienste konnten sie die Anschlagspläne vereiteln.

Natürlich fordert das Bundeskriminalamt bis heute neue, weitreichende Befugnisse, darunter eine klare Neuregelung der Vorratsdatenspeicherung. Das ursprüngliche Gesetz vom November 2007, das die Telekommunikationsunternehmen verpflichtet hatte, die Daten über den Telefon- und E-Mail-Verkehr ihrer Kunden über sechs Monate zu speichern und den Strafverfolgungsbehörden auf Anfrage zur Verfügung zu stellen, war vom Bundesverfassungsgericht im März 2010 gekippt worden, weil es tief in das Fernmeldegeheimnis und die Bürgerrechte eingriff. Doch der Streit zwischen den politischen Parteien verhinderte bislang eine Neuordnung, die den Datenschutz berücksichtigt und die Herausgabe der Daten an die Sicherheitsbehörden an scharfe, rechtliche Kontrollen bindet. Während die Vorratsdatenspeicherung als Instrument der Strafverfolgung sicherlich einen großen Nutzen hätte, gehen die derzeitigen Forderungen von Bundesinnenminister Hans-Peter Friedrich und seines Vorgängers Thomas de Maizière noch viel weiter. Sie basieren auf einer »Wunschliste« der Ermittler, die bereits unter Wolfgang Schäuble an die Öffentlichkeit geriet. Demnach soll künftig auch verschlüsselte Kommunikation, etwa über die Internet-Telefonsoftware Skype, von Polizei und Nachrichtendiensten abgehört werden können. Letztere erhielten außerdem Zugang zu den sogenannten Kontostammdaten von Privatpersonen. Die Erkenntnisse aus der Online-Durchsuchung sollen gerichtsverwertbar sein und das Strafmaß für alle Terrordelikte deutlich erhöht werden.

Ähnlich alarmierend ist ein Vorhaben der US-Regierung, alle Unternehmen, die im Internet aktiv sind – darunter Kommunikationsdienste und soziale Netzwerke wie Skype, Blackberry, Twitter und Facebook – zu zwingen, die technische Überwachung durch amerikanische Sicherheitsbehörden trotz ihrer Nutzung von Verschlüsselungssoftware zu ermöglichen.[71] Dafür sollen sie Zugangsstellen in ihren jeweiligen Programmen schaffen, über die sich Polizei und Geheimdienste mit ihren Abhörtechnologien einklinken können. Um auch Zugriff auf die Daten ausländischer Unternehmen zu erhalten, erwägt die Obama-Administration, von diesen Firmen die Eröffnung einer Zweigstelle auf amerikanischem Boden zu verlangen, wenn sie ihre Dienste auf dem US-Markt anbieten wollen. Auf diese Weise wäre eine Totalüberwachung eines großen Teils des Internets möglich. Für alle, die die Freiheit der digitalen Medien schätzen, ist dies ein Alptraum, der mit den schlimmsten Terrorattacken konkurrieren kann. In der Tat lässt sich argumentieren, dass in Westeuropa schon mit den vorhandenen polizeilichen und nachrichtendienstlichen Mitteln zahlreiche Anschläge verhindert werden konnten und der Ausbau der Überwachungstechnologien das Leben nicht sicherer machen würde.

Zwei Angriffe ließen sich offenbar nicht vermeiden: Am 11. März 2004 töteten Zeitbomben in mehreren Vorortzügen von Madrid rund 180 Menschen. Am 7. und 15. Juli 2005 folgten die Selbstmordanschläge auf die U-Bahn und Busse in London. So schrecklich die Attacken, so legitim ist es zu fragen, ob die Opferzahlen eine weitere Einschränkung der Bürgerrechte in Europa rechtfertigen. Müssen wir nicht damit rechnen – auch angesichts der wachsenden Zahl der Dschihad-Anhänger in Deutschland –, dass es immer irgendjemand schaffen wird, auch die klügsten Sicherheitsmaßnahmen zu unterlaufen? Alle Beteiligten – Politiker, Ermittler und Experten – sind sich einig, dass es niemals eine hundertprozentige Sicherheit geben kann, weil es zu viele Methoden des Terrors und zu viele mögliche Ziele gibt. Diese Erkenntnis lässt nur eine Schlussfolgerung zu: Im Kampf gegen den Terrorismus muss vor allem die Widerstandsfähigkeit und Belastbarkeit der Bevölkerung gestärkt werden. Wenn wir die psychischen Folgewirkungen von Anschlägen begrenzen können, dann nehmen wir den Terroristen den Wind aus den Segeln. Dies ist kein Plädoyer, gegenüber möglichen Terrorakten und deren Opfern gleichgültig zu sein. Im Gegenteil: Wir würden ihren Tod nur dann wirklich ernst nehmen, wenn wir uns nicht einschüchtern und damit auch zu Opfern machen ließen. Die Feigheit der verbrecherischen und hinterhältigen Terroristen sollte nicht dadurch belohnt werden, dass sie unsere Gesellschaft nach Belieben in Panik versetzen können.

Deshalb sind zwei Maßnahmen mindestens ebenso wichtig wie die Gefahrenabwehr durch Polizei und Geheimdienste. Einerseits muss der Katastrophenschutz in Deutschland deutlich verbessert werden. Die schnelle und zielgerichtete Versorgung der Betroffenen, die enge Kommunikation zwischen den beteiligten Behörden, die Klärung der Zuständigkeiten und eine sachliche und klare Informationspolitik gegenüber der Bevölkerung im Krisenfall tragen erheblich dazu bei, Menschenleben zu schützen und eine Panik zu vermeiden. Dafür wäre eine viel stärkere Einbeziehung von Medien und Bevölkerung in entsprechende Katastrophenübungen notwendig. Dies ist in den vergangenen zehn Jahren jedoch nur ansatzweise geschehen. Dabei liegt in dieser sogenannten Risikokommunikation, der ehrlichen Aufklärung der Bürger über Art, Umfang und Methoden der Bedrohung, eine zweite, große Chance im Kampf gegen den Terrorismus. Denn auch sie baut Ängste ab und schafft damit zusätzliche Handlungsspielräume. Manche Politiker sind freilich davon überzeugt, dass die Bevölkerung die Wahrheit nicht verkraftet und dass man sie deshalb lieber geheim hält, weil sonst eher Panik geschürt als verhindert wird. Sie unterliegen einem Trugschluss. Worauf es allerdings ankommt, ist die Art und Weise, wie wir vor einer Terrorgefahr gewarnt werden.

Im Mai 2009 erfuhr das ZDF aus sehr glaubwürdigen Quellen, dass die amerikanischen Geheimdienste ihre deutschen und europäischen Partner über Hinweise auf Anschlagsplanungen informiert hatten. Angeblich war ein 15-köpfiges Kommandounternehmen der Al-Qaida von Pakistan aus nach Westeuropa aufgebrochen, um dort Terrorattacken auszuführen. Das Team bestand aus vier Deutschen, mehreren Tschetschenen, Arabern und Amerikanern. Die mutmaßlichen Hintermänner des Plans waren der 34-jährige Abu Abdul Rahman al-Najdi und der 31-jährige Azzam al-Amriki, ein zum Islam konvertierter Amerikaner mit dem bürgerlichen Namen Adam Gadahn. Da al-Najdi als einer der Operationschefs der Al-Qaida galt und Adam Gadahn immer wieder als offizieller Sprecher der Terrorgruppe in Propagandavideos auftauchte, schlossen die Sicherheitsbehörden, dass die unmittelbare Führung um Osama bin Laden das Kommandounternehmen beauftragt hatte. Diese Einschätzung sowie weitere Details und die wiederholten öffentlichen Ankündigungen verschiedener Terrorgruppen am Hindukusch, in Deutschland und Westeuropa Anschläge verüben zu wollen, sorgten beim Gemeinsamen Terrorabwehrzentrum (GTAZ) und auf höchster politischer Ebene in Berlin für Aufregung. Nach einem Treffen der Leiter zahlreicher Sicherheitsbehörden aus Bund und Ländern im Bundesinnenministerium Anfang Juli 2009 sagte Staatssekretär August Hanning, dass es zwar keine konkreten Hinweise auf unmittelbar bevorstehende Attacken gebe, aber auch: »Wir müssen uns darauf einstellen, dass es tatsächlich zu Anschlägen gegen deutsche Einrichtungen im Ausland oder auch hier in Deutschland kommen kann.« Die Äußerung blieb seltsam unbegründet, weil das Innenministerium keine weiteren Einzelheiten veröffentlichte.

Solche Warnungen ohne Details sind völlig überflüssig und dienen bestenfalls der Beruhigung des eigenen Gewissens, weil man nach einer Attacke sagen könnte, dass man ja schon auf die Gefahr hingewiesen habe. Das ZDF entschloss sich, die Erkenntnisse über das 15-köpfige Kommandounternehmen zu veröffentlichen, weil nur dadurch die Aktivitäten der Sicherheitsbehörden verständlich wurden. Obendrein, so unsere Überlegung, könnten die Informationen dazu beitragen, dass die Bevölkerung auf mögliche Anschlagsvorbereitungen aufmerksam werden und die Behörden alarmieren würde. Dass so etwas Sinn macht, zeigt folgendes Beispiel: Nach der Verhaftung einer Terrorzelle in Frankfurt im Dezember 2000 beschränkten sich die Behörden darauf, der Öffentlichkeit einige wenige Informationen zukommen zu lassen. Dabei hätten Politiker und Behörden den Bürgern erklären können, wie die mutmaßlichen Terroristen über Wochen hinweg bei Apotheken in Deutschland die nötigen Chemikalien für ihre Bombe zusammengekauft hatten, mit der sie einen Anschlag auf den Weihnachtsmarkt im französischen Straßburg verüben wollten.[72] Als Begründung für den Erwerb größerer Mengen gaben sie an, die Medikamente an notleidende Verwandte in ihrer Heimat schicken zu wollen. Je mehr Menschen um diese Methode wissen, desto öfter werden solche verdächtigen Aktivitäten an die zuständigen Behörden weitergemeldet. Menschenleben könnten davon abhängen. Doch die Politiker verzichten meist auf die Mithilfe der Bürger und fördern damit auch die Erwartungshaltung in der Bevölkerung, dass die Polizei allein dafür zuständig sei, Anschläge zu verhindern.

In den Wochen nach unserer Meldung über die geplanten Kommandounternehmen in Westeuropa schwoll die Welle der Drohpropaganda weiter an. In einem Video der Islamischen Bewegung Usbekistans (IBU) kauerte ein Vermummter zwischen Maschinengewehr und Raketenwerfern, neben ihm wurden nacheinander Fotos mit dem Brandenburger Tor, der Frankfurter Skyline, dem Münchner Oktoberfest, dem Hamburger Hauptbahnhof und dem Kölner Dom eingeblendet. In deutscher Sprache drohte der Islamist: »Erst durch euren Einsatz hier gegen den Islam wird ein Angriff auf Deutschland für uns Mudschaheddin verlockend. Damit auch ihr etwas von dem Leid kostet, welches das unschuldige afghanische Volk Tag für Tag ertragen muss. Daher ist euer Sicherheitsgefühl nur eine Illusion, und es ist nur eine Frage der Zeit, bis der Dschihad die deutschen Mauern einreißt.« Das ZDF entschied sich, über die Inhalte des Videos zu berichten, aber keine Ausschnitte zu senden, weil Bilder und Rhetorik unmittelbare Ängste schüren konnten. Auf vielen anderen Kanälen waren die Aufnahmen dennoch zu sehen. Die Sicherheitsmaßnahmen an den abgebildeten Orten, insbesondere beim Oktoberfest, wurden verschärft. Die massive Polizeipräsenz erzeugte unterschiedliche Reaktionen. Die einen fühlten sich auf der Wies'n tatsächlich ein Stück sicherer. Für die anderen verstärkte der Einsatz der Uniformierten das Gefühl der Unsicherheit, weil sie sich sehr wohl bewusst waren, dass ein entschlossener Selbstmordattentäter schon einen Weg auf den Festplatz finden würde oder in der überfüllten Innenstadt Münchens genügend andere Ziele angreifen könnte.

Das wissen auch die Sicherheitsbehörden und Politiker, aber niemand will sich nach einem gelungenen Anschlag vorwerfen lassen, man habe nicht alles getan, um ihn zu verhindern. Es wurde ein riesiger Aufwand betrieben, der weit über die öffentlich sichtbare Komponente hinausging. Überall in Deutschland wurde die Observation von sogenannten Gefährdern, also gewaltbereiten Islamisten, verstärkt. Weil das Personal von Verfassungsschutz, Landeskriminalämtern und örtlicher Polizei dafür gar nicht ausreicht, wurden mutmaßliche Extremisten gezielt angesprochen, um sie vor jeder Art von Unterstützung für Gewalttaten in Deutschland zu warnen. Die Bewachung sensibler Einrichtungen – amerikanische Stützpunkte, Chemiefabriken oder Atomkraftwerke – wurde intensiviert, die Kontrolle an den Grenzen und Einreisestellen der Flughäfen verschärft.

Ein weiteres Video ließ die Nervosität der Behörden noch ansteigen. Bekkay Harrach, ein Deutsch-Marokkaner, der im Frühjahr 2007 an den Hindukusch gereist war und nun offenbar zur mittleren Führungsebene der Al-Qaida gehörte, drohte kurz vor der Bundestagswahl 2009 unverhohlen mit Anschlägen. Die Wähler müssten die Parteien zwingen, die deutschen Soldaten aus Afghanistan abzuziehen, so Harrach, sonst »wird es nach den Wahlen ein böses Erwachen geben«. An die Muslime in Deutschland gerichtet fuhr er fort: »Al-Qaida bittet euch, sofern das deutsche Volk sich nicht für den Abzug seiner Soldaten aus Afghanistan entscheidet, in den zwei Wochen nach den Wahlen von allem, was nicht lebensnotwendig ist, fernzubleiben. Behaltet in dieser Zeit bitte eure Kinder in eurer Nähe. [...] Sollte der Dschihad in Deutschland beginnen, lasst bitte zuerst Al-Qaida machen.« Auch in diesem Fall entschied sich das ZDF – anders als andere Medien –, keine Bewegtbilder zu veröffentlichen, sondern nur kurz über die Inhalte des Drohvideos zu berichten.

Die erwarteten Anschläge nach der Wahl blieben aus, die Sicherheitsmaßnahmen wurden auf das normale Maß heruntergefahren. Dabei wissen die Ermittler und die Politiker ganz genau, dass die Drohbotschaften nur in ganz seltenen Fällen wirklich konkrete Attacken ankündigen. Al-Qaida will den Menschen im Land stattdessen Angst einjagen und die Sicherheitsbehörden in Aufregung versetzen. Wenn die Drohungen folgenlos blieben – so das Kalkül –, dann würden andere Hinweise auf wirkliche Anschläge vielleicht auch nicht mehr ernst genommen werden. Außerdem dienen die Videos einer Rechtfertigungsstrategie. Wenn irgendwann irgendjemand einen Anschlag in Deutschland verüben würde, könnte Al-Qaida anschließend behaupten, man habe die Bevölkerung ja vorher schon gewarnt. Vor diesem Hintergrund macht die reflexhafte Verschärfung der Sicherheitsmaßnahmen« unmittelbar nach diesen Propagandavideos wenig Sinn. Stattdessen hätte der Staat die Gelegenheit nutzen können, über die anhaltende Bedrohung offen, sachlich und detailliert zu informieren, um dazu beizutragen, dass die Menschen das Risiko akzeptieren und im Fall eines Anschlags nicht in Panik verfallen, sondern dem Angriff durch ihre gelassene Reaktion einen Teil seiner Wucht nehmen.

Die Geschichte war damit noch nicht beendet. Noch im Jahr 2009 erhielten die Nachrichtendienste Hinweise darauf, dass die »Teams angekommen« seien. Im August 2010 nahmen amerikanische Soldaten einen jungen Deutsch-Afghanen in Afghanistan fest. Im Verhör erzählte ihnen Ahmad Siddiqi von einem Plan der Al-Qaida-Führung, in mehreren europäischen Großstädten gleichzeitig Attacken nach dem Vorbild der Anschläge auf Bombay ausführen zu lassen. In der indischen Metropole hatten im November 2008 rund ein Dutzend Terroristen mehrere Hotels, den Bahnhof, ein Café und ein jüdisches Gemeindezentrum überfallen und in der fast 60 Stunden andauernden Aktion 175 Menschen getötet. Siddiqis Angaben ließen bei den amerikanischen Sicherheitsbehörden die Alarmglocken klingeln, weil sie zu Informationen aus dem Jahr 2009 passten. Der deutsche Islamist nannte so viele Details, die er nicht aus den Veröffentlichungen des Vorjahres haben konnte, dass er als glaubwürdig eingestuft wurde. Die Amerikaner gaben die Auskünfte an die europäischen Nachrichtendienste weiter. Als das ZDF davon erfuhr, bat uns eine deutsche Behörde darum, die Informationen nicht zu verbreiten. Die Aussage Siddiqis sollte erst überprüft werden. Man wolle zwei deutsche Islamisten befragen, die kurz zuvor bei ihrem Rückkehrversuch vom Hindukusch nach Deutschland verhaftet worden waren.

Grundsätzlich lehnen wir, wie es auch im deutschen Pressekodex festgehalten ist, eine Nachrichtensperre ab. Doch nach der Richtlinie 11.4 ist ein »abgestimmtes Verhalten zwischen Medien und Polizei« möglich, »wenn Leben und Gesundheit von

Opfern und anderen Beteiligten durch das Handeln von Journalisten geschützt oder gerettet werden können«. Auf dieser Basis unterließen wir die Berichterstattung. Solange die Verdächtigen keine Details aus den Medien erfuhren, konnten die Behörden von ihnen authentische Aussagen bekommen, um den möglichen Terrorkommandos in Westeuropa rechtzeitig auf die Spur zu kommen und Anschläge zu verhindern. Natürlich hatten alle Beteiligten dabei kein gutes Gefühl. Wenn ausgerechnet in diesem Zeitraum, rund um den 9. Jahrestag des 11. September, die Angriffe erfolgt wären, hätten die Behörden – und auch wir – hinterher zugeben müssen, die Bevölkerung trotz vorhandener Informationen nicht gewarnt zu haben.

Am 29. September 2010 berichteten die Fernsehsender ABC in den USA und Sky in Großbritannien übereinstimmend über Anschlagspläne für einen koordinierten Terrorangriff auf europäische Großstädte. Die meisten Medien versahen die Meldung mit einer falschen Schlagzeile: »Anschläge vereitelt«. In Wirklichkeit waren an diesem Tag nur die Pläne bekannt geworden, vereitelt war zu diesem Zeitpunkt leider nichts. So berichteten wir es am Abend in unseren Nachrichtensendungen. Die Veröffentlichung der Anschlagspläne hatte eine besondere Brisanz, da die französische Polizei in diesen Tagen mehrfach wegen Bombendrohungen das Gelände rund um den Eiffelturm räumte. Reflexhaft bemühten sich die Bundesbehörden, die Bevölkerung zu beruhigen. Es gebe keinen Anlass für eine neue Einschätzung der Gefährdungslage und für weitere Sicherheitsmaßnahmen.

Dies war richtig und falsch zugleich. Die Gefährdungslage wurde schon seit Wochen als extrem hoch eingeschätzt, also bestand kein Veränderungsbedarf. Die Sicherheitsmaßnahmen wurden in den folgenden Wochen dennoch weiter verschärft. Die Behörden intensivierten die Überwachung von sogenannten Gefährdern in Deutschland. Einige wurden rund um die Uhr observiert, ihr E-Mail und Telefonverkehr überwacht.

Denn die Befragung der verhafteten Heimkehrer aus Afghanistan hatte die Aussagen von Ahmed Siddiqi bestätigt. Offenbar ging es um simultane Anschläge in Deutschland, Spanien, Österreich, Großbritannien und der Schweiz. Hinzu kamen weitere Erkenntnisse der in Pakistan und den USA arbeitenden Geheimdienste. Demnach seien auch Frankreich und Dänemark auf der Liste der Ziele. In Deutschland gebe es zudem fünf Schläferzellen, drei in Köln, eine in Bonn und eine in München.

Als mutmaßliche Drahtzieher wurden zwei der gefährlichsten Mitstreiter Osama bin Ladens genannt, Scheich Younis al-Mauretani und Ilyas Kashmiri, der als langjähriger Kämpfer in Afghanistan und Mastermind hinter zahlreichen Terroranschlägen im indischen Kashmir auch »Genie des Bösen« genannt wird. CIA-Chef Leon Panetta reiste eigens nach Islamabad, um den Chef des pakistanischen Geheimdienstes, Ahmed Pasha, persönlich über die Lage zu informieren und eine deutliche Verschärfung der Drohnenangriffe auf die Verstecke mutmaßlicher Terroristen in Pakistan anzukündigen. In den darauffolgenden Wochen fanden Dutzende solcher Attacken statt. Bei einer – am 4. Oktober – wurden drei Islamisten aus Deutschland getötet. Der US-Geheimdienst hoffte, die Anschläge in Europa zu vereiteln, wenn mögliche Hintermänner und Koordinatoren der Terrorkommandos in Europa am Hindukusch ausgeschaltet werden könnten.

Doch trotz dieser gezielten Tötungen gab es keine Entwarnung. In Europa suchten die Sicherheitsbehörden fieberhaft nach Anhaltspunkten, um den Terrorzellen auf die Spur zu kommen. In Frankreich nahm die Polizei eine islamistische Schleuserbande in der Hoffnung fest, durch die Befragung der Verdächtigen und die Auswertung der beschlagnahmten Computer weitere Hinweise zu bekommen. Doch trotz intensiver Ermittlungen fanden die Sicherheitsbehörden in Europa keine konkreten Anhaltspunkte für bevorstehende Attacken. Da die erste Information über die Absichten der Al-Qaida schon aus dem

Mai 2009 stammte, musste man davon ausgehen, dass die Planungen für die Angriffe vielleicht schon abgeschlossen waren. Die notwendigen Waffen – Gewehre, Pistolen und Handgranaten – könnten sich die Terroristen in Europa leicht beschaffen. Und mit einem Vorlauf von mehr als einem Jahr hätten auch die mutmaßlichen Ziele längst ausgespäht sein können.

Aus Abhörmaßnahmen und von Informanten in Pakistan und Afghanistan erhielten die Nachrichtendienste weitere beunruhigende Informationen. Die Attacken sollten »bis Ende November erfolgen«, Osama bin Laden habe »einen Großteil des Budgets der Al-Qaida« dafür zur Verfügung gestellt und man werde »einen schweren Schlag gegen das europäische Wirtschaftssystem führen«. Letzteres war den Ermittlern ein Rätsel: Es könnte sich etwa um einen Hackerangriff auf die Datenserver der europäischen Finanzmärkte oder die Zündung radioaktiver Bomben in den Wirtschaftszentren Europas handeln. Für beide Szenarien, so glaubten die Behörden, hätte Al-Qaida aber gar nicht die notwendigen Fähigkeiten und Mittel. Wollte man vielleicht doch nur einige Großbanken und die Börsen in den Finanzmetropolen erstürmen, Geiseln nehmen und Spitzenmanager vor laufender Kamera hinrichten? In Propagandavideos hatte die Al-Qaida-Führung in diesen Wochen massive Drohungen gegen Frankreich ausgestoßen. Bin Laden kündigte die Hinrichtung von Geiseln an, wenn die USA den Chefplaner der Anschläge vom 11. September, Khalid Sheikh Mohammed, exekutieren würden. Eine weitere Entdeckung sorgte für Aufregung bei den Fahndern. Der Amerikaner David Headley, der seit 2009 als einer der Drahtzieher der Anschläge von Bombay in den USA in Haft saß, war bei seinen Reisen nach der Attacke auch in Europa gewesen und hatte dabei in Frankfurt, Hamburg und Kopenhagen Station gemacht. War er dort gewesen, um neue Ziele auszuspähen und mögliche Täter anzuwerben? Die Sicherheitsbehörden in ganz Europa beschlossen, den Verbleib aller als gefährlich eingestuften Islamisten zu überprüfen. Bei dieser »Gefährderzählung« in der letzten Oktoberwoche 2010 stellten die Fahnder fest, dass einige der gewaltbereiten Verdächtigen untergetaucht war. Eilig wurde ein Krisentreffen der Geheimdienste in Berlin anberaumt. Auch die CIA sollte ein Dutzend Ermittler entsenden und den europäischen Kollegen endlich alle Details über die möglichen Anschlagspläne in Europa offenlegen.

Genau in diese Situation platzte am 29. Oktober 2010 die Meldung vom Fund mehrerer Paketbomben, die per Luftfracht vom Jemen aus an jüdische Einrichtungen in den USA geschickt worden waren. Was zuerst wie ein Anschlagsversuch der jemenitischen Filiale der Terrororganisation Osama bin Ladens aussah, entpuppte sich als Versuch, zwei Flugzeuge im europäischen Luftraum über bewohntem Gebiet durch Explosionen zum Absturz zu bringen. Die Sprengsätze waren in Computerdrucker eingebaut, der Sprengstoff PETN füllte die Farbpatronen. Normale Röntgengeräte und auch Spürhunde hätten die Bomben nicht entdecken können. Nur durch den Hinweis eines Informanten des saudi-arabischen Geheimdienstes konnten die Anschläge vereitelt werden. Eins der Pakete war in der Nacht vom 28. auf den 29. Oktober am Flughafen Köln/Bonn umgeladen und erst bei einer weiteren Zwischenlandung im britischen Nottingham gefunden worden. Die andere Sendung fiel Ermittlern am Flughafen Dubai in die Hände. Der damalige Bundesinnenminister, Thomas de Maizière, geriet in Erklärungsnot, weil er der deutschen Öffentlichkeit noch am Tag nach dem Bekanntwerden des Vorfalls verschwiegen hatte, dass die gefährliche Fracht in Köln/Bonn umgeladen worden war.

Auch über die möglichen Anschlagspläne der Al-Qaida für Westeuropa hatte die Bundesregierung nur spärlich Informationen durchsickern lassen. Am Rande des alljährlichen BND-Symposiums in Berlin am 28. Oktober 2010 äußerten mehrere hochrangige Ermittler von europäischen Geheimdiensten mir gegenüber ihren Unmut darüber. Die Zahl und Qualität der

Hinweise auf drohende Attacken seien so beunruhigend wie noch nie seit Nine Eleven. Die Politiker täten gut daran, die Bevölkerung offen und ehrlich darüber aufzuklären und sie um ihre Mithilfe zu bitten. Wenn tatsächlich Vorbereitungen für simultane Angriffe in Westeuropa im Gange seien, dann könnten sie möglicherweise nur noch durch aufmerksame Bürger verhindert werden. Selbst wenn dies nicht gelänge, wäre die Bevölkerung dennoch besser in der Lage, eine Anschlagsserie zu verkraften. Darüber kann man lange streiten, zumal die Angriffe zunächst ausblieben. Immerhin entschied sich Bundesinnenminister de Maizière dann doch, am 7. November vor einer deutlich gewachsenen Bedrohung zu warnen: »Es gibt ernst zu nehmende Hinweise auf Anschläge in Europa und den USA. Ich möchte die Bevölkerung bitten, in ihrem Umfeld wachsam zu sein und alles, was ihnen verdächtig erscheint, der Polizei zu melden.« Einzelheiten blieb der Minister schuldig, so dass sich die Menschen fragten, auf was genau sie denn nun achten sollten. Zu ihrem Erstaunen erfuhren sie Anfang Februar 2011, dass die Sicherheitsmaßnahmen wieder heruntergefahren würden. Offizieller Grund: Die Bedrohungslage habe sich ein wenig entschärft. Eigentlicher Grund: Personalmangel bei den Sicherheitsbehörden aufgrund der monatelangen Zusatzschichten. Dabei ist die Gefahr längst nicht gebannt. Im März 2011 erschoss der Kosovare Arid U. am Frankfurter Flughafen zwei amerikanische Soldaten. Der 21-Jährige war ein Einzeltäter, der sich beim Anschauen dschihadistischer Videos im Internet radikalisiert hatte. Am 29. April 2011 wurden in Düsseldorf drei Islamisten festgenommen, die eine Bombe im öffentlichen Nahverkehr oder einer Großveranstaltung zünden wollten. Dem Anführer der Zelle, der Marokkaner Abdeladim el-K., waren die Ermittler durch einen Hinweis amerikanischer Sicherheitsbehörden auf die Spur gekommen. Der 29-Jährige hatte ein Trainingslager in Afghanistan besucht und war mit einem Mordauftrag an Rhein und Ruhr zurückgekehrt, für dessen Ausführung er den 31-jährigen Deutsch-Marokkaner Jamil S. und den 19-jäh-rigen deutsch-iranischen Schüler Ahmed C. anwarb. Der Draht-zieher der Pläne war ein weiterer Mann aus der Führungsspitze der Al-Qaida: Atiya Abd al-Rahman, der nach dem Tod von Osama bin Laden – dazu kommen wir noch – sogar als neuer Chef des Terrornetzwerks gehandelt wurde. Al-Qaida rekrutiert offenbar aktiv junge Dschihadisten aus Deutschland, damit sie hier Anschläge verüben.

Der neue Bundesinnenminister, Hans-Peter Friedrich, nutzte gleich die Gelegenheit, um eine Entfristung der Anti-Terror-Gesetze in Deutschland zu fordern, die ohne eine Verlängerung durch das Parlament im Januar 2012 auslaufen würden. Offen-bar übersah Friedrich, dass die Sicherheitsgesetze in diesem Fall gar nicht zum Fahndungserfolg geführt hatten. Über die drin-gende Notwendigkeit, junge Männer in Deutschland durch Präventions- und Deradikalisierungsprogramme von ihrem Zug in den heiligen Krieg abzuhalten, verlor die Politik in die-sen Tagen kein Wort. Dabei wächst die Zahl der kampfwilligen Islamisten aus Deutschland stetig an, allein 2009 gingen fast 140 von ihnen in die Trainingslager am Hindukusch, mittlerweile folgen Monat für Monat fünf junge Männer ihrem Vorbild.[73]

Zu unserer freiheitlich-demokratischen Grundordnung ge-hört, dass mündige Bürger darüber mitentscheiden, welchen Preis sie für den Erhalt einer offenen und freiheitlichen Gesell-schaft zahlen und welche Risiken sie dafür in Kauf nehmen wol-len. Damit sie sich entscheiden können, brauchen sie alle ver-fügbaren und notwendigen Informationen. Die Politiker ebenso wie die Medien sind in der Pflicht, diese Informationen bereit-zustellen. Nur die ehrliche und schonungslose Aufklärung der Bevölkerung wird eine hinreichende Widerstandsfähigkeit und Gelassenheit gegenüber der terroristischen Bedrohung erzeu-gen und die Menschen in deren Bekämpfung mit einbeziehen. Und dies ist wichtig, denn es hat sich gezeigt, dass die Beschrän-kung auf militärische, nachrichtendienstliche und polizeiliche

Maßnahmen – und seien sie noch so effektiv – die Bevölkerung nicht mehr wirkungsvoll schützen kann. Umso sinnloser ist es, dass wir mit neuen Gesetzen und menschenverachtenden Methoden eben jene Werte verraten, die wir angeblich verteidigen wollen. Wir sollten uns vielmehr daran erinnern, dass wir uns nur durch sie von den Terroristen unterscheiden. Einer der Gründungsväter Amerikas, Benjamin Franklin, hat das einmal so einfach wie überzeugend formuliert: »Jene, die grundlegende Freiheiten aufgeben, um sich dafür ein wenig kurzfristige Sicherheit zu erkaufen, verdienen keins von beiden.«

Die große Pleite

Nine Eleven war von den Terroristen als Enthauptungsschlag gegen das amerikanische System geplant worden. Mit der Auswahl strategischer und symbolischer Ziele wollten sie die Existenz der USA in Frage stellen. Es war ein Akt des totalen Krieges, der den Terroristen auf lange Sicht gewinnbar erschien, auch wenn sie selbst dabei vernichtet werden sollten. In der heutigen Welt ist mehr denn je nicht die Zerstörung militärischer Einrichtungen kriegsentscheidend, sondern die Durchtrennung der Lebensstränge einer hochtechnisierten Gesellschaft. Deshalb nahm Al-Qaida neben den Zentren der politischen und militärischen Macht Amerikas, Pentagon und Kapitol, auch das Herz des Finanzsystems ins Visier – das World Trade Center, in dem die größten und umsatzstärksten Banken, Börsenhändler und Konzerne ihren Sitz hatten.

Die ersten beiden Flugzeuge trafen den New Yorker Finanzdistrikt rund um die Wall Street. Damit hätte es zu einer Katastrophe auf den internationalen Finanzmärkten kommen können, denn für Händler rund um den Globus war mit einem Schlag offen, ob es beim Kauf und Verkauf von Werten irgendwelche Rückversicherungen gab. Schließlich wusste zu diesem Zeitpunkt niemand, ob weitere Attacken auf Schlüsselfaktoren der amerikanischen Wirtschaft folgen würden. Über die Filialen der Bank of New York in Manhattan lief außerdem die Hälfte des internationalen Handels mit Staatsanleihen. Wenn die Notenbankchefs in Nordamerika und Europa nicht so schnell und zielsicher reagiert hätten, wären die Börsen mit großer Sicherheit zusammengebrochen.[74]

Alan Greenspan, der Chef der amerikanischen Notenbank, war gerade in Zürich, als die Flugzeuge in das World Trade Center einschlugen. Telefonisch veranlasste er mit seinem Stellvertreter Robert Ferguson in Washington eine Pressemitteilung, mit der die Federal Reserve den Märkten signalisierte, dass sie notfalls bis zu 100 Milliarden Dollar in das System pumpen könnte, um den Geldfluss zu gewährleisten. Die Europäische Zentralbank folgte mit einer ähnlichen Versicherung. Zusammen mit der Entscheidung, die Börsen in Frankfurt und London am 11. September weiter offen zu halten, konnten die Beschlüsse sicherstellen, dass der internationale Handel und der Finanzverkehr nicht zum Erliegen kamen. Zwar mussten die Märkte in den ersten Tagen nach der Wiedereröffnung der Wall Street herbe Verluste hinnehmen, aber kurzfristig war die Katastrophe verhindert.

Langfristig hatten die Attacken auf New York und Washington viel ernstere Konsequenzen. Auch wenn sich Amerika schon seit dem Platzen der Internetblase im Jahr 2000 auf dem Weg in eine Rezession befand, so verstärkte dieser Schlag den Abschwung doch deutlich. Nach einer Studie des Milken-Instituts in Santa Monica kostete Nine Eleven die US-Wirtschaft rund 1,8 Millionen Arbeitsplätze. In erster Linie waren Unternehmen im Dienstleistungssektor betroffen, in der Luftfahrtindustrie, der Tourismusbranche und im Gaststättengewerbe. Metropolen wie Los Angeles, Chicago und Las Vegas mussten den Verlust von jeweils mehreren 10 000 Jobs verkraften. Allein New York City verlor eine Viertelmillion Arbeitsplätze. Die Pächter des World-Trade-Center-Komplexes schätzten ihren Verlust auf rund 8 Milliarden Dollar, die Luftfahrtbranche auf 40 Milliarden Dollar. Insgesamt schätzen diverse Studien, dass die direkten Kosten der Angriffe vom 11. September zwischen 20 und 60 Milliarden Dollar liegen. Die indirekten Kosten lassen sich kaum als Ganzes beziffern, denn sie reichen vom Mehraufwand durch längere Wartezeiten an Flughäfen oder langwierigere Abfertigung von Waren über negative Auswirkungen auf das Konsumverhalten verunsicherter Bürger in den unterschiedlichsten Regionen der Welt bis hin zu den finanziellen

Lasten durch defensive Maßnahmen zum Schutz vor weiteren Angriffen und das militärische Nachspiel. Die USA gaben beispielsweise mehrere Billionen Dollar für die beiden folgenden Kriege aus. Allein der Irakkrieg, so schätzt der Wirtschafts-Nobelpreisträger Joseph Stiglitz, habe drei Billionen Dollar gekostet.[75] Kein Terrorakt der Geschichte, immerhin das lässt sich sagen, hatte jemals eine solch verheerende Wirkung, selbst wenn die Gewinne der Rüstungs- und Sicherheitsindustrie gegengerechnet würden.

Die genannten Zahlen repräsentieren dabei nur einen kleinen Ausschnitt der wirklichen Kosten. Denn indirekt trugen die Anschläge vom 11. September 2001 auch zur Finanz- und Wirtschaftskrise der Jahre 2008–2010 bei. Dies mag als gewagte These erscheinen, aber die finanzpolitischen Weichenstellungen nach Nine Eleven waren eine wesentliche Voraussetzung für den Crash im September 2008. Es begann mit einer gefährlichen Niedrigzinspolitik der amerikanischen Notenbank. Alan Greenspan hatte Anfang 2001 damit begonnen, die Leitzinsen auf ein niedrigeres Niveau abzusenken, um die negativen Auswirkungen nach dem Platzen der Dotcom-Blase im Jahr 2000 abzufedern. »Freie Bahn für die Finanzwirtschaft«, hieß offenbar die Devise des wohl mächtigsten Finanzmanagers der Welt, der 1997 bei einer Anhörung vor dem US-Kongress davor gewarnt hatte, »Gesetze zu machen und Regulierungen einzuführen, mit denen die Entwicklung des Marktes unnötig eingeschränkt wird«.

Diese marktliberale Grundhaltung leitete Greenspans Handeln auch nach dem 11. September – jetzt allerdings begleitet durch ein Gefühl, das auch die anderen Beteiligten antrieb: die Angst. Die amerikanische Wirtschaft war durch die Anschläge tief getroffen. Um die Selbstheilungskräfte zu stärken, sollten die Teilnehmer am Markt über die nötigen Finanzmittel verfügen, also senkte die Notenbank die Leitzinsen schrittweise um mehrere Prozent und ermöglichte damit immer billigere Kredite. Die leichte Verfügbarkeit des Geldes traf erstmals in großem Ausmaß auf eine Reihe innovativer Finanzinstrumente, die in den Jahren zuvor entwickelt worden waren und die Märkte seither so unübersichtlich gemacht hatten, dass es für Aufsichtsräte und Aufsichtsbehörden immer schwerer wurde, die Risiken zu beurteilen.

Der neueste Trend auf den Finanzmärkten sah etwa so aus: Kleine und große Finanzinstitute bündelten die von ihnen vergebenen Hypotheken und verkauften sie in Form von Wertpapieren weiter. Auf diese Weise mussten sie nicht auf jahrelange Rückzahlung warten, sondern erhielten das geliehene Geld gleich zurück.[76] Die Käufer dieser »hypothekenbesicherten« oder »verbrieften« Wertpapiere erzielten ihre Renditen aus Zinsen und Tilgungen der Hausbesitzer. Sie trugen allerdings auch das Risiko, falls die Hypothekennehmer ihre Kredite nicht mehr abbezahlen konnten. Deshalb entwickelte sich aus dem innovativen Grundprinzip ein schwunghafter Handel, in dem wiederum Banken, Sparkassen, Immobilienhändler und Privatpersonen Pakete mit verbrieften Wertpapieren kauften, diese aufteilten und an weitere Interessenten durchreichten. Die beteiligten Investmentbanker strichen dabei nicht nur die Verkaufssumme, sondern auch Bearbeitungsgebühren ein, während sie sich durch den Weiterverkauf des Risikos entledigten. Sobald sich das Wertpapier von der ursprünglichen Kreditvergabe entfernte, wurde das Risiko undurchschaubar – niemand konnte mehr sagen, ob die Papiere durch einen realen Wert gedeckt waren. Da die Kreditvergabe an Hauskäufer in den Staaten äußerst lax gehandhabt wurde und nahezu jeder ohne den Nachweis von nennenswertem Eigenkapital oder überzeugenden Sicherheiten große Geldsummen leihen und Immobilien kaufen konnte, entstand in den Jahren zwischen 2001 und 2008 im Vertrauen auf die weiterhin steigenden Immobilienpreise eine gigantische Blase, die nur darauf wartete zu platzen.

Nine Eleven hat diese Entwicklung befördert. In Zeiten der Unsicherheit und angesichts der extrem niedrigen Zinsen war es für den Normalverbraucher sehr attraktiv, eigenes und geliehenes Geld in bleibende Werte wie Wohneigentum zu investieren. Die Zahl der Hauskäufe in den USA stieg in den Jahren 2001–2004 kräftig an. Nach einer Studie von Goldman Sachs wurden jährlich rund 200 000 Häuser mehr verkauft als üblich, weil auch finanzschwache Kunden aufgrund der laschen Risikoüberprüfungen an billige Kredite kamen. Kein Wunder, dass sich der florierende Handel mit verbrieften Wertpapieren auch auf andere Kreditfelder ausdehnte. Kredite für die Anschaffung von Autos und für die Ausbildung der Kinder, Schulden aus dem täglichen Konsum mit der Kreditkarte wurden als sogenannte forderungsbesicherte Wertpapiere weitergedealt. Um das immer undurchsichtigere Risiko zu senken, wurden die Pakete in einzelne Risikopäckchen zerlegt, sogenannte Tranchen, die mit einer unterschiedlichen Risikobewertung versehen waren. Selbst die professionellen Ratingagenturen taten sich mit einer realistischen Einschätzung dieser Wertpapiere schwer – sie waren im Übrigen auch wenig geneigt, ein Finanzprodukt als risikoreich zu bewerten, denn ihre Provisionen und künftigen Geschäfte hingen vom Wohlwollen der Auftraggeber ab, die an schlechten Nachrichten über ihre Wertpapiere nicht interessiert waren. Sie wollten sie schließlich für gutes Geld weiterverkaufen. Im Ergebnis landeten giftige Wertpapiere mit erstklassigen Bewertungen in den Depots von Anlegern aus aller Welt.

An dieser Stelle hätten firmeninterne Mechanismen greifen müssen, die das Risiko begrenzten, aber das Gegenteil geschah: In der Finanzbranche basierte die Vergütung auf dem System der Bonuszahlungen, die sich in ihrer Höhe immer mehr nach kurzfristigen Gewinnen ausrichteten. Die Folge: Je höher die Bereitschaft zu gewagten Transaktionen, desto größer der mögliche Bonus bei Erfolg. Die Risikofreude stieg ins Grenzenlose und mit ihr die Summe der Boni. Im Jahr 2005 verteilten die größten Investmentfirmen der Welt 25 Milliarden Dollar an ihre Mitarbeiter, 2007 waren es 38 Milliarden Dollar. Da die Gewinne im gleichen Zeitraum ebenfalls deutlich anstiegen, gab es weder für die renditegierigen Anleger noch für die Aufsichtsgremien der Konzerne Anlass, die Bilanzen intensiv in Augenschein zu nehmen und das gewagte Treiben zu hinterfragen. Viele Aufsichtsräte besaßen auch nicht das Fachwissen und den Überblick, um mögliche und meist geschickt verschleierte Risiken rechtzeitig zu entdecken. Und da sie wussten, dass ihre Banken gegen mögliche Ausfälle aus Risikogeschäften durch den sogenannten Einlagensicherungsfonds abgesichert waren, fehlte jeder Handlungsdruck. Geschäftemacherei und Spekulationswut hätten nur durch staatliche Maßnahmen wie eine strenge Regulierung der Finanzmärkte und die strikte Kontrolle ihrer Dienstleister begrenzt werden können, doch in den Jahren nach Nine Eleven sahen die Regierungen der Wirtschaftsmächte keinerlei Grund zum Eingreifen. Die Politik ließ den Märkten lieber freie Hand und konzentrierte sich auf den Krieg gegen den internationalen Terrorismus oder andere Problemfelder.

Nun hätte es ja die Gelegenheit gegeben, dem Wildwuchs im internationalen Finanzverkehr mit Hilfe des Internationalen Ausschusses für Bankenaufsicht Einhalt zu gebieten, den die Notenbanken der zehn größten Industriestaaten im Jahr 1974 gegründet und in Basel angesiedelt hatten. Der Ausschuss hatte 1988 eine Vereinbarung – Basel I genannt – über eine vorgeschriebene Höhe und Struktur des Eigenkapitals im Verhältnis zu ihren Anlagerisiken getroffen. Weitere Vorgaben in den Folgejahren sorgten zwar für eine indirekte Aufsicht über die konventionellen Banken in den Industriestaaten und den Schwellenländern, die sich freiwillig an die Rahmenbedingungen von Basel I hielten. Gleichzeitig aber suchten die Finanzmanager nach Wegen, die Auflagen zu umgehen. So entstanden Schattenbanken in Gestalt von Hedgefonds, Beteiligungsgesellschaften, Investmentbanken und Geldverleihern, die sich der staatlichen Aufsicht entzogen und zu wichtigen Mitspielern auf den internationalen Finanzmärkten wurden.

Ende 1999 verabschiedete der US-Kongress ein Gesetz zur Reform der Geldmärkte, das eine Vermischung von bis dahin gesetzlich getrennten Geschäftsbanken, Investmentbanken und Versicherungen zuließ. Im Jahr 2000 wurden weite Teile des Derivatemarktes, zum Beispiel Versicherungen gegen Kreditausfälle, sogenannte Credit Default Swaps, von der staatlichen Kontrolle ausgenommen. Auch die europäischen Regierungen standen der Liberalisierung der Finanzmärkte lange positiv gegenüber. In einem gemeinsamen Papier mit dem Titel »Der Weg nach vorne für Europas Sozialdemokraten« hatten der britische Premierminister Tony Blair und der deutsche Bundeskanzler Gerhard Schröder im Juni 1999 eine Politik gefordert, in der »der Staat die Wirtschaft nach Kräften fördert«. Die beiden Regierungschefs stellten sich vor, dass sich die Wirtschaftspolitik darauf beschränken sollte, die Rahmenbedingungen für ein »einwandfreies Spiel der Marktkräfte« zu schaffen. Sätze wie »Europas Kapitalmärkte sollten geöffnet werden«, »Unternehmen dürfen nicht durch Regulierungen und Paragraphen erstickt werden« und »Die Ansicht, dass der Staat schädliches Marktversagen korrigieren müsse, führte allzu oft zur überproportionalen Ausweitung von Verwaltung und Bürokratie«, wurden innerhalb und außerhalb der SPD als Abkehr von alten sozialdemokratischen Tugenden und Hinwendung zu einer kapitalismusfreundlichen Politik verstanden. Sollte wirklich alles erlaubt sein? Angesichts wachsender Proteste der Globalisierungsgegner, die eine Ausbeutung natürlicher Ressourcen zu Lasten der Menschen in Entwicklungsländern und eine breiter werdende Kluft zwischen Arm und Reich in den Industriestaaten beklagten, wurde den Politikern bewusst, dass da ein Problem heranwuchs.

Dennoch fehlten ihnen die Kraft und die notwendige Einigkeit, um weltweite Regelungen durchzusetzen. Anfang September 2001 wünschte sich Bundeskanzler Schröder in einer Grundsatzrede zur Wirtschaftspolitik eine Diskussion über den »grenzüberschreitenden Kapitalverkehr«.[77] Man wisse um die »Schwachstellen im Weltfinanzsystem. Ich erinnere nur an Offshore-Zentren, Hegefonds oder Derivate«. Deshalb wolle man nun mit den europäischen Partnern darüber reden, »wie wir auf die relative Verselbständigung spekulativer Finanzströme reagieren wollen«. Sechs Tage nach dieser Rede wurde das Weltfinanzsystem durch die Anschläge von New York und Washington erschüttert, und Alan Greenspan drehte mit seinen Leitzinssenkungen den Hahn für billiges Geld auf.

Die Überlegungen und Bedenken flossen im Jahr 2004 schließlich in die Beratungen über ein neues Abkommen – Basel II – ein, das eine striktere Regulierung der Finanzmärkte und mehr Transparenz vorsah. Doch auf Druck der USA, Kanadas und Großbritanniens sollten diese neuen Spielregeln ausschließlich für große, international operierende Geldinstitute gelten. Außerdem beruhte Basel II immer noch auf einer positiven Grundhaltung gegenüber einem liberalisierten Finanzsystem, das ja ganz offenbar gut zu funktionieren schien. Immerhin hatte es seinen Teil dazu beigetragen, die Folgen der Terroranschläge vom 11. September 2001 abzumildern. Das war die Haltung der Politiker, und sie befanden sich dabei in guter Gesellschaft. Auch die amerikanische Notenbank tat wenig, um dem wilden Spekulantentum entgegenzuwirken. Sie hatte Jahre zuvor bereits auf die Möglichkeit verzichtet, die Kreditvergabe an Hauskäufer strenger zu überwachen. Erst im Jahr 2004 begann die Notenbank damit, die Zinsen wieder schrittweise anzuheben, obwohl sie es aufgrund der wirtschaftlichen Erholung im Jahr 2003 längst hätte tun können. Die Steigerungen erfolgten dann in regelmäßigen Etappen alle sechs Wochen, aber immer nur um 25 Basispunkte von 1 Prozent im Jahr 2004 auf 5,25 Prozent in 2006. Die Märkte reagierten darauf kaum. Die Vorgaben Greenspans hatten keinen Einfluss mehr auf die Zinsen für langfristige Anleihen und Hypothekenverträge, denn die Banken konnten sich in anderen Teilen der Welt weiterhin »billiges Geld« leihen. Außerdem standen in Europa und in Asien aufgrund der globalen Liberalisierung der Finanzmärkte scheinbar unerschöpfliche Ressourcen zur Verfügung. Diese landeten auf dem amerikanischen Geldmarkt, finanzierten den Fortgang der Party, verstrickten aber gleichzeitig Investoren weltweit in das risikoreiche Geschäft mit verbrieften Wertpapieren. Der Zauberlehrling Greenspan wurde die Geister nicht mehr los, die er selbst gerufen hatte.

Nicht zuletzt, weil die Deregulierung weiter voranschritt. Die Bush-Administration ließ zu, dass die amerikanische Börsenaufsicht den Investmentbanken im Jahr 2004 erlaubte, Finanzreserven in Milliardenhöhe, die eigentlich für den Notfall gedacht waren, im operativen Geschäft einzusetzen. Noch mehr Geld für die Geschäftemacherei. Es ist eine Ironie der Geschichte, dass die Regierung, die doch im Kampf gegen den Terrorismus die nationale Sicherheit zur obersten Maxime ihrer Politik erklärte, gleichzeitig die Sicherheit des amerikanischen und globalen Wirtschafts- und Finanzsystems aufs Spiel setzte. Aufgrund ihrer kompromisslosen Haltung verpuffte der Versuch, dem wilden Spekulantentum wenigstens etwas Gutes abzugewinnen. Ende Januar 2005 schloss sich Bundeskanzler Gerhard Schröder in einer Rede vor dem Weltwirtschaftsforum in Davos einer Forderung von Frankreichs Staatspräsident Jacques Chirac nach Einführung einer internationalen Entwicklungssteuer an. Die Steuer sollte auf spekulative Finanzgeschäfte erhoben werden, so Schröder, »hinter denen kaum noch realwirtschaftliche Vorgänge stehen«.[78] Doch die USA und Großbritannien lehnten solch eine Steuer weiter ab. Nicht einmal Schröders eigener Finanzminister, Hans Eichel, stand hinter dem Vorschlag, weil er ihn für nicht durchsetzbar und obendrein schädlich für die Finanzmärkte hielt.

Der Rest ist bekannt. Anfang 2007 drehte sich der Markt: Die

Nachfrage nach Immobilien fiel deutlich hinter das Angebot auf dem Markt zurück, während gleichzeitig das Zinsniveau stieg und immer mehr Hauskäufer die Raten ihrer Hypotheken nicht mehr bedienen konnten.

Die ersten Hedgefonds brachen zusammen, weltweit setzte eine Flucht aus Wertpapieren ein, die mit sogenannten Schrottimmobilien abgesichert waren. Banken verschleierten die Existenz von Risikopapieren in ihren Bilanzen, indem sie sie in eigens gegründete Gesellschaften auslagerten. Doch als die ersten von ihnen an den Rand der Zahlungsunfähigkeit gerieten, mussten sie ihre Risiken offenlegen und schürten damit weiter Panik. Denn niemand im gesamten System durchschaute noch, ob er es bei seinen eigenen Geschäften mit soliden Partnern zu tun hatte oder mit Risikofirmen, die kurz vor dem Zusammenbruch standen. Unsicherheit und Angst führten zu Notverkäufen. Der Politik dämmerte zwar langsam, welche Folgen das haben könnte, aber noch beim G-8-Gipfel von Heiligendamm im Sommer 2007 lehnten die Regierungen der USA und Großbritanniens eine umfassende Reform der Finanzmärkte ab. Die deutsche Bundeskanzlerin Angela Merkel hatte ein Frühwarnsystem mit strikten Kontrollen und mehr Transparenz vorgeschlagen.

Im Jahr 2008 gingen dann Hunderte von Hypothekenverleihern pleite und rissen all jene mit sich, die mit ihrer Hilfe Milliarden in Geschäfte mit risikoreichen und nun wertlosen Wertpapieren gesteckt hatten. Mit dem Untergang von Bear Stearns und Lehman Brothers erreichte die Finanzkrise am 15. September 2008 eine neue Dimension.[79] Beinahe hätte dies auch das Ende von Merrill Lynch, Goldman Sachs, Morgan Stanley und des weltgrößten Versicherers AIG bedeutet, wenn nicht andere Konzerne oder der Staat eingesprungen wären. Allesamt hatten die Unternehmen bereits durch den 11. September 2001 Schäden erlitten. Nun standen sie am Abgrund wegen einer Finanzmarktpolitik, die wiederum durch Nine Eleven massiv befördert wurde. Die Zinssenkungen und die Liberalisierung der Märkte nach 2001 haben zwar kurzfristig dazu beigetragen, dass sich Amerika und der Rest der Welt von den Folgen der Anschläge von New York und Washington erholen konnten. Aber im blinden Aktionismus angesichts der Angst vor neuen Anschlägen und des massiven Bedarfs von Finanzmitteln für den Krieg gegen den Terrorismus hat die Politik jede Vorsicht außer Acht gelassen. Dringend notwendige Kontroll- und Sanktionsmechanismen bei der Überwachung der Finanzmärkte hätten die Krise von 2008 vielleicht verhindern oder zumindest abmildern können.

Der Spitzenmanager einer europäischen Notenbank sagte mir, dass die amerikanische Notenbank ähnlich wie viele Politiker »einer dramatisch falschen Diagnose erlegen war«. Nach dem Platzen der Internetblase im Jahr 2000 waren »nur« die Börsen abgestürzt, die kreditgebenden Banken kamen glimpflich davon. Auch die Finanzmärkte hatten sich schnell wieder erholt. Deshalb glaubte man, die Fragmentierung des Risikos sei ein wirksamer Schutzmechanismus. »Das war einfach falsch«, so der Notenbankmanager. Ohne eine strikte Regulierung der internationalen Finanzmärkte sei die Politik des billigen Geldes und der unkontrollierten Risikoverteilung von Alan Greenspan und anderen ein direkter Weg in die Katastrophe gewesen. Auch die Regierungen von Deutschland, Frankreich und Italien traten noch im Jahr 2004 für Zinssenkungen ein, doch sie scheiterten am Widerstand der Europäischen Zentralbank, die wegen ihrer sturen Haltung heftig kritisiert wurde, aber am Ende recht behielt.

Die Folgen der Krise stehen auch im Zusammenhang mit anderen Entwicklungen, die durch die Anschläge vom 11. September 2001 befördert wurden. Wie wir später noch sehen werden, hat sich das weltpolitische Machtgefüge deutlich verändert. Die Supermacht USA zeigt sich durch den andauernden Kampf gegen den Terrorismus und die anhaltende Wirtschaftskrise doppelt geschwächt, so dass ihre Konkurrenten im Kampf um die Vormachtstellung in der Welt unmittelbar davon profitieren. So hat China nicht nur seine geostrategische Aufstellung verbessern und seinen Zugang zu lebenswichtigen Rohstoffen massiv ausbauen können, sondern auch erheblichen Einfluss auf Amerika selbst gewonnen. Ohne chinesisches Geld, Kredite in einem Gesamtwert von einer Billion Dollar, würde die amerikanische Wirtschaft zusammenbrechen.

Wir wissen nicht, ob es auch ohne Nine Eleven zu einer weltweiten Finanz- und Wirtschaftskrise gekommen wäre. Aber die Reaktion auf die Anschläge hat den Crash sicher beschleunigt und die Wirkung vervielfacht. Unter der Last ihrer Schulden, die durch den Anti-Terror-Krieg im Juni 2010 erstmals die Marke von 13 Billionen Dollar überschritten, fällt es der Obama-Administration schwer, den wirtschaftlichen Aufschwung in Gang zu bringen.

Auch wenn es anderen Staaten wie Deutschland längst gelungen ist, den Konjunkturmotor wieder anzuwerfen, ist das Risiko einer erneuten Krise vorhanden. Bis Ende 2012 müssen die angeschlagenen Banken die in der Krise kurzfristig geborgten Gelder in Höhe von insgesamt fünf Billionen Dollar umschulden oder abzahlen. Die amerikanischen Banken benötigen 1,3 Billionen Dollar, die europäischen Banken insgesamt 2,6 Billionen Dollar, davon allein die britischen 1,2 Billionen Dollar. Welche der Finanzinstitute dies aus eigener Kraft schaffen, ist völlig offen. Spekulationen auf den Untergang des einen oder anderen Geldhauses sind in vollem Gange. Zudem befeuert die US-Notenbank das Entstehen neuer Spekulationsblasen. Um die amerikanische Exportwirtschaft mit einem niedrigen Dollarkurs anzukurbeln, drückt sie durch den massiven Ankauf von Staatsanleihen 600 Milliarden Dollar in die Märkte und begeht damit den gleichen Fehler, der erheblich zur Finanzkrise beigetragen hat. Deshalb ist eine schnelle Neuregelung der internatonalen Finanzmärkte unverzichtbar. So sieht es auch der erwähnte Spitzenmanager einer europäischen Notenbank: »Wir sollten nicht denken, dass wir schon davongekommen sind.« Deshalb war auch die Einigung über das sogenannte Basel III-Abkommen mit den Schwellenländern beim G-20-Gipfel in Südkorea im Oktober 2010 so wichtig. Durch Basel III werden Banken dazu gezwungen, einen deutlich höheren Prozentsatz ihrer Mittel als Kernkapital vorzuhalten. Die hohe Absicherung soll die Banken bei ihren Geschäften risikoscheuer machen und im Krisenfall verhindern, dass sie zu schnell zahlungsunfähig werden. Doch die Regeln treten erst schrittweise über die nächsten Jahre in Kraft.

Dabei ist Eile geboten, nicht zuletzt, weil Terroristen nach der Finanzkrise in der weltweiten Vernetzung des Kapitalverkehrs eine Chance sehen, mit weiteren Attacken noch größere Wirkung zu erzielen. Im Januar 2009 verbreitete die Al-Qaida-Führung ein Propagandavideo, in dem der Deutsch-Marokkaner Bekkay Harrach mit Hilfe einer primitiven Grafik erläutert, weshalb die westliche Welt kurz vor dem wirtschaftlichen Bankrott und damit ihrem Untergang stehe. Der Auftritt wirkt lächerlich, aber im Kern hat er eine bedrohliche und ernstzunehmende Botschaft. Wenn Deutschland seine Soldaten nicht aus Afghanistan abziehe, werde man deutsche Wirtschaftsunternehmungen weltweit angreifen. Und solche Anschläge würden enorme Wirkung auf die globale Ökonomie haben, weil alles mit allem zusammenhänge. »Ist halt alles so wackelig«, sagt Harrach.

Tatsächlich haben die Terroristen durch Nine Eleven gelernt. Wenn solch ein Anschlag das Weltfinanzsystem ins Wanken bringen konnte, wie effektiv würde dann ein ähnlicher Angriff sein, wenn der Westen sich bereits in einer tiefen Krise befände? Und mit welchen Mitteln könnte man dann die größtmögliche Wirkung erzeugen? Einen Eindruck davon bekamen die Finanzmanager am 6. Mai 2010, als die Aktienkurse an der Wall Street in New York völlig unvermittelt in die Tiefe stürzten. Der Dow

Jones fiel innerhalb weniger Minuten um mehr als 1000 Punkte oder 9 Prozent. Der Wert einer Aktie des Beratungsunternehmens Accenture sank von 40 Dollar auf einen Cent. Procter & Gamble verlor 47 Prozent. Die Nachrichtenagentur AP überschrieb ihre Eilmeldungen mit der Schlagzeile »Griechenland-Krise lässt Dow-Jones-Index abstürzen«. Doch diese Annahme war falsch. Ausgelöst wurde der Crash durch einen Computerfehler. Aufgrund der Liberalisierung der Märkte war – wie beschrieben – die Zahl der Finanzprodukte und -transaktionen um ein Vielfaches gestiegen. Die Komplexität des Systems hatte so weit zugenommen, dass ein Großteil des Handels gar nicht mehr von bewussten menschlichen Entscheidungen abhing, sondern von Computernetzwerken (smart order routers), die mit von den Händlern jeweils festgelegten Algorithmen an allen Börsen weltweit nach den jeweilig besten und gewinnträchtigsten Angeboten suchten. Am 6. Mai wurde dieser automatisierte Handel zum Verhängnis.

Es begann mit einem sogenannten Flash-Trade. Ein einzelner Investor hatte versucht, innerhalb von nur 20 Minuten 75 000 Wertpapiere im Wert von 4,1 Milliarden Dollar zu verkaufen. Normalerweise werden solche Verkäufe über mehrere Stunden abgewickelt. In diesem Fall aber erging der Auftrag an ein automatisiertes System, das ihn schnellstmöglich ausführte und damit die anderen Systeme überforderte. Während auf der einen Seite eine riesige Zahl von Verkaufsangeboten einging, registrierten die Systeme im Verhältnis dazu nur wenige Kaufinteressenten. Ohne Käufer summierten sich die Angebote immer weiter auf, wobei die Anbieter aufgrund fehlender Nachfrage automatisiert immer tiefere Preise ansetzen mussten. Aufgrund des immensen Überangebotes verfielen die Kurse. Nur ein automatischer Kurzschluss hätte den Crash verhindern können. Nun sollte man denken, dass die Vielzahl der Handelsorte das Risiko gemindert hätte, aber fast alle Börsenserver weltweit hängen miteinander zusammen und werden auch von gleicher oder ähn-

licher Software gesteuert. Diese Vernetzung und Automatisie-
rung macht die Finanzmärkte sehr verletzlich. Für Terroristen
eröffnet sich hier ein neues Schlachtfeld: Wenn sie die Computersysteme mit einem gezielten Angriff – mit Hilfe eines Virus
oder auch mit einem realen Bombenanschlag auf einen der Datenserver im weltweiten Verbund – ins Chaos stürzten, dann
wären die wirtschaftlichen Folgen um ein Vielfaches größer als
nach Nine Eleven.

WIE ES NICHT WAR

Die Verschwörung des Westens?

Eigentlich dürfte man sie keines Wortes würdigen. Doch die Verschwörungstheorien rund um Nine Eleven erfreuen sich wachsender Beliebtheit. Je weiter das Geschehen zurückliegt, je länger einige Fragen um die Ereignisse dieses Tages unbeantwortet bleiben und je kritischer das Vorgehen der USA im Kampf gegen den Terrorismus beurteilt wird, desto mehr neigen die Menschen dazu, das Attentat zu mythisieren. Nach Nine Eleven hat sich zudem gezeigt, dass den offiziellen Verlautbarungen der USA nicht in jeder Hinsicht zu trauen ist. Offenbar ist die Informationspolitik interessengesteuert – die Wahrheit über Nine Eleven wird man deshalb, so die Annahme, in keinem offiziellen Bericht wiederfinden. Von hier ist es nur noch ein kleiner Schritt zu einem schrecklichen Verdacht: Sind die Anschläge vom 11. September möglicherweise mit Wissen und Duldung oder gar Unterstützung westlicher Geheimdienste und Politiker erfolgt? Der Gedanke verdient es, als himmelschreiender Blödsinn ignoriert zu werden, aber gerade darin läge eine große Gefahr. Denn der Glaube an eine Verschwörung nährt extremistisches Gedankengut und trägt zu einer Verfälschung der Geschichte bei. Im Kern bedeuten die wilden Theorien, nach denen Amerika gewissermaßen selbst an den Opfern schuld wäre, ja eine Rechtfertigung des Massenmords und eine Entschuldung der eigentlichen Täter.

Hier sind sie also, die gängigen Thesen zu den Ereignissen des

11. September: George W. Bush wusste vorher von Anschlägen. Osama bin Laden ist nicht der Drahtzieher. CIA und Mossad stecken hinter den Attacken. Das World Trade Center wurde gesprengt. 4000 Juden sind an diesem Tag nicht zur Arbeit erschienen, weil sie vorher gewarnt wurden. Nine Eleven ist eine internationale zionistische Verschwörung. Im Pentagon ist nie ein Flugzeug eingeschlagen. United Airlines Flug 93 wurde abgeschossen. Diese und viele weitere Behauptungen werden in unzähligen Schriften und Videos verbreitet und mit scheinbaren Argumenten und Beweisen untermauert. Allein die vielen 9/11-Videos auf YouTube wurden von Millionen von Menschen angeklickt und kommentiert. Viele verweisen darauf, dass es in der Geschichte zahlreiche Fälle von sogenannten False-Flag-Operationen gab, also Anschläge, die von Geheimdiensten »unter falscher Flagge« ausgeführt und auf diese Weise anderen in die Schuhe geschoben wurden. Exemplarisch sei hier das »Celler Loch« genannt. Am 25. Juli 1978 sprengte der niedersächsische Verfassungsschutz ein Loch in die Außenwand der Justizvollzugsanstalt Celle, um einen Befreiungsversuch für den dort einsitzenden Terroristen Sigurd Debus vorzutäuschen und einen Informanten in die Unterstützerszene einzuschleusen. In den USA gilt der japanische Angriff auf Pearl Harbor als mögliches Beispiel. Der Vorwurf: Präsident Franklin D. Roosevelt habe aufgrund von Geheimdienstberichten von der bevorstehenden Attacke gewusst, sie aber dennoch geschehen lassen, um einen Vorwand für den Kriegseintritt der USA zu erhalten.

Analog dazu halten Verschwörungstheoretiker heute die Terroranschläge von New York und Washington für eine Inszenierung der US-Regierung, um den Sicherheitsbehörden, den Geheimdiensten und den US-Streitkräften anschließend weitreichende Vollmachten zu verschaffen. Auf diese Weise hätte die amerikanische Vormachtstellung in der Welt weiter ausgebaut werden sollen. Die Anhänger dieser Version nennen sich »MIHOP – made it happen on purpose«, wörtlich übersetzt:

»haben es mit Absicht veranlasst«. Nicht ganz so weit geht die zweite Gruppe, »LIHOP – let it happen on purpose«, deren Mitglieder glauben, dass die US-Regierung die Hinweise auf die Anschlagsplanungen der Terroristen bewusst ignoriert hat, weil sie sich einen politischen Vorteil davon versprach. Beide Richtungen sehen sich als Teil der sogenannten Truth Movement 9/11, in der sich das Gewicht weiter zu den MIHOPs verschiebt, weil in ihren Reihen auch einige Wissenschaftler, beliebte Moderatoren des konservativen amerikanischen Talkradios und andere prominente Amerikaner zu finden sind. Ihre teils radikalen Ansichten finden insbesondere über das Internet weltweite Verbreitung.

»Es ist Zeit für Amerika, Nine Eleven als das zu akzeptieren, was es wirklich war: eine Lüge, die Tausende von Menschen nur deshalb das Leben kostete, damit im Gegenzug Hunderttausende weitere getötet werden konnten, um damit Abermilliarden von Dollars zu verdienen.« So beschreibt es die wohl bekannteste Dokumentation zum 11. September, *Loose Change*. Ein junger amerikanischer Filmemacher stieß mit seiner 90-minütigen Produktion, die in ihrer zweiten Version seit 2005 kostenlos im Netz runtergeladen werden kann, auf enormes Interesse. Dylan Avery hatte als 18-Jähriger kurz nach den Anschlägen damit begonnen, die offizielle Version von den Ereignissen dieses Tages zu hinterfragen. Aus den Ergebnissen seiner Recherchen schuf er eine fiktionale Geschichte, die er aber mit Hilfe zahlreicher Videos in eine Dokumentation verwandelte, die millionenfach angeklickt und heruntergeladen wurde. Die Bilder vom Tag in Ausschnittsvergrößerungen und Zeitlupen ergaben in Verbindung mit suggestiven Texten eine scheinbar überzeugende Argumentationskette und befeuerten die Wahrheitsbewegung 9/11, die ihre Anhänger vor allem unter jungen Leuten findet. Sie verbreiten die Thesen weiter, nehmen an der jährlichen Demonstration in New York teil und hegen ein tiefes Misstrauen gegenüber den Regierungen der USA und der mit ihnen verbündeten Staaten. Dabei lassen sich Averys Behauptungen – sie tauchen in ähnlicher Weise in unzähligen Büchern, Artikeln und Videos auf – fast ausnahmslos widerlegen. Wäre er nicht selbst hundertprozentig von der Richtigkeit seiner Thesen überzeugt, müsste man sein Werk als erstklassig gemachte Propaganda einstufen.

These 1:
Die Zwillingstürme wurden durch eine kontrollierte Sprengung zum Einsturz gebracht.

Loose Change bestreitet nicht, dass Passagiermaschinen das World Trade Center getroffen haben. Doch das abrupte Einsacken der riesigen Gebäude könne nicht durch die Einschläge in den oberen Stockwerken erklärt werden. Der Einsturz habe nicht länger als 15 Sekunden gedauert. Bei einem Kollaps müsste jedoch eigentlich Etage auf Etage krachen und das würde – so die These – bei 110 Stockwerken viel länger dauern. Also habe es offenbar im ganzen Gebäude Sprengsätze gegeben. Als Beleg dafür zeigt die Dokumentation Interviewausschnitte von Augenzeugen am Unglücksort, die von Explosionen reden. Auf den Fernsehbildern ist beim Einsturz der Türme zu sehen, dass aus tiefer liegenden Etagen Rauchwolken explosionsartig nach außen schießen. Die Sprengsätze seien bei Bauarbeiten im World Trade Center in den Wochen zuvor unbemerkt gelegt worden. Außerdem hätte die Stahlkonstruktion der Zwillingstürme nicht aufgrund des Flugzeugeinschlags und der nachfolgenden Brände einstürzen können, da Stahl erst ab 1500 Grad Celsius zu schmelzen beginne. Die Temperatur des Feuers, das vom Flugzeugkerosin genährt wurde, habe aber 1000 Grad Celsius nicht überschritten.

Klingt alles plausibel, ist aber dennoch falsch: Der Vergleich von Bildern einer kontrollierten Sprengung mit denen des

11. September zeigt, dass gesprengte Gebäude immer von unten her kollabieren. Der Zusammenbruch der Türme begann eindeutig von oben. Bei einer Sprengung müssten die Explosionen gleichzeitig oder nach einer genau berechneten Staffelung erfolgen. Die Fernsehbilder zeigen etwas anderes. Die explosionsartigen Rauchwolken in tiefer liegenden Etagen entstehen durch den enormen Luftdruck, den die obersten Stockwerke beim Einbrechen verursachen. Dieser Druck schießt durch die vertikalen Luft- und Versorgungsschächte in Bruchteilen von Sekunden in die Tiefe, nimmt den Staub von pulverisierten Zementböden mit und entlädt sich durch die Außenfassade. Tatsächlich gab es in den Wochen vor den Anschlägen Bauarbeiten im World Trade Center. Aber für eine kontrollierte Detonation hätten an Dutzenden von Stellen in beiden Türmen Sprengsätze in die Wände gepflanzt und kilometerlange Drähte verlegt werden müssen. Dem widersprechen alle Aussagen von überlebenden Mitarbeitern, die die Bauarbeiten täglich verfolgen konnten.

Als Journalist, der seit fast zwanzig Jahren im Nachrichtengeschäft tätig ist, habe ich unzählige Male erlebt, wie unzuverlässig Äußerungen von Augenzeugen in chaotischen Situationen sein können. Die Menschen stehen unter enormem emotionalem Druck. Hinter dem, was sie als »Explosion« beschreiben, kann sich jede Art von lautem Knall verbergen, zum Beispiel das Geräusch, das entsteht, wenn eine ganze Büroetage auf die darunterliegende kracht. Bei Geräuschen kommt es viel häufiger zu Selbsttäuschungen als bei der optischen Wahrnehmung, die allerdings in Stress-Situationen auch nicht immer verlässlich ist. Es kommt deshalb sehr auf die Rahmenbedingungen an. Wie weit beispielsweise ein Zeuge vom Ort des Geschehens entfernt ist und welche Perspektive er von dort hat. *Loose change* nimmt es dabei nicht so genau, wie wir noch sehen werden.

Nun aber zur Kernfrage: Wie konnte die Stahlkonstruktion des World Trade Centers zum Einsturz gebracht werden? Die

Stahlträger der Türme durchzogen nicht das gesamte Gebäude, sondern bildeten eine Art Käfig an den Außenwänden. Durch den Einschlag der Flugzeuge wurden die Brandschutzdämmungen zerstört. Das Kerosin-Feuer brannte tatsächlich nur mit einer Temperatur von rund 1100 Grad Celsius. Bei dieser Hitze kann Stahl zwar nicht schmelzen, wird aber deutlich destabilisiert. Da die Flugzeuge an den Einschlagsstellen mehrere Etagenböden zerstörten, fehlten den senkrechten Trägern über viele Meter die stabilisierenden Querverbindungen. Weil sie durch das Feuer rund die Hälfte ihrer Tragkraft verloren, gaben sie dem Druck nach, bogen sich in Höhe der zerstörten Fassade langsam nach außen und konnten das Gewicht der obersten Stockwerke nicht mehr tragen. Das ist das Ergebnis der offiziellen Untersuchung des Instituts für Standards und Technologie (NIST), die von unabhängigen Wissenschaftlern bestätigt wird. Dass die Wahrheitsbewegung die Regierungsbehörde NIST als unglaubwürdig bezeichnet, weil sie parteiisch sei und ihre Experten nur anhand von Trümmern zu ihren Schlüssen kämen, ärgert Gene Corley, der die Untersuchungen leitete: »Wir waren da. Wir hatten Zugang zu allen Metallteilen und haben uns an den Fakten orientiert. Wir haben unsere Schlüsse mit Berechnungen und mit wissenschaftlichen Prinzipien belegt.«

Das bestätigt auch Professor Wolfram Klingsch, Baustoff- und Brandschutzexperte der Bergischen Universität Wuppertal, der die Rahmenbedingungen für den Einsturz des World Trade Centers in seinem Labor nachgeprüft hat. Die Stahlaufhängungen der Decken seien weich geworden, dadurch habe tatsächlich nach dem Einbruch der ersten Decke die Stabilisierung für die senkrechten Streben gefehlt: »Diese Stützen knicken dann raus und reißen das gesamte Gebäude mit herunter. Es fällt auf das darunterliegende Stockwerk – eine Last, die dann nicht mehr getragen werden kann.«

These 2:
Das Pentagon wurde nicht von einem Flugzeug, sondern von einer Rakete getroffen.

Anlass dieser Behauptung von *Loose Change* ist eine scheinbare Ungereimtheit bei den Fernsehbildern, nach denen das klaffende Loch im Außenring des amerikanischen Verteidigungsministeriums deutlich kleiner ist als eine Passagiermaschine vom Typ Boeing 757 mit einer Flügelspannweite von 38 Metern. Die Dokumentation präsentiert einen Augenzeugen, der ein Flugobjekt ohne Fenster gesehen haben will, das in die Südwestseite des Pentagons hineinraste. Dies sei eine Rakete oder eine Drohne – ein normalerweise zu Aufklärungszwecken eingesetztes unbemanntes Flugzeug – gewesen. Der Selbstangriff der US-Streitkräfte auf ihr Hauptquartier müsse von einem Frachtflugzeug des Typs C-130 gesteuert worden sein, das von Augenzeugen im Luftraum über Washington gesehen wurde. Und weiter: Der angebliche Terrorist am Steuer der Boeing, Hani Hanjour, sei ein so schlechter Pilot gewesen, dass er die entführte Linienmaschine unmöglich so zielgenau in das Gebäude hätte steuern können. Trotz zahlreicher Überwachungskameras rund um das Ministerium gebe es kein einziges Bild von dem Flugzeug, und in den Fernsehaufnahmen seien auch keinerlei Trümmer der Boeing zu sehen. Für kritische Bürger, die den Anspruch haben, nach der Wahrheit zu suchen, sind diese Behauptungen eine bemerkenswerte Ansammlung von Fehlschlüssen und Lügen.

Der Zeuge, der die fensterlose Maschine gesehen haben will, stand rund drei Kilometer vom Anschlagsort entfernt. Zahlreiche andere Augenzeugen, die in der Live-Berichterstattung am 11. September von einem American Airlines Jet berichten, werden von *Loose Change* einfach ignoriert. Dabei waren doch die Zeugen am World Trade Center angeblich so zuverlässig und wichtig. Tatsächlich kreiste an diesem Morgen ein Frachtflugzeug des Typs C-130 über der amerikanischen Hauptstadt. Es handelte sich um die im ersten Kapitel bereits erwähnte Maschine der Nationalgarde auf dem Weg nach Minnesota. Ihr Pilot, Oberstleutnant Steve O'Brien, hatte das Wendemanöver des Passagierjets an die Flugaufsicht gemeldet und war gebeten worden, eine Schleife zu ziehen, um das weitere Geschehen zu beobachten. Nach Auskunft des Fluglehrers von Hani Hanjour hatte dieser bei seinen rund 250 Ausbildungsstunden in Florida zwar hin und wieder Probleme beim Landen seiner kleinen Cessna, zu rücksichtslosen und zielgerichteten Flugmanövern war er aber sicherlich in der Lage.

Ein genaues Studium der Fernsehbilder vom 11. September belegt, dass eine Rakete den vor und im Pentagon angerichteten Schaden unmöglich verursachen konnte. In der Einflugschneise liegen zahlreiche abrasierte Laternenpfähle, die eine Rakete nur im Zickzackkurs hätte treffen können. Das gilt auch für den riesigen Generator vor dem Gebäude, der schwer beschädigt und deutlich aus seiner ursprünglichen Position verschoben wurde. Dazu wäre ein kleiner Flugkörper gar nicht in der Lage gewesen. Auf dem Gelände verstreut und im Bereich der Einschlagstelle – auch das ist bei den Übertragungen vom 11. September und auf vielen Fotos in den Zeitungen in den Tagen danach deutlich sichtbar – liegen Überreste einer Boeing: Teile der Triebwerke, Bremsen und der Außenhülle. Natürlich existieren auch Bildaufnahmen vom eigentlichen Anschlag, die aber erst seit 2006 bekannt sind, weil sie als Beweismaterial im Prozess gegen den mutmaßlichen Terroristen Zacarias Moussaoui vorher nicht veröffentlicht werden durften. Das Material, das von einer Überwachungskamera am Pentagon stammt, zeigt einen undeutlichen Schatten und einen großen Feuerball, aber kein Flugzeug. Dies erklärt sich durch die Einstellungen der Kamera, die pro Sekunde nur ein Bild machte – zu wenig, um den 850 Stundenkilometer schnellen Jet abzulichten.

Warum aber erscheint das Einschlagloch zu klein für ein so

großes Passagierflugzeug? Der American-Airlines-Flug traf die Außenmauer des Pentagons in einem leicht spitzen Winkel. Die Tragflächen kollidierten zuvor mit Laternen, Zäunen und dem großen Generator. Was dabei noch nicht abgerissen wurde, zerschellte am äußeren Ring des Gebäudes an den tragenden Säulen, die mit einem Stahlmantel umgeben waren. Das ist das Ergebnis einer wissenschaftlichen Studie der Purdue-Universität im US-Bundesstaat Indiana, die auch von deutschen Wissenschaftlern wie Wolfram Klingsch bestätigt wird: »Ein Flugzeug ist ein sehr fragiles Gebilde. Man muss sich klarmachen, dass die Flugzeughülle, der Rumpf, die Tragflächen aus Aluminiumblechen bestehen, die eine Dicke von 4–6 Millimetern haben. Für das Flugzeug bringt das eine ausreichend hohe Steifigkeit mit sich, aber wenig Masse.«

Die Wahrheitsbewegung unterstellt den Wissenschaftlern an der Purdue-Universität, dass sie aufgrund staatlicher Zuschüsse nicht unabhängig seien. Das Ungeheuerliche an der Behauptung vom Raketenangriff auf das Pentagon ist aber die Implikation, dass die US-Regierung ein Flugzeug mit 64 Menschen an Bord einfach verschwinden ließ. So als habe es die Anrufe der verzweifelten Passagiere nicht gegeben, in denen sie die Abläufe bis kurz vor dem Einschlag schildern. Aber die Wahrheitsbewegung geht sogar noch einen Schritt weiter.

These 3:
Der Absturz von United Airlines Flug 93 in Shanksville, Pennsylvania, wurde von der US-Regierung inszeniert.

Nach Überzeugung vieler 9/11-Zweifler gab es am angeblichen Absturzort der entführten Maschine weder ein Wrack noch Leichen. Das schließen sie aus den Fernsehbildern, auf denen von den Überresten eines Flugzeugs kaum etwas zu sehen ist. In Wahrheit, so die Behauptung, habe man das Passagierflugzeug irgendwo abgeschossen und die Trümmer dann verschwinden lassen, um mit der Geschichte von heldenhaften Passagieren, die das Cockpit erstürmen wollten, die Moral der amerikanischen Bevölkerung zu stärken. Die zahlreichen Anrufe der Menschen an Bord seien gar nicht möglich gewesen, da sie aus einer Höhe von mehr als 10 000 Metern erfolgten. Dort würden Handys aber nachweislich nicht funktionieren. Also seien die Telefonate mit Hilfe von Computern gefälscht worden, die die Stimmen der Opfer nachgemacht hätten.

Klingt verrückt? Ist es auch. Das Fehlen von großen Wrackteilen in Shanksville erklärt sich durch die hohe Geschwindigkeit von 900 Stundenkilometern, mit der Flug 93 fast senkrecht in den Boden raste. Augenzeugen haben den Absturz beobachtet. Patrick Madigan von der Polizei in Pennsylvania bestätigt, dass er selbst die vielen kleinen Trümmer und unzählige Leichenteile gesehen hat. Im Jahr 2001 waren Handys bis zu einer Höhe von 17 000 Metern voll funktionsfähig. Viele der Anrufe aus dem Inneren des Flugzeugs erfolgten über die Bordtelefone. Die Aufzeichnungen sind längst veröffentlicht und klingen authentisch. Die Angehörigen sind von ihrer Echtheit überzeugt und empört über die Schamlosigkeit der selbsternannten Wahrheitsbewegung, die ihnen mit ihrer geschmacklosen Behauptung die letzte Erinnerung an geliebte Menschen zerstört. »Wir haben uns ›Ich liebe dich‹ gesagt, mehr als tausendmal, immer, immer und immer wieder«, erinnert sich Lyzbeth Glick, deren Mann Jeremy kurz vor seinem Tod zu Hause anrief. »Das hat uns so viel Frieden gebracht. Nicht allein durch die Worte. Ich habe dadurch das Gefühl wirklich gespürt.«

In der zweiten Version von *Loose Change* hat Dylan Avery einige seiner Behauptungen relativiert, unter anderem die über die kontrollierten Explosionen an den Zwillingstürmen und die zu den angeblich gefälschten Telefonaten. Auf kritische Nachfragen zu seinen Recherchemethoden erklärte er dem amerikanischen Fernsehsender History Channel: »In der zweiten Ausgabe bieten wir zahlreiche alternative Erklärungen an, so dass die Leute fragen, wie das sein kann. Damit haben wir uns viel Ärger eingehandelt, weil die Menschen automatisch annehmen, dass wir die Theorien, die wir uns ausdenken, auch für richtig halten. Nein, das tun wir nicht. Wir weisen nur auf alternative Erklärungen hin.« Diese Haltung ist eine Verharmlosung der manipulativen Methoden, die Anhänger der Wahrheitsbewegung in ihrer scheinbaren Beweisführung anwenden. Sie geben vor, nach der Wahrheit noch zu suchen, aber das ist eine glatte Lüge. Denn in ihren Pamphleten, Videos und bei öffentlichen Auftritten präsentieren sie ihre Version von Nine Eleven als absolute Wahrheit – das ist das Kennzeichen aller Verschwörungstheoretiker. Sie werden damit zu Feinden von Meinungsvielfalt und demokratischen Prinzipien, weil sie anderen Ansichten von vornherein die Existenzberechtigung absprechen. Besonders bedenklich wird das, wenn man an den politisch-gesellschaftlichen Überbau denkt, den die Verschwörungstheoretiker hinter den Anschlägen vom 11. September zu erkennen glauben.

These 4:
Die US-Regierung und andere finstere Mächte haben Nine Eleven inszeniert.

Die LIHOPs und MIHOPs der Wahrheitsbewegung sind davon überzeugt, dass die Bush-Administration und/oder Kräfte im sogenannten militärisch-industriellen Komplex nicht nur von den konkreten Plänen für einen Anschlag wussten, sondern ihn geschehen ließen oder gar aktiv daran beteiligt waren. Sie sehen dafür zahlreiche Belege: Die Luftverteidigung NORAD (North American Aerospace Defense Command) sei an diesem 11. September durch Übungen bewusst geschwächt worden. Abfangjäger seien auf Befehl der Regierung nicht aufgestiegen. Die Attentäter seien von US-Geheimdiensten für die Anschläge rekrutiert worden. Das Video, in dem sich Osama bin Laden selbst der Beteiligung an den Attacken bezichtigt, sei gefälscht, denn der Al-Qaida-Führer sehe in Wirklichkeit anders aus, sei eigentlich Linkshänder und trage auch keinen Schmuck. Im Video schreibt und isst bin Laden mit der rechten Hand. Am Gelenk trägt er eine Uhr, am Finger einen Ring.

Die weiteren Thesen der Wahrheitsbewegung greifen auf altes antisemitisches Gedankengut zurück, nach dem eine zionistische Weltverschwörung existiert. Ein weiteres Hochhaus im World-Trade-Center-Komplex, der sogenannte Turm 7, kollabierte am Nachmittag des 11. September, obwohl das Gebäude etwa hundert Meter von den Zwillingstürmen entfernt war. Deshalb behaupten viele, es sei kontrolliert gesprengt worden, um Beweismaterial für die Verschwörung in den dortigen Büros von CIA, Verteidigungsministerium, Steuerbehörde und Börsenaufsicht zu vernichten. Der Besitzer des World Trade Centers, der jüdische Geschäftsmann Larry Silverstein, sei in die Pläne eingeweiht gewesen und habe selbst den Befehl zur Sprengung gegeben. Zahlreiche Börsenmakler hätten ebenfalls von den Anschlägen gewusst und durch zwielichtige Finanztransaktionen von ihnen profitiert. Viele der großen Wall-Street-Konzerne werden von Managern jüdischen Glaubens geführt. Selbst eine Behauptung der islamischen Terrorgruppe Hisbollah im Libanon fand schon wenige Tage nach den Anschlägen Eingang in die gängigen Verschwörungstheorien. Demnach seien am 11. September mehr als 4000 Juden nicht zur Arbeit im World Trade Center erschienen, weil sie vorher gewarnt wurden. Ganz offenbar habe der israelische Geheimdienst Mossad von den Anschlagsplänen gewusst. Mehrere Agenten des Mossad seien den Attentätern in den Wochen zuvor in Florida auf der Spur gewesen.

Nach Lesart der 9/11-Zweifler ließ die US-Regierung die Terrorangriffe von New York und Washington geschehen oder gab sie sogar in Auftrag, um den Plänen neokonservativer Politiker um den jüdischen Vize-Verteidigungsminister Paul Wolfowitz die nötige Rechtfertigung zu liefern. Die globale Vormachtstellung der Supermacht USA sollte auf lange Zeit gesichert und der Rüstungs- und Energieindustrie ein Milliardengeschäft garantiert werden, von dem vor allem die Freunde der beiden wirtschaftsnahen Anführer Amerikas, Präsident George W. Bush und Vizepräsident Dick Cheney, profitieren würden.

Ein gruseliges Konglomerat von Vorwürfen, die sich ebenfalls leicht entkräften lassen. Ein einziger Punkt lässt sich am Ende nicht abschließend beantworten. Wie im ersten Kapitel dargestellt, war die amerikanische Luftverteidigung grundsätzlich nicht auf mögliche Attentate mit Flugzeugen im Landesinneren vorbereitet. Alle Übungen waren auf eine Bedrohung aus Russland oder China ausgerichtet. Dass im Jahr 2001 nur 14 Kampfjets als Abfangjäger für Luftoperationen zur Verfügung standen, ist der sogenannten »Friedensdividende« geschuldet, also den Sparmaßnahmen nach Ende des Kalten Krieges. Tatsächlich schickte NORAD, genauer gesagt dessen Unterabteilung NEADS, am 11. September einer Reihe von Kampfflugzeugen in den Einsatz, die aber allesamt zu spät kamen. Es gab kein Startverbot für die Jets durch die Regierung. Das totale Durcheinander bei der Überwachung des Luftraums erklärt sich dadurch, dass die Flugzeugentführer die Transponder ihrer Maschinen abgeschaltet hatten. Sie waren auf den modernen Radarschirmen in den Kontrollzentren nicht mehr sichtbar.

Die Vorgeschichte des 11. September und die Rekrutierung der Attentäter sind durch die Ermittlungen fast lückenlos belegt. Osama bin Laden hat sich mehrfach zu den Anschlägen bekannt, ebenso die eigentlichen Planer Khalid Sheikh Mohammed und Ramzi bin al-Shibh. Das Bekennervideo, das mit dem Datum 9. November 2001 markiert ist und von CIA-Agenten in einem Haus im afghanischen Dschalalabad gefunden wurde, zeigt eindeutig bin Laden. Der Terrorchef sitzt auf dem Boden eines schmucklosen Raumes, umgeben von einigen Getreuen, und berichtet stolz, wie er am 11. September vor einem Radio die Nachrichten aus den USA verfolgt habe. Der Angriff, so bin Laden, sei viel effektiver gewesen, als er selbst bei den Planungen erwartet habe: »Drei bis vier Stockwerke, so kalkulierten wir, würden die Flugzeuge wohl treffen. Ich selbst war der Optimistischste von allen. Aufgrund meiner Erfahrung auf diesem Gebiet dachte ich, dass das brennende Kerosin die Stahlträger schmelzen lassen könnte. Dann würde der obere Teil zusammenbrechen, mehr hatten wir nicht erwartet.« In dem Video isst der Linkshänder bin Laden tatsächlich mit der rechten Hand, weil die linke Hand nach streng islamischem Verständnis als unrein gilt. Er schreibt auch mit rechts. In zahlreichen anderen authentischen Videos und Fotos ist das genauso zu sehen. Häufig trägt er auch Uhren und Schmuck.

Was aber ist mit der Unterstellung einer zionistischen Weltverschwörung? Beginnen wir damit, dass die Anhänger dieser Theorie – auch die Macher von *Loose Change* – meist auf eigene Recherche verzichten und vermeintliche Belege aus der *American Free Press* zitieren. Die Zeitung wurde vom amerikanischen Rechtsextremisten und Holocaust-Leugner Willis Carto mitgegründet und verbreitet regelmäßig antisemitisches Gedankengut. Tatsächlich befanden sich im Turm 7 des World Trade Centers die örtlichen Zweigstellen von CIA, Streitkräften, Steuerbehörde und Börsenaufsicht. Eine kontrollierte Sprengung hat es jedoch nicht gegeben. Das Gebäude war durch herabfallende Trümmer des Nordturms schwer beschädigt und in Brand gesetzt worden. In seinem Inneren gab es keine durchgängigen Stahlträger, sondern nur ein zentrales Stahlkonstrukt, das durch die Flammen geschwächt wurde. Das Feuer wurde zusätzlich durch eine Reihe von Dieseltanks genährt, die an zahlreichen Stellen für die Notversorgung durch Generatoren installiert waren. Am Nachmittag des 11. September berieten der Einsatzleiter der Feuerwehr und der Besitzer des Gebäudes, Larry Silverstein, das weitere Vorgehen. Er habe, so Larry Silverstein später in einem Interview, gesagt: »Just pull. They made the decision to pull.« Diese Entscheidung zum »Ziehen« wird von Verschwörungstheoretikern als Befehl zur kontrollierten Sprengung interpretiert. Nach Auskunft der Feuerwehr war damit aber gemeint, die restlichen Einsatzkräfte aus dem Gebäude »abzuziehen«. Und genau das taten sie, kurz bevor Turm 7 einsackte. Die Fernsehbilder zeigen übrigens wieder ein anderes Einsturz-Muster, als es bei kontrollierten Sprengungen zu beobachten ist. Der Vollständigkeit halber: Larry Silverstein hatte den World-Trade-Center-Komplex erst im Juli 2001 übernommen und für eine Summe von 3,5 Milliarden Dollar versichert. Die Summe des Schadens liegt jedoch bei weitem höher.

Dass Manager großer Wall-Street-Unternehmen vor Nine Eleven von den bevorstehenden Ereignissen wussten und Geld damit machten, ist bis heute nicht bewiesen und auch höchst unwahrscheinlich. Es gab verdächtige Transaktionen, aber diese wurden offenbar nicht aus New Yorker Finanzkreisen initiiert. Wenige Tage vor den Anschlägen kauften Unbekannte sogenannte Verkaufsoptionen auf Aktien von Unternehmen, die bei einem Angriff erhebliche Verluste zu befürchten hatten. Auf diese Weise profitierten sie von den stürzenden Aktienkursen der Muttergesellschaften der Fluglinien United Airlines und American Airlines, der Versicherungen Münchener Rück und Axa, der Finanzfirmen Merrill Lynch, Morgan Stanley und Bank of America, die alle unmittelbar von den Anschlägen betroffen waren. Gleichzeitig erwarben Unbekannte auch Kaufoptionen auf US-Schatzbriefe und Aktien des amerikanischen Rüstungskonzerns Raytheon und profitierten von deren Wertsteigerungen in den Kriegszeiten nach dem 11. September. Trotz einer internationalen Untersuchung unter Führung der amerikanischen Börsenaufsicht SEC konnte nicht zweifelsfrei ermittelt werden, ob es sich um illegale Aktivitäten handelte oder um normale Marktbewegungen, die nur zufällig in ein falsches Licht gerieten. Tatsächlich könnte der Grund für den

Kauf der Optionen auf die Aktien der Fluglinien am 6. September die am Markt verbreitete negative Erwartungshaltung gewesen sein. Am 7. September, also am Tag nach dem Kauf, gab die Muttergesellschaft von American Airlines, AMR Corporation, bekannt, dass sie weitere dramatische Verluste erwartete. Vielleicht hatte ein Insider von der bevorstehenden Bekanntmachung erfahren und wollte das schnelle Geld verdienen.

Völlig unverständlich ist die Geheimhaltung des 20-seitigen Abschlussberichts der SEC vom 15. Mai 2002. Erst durch eine Klage der »National Security Archives«, einer Lobbygruppe, die auf der Basis der amerikanischen Verfassung die Veröffentlichung geheimer Regierungsdokumente erstreitet, wurde die SEC-Analyse im April 2010 freigegeben. Nach der Untersuchung von 9,5 Millionen Transaktionen mit mehr als einhundert beteiligten Firmen in sieben verschiedenen Finanzmärkten kommen die Ermittler zu einem eindeutigen Schluss: »Wir haben keine Beweise dafür gefunden, dass Personen, die von den Angriffen vorab Kenntnis hatten, auf der Basis dieser Informationen gehandelt haben. In jedem einzelnen Fall, in dem wir ungewöhnliche Transaktionen vor dem Angriff bemerkt haben, konnten wir entweder durch direkte Gespräche mit den für den Handel Verantwortlichen oder durch Überprüfung der Handelsdokumente feststellen, dass diesen Transaktionen eine legitime Handelsstrategie zugrunde lag.« Doch ein Restverdacht bleibt: Meint die SEC mit den »Personen, die von den Angriffen vorab Kenntnis hatten«, nur Mitglieder des Terrornetzwerks Al-Qaida? Tatsächlich gibt es offenbar keine Belege für den Versuch Osama bin Ladens und seiner Anhänger, sich zu bereichern. Aber angesichts der vielfältigen Geheimdiensthinweise auf bevorstehende Terroranschläge gegen die USA im Frühsommer 2001 bleibt die Frage offen, ob Personen, die Zugang zu diesen Informationen hatten, möglicherweise doch an verdächtigen Transaktionen beteiligt waren. Dies ist der eine Punkt, der weiterer Recherchen bedarf. Ihn als Beleg für eine jüdische Weltverschwörung heranzuziehen, entbehrt jeder Grundlage.

Dennoch wird in rechtskonservativen Medien in den USA, beispielsweise der *American Free Press* und *Fox News Channel*, immer wieder insinuiert, dass israelische Investoren hinter den verdächtigen Handelsaktivitäten steckten und dass der israelische Geheimdienst detaillierte Kenntnisse von den Anschlagsplänen besaß. So sendete der Nachrichtenkanal *Fox* mehrteilige Serien über die Aktivitäten angeblicher israelischer Spione in den USA. Demnach sollen in den Monaten vor Nine Eleven zahlreiche junge, israelische Agenten aufgefallen und des Landes verwiesen worden sein, die als Kunststudenten getarnt in Florida die Aktivitäten der Terroristen um Mohammed Atta beobachtet hätten. Tatsächlich lässt sich belegen, dass die US-Einwanderungsbehörde in der ersten Jahreshälfte 2001 eine ganze Reihe von jungen Israelis aufgrund von Verstößen gegen die amerikanischen Visabestimmungen in ihre Heimat zurückgeschickt hat. Dass sie die Attentäter des 11. September ausspähen sollten und angeblich sogar in ihrer unmittelbaren Nachbarschaft in Florida wohnten, dafür gibt es keine Beweise. Gänzlich ausgeschlossen ist es freilich nicht. Immerhin hatte der israelischen Mossad seine Partnerdienste in den USA und Europa im Sommer 2001 sehr eindringlich vor möglichen Anschlägen gegen amerikanische Ziele weltweit gewarnt. Aber wäre der Geheimdienst so nah an den Attentätern dran gewesen, dann hätte er die Attacken doch verhindert? Fehlende Antworten hinterlassen Raum für Spekulationen, und in dieses Vakuum stoßen Verschwörungstheoretiker mit ihren perfiden Thesen.

Am 17. September 2001 verbreitete Al-Manar, der Fernsehsender der terroristischen Hisbollah im Libanon, die Behauptung, dass 4000 Juden an Nine Eleven nicht zur Arbeit im World-Trade-Center-Komplex erschienen sind, weil sie vorher gewarnt wurden. Ein scheinbarer Beleg dafür, dass Israel, nicht islamische Terroristen, hinter dem Angriff auf Amerika steckte.

Dies ist eine glatte Lüge, die sich sehr leicht widerlegen lässt. In den USA ist die Angabe der Religion in offiziellen Dokumenten keine Pflicht. Damit sollen Bürger vor möglicher Diskriminierung geschützt werden. Deshalb ist es schwierig, die genaue Zahl der jüdischen Opfer unter den Toten festzustellen. Nach intensiven Recherchen der *New York Times* und den Unterlagen der Gesundheitsbehörden in New York waren unter den rund 3000 Opfern bis zu 400 Menschen jüdischen Glaubens. Allein unter den 390 getöteten Angestellten der Finanzfirma Cantor Fitzgerald befanden sich nachweislich 49 Juden. Auf einer amtlichen Auflistung von 1700 Opfern der World-Trade-Center-Attacken ist bei rund 270 die Religionsangabe »jüdisch« eingetragen. Das US-Außenministerium veröffentlichte eine unvollständige Liste mit 76 Namen jüdischer Amerikaner.

Für das Fernbleiben von 4000 Juden von ihrem Arbeitsplatz gibt es nicht den Hauch eines Beweises. Dass Anhänger der Wahrheitsbewegung diese Behauptung als Beleg für ihre Theorien anführen, verletzt die Angehörigen der jüdischen Opfer zutiefst: »Jedes Mal, wenn ich solche Verschwörungstheorien höre, fühle ich das wie einen Messerstich in meinem Herzen«, so beschreibt es Cheryl Shames, deren Bruder Andrew Zucker im Südturm des World Trade Centers starb. »Es erinnert mich daran, dass es da draußen Leute gibt, die sich weder um meinen Bruder noch um die anderen Opfer dieser schrecklichen Terrorattacke scheren.«

Was treibt Menschen an, legitime Skepsis gegenüber der amtlichen Version einer geheimniskrämerischen Regierung und den blinden Glauben an unbewiesene Gerüchte zu einem üblen Gemisch aus Vorurteilen, Lügen und Ressentiments zu verbinden und dabei sämtliche Gegenbeweise zu ignorieren? Nach Ansicht des Politikwissenschaftlers Armin Pfahl-Traughber steigern komplexe, unerklärliche Ereignisse massiv die Nachfrage nach einfachen Erklärungen. Man suche dann »ein schönes Feindbild, mit dem man die Ereignisse erklären und auf einen zentralen Bösewicht zuschneiden kann«. Obendrein vermittelten Verschwörungstheorien eine »Aura des Geheimnisvollen und des exklusiven Wissens«. Tatsächlich wähnen sich ihre Anhänger im Besitz der absoluten Wahrheit und fühlen sich deshalb allen anderen »dümmeren Menschen« überlegen. Die Sehnsucht nach Verschwörungstheorien wird zudem von der Kluft zwischen der Monstrosität der Tat und dem Mythos der amerikanischen Unbesiegbarkeit angetrieben. Die 9/11-Zweifler halten es schlichtweg für unmöglich, dass 19 arabische Terroristen die mächtigste Regierung der Welt mitsamt ihres riesigen Sicherheitsapparates austricksen könnten. Also suchen sie nach einer schlüssigen Alternative und brüsten sich damit, die wahre Geschichte entdeckt zu haben. Dabei entwickeln sie nicht nur eine Art messianisches Sendungsbewusstsein, sondern auch eine spezifische Wahrnehmung, die ausschließlich jene Informationen zur Kenntnis nimmt, die in ihre Theorie passen. Das Internet mit seinen tausendundein Geschichten liefert für ihre »Recherchen« die Jagdgründe.

Dabei kann es sein, das unter all den Fehlinformationen, substanzlosen Gerüchten und wilden Mutmaßungen auch echte und wertvolle Erkenntnisse in die Verschwörungstheorien eingewoben werden. Wichtigstes Beispiel ist das schon ausführlich beschriebene Strategiepapier neokonservativer Politiker aus dem Jahr 2000, nach dem der Sturz des irakischen Diktators Saddam Hussein – mithin der Krieg gegen den Irak – von langer Hand geplant war. Aber dass eine Regierung deshalb einen Terroranschlag mit fast 3000 Todesopfern inszeniert oder geschehen lässt, ist völlig absurd. Nicht zuletzt, weil die Risiken für sie selbst unkalkulierbar wären. In der Tat beförderte die neokonservative Politik von George W. Bush ja nicht die amerikanische Vormachtstellung, sondern sie demontierte sie regelrecht, wie wir später noch sehen werden.

Die verpasste Chance

Im Auswärtigen Amt in Berlin scharten sich Joschka Fischer und seine engen Mitarbeiter am Nachmittag des 11. September 2001 um den Fernseher. »Pearl Harbor«, sagte der Außenminister, »da muss ich gleich mit dem Kanzler reden«. Fischers Pressesprecher Jürgen Michaelis erinnert sich: »Er saß hinter seinem Schreibtisch, guckte uns an, wir standen auch etwas verstört vor seinem Schreibtisch, und er sagte zu uns: ›Nichts wird mehr so sein wie vorher.‹ Und man spürte im Bauch, dass diese Aussage wahr war.« Joschka Fischer beschrieb seine Gefühle später so: »Dies war auch ein Angriff auf die offene Gesellschaft, auf die Weltwirtschaft, man sah es schon an der Auswahl der Ziele. Mir war klar, dass dies den Gang der Ereignisse grundsätzlich ändern würde, ja, mir war an dem Tag eigentlich auch schon klar, dass es das Ende der Nachkriegszeit war, der Nachkriegszeit nach dem Ende des Kalten Krieges.«

Am Abend diskutierten Fischer und seine Berater im Auswärtigen Amt über die Zukunft. Kurz zuvor hatte der Bundeskanzler den USA die »uneingeschränkte Solidarität« Deutschlands versprochen, eine Formulierung, die weder mit dem Außenminister noch mit dem Vizekanzler abgesprochen war. Im Kreis seiner Mitarbeiter sagte Fischer später: »So weit hätte man nicht gehen müssen.« Im Auswärtigen Amt ahnte man nämlich schon, wie heftig die Supermacht auf die Herausforderung durch Terroristen reagieren würde. »Mir war sofort klar«, so Fischer, »dass die USA niemals bereit sein werden, unter dem Damoklesschwert dieser terroristischen Bedrohung weiterzuleben, sondern dass sie sich mit allem, was sie haben, wehren werden. [...] Die Cowboys werden zuschlagen.« Der Außenminister setzte darauf, dass die US-Regierung die Bedrohung als das verstand, was sie wirklich war, eine »totalitäre Ideologie«, die »jenseits von Afghanistan keinen Staat als territoriale Basis« hatte und die sich nur im Rahmen einer weltweiten Zusammenarbeit bekämpfen ließ. Für viele der Gesprächsteilnehmer im Auswärtigen Amt bot das schreckliche Geschehen auch drei große Chancen: Russland könnte näher an den Westen angebunden, China zu mehr Kooperation verpflichtet werden, und die US-Regierung würde vielleicht einsehen, dass sie sich nach ihrem Unilateralismus in den ersten Monaten der Bush-Administration international wieder mehr engagieren musste – das brutalste Attentat der Geschichte konnte auch als Chance für den Multilateralismus begriffen werden. Alles andere – auch das war schon kurz nach Nine Eleven klar – barg immense Risiken.

Der Angriff auf die USA war für viele Menschen auf der ganzen Welt das Signal für eine Zeitenwende. Im Westen sprach man vom Bösen, das unsere Werte vernichten wollte, während all diejenigen, die sich schon lange als Opfer der Globalisierung und der geostrategischen Interessen der Großmächte sahen, den Angriff als Befreiungsschlag wahrnahmen: als eine Befreiung von der Ohnmacht, von dem Gefühl, immer nur Objekt der Machtpolitik anderer zu sein. Selbst viele Menschen in den westlichen Demokratien spürten, dass die Attacken auch als Folge einer Außenpolitik gelten mussten, die von einer fragwürdigen Doppelmoral geprägt war. Deshalb fand ein Essay der indischen Autorin und Globalisierungskritikerin Arundhati Roy, den die *Frankfurter Allgemeine Zeitung* am 28. September 2001 abdruckte, hierzulande neben erwartbarer Kritik auch Unterstützung.

Unter dem Titel »Wut ist der Schlüssel« schrieb Roy, die Botschaft der Anschläge von New York und Washington könnte »von den Geistern der Opfer von Amerikas alten Kriegen unterzeichnet sein.«[80] Damit meinte sie die Millionen von Toten im Libanon und Irak, in Korea, Vietnam und Kambodscha, Palästina, Jugoslawien, Somalia, Haiti, Chile, Nicaragua, El Salvador, Panama und der Dominikanischen Republik, die ermordet worden seien »von all den Terroristen, Diktatoren und Massenmördern, die amerikanische Regierungen unterstützt, ausgebildet, finanziert und mit Waffen versorgt haben«. Osama bin Laden sei »aus der Rippe einer Welt gemacht, die durch die amerikanische Außenpolitik verwüstet wurde, durch ihre Kanonenbootdiplomatie, ihr Atomwaffenarsenal, ihre unbekümmerte Politik der unumschränkten Vorherrschaft, ihre kühle Missachtung aller nichtamerikanischen Menschenleben, ihre barbarischen Militärinterventionen, ihre Unterstützung für despotische und diktatorische Regime, ihre wirtschaftlichen Bestrebungen, die sich gnadenlos wie ein Heuschreckenschwarm durch die Wirtschaft armer Länder gefressen haben. Ihre marodierenden Multis, die sich die Luft aneignen, die wir einatmen, die Erde, auf der wir stehen, das Wasser, das wir trinken, unsere Gedanken.«

Ihre provokanten Vorwürfe mochten damals für viele, die sich den Vereinigten Staaten verbunden fühlten, unerträglich gewesen sein, aber sie einfach zu ignorieren oder als reine Verleumdung abzutun wäre ein verhängnisvoller Fehler. Denn Roys Text spiegelte mit seiner vernichtenden Kritik wider, wie Millionen von Menschen vornehmlich in ärmeren und islamischen Ländern die Politik der Vereinigten Staaten wahrnahmen. Diese Wahrnehmung von einem Amerika, das sich die Freiheit auf die Fahnen geschrieben hatte, aber mit seiner Außenpolitik häufig das Gegenteil bewirkte, war der fruchtbare Boden, auf dem die Saat der Terrorpropaganda von Osama bin Laden aufging. Dieser Faktor spielte in der Risikoanalyse der Bush-Administration nach dem 11. September fast keine Rolle. Die mahnenden und warnenden Worte von US-Außenminister Colin Powell, dass man die Folgen jedes offensiven Handelns immer vorher mitbedenken muss, verhallten auf den Fluren des Weißen Hauses ungehört.

Arundhati Roy dagegen sagte diese Folgen eines globalen Krieges gegen den Terrorismus für die Glaubwürdigkeit der

USA treffgenau voraus: »Die bevorstehende Operation wird angeblich zur Aufrechterhaltung amerikanischer Werte durchgeführt. Doch sie wird nur noch mehr Zorn und Angst in der ganzen Welt erzeugen, und am Ende dürften diese Werte völlig diskreditiert sein.«

Aber hätte es nach dem 11. September tatsächlich die Gelegenheit gegeben, die Fehler der Vergangenheit zu korrigieren? Hunderte Millionen von Menschen auf der ganzen Welt erwarteten ein Signal, dass der Westen dem Terrorismus durch eine glaubwürdigere Politik ein für alle Mal das Wasser abgraben würde. Doch die Erwartungen wurden bitter enttäuscht. Der Irakkrieg ohne völkerrechtliches Mandat, die naive Nachkriegsplanung und die menschenunwürdigen Exzesse von Abu Ghraib haben diese Enttäuschung dann in Wut verwandelt – und bei nicht wenigen Menschen die Bereitschaft erzeugt, sich in diesem Kampf auf die falsche Seite, die Seite der Terroristen, zu schlagen. Hätte man diese Entwicklung verhindern können? Was hätte Amerika anders machen müssen? Vielleicht gar nicht so viel, wie manche denken. Eine Utopie.

Am Morgen des 12. September 2001 bittet der US-Präsident die Kamerateams in den Kabinettssaal. Am Tag des Anschlags hat George W. Bush das Wort Krieg noch vermieden. Nun will er diesen Krieg offiziell erklären – er soll mit aller Macht geführt werden, aber nicht unüberlegt, nicht überhastet. Seine Berater haben ihm eine gezielte Wortwahl ans Herz gelegt, und so bezeichnet er die Anschläge nicht nur als Terrorakte, sondern als einen Akt des Krieges. »Wir haben es mit einem Feind zu tun, der versucht, sich zu verstecken, aber das wird ihm nicht für immer gelingen. Er wähnt sich in Sicherheit, aber das wird nicht so bleiben. Wir werden die Welt um uns scharen. […] Wir werden geduldig sein, fokussiert und standfest in unserer Entschlossenheit.«

Ein starker Auftritt, und bis zu diesem Punkt kann er mit grenzenloser Zustimmung rechnen. Am liebsten würde er nun den Terrorismus als solchen zum Feind erklären. Es läge nahe, diesen Krieg als »monumen-

talen Kampf zwischen Gut und Böse« zu bezeichnen, in dem selbstverständlich »das Gute« siegen würde. Hatte nicht einst Ronald Reagan die Sowjetunion besiegt, indem er sie zum »Reich des Bösen« erklärt hatte?

Darüber hatten sie in der vergangenen Nacht unter dem Eindruck der Ereignisse im Lagezentrum des Weißen Hauses heftig gestritten. Condoleezza Rice hatte als Beraterin von George Bush senior den Fall der Mauer unmittelbar miterlebt und den Weg für eine deutsche Wiedervereinigung bereitet. Sie wusste, dass all dies nicht gelungen wäre, wenn man Michail Gorbatschow nicht das notwendige Vertrauen entgegengebracht hätte, obwohl er doch vermeintlich einer der Bösen war. Mit Schwarzweiß-Schablonen kam man nicht weit in der Politik. Im Krieg auch nicht, das hatte Colin Powell als junger Offizier im Vietnamkrieg erlebt. Wie sollte man einen Krieg gewinnen, wenn man nicht das Vertrauen der Bevölkerung besaß und wenn man jeden, der den USA kritisch gegenüberstand, gleich zum Feind erklärte? Powell kannte auch die Pläne der Bush-Regierung für einen Sturz Saddam Husseins. Sie würden freilich nur erfolgreich sein, wenn man das Vertrauen der irakischen Bevölkerung gewann. Die aber hatte schon einmal – nach dem Golfkrieg 1991 – erleben müssen, wie Amerika die Kurden im Norden des Landes und die Schiiten im Süden in der Auseinandersetzung mit dem Diktator im Stich gelassen hatte. Deshalb war es gefährlich, Hoffnungen zu wecken und Versprechen zu machen, die man vielleicht nicht erfüllen konnte, oder sich selbst einen Anstrich von makelloser Moral und absoluter Unfehlbarkeit zu geben, der in der Realpolitik schnell abblättern würde. Jede noch so kleine Differenz zwischen Anspruch und Wirklichkeit, so warnten Rice und Powell den Präsidenten, könnte den Vorwurf der Doppelmoral rechtfertigen und die Glaubwürdigkeit der amerikanischen Politik untergraben. Dick Cheney und Donald Rumsfeld sahen das anders. Angesichts der Bedrohung dürfe niemand neutral bleiben. Deshalb forderten sie, Freund und Feind klar voneinander zu scheiden: Wer nicht für uns ist, ist gegen uns. Stundenlang redeten sie sich die Köpfe heiß, bis George W. Bush die Debatte beendete. Er werde darüber nachdenken.

Am nächsten Morgen wählte der Präsident der Vereinigten Staaten von Amerika vor laufenden Kameras im Kabinettssaal folgende Worten:

»Unsere Feinde sind Terroristen, die uns in einen Kampf der Kulturen verstricken wollen. Zu diesem Zweck verbreiten sie Angst und Schrecken, rechtfertigen die brutalsten Gewalttaten und geben dabei vor, für Freiheit und Gerechtigkeit zu kämpfen. In Wirklichkeit tun sie das Gegenteil: Sie wollen keine gerechte Welt, in der alle Menschen gleich sind. Sie wollen keine Bildung. Sie verhindern den wirtschaftlichen Fortschritt und damit die Chance jedes Einzelnen auf ein Leben ohne Armut und Unterdrückung. Sie sind der größte Feind der Freiheit und wollen keinen modernen Islam, der die Zukunft in einer sich verändernden Welt aktiv mitgestaltet, sondern einen Islam, der die Zeit um tausend Jahre zurückdrehen will und keine Antworten auf die Fragen der Gegenwart hat. Ihr Ziel ist der Stillstand, und dafür töten diese Terroristen seit Jahrzehnten vor allem andere Muslime und behaupten dabei, im Auftrag Allahs zu handeln.

Nein, dies ist kein Kampf der Kulturen, sondern der Kampf einer kleinen Minderheit gegen alle Kulturen, weil die überwältigende Mehrheit aller Menschen, egal welcher Hautfarbe, Ethnie, Religion oder Bevölkerungsschicht sie angehören, für die Würde des Menschen, für Freiheit und Gerechtigkeit eintritt. Unser gemeinsamer Feind ist nicht ›der Terrorismus‹, sondern es sind Al-Qaida und andere islamistische Terrorgruppen in aller Welt, insgesamt ein paar Tausend Terroristen. Vielleicht sind es auch einige Zehntausend, aber was bedeutet das schon bei fünf Milliarden Menschen auf unser aller Erde?

Amerika hat in der Vergangenheit vieles richtig, aber auch einiges falsch gemacht. Diese Fehler müssen wir uns und der Welt eingestehen. In der Auseinandersetzung der großen Mächte im Kalten Krieg haben wir die Mudschaheddin in Afghanistan bewaffnet und mit Geld unterstützt. Aber nach ihrem Sieg haben wir das Land sich selbst und einem blutigen Bürgerkrieg überlassen, aus dem ein menschenfeindlicher Gottesstaat hervorging, der Terroristen Schutz gewährt. Diesen Fehler werden wir nicht wiederholen. Deshalb muss Amerika gemeinsam mit allen freiheitsliebenden Völkern der Welt jetzt handeln.

Ich fordere die Taliban-Regierung auf, den Kampf gegen Al-Qaida aufzunehmen und Osama bin Laden mit der gesamten Führung seiner Terrorgruppe an den internationalen Strafgerichtshof in Den Haag auszuliefern. Geschieht das nicht, gebe ich den Befehl für massive Luftangriffe auf die militärische und politische Infrastruktur Afghanistans, gefolgt von einer Bodenoffensive, die das Land von seinem unrechtmäßigen Regime und von den Terroristen der Al-Qaida befreien wird. Alle Gruppen aus der afghanischen Bevölkerung, die sich an diesem Kampf beteiligen wollen, werden von den USA mit allen Mitteln unterstützt. Und wir laden die Nationen der Welt ein, sich uns anzuschließen. Aber Amerika wird nicht zögern, auf den Akt des Krieges in New York und Washington auch allein zu antworten.

Gleichzeitig wird der Generalsekretär der Vereinten Nationen, Kofi Annan, auf meine Bitte hin zu einer internationalen Konferenz nach New York einladen, bei der Staats- und Regierungschefs über drei Punkte beraten sollen:

1. die Unterstützung der politischen und wirtschaftlichen Entwicklung eines freien Afghanistans nach dem Krieg

2. die gemeinsame Bekämpfung von islamistischen Terrorgruppen mit polizeilichen, nachrichtendienstlichen und militärischen Mitteln

3. die internationale Zusammenarbeit zum Schutz der Völker vor einem Erstarken des Extremismus durch zivile, politische und wirtschaftliche Maßnahmen

Die Beschlüsse dieser Konferenz können zur Grundlage eines weiteren Engagements der Vereinten Nationen im Kampf gegen Unfreiheit, Ungerechtigkeit und Extremismus werden, für den die Vereinigten Staaten von Amerika umfangreiche Ressourcen zur Verfügung stellen werden. Unabhängig davon wird diese Regierung eine neue nationale Sicherheitsstrategie vorlegen, die dem finsteren Weltbild der Terroristen die Vision eines Zusammenlebens der Völker in Freiheit, Gerechtigkeit und Frieden entgegenstellt.

Der Angriff auf New York und Washington war der Beginn eines Krieges, und wir werden nicht ruhen, bis die Drahtzieher des Anschlags und die Unterstützer der Terroristen ihrer gerechten Strafe zugeführt worden sind. Es ist ein Krieg gegen die Feinde Amerikas, aber es ist kein Kampf der Kulturen, zu dem ihn unsere Feinde hochstilisieren wollen. Für sie wird unsere Antwort zielgenau, unmissverständlich und – wenn nötig – auch tödlich sein. Nicht Angst wird unser Handeln bestimmen, sondern Entschlossenheit und das Wissen um Amerikas Verantwortung in dieser Welt.«

Und so geschah es. Wenige Wochen später griffen die Vereinigten Staaten das Taliban-Regime in Afghanistan an, weil es nicht bereit gewesen war, Osama bin Laden auszuliefern. Bei der Bodenoffensive mit mehr als 50 000 Soldaten verließen sich die USA nicht allein auf die Kämpfer der Nordallianz, sondern erhielten Unterstützung durch 3000 Soldaten aus der Eingreiftruppe der Europäischen Union. Auch die Arabische Liga stellte 2000 Soldaten des Kontingents. Beim Sturm auf Tora Bora, die Bergfestung der Al-Qaida, sicherten paramilitärische Kräfte der CIA die östliche Flanke nach Pakistan. Dafür wurden eigens einige ehemalige Agenten aktiviert, die einst die Mudschaheddin bei ihrem Kampf gegen die sowjetischen Besatzer beraten hatten und sich deshalb in den Bergen an der Grenze zu Pakistan bestens auskannten. Das Vorrücken amerikanischer Eliteeinheiten von Westen drängte Osama bin Laden und seinen Stellvertreter Ayman al-Zawahiri aus ihren Verstecken. Zawahiri wurde auf der Flucht bei einem Raketenangriff getötet. CIA-Kämpfer konnten bin Laden stellen, doch seine Leibwächter sprengten sich mit ihm gemeinsam in die Luft. Bei den schweren Gefechten verloren auch einige Dutzend US-Soldaten ihr Leben.

Unmittelbar nach dem Sieg über die Taliban konzentrierten sich die USA gemeinsam mit ihren Verbündeten auf den Wiederaufbau Afghanistans auf der Grundlage der Beschlüsse der von den Vereinten Nationen einberufenen Petersberger Konferenz, die vom 27. November bis 5. Dezember 2001 in der Nähe von Bonn stattfand. Kernstück der Strategie war es, einen politischen Prozesses zu initiieren, der Rücksicht auf die Stammesstrukturen im Land nahm und sowohl ehemalige Warlords als auch gemäßigte Taliban unmittelbar an den Verwaltungs- und Regierungsaufgaben beteiligte. Unterstützt werden sollten sie vor allem durch einige Tausend Verwaltungsexperten, die in jeder Region und jedem Ort erkundeten, welche Sachmittel und Gelder für die Schaffung funktionierender Behördenstrukturen notwendig waren. Als Grundlage für den Erfolg solcher ziviler Einrichtungen wurde die Etablierung eines dichten Kommunikationsnetzes angesehen. Deshalb veranlasste die UN-Geberkonferenz für Afghanistan in Tokio am 21./22. Januar 2002, dass ein Teil der vereinbarten Hilfsgelder in einer Gesamthöhe von zehn Milliarden Dollar für die technische Infrastruktur des Landes reserviert wurde. Damit konnten in kürzester Zeit nahezu flächendeckend Mobilfunknetze und Internetzugänge geschaffen werden. Sie dienten nicht nur der Information und Kommunikation, sondern ermöglichten auch eine wirtschaftliche Vernetzung der Regionen und eine Intensivierung des nationalen und grenzüberschreitenden Handels. Mit Hilfe von UN-Mikrokrediten an Afghanen mit guten Geschäftsideen – insbesondere aber Frauen – wurde der Handel mit Waren aller Art erleichtert, dem Drogenanbau eine echte Alternative entgegengesetzt und nebenbei eine Grundlage für die schrittweise Entwicklung zur Gleichberechtigung der Geschlechter in der patriarchalischen Stammesgesellschaft gelegt.

Geschützt werden sollte der Wiederaufbau des Landes nicht nur durch ein umfassendes Trainingsprogramm für die afghanische Polizei und die Streitkräfte, sondern auch durch eine Internationale UN-Schutztruppe, an der sich zahlreiche arabische und südostasiatische Länder mit einigen Tausend Soldaten beteiligten, da sie sich ebenfalls von Terrorgruppen wie der Al-Qaida bedroht sahen. Als Operationsgebiet der ISAF galt nicht nur wie ursprünglich vorgesehen ein kleiner Teil Afghanistans, sondern das gesamte Land, um die zivilen Aufbaumaßnahmen umfassend schützen zu können. Auch die Zahl des Gesamtkontingents setzte die Völkergemeinschaft von vornherein bei 100 000 Soldaten an, weil dies die Chancen erhöhte, nach erfolgtem Wiederaufbau möglichst schnell wieder abziehen zu können. Ein Hoher Kommissar der Vereinten Nationen würde die afghanische Regierung beraten, den gesamten Entwicklungsprozess kontrollierend begleiten und einmal im Jahr vor dem Weltsicherheitsrat Bericht erstatten.

Schon innerhalb von drei Jahren wurde Afghanistan zu einem stabilen Partner in der Region, der aufgrund dichter Handelsbeziehungen mit dem Iran, Pakistan und Usbekistan eine positive Wirkung auf die Nachbarländer entfaltete und damit der Unterstützung der Taliban in den Grenzgebieten den Boden entzog. Auf diese Weise wurden Al-Qaida und die Taliban nachhaltig geschwächt, die ISAF-Truppe konnte bereits 2004 mit dem Abzug beginnen, der im Jahr 2008 abgeschlossen sein sollte.

Für die USA und die Weltgemeinschaft kam es in den Folgemonaten nach ihrem Sieg in Afghanistan darauf an, ein Wiedererstarken der Idee des globalen Dschihad auch in anderen Regionen zu verhindern. Deshalb wurde die Zusammenarbeit zwischen Streitkräften, Geheimdiensten, Sicherheitsbehörden und Regierungen verschiedener Länder massiv gestärkt. Transparenz und Nachhaltigkeit wurden dabei zu bestimmenden Faktoren. Die Vereinten Nationen hatten bereits vor dem 11. September 2001 ein Ermittlerteam zur Aufklärung der Finanz- und Waffenströme von Taliban und Al-Qaida eingesetzt. Diese Monitoring Group wurde nun zu einem wesentlichen Element des Kampfes gegen Terrorgruppen weltweit, die auf einer öffentlichen UN-Liste erfasst waren. Im Rahmen der von Kofi Annan einberufenen Konferenz verpflichteten sich die Mitgliedsstaaten, gegen die terroristischen Elemente vorzugehen. Jede Maßnahme musste auf ihre mögliche Wirkung hin überprüft werden, um zu verhindern, dass das Vorgehen gegen mutmaßliche Terroristen weiteren Hass schürte und möglicherweise zur Rekrutierung neuer Dschihadisten beitrug.

Die Konferenzteilnehmer verabschiedeten auch erstmals eine für alle Regierungen verbindliche Definition des Begriffs Terrorismus. In der Vergangenheit waren ähnliche Resolutionsentwürfe der Vereinten Nationen am Einspruch einzelner Vetomächte oder kleinerer Staaten gescheitert, die befürchten mussten, von anderen Ländern als »Staatsterroristen« angeprangert zu werden. Die neue Definition verstand unter einem Terroristen »jede Person, die – mit welchen Mitteln auch immer – unrechtmäßig und absichtlich den Tod oder die schwere Verletzung einer anderen Person, ernsten Schaden für öffentliches oder privates Eigentum (staatliche Einrichtungen, Transportsysteme, Infrastruktur, Umwelt) oder an Einrichtungen, deren Beschädigung große wirtschaftliche Schäden zur Folge hat, verursacht, sofern diese Person dabei das Ziel verfolgt, eine Bevölkerung einzuschüchtern und/oder eine Regierung oder internationale Organisation zu zwingen, etwas zu tun oder zu unterlassen«. Auf dieser völkerrechtlichen Grundlage erhielt der Internationale Strafgerichtshof in Den Haag die Zuständigkeit und die notwendigen Ressourcen für die Verfolgung terroristischer Straftaten.

Die Vereinigten Staaten von Amerika gaben ihre ablehnende Haltung gegenüber dem Haager Tribunal auf, weil es gut zu ihrer neuen Nationalen Sicherheits-Strategie (NSS) vom September 2002 passte. Das 35-seitige Papier las sich wie ein Leitfaden für eine entschlossene, machtvolle, aber auch verantwortungsvolle Weltpolitik der letzten verbleibenden Supermacht. Das Dokument schrieb Amerikas Verpflichtung zum Einsatz für die Freiheit in enger Zusammenarbeit mit den Institutionen der internationalen Zusammenarbeit, von der UN bis zur Weltgesundheitsorganisation, fest.

Es begann mit dem Kapitel »das Streben nach menschlicher Würde unterstützen«, in dem die Bush-Administration versprach, alle Verletzungen der Menschenwürde weltweit anzuprangern, gleiches Recht für alle einzufordern, demokratische Bewegungen finanziell zu unterstützen und eng mit den Vereinten Nationen zusammenzuarbeiten. Der nächste Abschnitt forderte »die Stärkung der Bündnisse zur Bekämpfung des globalen Terrorismus«. Demzufolge wollte man Überzeugungsarbeit für die Idee leisten, dass Terrorismus genauso verwerflich ist wie »Sklaverei, Piraterie und Völkermord«. Terroristen und Terrorstaaten sollten direkt angegangen, gemäßigte Regierungen vor allem in der muslimischen Welt unterstützt und mit einer öffentlichen Diplomatie der freie Fluss von Informationen vorangetrieben werden.

Unter Punkt IV ging es um die »Zusammenarbeit mit anderen, um regionale Konflikte zu entschärfen«. Mit den »anderen« waren vor allem internationale Einrichtungen und die europäischen Bündnispartner gemeint. Zwei besonders bemerkenswerte Textstellen seien hier kurz zitiert: »Die Vereinigten Staaten sollten Zeit und Ressourcen in die Bildung von internationalen Beziehungen und Institutionen investieren, die dabei helfen können, mit regionalen Krisen fertig zu werden.« Und: »Die Koordination mit europäischen Verbündeten und internationalen Institutionen ist entscheidend für eine konstruktive Konfliktvermittlung und für den Erfolg von Friedensoperationen.«

Kapitel V trug den Titel »Unsere Feinde daran hindern, uns, unsere Verbündeten und unsere Freunde mit Massenvernichtungswaffen zu bedrohen« und kündigte an, noch intensiver gegen Schurkenstaaten wie den Iran, Irak und Nordkorea vorzugehen, die Massenvernichtungsmittel herstellten. Das Ziel müsse es sein, die Weiterverbreitung dieser Technologien zu unterbinden. Am Ende hieß es: »Der Zweck unserer Handlungen wird immer die Eliminierung einer spezifischen Bedrohung der USA oder unserer Verbündeten und Freunde sein. Die Gründe für unsere Aktionen werden klar sein, die Mittel angemessen und die Sache gerecht.«

Mit dem sechsten Abschnitt stieß die NSS in einen Bereich vor, der in der Diskussion um die richtigen Methoden im Kampf gegen den Terrorismus häufig ausgeblendet wurde. Von der »Initiierung einer neuen Ära des globalen Wirtschaftswachstums durch freie Märkte und freien Handel« ist in der Überschrift die Rede. Erreichen wollte die US-Regierung dies durch ein umfangreiches Programm, beginnend mit der Unterstützung der Welthandelskonferenzen, der Abschaffung von Handelshemmnissen wie Schutzzöllen, der Stärkung von Drittweltstaaten durch den Ausbau des Handels gekoppelt mit Entwicklungshilfen, über die Verschärfung der Sicherheitsbestimmungen am Arbeitsplatz, die Stärkung der Umweltschutzrichtlinien für die Industrie, die Förderung erneuerbarer Energien bis zu strengeren Abgasgrenzwerten, Finanzspritzen für die Forschung zum Klimawandel und Hilfen für Entwicklungsländer im Kampf gegen die Treibhausgase.

Damit nicht genug. Das folgende Kapitel mit dem Titel »Ausdehnung des Entwicklungszirkels durch die Öffnung von Gesellschaften und Aufbau einer demokratischen Infrastruktur« war ein brennender Appell für die Armutsbekämpfung in der Welt, um unsichere Regionen zu stabilisieren. Die Wirtschaftskraft der ärmsten Länder sollte innerhalb von zehn Jahren verdoppelt werden durch eine Erhöhung der direkten Entwicklungshilfen an bedürftige Staaten, die Stärkung einer reformierten Weltbank als Hauptkreditgeber und die Förderung der landwirtschaftlichen Entwicklung. Als herausragende und wichtigste Projekte wurden das massive Engagement gegen Krankheiten und Seuchen wie Malaria, Tuberkulose und AIDS und der finanzielle Einsatz für die Verbesserung der Bildungschancen in Ländern der Dritten Welt gefordert.

Im Folgeabschnitt widmete sich die Bush-Administration der »Entwicklung von Konzepten für gemeinschaftliches Handeln im globalen Machtgefüge«. Im Mittelpunkt stand dabei die Zusammenarbeit im Rahmen der NATO, die sich in ein Bündnis für den Kampf gegen die neue Herausforderung des Terrorismus verwandeln soll. Immerhin bezeichnete die US-Regierung sich und ihre Partner als »Familie transatlantischer Demokratien«, forderte aber auch ein umfangreiches finanzielles Engagement der NATO-Mitglieder, um ihre Streitkräfte durch Modernisierung den Erfordernissen der Zeit anzupassen. Von Russland und China erwarteten die USA ein deutliches Engagement für die Demokratie im Gegenzug für eine engere wirtschaftliche und politische Zusammenarbeit. Das letzte Kapitel beschäftigte sich mit der »Transformation von Amerikas nationalen Sicherheitseinrichtungen, um den Herausforderungen und Chancen des 21. Jahrhunderts gerecht zu werden«. Dabei setzte die Regierung insbesondere auf eine Stärkung der Geheimdienste und der amerikanischen Streitkräfte, garantierte aber gleichzeitig, dass »Amerika im Gespräch mit anderen Nationen sehr auf Diplomatie setzt«.

Der 8-Punkte-Plan wurde als eine Art Bedienungsanleitung für das 21. Jahrhundert verstanden und von der Regierung abgesegnet. Lediglich über einen Satz hatten sich die Berater von US-Präsident Bush sehr intensiv gestritten. Die Hardliner um Donald Rumsfeld und Dick Cheney hatten ihn vorgeschlagen: »Während die Vereinigten Staaten stets die Unterstützung durch die Internationale Gemeinschaft suchen werden, werden wir nicht zögern, unser Recht auf Selbstverteidigung notfalls auch allein auszuüben, indem wir präventiv Terroristen daran hindern, unserem Volk und unserem Land Schaden zuzufügen.«

Mit diesem Satz sollte die sogenannte Bush-Doktrin umschrieben werden, die sich auch in zwei Worten zusammenfassen ließe: präventiv und unilateral. Der Präsident würde also das Recht haben, vorbeugend und auf eigene Faust Gewalt anzuwenden – von der gezielten Tötung einzelner Feinde durch Raketenangriffe mit unbemannten Drohnen bis zu einem Krieg. Für so etwas, so die Überzeugung von Colin Powell und Condoleezza Rice, müsse es aber erst ein völkerrechtliches Mandat geben. Natürlich wollten auch sie nicht, dass ihr Präsident seinen Handlungsspielraum von den Entscheidungen eines unberechenbaren UN-Sicherheitsrates abhängig machte, aber der Griff zur Gewalt erschien in der genannten Version nicht als allerletztes Mittel, sondern als stets verfügbares Instrument exekutiver Willkür. Am Ende stimmte George W. Bush einer Fassung zu, die dem Anspruch Amerikas als verantwortungsvoller Führer der freien Welt gerecht wurde, ohne die nationale Sicherheit und die souveränen Entscheidungen des amerikanischen Präsidenten zu gefährden: »Die Vereinigten Staaten werden stets die Unterstützung durch die Internationale Gemeinschaft suchen und alle zivilen Mittel ausschöpfen, um die Anwendung von Gewalt zu vermeiden. Wir werden jedoch nicht zögern, allein zu handeln, wenn dies notwendig sein sollte, um eine unmittelbare Gefahr von den Vereinigten Staaten von Amerika oder ihren Verbündeten abzuwenden. Die Anwendung von Gewalt ist kein normales Mittel unserer Politik, sondern die Ultima Ratio für den äußersten Notfall. Sollte dieser Fall eintreten, werden wir der Völkergemeinschaft offen Rechenschaft über unser Handeln ablegen.«

Die US-Regierung erläuterte dieses Gesamtkonzept mit Hilfe ihrer Diplomaten in aller Welt, um Partner für die Maßnahmen zu gewinnen. Auf dieser Grundlage entspann sich im Herbst 2002 auch die Diskussion um ein mögliches Vorgehen der Vereinten Nationen gegen den Irak, der sich weigerte, den Inspektoren der Internationalen Atomenergiebehörde (IAEA) vollen Zugang zu allen militärischen Einrichtungen des Landes zu gewähren. Die US-Regierung drängte darauf, den Druck auf das Regime Saddam Husseins aufrechtzuerhalten, machte sich aber keine Illusionen darüber, dass ein militärisches Vorgehen schwierig durchzusetzen sein würde. Eine detaillierte Überprüfung der verfügbaren Geheimdienstinformationen über mögliche Programme zur Herstellung von Massenvernichtungsmitteln des Irak hatte ergeben, dass die Beweislage in diesem Bereich viel dünner war als beispielsweise in Bezug auf das Nachbarland Iran, das aktiv mit der Beschaffung von Material für die Produktion von atomaren, chemischen und biologischen Waffen beschäftigt war. Auch die Unterstützung von Terrorgruppen wie der libanesischen Hisbollah und des palästinensischen Dschihad sowie die Duldung von Reise- und Nachschubbewegungen der Al-Qaida waren hier eindeutig nachzuweisen. Beim Irak gab es ähnliche Verbindungen kaum. Deshalb entwarfen die USA gemeinsam mit Russland und China ein Konzept rigider Sanktionsmaßnahmen gegen den Iran, die schließlich dazu führten, dass die Regierung in Teheran ihre Bemühungen einstellte und sich dazu bereit erklärte, über die friedliche Nutzung von Atomenergie zu verhandeln.

Der Irak widersetzte sich dem Druck der Vereinten Nationen. Nach Ausschöpfung aller Sanktionsmaßnahmen votierte der Weltsicherheitsrat im Herbst 2003 wegen der Nicht-Einhaltung internationaler Konventionen und der Verletzung der Resolutionen der UN sowie wegen Völkermords an Kurden und Schiiten im Land und weiterer Verbrechen gegen die Menschlichkeit für ein militärisches Vorgehen gegen Saddam Hussein und autorisierte eine internationale Koalition unter Führung der USA zur Anwendung von Gewalt – so wie es Kofi Annan in seinem Konzept für die UN-Reform verankert hatte. Es begann ein Aufmarsch von Streitkräften in der Golfregion, deren zweitgrößter Anteil nach den USA von den Ländern der Arabischen Liga gestellt wurde, die im Irak Saddam Husseins eine akute Bedrohung sahen. Nach erfolgreicher Invasion mit über 200 000 Soldaten im Frühjahr 2004 wurde im Irak der gleiche Plan für einen zivilen Aufbau flankiert von der Etablierung eines *flächendeckenden Kommunikationsnetzwerks angewendet, der schon in Afghanistan erfolgreich gewesen war. Saddam Hussein wurde vor dem Internationalen Gerichtshof in Den Haag wegen seiner Verbrechen gegen die Menschlichkeit zu lebenslanger Haft verurteilt. Die irakische Armee blieb erhalten, nur die führenden Offiziere wurden ersetzt. Die Sicherheit vor Ort wurde in erster Linie von arabischen Truppen der internationalen Allianz gewährleistet, so dass die amerikanischen und britischen Streitkräfte bereits nach zwei Jahren mit dem schrittweisen Abzug der Besatzungsarmee beginnen konnten.*

Klingt alles verrückt und naiv? Dabei sind wesentliche Kernpunkte dieser Utopie auf tatsächliche Vorgänge und Konzepte gegründet, die allerdings nicht in die entsprechenden Handlungen mündeten. Die hier dargestellten Geheimdiensterkenntnisse über Irak und Iran entsprechen der Wirklichkeit. Die Terrorismus-Definition entstammt einem UN-Entwurf, auf den sich die Völkergemeinschaft leider nie verständigen konnte. Die Nationale Sicherheitsstrategie der USA ist bis auf die berühmte Passage unverändert wiedergegeben. Auch die Ergebnisse der Petersberger Konferenz und der Geberkonferenz in Tokio decken sich bis auf die Truppenstärke und die Beteiligung arabischer Streitkräfte mit der Realität. Leider gab es nur 4,6 Milliarden Dollar für den Wiederaufbau Afghanistans, und von einem flächendeckenden Ausbau der Kommunikationsnetzwerke und der Vergabe von Mikrokrediten war nie die Rede. Diese Ideen stammen aus einem Strategiepapier für eine globale Weltordnung, auf das ich in einem späteren Kapitel eingehen werde.

Aber ist es nicht ein spannender Gedankengang? Wenn Osama bin Laden und seine Kämpfer durch einen massiven und kompromisslosen Militäreinsatz in Afghanistan getötet oder gefangen genommen worden wären, dann wären Al-Qaida und die Taliban erledigt gewesen. Wenn die USA ihre Truppen nicht im Irak gebraucht hätten, dann hätte Afghanistan mit Hilfe dieser Ressourcen wieder aufgebaut werden können und würde heute keinen Problemfall mehr darstellen. Es hätte – wenn überhaupt – einen eindeutig völkerrechtsgemäßen Krieg im Irak gegeben, ohne einen terroristischen Widerstand zu erzeugen, ohne Folterbilder von Abu Ghraib, ohne die verheerende Wirkung auf die Wahrnehmung junger Muslime weltweit. Weitaus weniger Menschen wären bereit gewesen, sich am Terrorismus zu beteiligen – in Westeuropa, Afrika und Asien –, und die Welt hätte früher angefangen, durch eine nachhaltigere Politik Freiheit und Gerechtigkeit zu verbreiten – und nicht einfach unsere Auffassung von Demokratie.

Aber hätte es dann auch Guantanamo, geheime CIA-Flüge, Folter von Terrorverdächtigen, gezielte Tötungen, die massive Einschränkung von Bürgerrechten, Ausspähaktionen gegen Millionen von Unschuldigen, den Ausbau des Überwachungsstaats, sinnlose Sicherheitsmaßnahmen wie das Tütchenpacken an Flughäfen und vielleicht sogar die Anschläge von Madrid und London, Djerba und Bali, Casablanca und Istanbul nie gegeben? Wäre dann auch die Kluft zwischen Nicht-Muslimen und Muslimen in der Welt – auch in Deutschland – nicht weiter gewachsen? Eine Kluft, die auf der einen Seite den Rückzug in Parallelgesellschaften und die Radikalisierung junger Menschen befördert hat, auf der anderen Seite die Zunahme fremdenfeindlicher Parolen und die Ausbreitung rechtsextremistischen Gedankenguts in Europa? Wir werden es nie erfahren.

Denn die Geschicke der Welt hängen in erster Linie von denen ab, die sie lenken – in diesem Fall vom amerikanischen Präsidenten und seinem Beraterteam, die sich durch Nine Eleven zu einem anderen Handeln gezwungen sahen. George W. Bush redete am 12. September eben nicht von einem konkreten, befristeten Krieg gegen bestimmte Terrorgruppen, sondern vom pauschalen Krieg gegen den internationalen Terrorismus und von einem »monumentalen Kampf Gut gegen Böse«, in dem »das Gute« siegen werde. Seine dogmatische Haltung, die Angst vor einem neuerlichen Versagen, verstellte ihm den Blick sowohl auf die Ursachen für die mörderischen Anschläge als auch auf die möglicherweise fatalen Konsequenzen, die durch die sogenannte Bush-Doktrin ausgelöst würden. Für Beobachter in der arabischen Welt war sie ein todsicheres Rezept für ein Desaster, wie mir Amr Moussa, der Generalsekretär der Arabischen Liga, im Frühsommer 2002 sagte: »Sie können nicht einfach eine Milliarde Menschen zu Terroristen stempeln, ihre Religion oder Kultur beleidigen und dann erwarten, dass sie sagen: ›Jawohl, Sir. Danke, Sir‹. Das wird nicht klappen. Sie können Menschen nicht einfach vor den Kopf stoßen und mit allen Mitteln unter Druck setzen. Dann werden sie explodieren, einmal, zweimal, dreimal, immer öfter. Sie werden das nicht akzeptieren.« Genau so kam es.

WIE ES WEITERGEHT

Die neue Weltordnung

Ist Ihnen schon aufgefallen, dass der 11. September 2001 die Weltordnung komplett auf den Kopf gestellt hat? Bis dahin waren die USA wirklich die einzig verbliebene Supermacht der Erde. Sie hatten ein riesiges Haushaltsdefizit in einen grandiosen Überschuss verwandelt. Militärisch gab es keine Nation, die es mit Amerika aufnehmen konnte. Russland hatte sich schon seit mehr als zehn Jahren aus der weltpolitischen Verantwortung verabschiedet. Und jetzt? Präsident Barack Obama müht sich mit den Folgen der Politik seines Vorgängers ab. George W. Bush hat das hohe Ansehen, das die Clinton-Regierung genoss, verspielt und die US-Streitkräfte in zwei kostspielige Kriege verwickelt. Während Amerika mit seiner Terrorhysterie, den Feldzügen und einer tiefgreifenden Finanz- und Wirtschaftskrise vollauf beschäftigt war, schickte sich eine andere Nation an, zur neuen Supermacht zu werden: China.

Das Reich der Mitte drängt kraftvoll an den Platz, den lange Jahrzehnte die USA eingenommen haben, und will damit den Beweis antreten, dass ein autoritäres, kommunistisches System mit marktwirtschaftlicher Komponente erfolgreicher ist als jede Demokratie. Die Freiheit bleibt dabei auf der Strecke. Die Regierung in Peking würde das natürlich anders formulieren, denn aus ihrer Sicht drückt sich die höchste Freiheit nicht in der Selbstbestimmung des Einzelnen, sondern nur in der des Kollektivs aus. Wenn alle frei sind von Hunger und Angst, so die

Überlegung, ist individuelle Freiheit völlig überflüssig. Die Zahlen scheinen dem Politbüro auf den ersten Blick recht zu geben. Das Wachstum der chinesischen Wirtschaft ist geradezu atemberaubend. China ist die Exportnation Nummer eins sowie weltweit größter Autokäufer und Stahlproduzent. Am 16. August 2010 setzte sich das Land erstmals vor Japan auf Platz 2 in der Rangliste der größten Wirtschaftsnationen. Auch das Haushaltseinkommen wird von derzeit 16,5 Billionen Dollar auf voraussichtlich 35 Billionen Dollar in 2015 steigen. Von den 1,03 Milliarden Menschen weltweit mit einem Jahreseinkommen zwischen 10 000 und 100 000 Dollar leben allein 60 Prozent in China.

Durch den unersättlichen Konsumhunger der Gesellschaft ist das Land auch zum Konjunkturmotor krisengeschüttelter Staaten in Europa geworden. Deutschland erlebte durch die chinesische Nachfrage nach Luxuslimousinen, Werkzeugmaschinen und Kraftwerksturbinen nach der Finanz- und Wirtschaftskrise einen unerwartet stabilen wirtschaftlichen Aufschwung. 2010 konnte die deutsche Wirtschaft das Finanzvolumen ihrer Exporte im Vergleich zum Vorjahr um mehr als 18 Prozent auf insgesamt fast eine Billion Euro steigern. Ein großer Teil der Waren ging an die Schwellenländer außerhalb der Europäischen Union und insbesondere in den Fernen Osten. Damit wächst natürlich auch die Abhängigkeit der westlichen Demokratien von China. Ohne den chinesischen Markt würde die deutsche und europäische Wirtschaft wieder dramatisch einbrechen. Auch die USA sind von China abhängig – schließlich stehen sie mit mehr als einer Billion Dollar bei chinesischen Konzernen und der Regierung in der Kreide.

Peking nutzt seine finanziellen Ressourcen, um seine wirtschaftliche und strategische Position weiter auszubauen. Im Oktober 2010 bot der chinesische Premierminister Wen Jiabao bei einem Besuch in Athen an, griechische Staatsanleihen zu kaufen, um dem Land aus der Schuldenfalle zu helfen. Im Gegenzug sollte dann Griechenland seine Häfen für Einfuhren aus China öffnen und als eine Art Brückenkopf für den Ausbau der chinesischen Handelsbeziehungen zu den Balkanstaaten dienen. In einer Zeit, in der Griechenland auf einen 110-Milliarden-Kredit der Europäischen Union angewiesen war und Anleihen nur für einen Zinssatz bekam, der mit zehn Prozent fast fünfmal so hoch lag wie beispielsweise für Deutschland, klang Wens Angebot unwiderstehlich. In einem ersten Schritt setzten sich die beiden Länder das Ziel, den bilateralen Handel bis zum Jahr 2015 auf acht Milliarden Euro jährlich zu verdoppeln. Außerdem steckte China rund fünf Milliarden Dollar in einen Fonds für die Unterstützung griechischer Reedereien, die mit diesem Geld chinesische Schiffe kaufen sollen. Die chinesische Regierung nutzt für ihre Einkaufstouren vor allem Gelder aus der Währungsreserve und befeuert die Exportwirtschaft des Landes durch den niedrigen Kurs des Yuan. Die USA und die EU werfen China vor, die Währung künstlich auf niedrigem Niveau zu halten, um sich damit einen Wettbewerbsvorteil auf den internationalen Märkten zu verschaffen. Außerdem hat Peking mit anderen Schwellenländern wie Brasilien, Argentinien und Indonesien Währungsswaps vereinbart und seine Handelspartner verpflichtet, die Rechnungen in Yuan zu stellen, um ihn aufzuwerten und langfristig als alternative Weltwährung zu etablieren. Beim europäisch-chinesischen Gipfeltreffen Anfang Oktober 2010 wurde darum heftig gestritten – man sprach von einem »Währungskrieg« zwischen den EU-Ländern und China. Der chinesische Premierminister Wen Jiabao wies alle Vorwürfe empört zurück. Kurz danach ging die US-Notenbank mit dem erwähnten Ankauf von Staatsanleihen im Wert von 600 Milliarden Dollar in die Gegenoffensive.

Während Europa und besonders die USA Mühe haben, aus der globalen Krise herauszukommen, kauft sich China weltweit die notwendigen Ressourcen für den kontinuierlichen Aufstieg zur Großmacht zusammen. Es geht um Kohle, Öl, Gas und Strom,

Metall- und Landwirtschaft, Schiffs- und Schienenverkehr, Computer- und Kommunikationstechnologie. In den Jahren 2006–2010 gab das Land dafür 266 Milliarden Dollar aus, davon fast 37 Mrd. in Europa, 31 Mrd. im Süden Afrikas, 33 Mrd. im arabischen Raum, 36 Mrd. in Zentralasien, 30 Mrd. in Südostasien, 33 Mrd. in Australien, fast 34 Mrd. in den USA und Kanada und rund 45 Milliarden Dollar in Mittel- und Südamerika.[81] Anfang Oktober 2010 übernahm der staatliche Ölkonzern Sinopec 40 Prozent von Repsol Brasil, einer Tochterfirma des spanischen Ölunternehmens Repsol. Mit der Investition von rund sieben Milliarden Dollar sichert sich Sinopec damit einen weiteren Zugang zu den riesigen Vorkommen, die Brasilien besitzt. Bereits im Februar 2009 hatte China dem brasilianischen Staatskonzern Petrobras zehn Milliarden Dollar geliehen, im Austausch für garantierte Lieferungen über die nächsten zehn Jahre. Auf ähnliche Weise flossen allein im Jahr 2010 chinesische Investitionen in kanadische Ölsandregionen, in Ölfelder in Angola und Uganda, in eine argentinische Ölfirma, ein australisches Methangasunternehmen und eine Eisenerzmine in Guinea. Während die Staaten der Europäischen Union noch über den Bau einer Ölpipeline in die Kaukasusregion berieten, hatte China bereits für sieben Milliarden Dollar eine solche Pipeline von Turkmenistan bis in das Reich der Mitte gebaut. In Deutschland sieht man das mit Neid, wie mir ein Mitglied der Bundesregierung bestätigte: »Während wir über die Höhe des Rentenalters oder über eine Erhöhung von Hartz IV streiten, kaufen die einfach die Rohstoffe weg. In Europa haben wir keinen, der mal eben eine Milliarde ausgeben kann, um in Kasachstan seltene Erden einzukaufen. Der Emir von Katar kann so etwas bei einem Familienabend beschließen. Und in China macht das die Kommunistische Partei an einem Vormittag. Das ist das, was mich beunruhigt.«

Für China geht es mit seinen Investitionen nicht in erster Linie darum, die Weltherrschaft an sich zu reißen. »Wenn wir es schaffen, China gut zu managen«, so erklärte mir ein chinesischer Diplomat, »dann ist das der größte Beitrag für die Sicherheit in der Welt.« Tatsächlich steht die Regierung in Peking unter dem Zwang, die notwendigen Ressourcen zu beschaffen, um das Land stabil zu halten, indem es auch künftig weitere Wachstumsraten ermöglicht. Der Energiebedarf ist immens. Schon jetzt ist China der zweitgrößte Ölkonsument der Welt. Und der Stromkonsum wächst jährlich um die Menge, die ganz Großbritannien im Durchschnitt pro Jahr verbraucht. Das größte Problem des Landes aber ist es, ausreichend Nahrungsmittel für die eigene Bevölkerung zu beschaffen. Denn im eigenen Land werden immer mehr bewohnte und landwirtschaftlich genutzte Gebiete ein Opfer der sich ausdehnenden Wüsten. Aufgrund der Erosion der Böden, der Übernutzung von Äckern und des extrem hohen Wasserverbrauchs in den Städten mussten in den nördlich und westlich gelegenen Regionen Chinas mehr als 24 000 Dörfer aufgegeben werden. Also greift die Regierung in Peking zu einem Mittel, auf das auch andere Länder – etwa Libyen, Saudi-Arabien, Südkorea und Indien – zunehmend angewiesen sind: den Landerwerb.[82] Im Kongo kaufte die chinesische Firma ZTE International die Nutzungsrechte für rund 2,8 Millionen Hektar Land zur Herstellung von Palmöl. In Sambia will China auf 2 Millionen Hektar Fläche die ölhaltige Purgiernusspflanze anbauen. Ähnliche Projekte gibt es in Brasilien, Kasachstan, Russland, Australien, Mosambik und Myanmar. Solch eine Politik der Landnahme per Scheck wirft eine Vielzahl von geostrategischen Fragen auf. Was geschieht, wenn die Verkäuferstaaten ihre Flächen wieder zurückhaben wollen, um den steigenden Bedarf der eigenen Bevölkerung zu decken? Wird es mittelfristig zu einem Krieg um Nahrungsmittel kommen – oder sind die Interessen der Länder so eng miteinander verwoben, dass eine Art Zwang zum Ausgleich besteht?

Auf den ersten Blick rüstet sich China für solche Auseinandersetzungen. In seinem Jahresbericht 2010 an den amerikanischen

Kongress warnt das US-Verteidigungsministerium vor einer möglichen Bedrohung des verbündeten Taiwan durch eine wachsende chinesische Militärmacht.[83] Peking investiere massiv in Nuklearwaffen, Langstreckenraketen, U-Boote, Flugzeugträger und Technologien für künftige Cyberkriege und trage zu einer Verschiebung der militärischen Balance in Ostasien bei. Der Verteidigungshaushalt des Landes belief sich nach eigenen Angaben auf umgerechnet 77,9 Milliarden Dollar für das Jahr 2010. Die USA schätzen aber, dass China in Wirklichkeit mehr als das Doppelte für sein Militär ausgibt. Doch man könne beruhigt sein, erklärte mir ein chinesischer Diplomat: »Wir werden nicht in andere Länder einmarschieren, sondern nur unsere Interessen schützen.« Der Ausbau der Flotte sei etwa zum Schutz der 18 000 Kilometer langen Küste Chinas erforderlich.

Der Preis, den China für sein Streben zahlt, ist dabei schrecklich. Die Kluft zwischen der armen Landbevölkerung und den reichen Städtern wird immer größer. Das unglaubliche Bruttoinlandsprodukt von mehr als 5,3 Billionen Dollar relativiert sich, wenn man es pro Kopf darstellt. Dann beträgt es mit knapp 4000 Dollar nicht einmal ein Zehntel von dem der Wirtschaftsnationen USA, Japan und Deutschland. Die Ausbeutung der Menschen hat dramatische Ausmaße angenommen, und die der Natur steht dem in nichts nach. Flüsse, Luft, Pflanzen- und Tierwelt werden zum Opfer eines beispiellosen Raubbaus zur Förderung des wirtschaftlichen Fortschritts. Auch Menschen sterben aufgrund von Gesundheitsschäden, die durch die Umweltverschmutzung verursacht werden. Mutige Chinesen, die all dies beklagen, werden mundtot gemacht und ins Gefängnis gesteckt. Jede Kritik von außen sieht Peking als schwere Beleidigung. Als das Nobelkomitee in Oslo im Herbst 2010 über die Ehrung des Regimekritikers Liu Xiabao nachdachte, drohte China mit schweren Sanktionen gegen Norwegen. »In der Diskussion um die Menschenrechte«, so sagte mir der chinesische Diplomat, »reden alle über die Rechte des Individuums. Wir reden über die Menschenrechte des Kollektivs. Eine einzelne Person kann die Menschenrechte des Kollektivs einschränken. Wenn Sie einen Einzelfall herausheben aus einem Fünftel der Weltbevölkerung, dann ist das zu einfach.« Liu, der seit Jahren in Haft ist, bekam den Friedensnobelpreis dennoch – ein großartiges Signal, erinnert es doch daran, dass der wirtschaftliche Erfolg eines staatsdiktierten und dabei rücksichtslosen, kommunistischen Kapitalismus nichts wert ist ohne die Freiheit.

Warum erzähle ich Ihnen das alles? Weil Nine Eleven ein Lackmustest war, wie wir es eigentlich selbst mit genau dieser Freiheit halten, die westliche Demokratien von totalitären Systemen und Weltanschauungen – und zu denen zählt der Kommunismus ebenso wie der radikale Islamismus – unterscheidet. Schrecklicherweise entschieden wir uns in diesem Test ebenfalls für Ideologie und nicht für die Freiheit. Dabei hätte Amerika die besten Voraussetzungen mitgebracht, um die Welt positiv zu verändern. In der Zeit zwischen dem Ende der Sowjetunion am 25. Dezember 1991 und dem 11. September 2001 hatten die Vereinigten Staaten so viel Kraft gesammelt wie keine andere Nation vor ihnen. Die USA trugen nahezu ein Drittel zum globalen Bruttosozialprodukt bei, sie verzeichneten den schon erwähnten historischen Haushaltsüberschuss und waren von einer Supermacht zur Hypermacht geworden, wie es der französische Außenminister Hubert Védrine bezeichnete.[84]

Doch Ideologie machte daraus die Selbstüberhebung einer Großmacht, die an ihrem Wesen die Welt genesen lassen wollte. Denn auch die Bush-Administration definierte Freiheit als etwas Kollektives: Die ganze Erde wollte sie befreien vom Terrorismus und der Bedrohung durch das Böse. Mit der UN-Resolution vom 12. September 2001 und der Berufung auf die Beistandsklausel des NATO-Vertrags erhielt Bush dafür einen Blankoscheck. Der wahre Preis war die Einschränkung der Freiheit des Einzelnen, des Bürgers, des Soldaten, der Andersdenkenden, der politischen Gegner und Kritiker. Es ist das gleiche Prinzip, nach dem das kommunistische Regime in Peking handelt und das auch die Taliban und Al-Qaida zur Rechtfertigung ihres brutalen Terrors und für die Errichtung eines absoluten Gottesstaats heranziehen. Amerikas angeblicher Kampf für die Freiheit hat die wahren Feinde der Freiheit gestärkt.

Natürlich wäre der chinesische Aufstieg auch ohne Nine Eleven erfolgt, aber wohl nicht so schnell. Denn er profitierte von der Fixierung der westlichen Nationen, allen voran der USA, auf drei Kriege – im Irak, in Afghanistan und gegen den globalen Terrorismus. Böse Zungen behaupten, dass Peking ein großes Interesse daran hätte, wenn die Taliban und Al-Qaida die amerikanischen Streitkräfte weiterhin in Afghanistan binden könnten. Deshalb seien die Terroristen neuerdings mit modernen chinesischen Waffensystemen ausgestattet. Die Verfügbarkeit von Waffen aus China in den Konfliktregionen der Welt hat jedoch mehr mit den günstigen Preisen als mit politischem Kalkül zu tun. Die kruden Thesen republikanischer Büchsenspanner in den USA werden erst verständlich, wenn man sich den Frust vergegenwärtigt, der sie angesichts der aktuellen Weltlage umtreiben muss. Schließlich wollten die Neocons mit ihrem Konzept der »Pax Americana« doch die »Vorherrschaft der USA erhalten, den Aufstieg von Rivalen um die Macht verhindern und eine internationale Sicherheitsstruktur schaffen, die amerikanischen Prinzipien und Interessen entspricht«. Dass sie mit ihrer eigenen Politik die USA massiv geschwächt haben und damit genau das Gegenteil erreichten, mussten sie als große Kränkung wahrnehmen.

Die neue Weltordnung nach Nine Eleven ist also eine, in der die Supermacht jenseits des Atlantiks immer noch eine wichtige Rolle spielt, aber nicht mehr das Spielfeld uneingeschränkt dominiert. Es ist eine multipolare Welt geworden, schon weil zahlreiche Länder lieber ihre ureigenen Interessen verfolgt haben, als sich unter Führung der USA in einen endlosen Krieg gegen den Terrorismus verstricken zu lassen. Einige dieser Staaten haben erheblich an Bedeutung gewonnen und fordern nun wirtschaftlich und politisch selbst die USA heraus. Gemeinsam mit China bilden Brasilien, Russland und Indien die sogenannten BRIC-Staaten. Hinzu kommen weitere Schwellenländer, allen voran Indonesien, Südkorea und die Türkei. Wie groß ihr Einfluss mittlerweile ist, spiegelt sich in der Veränderung bei den Strukturen internationaler Einrichtungen wider. Seit Mitte 2009 lösen die G-20-Gipfel Schritt für Schritt die hergebrachte Ordnung der sieben größten Wirtschaftsnationen und Russlands (G 7/G 8) ab. Bei der Weltbank haben die Stimmen der Entwicklungs- und Schwellenländer mittlerweile mehr Gewicht bekommen. Sie stellen 47 Prozent der Anteile, auch wenn Afrika weiter deutlich unterrepräsentiert ist. China liegt nun vor Deutschland und anderen europäischen Mächten. Die Reform des Internationalen Währungsfonds (IWF) ist noch im Gange. Im Jahr 2001 war das Stimmengewicht von China, Indien und Brasilien um ein Fünftel niedriger als das von Belgien, Italien und der Niederlande, obwohl sie damals schon für ein viermal so großes Bruttoinlandsprodukt und 29-mal so viele Einwohner standen. Auch bei der IWF-Tagung in Washington im Oktober 2010 gab es über die notwendigen Veränderungen zunächst keinen Konsens. Immerhin sah die Abschlusserklärung der Tagung eine wichtige Neuerung vor. Bisher vergab der Währungsfond Kredite an Länder, die in Not geraten waren, und zwang sie zu schmerzhaften Konsolidierungsprogrammen, über die sich die Bevölkerung der Staaten meist empörte. Nun aber soll der IWF sehr zur Freude der Entwicklungsländer auch »die großen und entwickelten Volkswirtschaften [...] stärker und gleichberechtigt überwachen«. Einige Wochen danach verständigten sich die Mitgliedsstaaten doch noch auf eine Verlagerung des Stimmenschlüssels um 5–6 Prozent von den bisher überrepräsentierten Staaten wie zum Beispiel Deutschland zu Staaten wie China, Indien, Brasilien und anderen Schwellenländern. Die USA behielten jedoch bei Weltbank und IWF ihre Sperrminorität.

Auch bei der Klimakonferenz in Kopenhagen im Dezember 2009 wurden die Verschiebungen in den weltpolitischen Machtverhältnissen greifbar. Die europäischen Staats- und Regierungschefs und der US-Präsident mussten bei ihrer Runde am Nachmittag des 18. Dezember mit dem chinesischen Unterhändler He Yafei Vorlieb nehmen, weil Premierminister Wen Jiabao einfach im Hotelzimmer geblieben war. China und Indien weigerten sich, konkreten Zielen im Kampf gegen die Treibhausgase zuzustimmen. Bundeskanzlerin Angela Merkel und Frankreichs Präsident Nicolas Sarkozy lieferten sich Wortgefechte mit dem indischen Premierminister Manmohan Singh. Der Chinese He belehrte Barack Obama, dass er kein kleiner Unterhändler sei, sondern für China spreche. Die Gespräche scheiterten. Danach verhandelte Premierminister Wen Jiabao direkt mit den Entwicklungs- und Schwellenländern und ließ den amerikanischen Präsidenten dabei vor der Tür warten, bis dieser schließlich wütend in den Konferenzraum stürmte. Am Ende kam eine wachsweiche Abschlusserklärung heraus, die die Europäer bestenfalls abnicken durften. »Das ist gut so«, sagte mir ein Diplomat aus einem der mächtigen Schwellenländer, »wir werden nicht akzeptieren, dass einer die Entscheidungen monopolisiert. Die Multipolarität hält die Welt im Gleichgewicht.«

Wendet man die Bush- und die Cheney-Doktrin weiter auf diese multipolare Welt an, dann müsste sich Amerika von Bedrohungen umzingelt sehen und in weitere außenpolitische Abenteuer verstricken, die mehr von diffusen Ängsten getrieben würden als von sachlichen Überlegungen. Doch mit der Wahl von Barack Obama kam im Januar 2009 ein neuer Präsident ins Weiße Haus, der nicht bei jedem Thema die Gefahren und Risiken in den Vordergrund stellte, sondern nach Chancen und Spielräumen für eine ergebnisorientierte Politik suchte. Einer seiner engsten Berater sagte mir: »Die Bush-Administration wurde durch die Angst von Nine Eleven getrieben und fällte deshalb viele Entscheidungen überhastet, auch wenn manche davon verständlich waren. Aber wir dürfen uns unsere Entscheidungen nicht von der Angst diktieren lassen. Wir können nicht ständig im Ausnahmezustand agieren. Wir brauchen eine Widerstandsfähigkeit.« Das amerikanische Wort »resilience« ist der Schlüsselbegriff im Umgang mit den Bedrohungen der Zukunft, mit denen die Welt leben lernen muss. Aus ihrer Akzeptanz folgt auch ein Stück Bewegungsfreiheit, die es ermöglicht, die Welt positiv zu verändern. Während Bush das amerikanische Handeln in fast allen Bereichen auf das Metathema seiner Präsidentschaft, den Kampf gegen den internationalen Terrorismus, ausrichtete, konzentrierte Obama seine Politik von Anfang an auf die positive Gestaltungskraft einer Supermacht. Von nun an galt es, die Verhältnisse in der Welt so zu beeinflussen und zu verändern, dass dem Terrorismus der Boden unter den Füßen weggezogen wird. Bush bekämpfte nur Terroristen, Obama bekämpft zusätzlich auch die Ursachen für ihre Existenz.

Die Gedanken hinter dieser Strategie der positiven Gestaltung stammen interessanterweise aus dem Herzen der Bush-Administration. Im Jahr 2004 schrieb Thomas Barnett, strategischer Denker im US-Verteidigungsministerium, sein Buch *The Pentagon's New Map*, in dem er zwei Kernthesen formulierte. Zum einen sei das Zeitalter von Atomkriegen zwischen Staaten endgültig vorbei, da das Prinzip der Abschreckung nicht nur zwischen Großmächten, sondern auch gegenüber allen anderen Nationen funktioniere und sich der übermächtigen militärischen Schlagkraft der USA dauerhaft kein Konkurrent mehr entgegenstellen werde – nicht einmal China. Der Grund: Alle denkbaren Herausforderer sind bereits so in das wirtschaftliche, finanzielle, technische und kommunikative Netzwerk der Globalisierung eingebunden, dass sie zu viel zu verlieren hätten.

Barnetts zweite These betrifft die vergleichsweise rückschrittlichen Regionen der Welt. Aus ihnen kämen alle künftigen Bedrohungen, weil sie eben noch nicht zum Kernbereich der globalisierten Staatengemeinschaft gehörten; dem »Kern« (Core) stünden also die schlecht integrierten Länder der »Nicht-Integrations-Kluft« (Non-Integrating Gap) in Teilen Mittelamerikas, in Afrika, Zentral- und Südostasien gegenüber, in denen es instabile, von der wirtschaftlichen Entwicklung abgekoppelte, wenig vernetzte, oft autoritär regierte, manchmal auch anarchische Gesellschaften gebe. Es seien diese Regionen, in denen die unberechenbarste Bedrohung weiter wachse – der mörderische Terrorismus à la Osama bin Laden, der vor allem eines wolle: die Isolation der »Gap«-Staaten erhalten, weil die Unzufriedenheit der Massen dort seine wichtigste Machtbasis darstelle.

Barnetts Schlussfolgerung: Wenn wir auf Grundlage dieser Analyse die Bedrohung durch »Core«-Staaten ausschließen, können wir alle Ressourcen auf jene Länder richten, die sich den Auswirkungen der Globalisierung bislang weitgehend entzogen haben, nicht um mit modernster Kriegsmaschinerie jedes kleine Feuerchen, das zum Flächenbrand werden könnte, präventiv auszutreten oder ganze Regionen per Waffengewalt mit Zwangsdemokratien zu beglücken, sondern um sie an den »Kern« anzukoppeln – mit allen wirtschaftlichen, finanziellen, technologischen, sozialen, gesetzlichen, politischen und militärischen Mitteln, die uns zur Verfügung stehen. Dies geschehe aber bislang nur unzureichend, und genau hier liege das Versagen der westlichen Politik. Schlimmstes Beispiel: Afghanistan.

Auf die Frage, warum westliche Armeen – unter ihnen die Bundeswehr – dort im Krieg stehen, antworten viele Politiker in Europa und den USA: »Weil unsere Freiheit am Hindukusch verteidigt wird.« Andere sagen: »Weil wir die Rückkehr eines unterdrückerischen Gottesstaats verhindern wollen.« Beides ist nicht falsch, aber nur ein winziger Ausschnitt aus der oben beschriebenen Argumentationskette. Die Politik muss endlich einmal die Gesamtstrategie definieren und dann danach handeln. Über viele Jahre und teils bis heute gab es keine Afghanistan-Politik aus einem Guss, weil erstens das Eingeständnis nötig wäre, dass ein massiver militärischer Einsatz, bei dem es – wie in jedem anderen Krieg – auch zivile Opfer gibt, genauso unvermeidlich ist wie zweitens ein massiver Einsatz von wirtschaftlichen, finanziellen und technischen Ressourcen, um Afghanistan eine Chance auf Anbindung an die vernetzte und globalisierte Welt zu geben. Wenn die USA und ihre Verbündeten nicht bereit sind, auch den zweiten Schritt zu gehen, dann dürften sie auch nicht zulassen, dass ISAF-Soldaten – darunter auch Deutsche – töten oder getötet werden. Und umgekehrt: Wenn die Soldaten nicht die Ausrüstung zum Kämpfen haben und auch nicht – im schlimmsten Fall – töten dürfen, dann ist jede Investition in zivile Maßnahmen angesichts eines sich ausdehnenden Kriegsgebietes pure Geldverschwendung. Diese Debatte über eine umfassende Strategie hätte schon vor Jahren geführt werden müssen. Es geht um nicht weniger als um die Rolle der Nationalstaaten und der Staatenbündnisse in einer globalisierten Welt.

Als Signal für die Abkehr vom Grundsatz der aggressiven Prävention entschärfte Barack Obama im April 2010 die bisherige Atomstrategie der Vereinigten Staaten. Demnach verpflichten sich die USA, keine Kernwaffen gegen Länder einzusetzen, die selbst keine solche Waffen besitzen und die sich an den Nichtweiterverbreitungsvertrag halten. Auch chemische oder biologische Angriffe werden grundsätzlich nicht mit Atomwaffen beantwortet. Staaten wie Iran und Nordkorea nimmt das Papier aus dem Weißen Haus allerdings explizit aus – zumindest falls sie gegen die internationalen Vereinbarungen verstoßen. In solchen Fällen kann es weiterhin Erstschläge geben. Während die Obama-Administration damit kategorischen Handlungsoptionen eine Absage erteilt, treibt sie gleichzeitig den Ausbau der konkreten Optionen voran.

Am 12./13. April 2010 trafen sich Staats- und Regierungschefs aus 47 Ländern zu einem Nukleargipfel in Washington, um ein Konzept zur Abwehr der vom US-Präsidenten so genannten »Weltkatastrophe«, eines Terrorangriffs mit einem radioaktiven Sprengsatz oder einer Atombombe, zu entwickeln. Man einigte sich darauf, alles Strahlenmaterial innerhalb von vier Jahren zu erfassen und zu schützen, den Handel mit Nuklearmaterial auch mit Hilfe der Internationalen Atomenergiebehörde in Wien besser zu überwachen und einen Teil der waffentauglichen Bestände an Uran und Plutonium zu vernichten oder an die USA zu übergeben. Russland und die USA wollen ab 2018 je 34 Tonnen Plutonium zerstören. Deutschland und die Niederlande sprachen sich beim Gipfel für einen Sondergerichtshof in Den Haag aus, der Staaten zur Rechenschaft ziehen soll, die Atommaterial in die Hände von Terroristen geben oder die Vorschriften des Nichtweiterverbreitungsabkommen verletzen.

Es sind konkrete Antworten auf konkrete Bedrohungen anstelle einer umfassenden Ermächtigung für unbegrenzte Reaktionen aufgrund einer diffusen Bedrohungslage. Diesen Trend reflektiert auch die neue Nationale Sicherheitsstrategie der USA, die das Weiße Haus im Juni 2010 veröffentlichte.[85] Sie ist eine bewusste Abkehr von der angstgeleiteten Doktrin der Vorgängerregierung und basiert auf der Einsicht, dass Amerikas Führungsanspruch in der Welt von seiner Bereitschaft und Fähigkeit abhängt, den Aufstieg anderer Machtzentren zu akzeptieren und zu managen. Das 52-seitige Papier passt zu einer Regierung, die sich an den Herausforderungen des noch jungen Jahrhunderts nicht überheben will. »Tatsächlich«, so schreibt Obama in der Einleitung, »würden unsere Gegner gern erleben, dass Amerika seine Kräfte erschöpft, indem es sich übernimmt«. Militärisch habe Amerika zwar keinen wirklichen Gegner, aber insgesamt sei die Welt komplizierter geworden. »Um erfolgreich zu sein, müssen wir die Welt akzeptieren, wie sie ist«, so Obama. George W. Bush hatte den Kampf gegen den Terror und die Zweiteilung der Welt zum Ordnungsprinzip der amerikanischen Politik gemacht, für seinen Nachfolger aber ist der »Kampf gegen den gewaltsamen Extremismus nur ein Element unserer strategischen Umgebung, das Amerikas Engagement in der Welt nicht vollständig bestimmen kann«.

Ein ganzer Abschnitt widmet sich der Anwendung von Gewalt. Aber anders als im ersten Strategiepapier nach Nine Eleven ist dort keine Rede von Präventivangriffen. Die Worte wirken diplomatischer und dennoch klar und unmissverständlich: »Auch wenn die Anwendung von Gewalt manchmal notwendig ist, werden wir dem Krieg stets alle anderen Optionen vorziehen und sorgfältig die Kosten und Risiken des Handelns mit denen des Nicht-Handelns abwägen.« In jedem Fall wolle man, so Obama, eine »breite, internationale Unterstützung suchen und dabei mit Einrichtungen wie der NATO und dem Weltsicherheitsrat zusammenarbeiten«. Doch auch ein Alleingang wäre möglich: »Die USA müssen sich das Recht vorbehalten, unilateral zu handeln, wenn es notwendig ist, um unsere Nation und unsere Interessen zu verteidigen. Jedoch werden wir danach streben, uns an die Standards zu halten, die die Anwendung von Gewalt regulieren.«

Ähnlich hatte Obama schon am 10. Dezember 2009 bei seiner Rede anlässlich der Verleihung des Friedensnobelpreises argumentiert. Es waren ungewöhnliche Worte für einen Mann, von dem die Welt vor allem mehr Frieden erwartete: »Wir müssen damit anfangen, die harte Wahrheit anzuerkennen, dass wir gewaltsame Konflikte zu unseren Lebzeiten nicht ausrotten werden. Es wird Zeiten geben, zu denen Nationen – allein oder gemeinsam handelnd – die Anwendung von Gewalt nicht nur für notwendig, sondern auch für moralisch gerechtfertigt halten werden. [...] Ich muss der Welt gegenübertreten, wie sie nun mal ist, und kann nicht untätig bleiben gegenüber den Gefahren, denen sich das amerikanische Volk gegenübersieht. Denn täuschen Sie sich nicht: Es gibt das Böse in dieser Welt. Eine gewaltfreie Bewegung hätte Hitlers Armeen nicht stoppen können. Verhandlungen können die Al-Qaida-Führer nicht dazu bringen, ihre Waffen niederzulegen. Zu sagen, dass Gewalt manchmal notwendig ist, ist keine Aufforderung zum Zynismus – es ist eine Erkenntnis der Geschichte, der Unperfektheit des Menschen und der Grenzen der Vernunft.«[86]

Die Obama-Administration sieht Gewalt als letztes Mittel, wenn alle anderen Ressourcen – Verhandlungen, Druck, Sanktionen, politische Isolation – ausgeschöpft sind. Kritiker werfen dem Präsidenten deshalb vor, er setze zu sehr auf das Prinzip Hoffnung. Für sie ist sein Angebot zur Kooperation nichts anderes als Appeasement, ein Kuschelkurs mit Schurkenstaaten, der die nationale Sicherheit der USA gefährdet. Doch ein enger Berater Obamas sieht gerade in der unbeirrbaren Offenheit zum Dialog eine große Chance, Amerikas Ziele zu erreichen. Vertrauen und nicht Misstrauen sollte das Leitprinzip des Umgangs der US-Regierung mit anderen Staaten sein, und dazu gehöre auch eine gewisse Risikobereitschaft. Man könne nicht auf jede Gefahr mit Gewalt und Krieg antworten, das hätten die Jahre nach Nine Eleven gezeigt: »Cheneys Ein-Prozent-Doktrin funktioniert nicht. Sie hilft am Ende dem internationalen Terrorismus, dessen Ziel es ist, dass wir überreagieren. Wenn Sie jedes Problem als Nagel betrachten, dann greifen Sie auch immer zum Hammer. Aber nicht jedes Problem kann militärisch gelöst werden. Wir müssen den Herausforderungen im Rahmen der internationalen Gemeinschaft begegnen. Wenn es beispielsweise Trainingslager für Terroristen in einem Land gibt, dann sollte die Regierung dieses Landes sich darum kümmern.«

Der Dialog, nicht die Verteufelung steht im Vordergrund. Die Unterschiede zwischen Obama und seinem Amtsvorgänger werden an der Iranpolitik besonders deutlich. Die Rhetorik von George W. Bush gegenüber dem iranischen Regime war spätestens seit seiner Rede zur Lage der Nation im Januar 2002 eindeutig, als der US-Präsident den Iran als Schurkenstaat zur »Achse des Bösen« zählte. Gegen Ende 2007 gab Bush mit einem Geheimbefehl über 400 Millionen Dollar für verdeckte Operationen der CIA im Iran frei, bei denen sowohl iranische Untergrundgruppen unterstützt als auch hochrangige Offiziere der Revolutionsgarden entführt werden sollten.[87] Darüber hinaus ging es um das Ausspähen und Destabilisieren des iranischen

Atomprogramms. Ausdrücklich legitimierte das Papier die Anwendung tödlicher Gewalt zur Selbstverteidigung. Die CIA sollte bei ihren Aktionen nämlich Eliteeinheiten der US-Streitkräfte unterstützen, die bereits seit längerem ohne Autorisierung des amerikanischen Kongresses Jagd auf iranische Kommandos machten, die angeblich im benachbarten Irak Anschläge verübten. Dabei bereiteten sie offenbar den Boden für einen möglichen Regimewechsel, den das Weiße Haus mit einem präventiven Militärschlag oder gar mit einer amerikanischen Invasion herbeiführen wollte. Bush und Cheney ließen die Planungen für solch ein Vorgehen aktiv vorantreiben.

Im Frühsommer 2008 stieg die Zahl der tödlichen Zwischenfälle im Iran deutlich an.[88] Unklar ist, ob amerikanische Spezialkommandos hinter diesen Attentaten und Anschlägen auf Offiziere der iranischen Revolutionsgarde steckten oder eher die von den USA finanzierten und ausgerüsteten Untergrundkämpfer. Unter diesen befanden sich zweifelhafte Elemente wie die brutale sunnitische Terrorgruppe Dschundallah und die Volksgruppe der Belutschen. Mit beiden sollten die USA nach Ansicht des ehemaligen CIA-Agenten Robert Baer besser nicht kooperieren: »Die Belutschen sind sunnitische Fundamentalisten, die das Regime in Teheran hassen, aber nichts anderes sind als Al-Qaida. Diese Typen schneiden den Ungläubigen die Köpfe ab, in diesem Fall schiitischen Iranern. Die Ironie dabei ist, dass wir wieder mit sunnitischen Fundamentalisten zusammenarbeiten, so wie in Afghanistan in den 80er Jahren.« Die Planer der Anschläge auf das World Trade Center 1993 und 2001, Ramzi Jussef und Khalid Sheikh Mohammed, sind beide Belutschen. Die Dschundallah ist eng mit Al-Qaida und den Taliban verbündet.

Doch die Taktik der gezielten Provokationen diente offenbar dem Zweck, einen Anlass für einen möglichen Militärschlag gegen den Iran zu schaffen. Im Januar 2008 näherten sich Patrouillenboote der Revolutionsgarde mehreren US-Kriegsschiffen im

Persischen Golf. Per Funk sollen die Besatzungen der Boote mit »Explosionen« gedroht haben. Doch so brenzlig, wie es in den ersten Pressemeldungen klang, war die Situation nach Angaben des Befehlshabers der amerikanischen Seestreitkräfte in der Region, Vizeadmiral Kevin J. Cosgriff, dann doch nicht. Sehr zum Ärger von US-Vizepräsident Dick Cheney, der Wochen später zu einer Besprechung einlud, bei der es darum gegangen sein soll, »wie man einen Casus Belli für einen Krieg zwischen Teheran und Washington schaffen« könne.

Doch hochrangige Offiziere der US-Streitkräfte warnten vor einem Militärschlag gegen den Iran, unter ihnen der Chef des Central Commands, Admiral William Fallon, der wegen seiner öffentlichen Kritik im März 2008 den Hut nehmen musste. Hinter verschlossenen Türen lehnte auch Verteidigungsminister Robert Gates die Pläne der Bush-Regierung ab, weil er dramatische Konsequenzen befürchtete. Bei einem vertraulichen Treffen mit demokratischen Senatoren sagte er: »Wir würden Generationen von Dschihadisten erschaffen, und unsere Enkel müssten dann hier in Amerika gegen unsere Feinde kämpfen.« Bis zum Ende ihrer Amtszeit beharrte die Bush-Administration auf ihrer kompromisslosen Haltung gegenüber dem Iran, der erst sein Atomprogramm komplett stoppen sollte, bevor überhaupt Verhandlungen stattfinden könnten. Dass es bislang nicht zu einem Militärschlag kam, ist möglicherweise der historischen Wahl von Barack Obama zu verdanken.

Obama hatte im Wahlkampf immer wieder gesagt, dass er ohne Vorbedingungen mit dem Iran sprechen wolle, mit harter und von Prinzipien gesteuerter Diplomatie, ohne jedoch die militärische Option vom Tisch zu nehmen. Nach seinem Amtsantritt begann er mit seiner neuen Strategie. Schritt 1: eine Botschaft an das iranische Volk zum schiitischen Neujahrsfest im März 2009, in der er einen Neuanfang in den Beziehungen zwischen den beiden Ländern versprach und das Angebot zum Dialog mit dem religiösen Führer des Landes Ayatollah Chamenei machte. Dass dieser brüsk ablehnte, mag die Studentenproteste nach den Wahlen im Juni befeuert haben. Weil die iranische Führung amerikanische Anstifter hinter den Ausschreitungen vermutete, herrschte monatelang Funkstille – auch bei den Atomgesprächen. Im Januar 2010 signalisierte Irans Präsident Mahmud Ahmadinedschad Gesprächsbereitschaft über die Uran-Anreicherung des Landes, um sie aber kurz danach wieder zurückzuziehen. Obama antwortete im März 2010 mit Schritt 2: Er begann Gespräche mit den Vetomächten des UN-Sicherheitsrates und Deutschland über Sanktionen gegen den Iran bei gleichzeitiger Erneuerung des Dialogangebots an das Regime in Teheran.

Weil der Iran unbeirrt die Vorbereitungen für die Anreicherung von Uran vorantrieb, verhängte der Weltsicherheitsrat im Juni die angekündigten Sanktionen, flankiert von noch schärferen Maßnahmen durch die EU und die USA. Im August 2010 folgte Schritt 3: Obama drohte bei einem Pressegespräch mit einem Angriff. Der Iran »müsse wissen, worauf er sich einlässt«. Wenn er aus Nationalstolz Atomwaffen entwickele, dann »wird er die Folgen tragen müssen. Alle Optionen liegen auf dem Tisch, um einen Wettlauf um Atomwaffen in der Region und einen nuklear bewaffneten Iran zu verhindern.« Gleichzeitig verstärkte der US-Präsident die diplomatischen Bemühungen.

Die Ankündigungen entsprachen einer Empfehlung, die das regierungsnahe Bipartisan Policy Center in Washington ausgesprochen hatte. Obama solle eine »öffentliche Diskussion über militärische Optionen« beginnen und seine Entschlossenheit unterstreichen, indem er »sichtbare, glaubwürdige Vorbereitungen auf eine militärische Option« befehle. Letzteres aber unterließ der Präsident zunächst. Der Eklat bei der UN-Vollversammlung im September 2010, als Irans Präsident Ahmadinedschad den USA in seiner Rede vorwarf, die Anschläge vom 11. September selbst inszeniert zu haben, brachte das Weiße Haus aber offenbar zur Einsicht, dass alle Geduld einmal ein Ende haben muss. Es gibt Anzeichen dafür, dass Barack Obama die verdeckten Operationen seines Vorgängers wieder vorantreiben ließ. Am 12. Oktober 2010 explodierten mehrere Sprengsätze in einer unterirdischen Abschussbasis für Mittelstreckenraketen nahe der Stadt Khorramabad im Westen des Iran. Dabei wurden offenbar zahlreiche Soldaten der Iranischen Revolutionsgarde getötet und mehrere Shahab-3-Raketen zerstört, die mit ihrer Reichweite von 1800–2500 Kilometern israelische Städte und amerikanische Militärbasen im Irak erreichen könnten. In den Wochen zuvor wurden die Computersysteme des iranischen Atomprogramms mit dem sogenannten Stuxnet-Virus infiziert und teilweise lahmgelegt. In beiden Fällen ist unklar, wer hinter den Attacken steckt. Fest steht allerdings, dass General David Petraeus am 30. September 2009 – damals als Kommandeur des zuständigen Central Command – mit einem Geheimbefehl verdeckte Operationen im Iran zur Ausspähung der Atomanlagen des Landes und zur Kontaktaufnahme mit Widerstandsgruppen autorisierte. Mit diesen Maßnahmen sollte sich das US-Militär auf einen möglichen Angriff auf den Iran vorbereiten.[89]

Es ist nicht ausgeschlossen, dass es irgendwann zu einem Militärschlag kommt, denn auch Barack Obama weiß sehr genau, dass Amerikas Autorität nur dann erhalten bleibt, wenn es sich am Ende nicht als zahnloser Papiertiger erweist. Aber dann soll die Weltöffentlichkeit genau nachvollziehen können, dass Gewalt auch wirklich das letzte Mittel war. Dies ist umso wichtiger, weil davon auch die Glaubwürdigkeit der USA gegenüber den Schwellenländern abhängt. Brasilien, Indien, Indonesien, die Türkei und andere aufstrebende Staaten bringen nämlich einen dezidiert anderen Blickwinkel auf die Welt mit, als wir Europäer und Amerikaner ihn seit langem pflegen. So haben viele der Schwellenländer kein Verständnis dafür, dass der Iran oder andere Staaten die Nutzung der Atomenergie, vielleicht sogar die Entwicklung von Atomwaffen, nicht vorantreiben sollten. Die Ereignisse nach dem 11. September 2001, vor allem die amerikanische Invasion im Irak, werden so interpretiert, dass die Verfügbarkeit von Nuklearwaffen auch als Schutz vor Interventionen durch andere Staaten dienen kann. Der Besitz, nicht der Einsatz der Bombe sei das Ziel. Das Prinzip der Abschreckung gilt nach wie vor. Nicht einmal der Iran würde riskieren, bei einem Vergeltungsschlag vernichtet zu werden. Brasilien hat sich dabei zu einem der wichtigsten Fürsprecher des Teheraner Regimes gemacht und ist mit einem Volumen von 1,2 Milliarden Dollar pro Jahr auch der größte westliche Handelspartner des Iran. Im November 2009 besuchte Präsident Ahmadinedschad das südamerikanische Land, der Gegenbesuch des brasilianischen Präsidenten Lula da Silva folgte in 2010. Als nichtständiges Mitglied im Weltsicherheitsrat lehnt Brasilien weitere Sanktionen gegen den Iran ab und zweifelt an der Behauptung der EU und der USA, das Land strebe nach der Atombombe. Ähnlich sieht es die türkische Regierung. Deshalb starteten Brasilien und die Türkei eine neue Initiative für Gespräche mit dem Iran. Im Mai 2010 erzielten sie eine Teil-Einigung über den Austausch von schwach angereichertem Uran gegen Brennstäbe für einen medizinischen Reaktor in Teheran. Die Vereinbarung könnte Teil eines Gesamtkonzepts werden, wenn es wieder zu direkten Verhandlungen über das iranische Atomprogramm kommen sollte. Der Iran will Brasilien und die Türkei bei solchen Gesprächen unbedingt dabeihaben.

Gerade die Schwellenländer könnten eine wesentliche Rolle für eine Stabilisierung des Weltfriedens spielen. Einige von ihnen sind Brückenstaaten zwischen den unterschiedlichen Sichtweisen und Kulturkreisen, wie zum Beispiel die Türkei, die an der Nahtstelle zwischen Europa und Asien, zwischen Christentum und Islam, zwischen westlichen Demokratien und den autokratischen Regimen des Nahen und Mittleren Ostens liegt. In der sich derzeit im Umbruch befindlichen arabischen Welt könnte der Türkei eine Schlüsselrolle zukommen. Oder Indonesien, das als Vorbild für den Umgang mit der weltweiten Bedrohung durch den Terrorismus fungieren könnte. Es ist das größte muslimische und mit insgesamt 230 Millionen Einwohnern auch das viertgrößte Land der Erde. Seine Demokratie erweist sich als recht stabil und seine Wirtschaft hat angesichts reicher Rohstoffvorkommen beste Chancen auf kontinuierliche Wachstumsraten. Die Regierung in Jakarta bemüht sich um Fortschritte bei der Bildung, im Kampf gegen Korruption und beim Ausbau der Infrastruktur im Land. In den zehn Jahren seit Nine Eleven wurde Indonesien mehrfach von Terroranschlägen erschüttert und ging mit aller Härte gegen die Drahtzieher der Attacken vor. Wie wichtig der Obama-Administration die enge Zusammenarbeit mit Indonesien in den Bereichen Politik, Sicherheit, Wirtschaft und Kultur ist, zeigte der Besuch des US-Präsidenten im November 2010.

Ein kühner Gedanke drängt sich dabei auf, den Thomas Barnett ebenfalls bereits in seiner Theorie einer neuen Weltordnung formuliert hat. Wenn es gelänge, regionale Sicherheitsbündnisse in Teilen Asiens und anderen krisengeschüttelten Regionen der Welt zu etablieren, dann würden die engere Vernetzung und der ständige Austausch der beteiligten Regierungen zur Vermeidung von Konflikten beitragen. Als Vorbild könnte die Organisation für Sicherheit und Zusammenarbeit in Europa (OSZE) dienen, die seit Jahrzehnten die Verständigung zwischen den Nationalstaaten vorantreibt.

Doch einer solchen Vision steht noch eine Realität gegenüber, die auch Präsident Obama zu Maßnahmen greifen lässt, die Zweifel an den wohlklingenden Formulierungen seiner Nationalen Sicherheits-Strategie aufkommen lassen. Es geht dabei um die unmittelbare Bekämpfung von Terroristen und extremistischen Gruppierungen. Gegen sie führt die US-Regierung weiterhin einen gnadenlosen Krieg, dessen Operationen größtenteils im Zwielicht ausgetragen werden, allerdings nicht durch den Geheimdienst CIA, sondern – ähnlich wie im Iran – durch Spezialeinheiten der Streitkräfte. Ihre Kommandos sind mittlerweile in 75 Ländern aktiv, von den Philippinen über die arabische Halbinsel und Ostafrika bis nach Kolumbien. Sie agieren gemeinsam mit örtlichen Militäreinheiten, wie im Jemen, Saudi-Arabien und Pakistan, oder auf eigene Faust, ohne dass die jeweilige Regierung davon weiß, wie in Somalia, Iran und Syrien. Im Jemen feuerte die US-Navy Raketen auf die Verstecke der Al-Qaida ab. Die jemenitischen Sicherheitskräfte erhielten Waffen, Fahrzeuge und Hubschrauber von den USA. In Somalia töteten die Special Forces in einem Kommandounternehmen mit Helikoptern einen der Drahtzieher der Terroranschläge auf die US-Botschaften in Kenia und Tansania im Sommer 1998.

Seit 2010 steht der geistliche Anführer der Al-Qaida im Jemen, Anwar al-Awlaki, ebenfalls auf der Todesliste, obwohl er die amerikanische Staatsbürgerschaft besitzt. In Afghanistan und Irak machen die Kommandoeinheiten seit Jahren Jagd auf Terroristen und sind dabei so erfolgreich, dass der ehemalige General Barry McCaffrey regelrecht ins Schwärmen geriet: »Die Einheiten für verdeckte Spezialoperationen haben magische Fähigkeiten. Sie sind tödlich bei der Zielerfassung und verursachen in der Regel keine zivilen Opfer. [...] Wir müssen unsere Wahrnehmung von diesen Einheiten überdenken. Sie sind ein nationales strategisches System, wie der B-1-Bomber. [...] Die Spezialkräfte können zwar nicht ganz allein die Kriege unserer Nation gewinnen. Aber mit ihnen haben wir ein Werkzeug von enormer und entscheidender strategischer Bedeutung, das besonders im globalen Krieg gegen Terroristen unverzichtbar ist.«[90]

Ganz offenbar sieht Barack Obama das genauso. Für den weltweiten Kampf mit verdeckten Operationen hat er im Haushalt 2011 rund 6,3 Milliarden Dollar vorgesehen, eine Steigerung von 5,7 Prozent gegenüber dem Vorjahr. Das Weiße Haus ist unmittelbar in die Planungen der streng geheimen Einsätze einbezogen. Kommandeure der Special Forces preisen ihren direkten Zugang zum Obersten Befehlshaber, den es zu Zeiten von

George W. Bush so nicht gab: »Wir haben einen viel besseren Draht zum Weißen Haus. Sie reden weniger, aber sie tun mehr.«[91] Die Vereinigten Staaten, so beschreibt es der Anti-Terror-Koordinator des Weißen Hauses, John Brennan, würden nicht nur reagieren, sondern »den Kampf zu Al-Qaida und den mit ihnen verbündeten Extremisten tragen, ob sie nun in Afghanistan, Pakistan, Somalia, im Jemen oder anderswo planen und trainieren.«

In diesem Sinne gibt es eine direkte Kontinuität zur vorherigen Regierung. Diese hatte mit der Exekutivorder »Al-Qaida Network Exord« die Lizenz der Spezialkräfte zum Töten auf rund 20 Länder ausgedehnt. Anders als Ex-Präsident Bush gründet Obama die Legitimation für die geheimen Operationen und die Anwendung tödlicher Gewalt allerdings nicht auf seine Exekutivmacht als Präsident, sondern bezieht sich ausdrücklich auf die Autorisierung durch den amerikanischen Kongress, der mit seiner Resolution vom 14. September 2001 »alle notwendige und angemessene Gewalt gegen jene Nationen, Organisationen und Personen« erlaubt hatte, die »die Terroranschläge vom 11. September 2001 geplant, beauftragt, ausgeführt oder unterstützt haben, um dadurch alle künftigen Akte des internationalen Terrorismus gegen die Vereinigten Staaten durch solche Nationen, Organisationen und Personen zu verhindern.« Mit dem letzten Halbsatz, der Präventivschläge erlaubt, rechtfertigt die derzeitige Administration auch Einsätze außerhalb der Kriegsgebiete Irak und Afghanistan, wie mir ein enger Berater von Präsident Obama bestätigte: »Wir akzeptieren die Annahme der letzten Regierung, dass es manche Dinge gibt, die wir selbst tun müssen. Aber wir tun sie in Übereinstimmung mit unserer Verfassung und den internationalen Standards, an denen sich alle messen lassen müssen, auch wir.«

Doch wie weit lassen sich die internationalen Standards dehnen? Denn zu diesem »grauen Krieg«, der vom Joint Special Operations Command in Fort Bragg, North Carolina, gesteuert wird, gehören neben den gezielten Tötungen mit Kommando-einheiten auch die Drohnenattacken in Irak, Afghanistan und Pakistan. Die Zahl der Drohneneinsätze – die meisten zur Aufklärung – lag im Jahr 2008 bereits bei 120 000. Rund um die Uhr befinden sich Drohnen im Luftraum über dem pakistanisch-afghanischen Grenzgebiet. Bei geheimdienstlichen Hinweisen oder beim Erfassen verdächtiger Aktivitäten durch die unbe-mannten Aufklärungsflugzeuge können – gesteuert aus der Operationsbasis in Tampa, Florida – innerhalb weniger Minu-ten Raketen auf vielversprechende Ziele abgefeuert werden. 2008 und 2009 wurden so rund 20 Al-Qaida-Kommandeure getötet.

Dabei nimmt auch die jetzige US-Regierung bewusst das Ri-siko in Kauf, dass auch Unschuldige zu Schaden kommen. Im Mai 2009 starben bei einem amerikanischen Angriff in Afgha-nistan mehr als 140 Menschen, darunter viele Frauen und Kin-der. In Pakistan kommen auf die 20 getöteten Top-Terroristen mehr als 700 Opfer in der Zivilbevölkerung. Solche fehlgeschla-genen Operationen können neuen Hass und damit auch neue Selbstmordattentäter produzieren. Ein Teil der Drohnenan-griffe wird vom amerikanischen Geheimdienst CIA durchgeführt und verantwortet. Doch dessen Operationen unterliegen der Kontrolle durch den amerikanischen Kongress. Das ist bei den Special Forces der US-Streitkräfte anders. Der Oberste Befehls-haber kann sie nach Belieben einsetzen, ohne den Volksvertre-tern über ihre Aktivitäten Rechenschaft ablegen zu müssen. Das ist offenbar der Grund, weshalb Barack Obama den Aktionsra-dius und den Handlungsspielraum der Spezialkräfte deutlich ausgedehnt hat. Der Hang zur Geheimhaltung im Namen der nationalen Sicherheit ist bei ihm nicht weniger ausgeprägt als bei George W. Bush.

Der eindrucksvollste Beleg dafür sind die Ereignisse in der Nacht zum 2. Mai 2011. Von einem US-Stützpunkt im afghani-schen Dschalalabad steigen vier Hubschrauber auf und dringen in das nur wenige Flugminuten entfernte Pakistan ein. Ihr Ziel: ein dreistöckiges Haus auf einem riesigen Grundstück in Abbottabad, circa 70 Kilometer nördlich der pakistanischen Hauptstadt Islamabad. An Bord sind zwei Dutzend Navy Seals und Army Rangers, die dem Joint Special Operations Command unterstehen. Ihr Kommandeur, Admiral William McRaven, lenkt die Geheimmission in Afghanistan. Die Navy Seals tragen winzige Kameras an ihren Helmen. Über eine Videoübertragung können Barack Obama und Mitglieder seines Sicherheitskabinetts einen Teil des Geschehens live im Lagezentrum des Weißen Hauses in Washington verfolgen. Zweimal stockt den Zuschauern der Atem. Eigentlich soll sich ein Team auf das Dach des Hauses abseilen, während das andere durch Türen und Fenster im Erdgeschoss angreifen würde. Doch der Plan misslingt. Der Hubschrauber, eine Spezialanfertigung mit lärmdämpfender Technologie, streift mit dem Rotor die Hauswand und sackt ab. Trotzdem stürmen die Elitesoldaten den Gebäudekomplex und töten dessen Besitzer – zwei Brüder, von denen einer mit einer Waffe Widerstand leistet. Über Jahre haben sie den meistgesuchten Verbrecher der Welt versteckt: Osama bin Laden. Der Anführer der Al-Qaida sieht die Angreifer im Flur und zieht sich in sein Schlafzimmer im dritten Stock zurück. Die Navy Seals folgen ihm und töten ihn mit Schüssen in Brust und Kopf, seine Frau erleidet eine Beinwunde. Als die Special Forces gegen 0.45 Uhr Ortszeit in Pakistan den Tod bin Ladens melden, gibt es im Lagezentrum des Weißen Hauses spontanen Applaus.

Die Soldaten schicken ein Digitalfoto mit dem entstellten Gesicht des Erschossenen zur Identifizierung per Satellit zum CIA-Hauptquartier in Langley, Virginia. Sie beschlagnahmen Computer, Festplatten, USB-Sticks und Papiere und nehmen den Leichnam des Terrorführers mit. Als sie den Ort des Geschehens verlassen, stockt Obama und seinen Beratern ein zweites Mal der Atem. Das pakistanische Militär hat die Operation bemerkt und lässt Kampfjets zur Verteidigung des Luftraums aufsteigen. Doch die Hubschrauber des Spezialkommandos entkommen über die Grenze und landen wieder in Dschalalabad. Dort wird Osama bin Ladens Leiche fotografiert, bevor sie wenig später an Bord des US-Flugzeugträgers USS Carl Vinson vor der pakistanischen Küste nach islamischem Ritus gewaschen und in ein weißes Laken gewickelt wird. Dann verschwindet der Leichnam für immer in den Tiefen des Meeres.

In Amerika und Europa dominieren Jubel und Erleichterung über den Tod Osama bin Ladens. Doch seine Tötung ruft auch Kritiker auf den Plan. Darf Amerika einen Terroristen einfach so töten? Hätte man ihn nicht betäuben und gefangen nehmen müssen? War die Aktion eine Verletzung der Souveränität Pakistans? Oder waren pakistanische Behörden doch beteiligt? Welche Rolle spielte der Geheimdienst des Landes, hat der ISI den Al-Qaida-Chef gar über Jahre beschützt? Immerhin lag sein Versteck ausgerechnet in einer Stadt, in der vor allem hochrangige Offiziere der pakistanischen Armee und des Geheimdienstes ihren Ruhestand genießen. Abbottabad gilt als vornehmer Kurort mit guter Anbindung an die pakistanische Hauptstadt.

Die pakistanische Regierung weist den Vorwurf, Osama bin Laden beschützt zu haben, empört zurück. An der Operation sei man auch nicht beteiligt gewesen. CIA-Chef Leon Panetta erklärt in einem Interview mit dem *Time*-Magazin, dass eine Einbindung Pakistans »die Mission in Gefahr gebracht hätte, weil jemand die Zielpersonen hätte warnen könnten«. Der Wahrheit am nächsten kommt vermutlich die Einschätzung des Bruders von Ahmad Schah Massoud, dem afghanischen Freiheitskämpfer, der kurz vor dem 11. September im Auftrag bin Ladens von der Al-Qaida ermordet worden war. Ahmad Wali Massoud ist davon überzeugt, dass Elemente im pakistanischen Geheimdienst den Top-Terroristen aktiv gedeckt haben. Weil die Amerikaner ihm aber auf der Spur waren, habe der ISI am Ende wohl selbst Osama bin Laden verraten und die USA gebeten, dies um jeden Preis geheim zu halten, um dem Zorn der Islamisten in Pakistan zu entgehen. Damit, so erklärte mir Mahsud im Mai 2011 am Grab seines Bruders im afghanischen Panschir-Tal, hätten sie wohl das kleinere Übel gewählt: »Pakistan war in der Zwickmühle. Entweder musste es zugeben, dass es mit den USA kooperiert hatte, dann hätte es mit dem eigenen Volk Probleme bekommen. Oder es musste zugeben, bin Laden gedeckt zu haben, dann hätte es sich den Vorwürfen der internationalen Gemeinschaft stellen müssen.« Da beides nicht akzeptabel war, wählte Pakistan den dritten Weg und gab vor, weder von bin Laden noch von der amerikanischen Kommandoaktion gewusst zu haben.

Durch den Tod bin Ladens ist immerhin der Weg frei für eine Verhandlungslösung mit den Taliban. Denn diese, so hatte mir ein hochrangiger Offizier des pakistanischen Geheimdienstes gesagt, würden die Grundvoraussetzung für jede Vereinbarung – eine Distanzierung von Osama bin Laden – niemals erfüllen, solange der Al-Qaida-Chef lebte. Schließlich hätten sie sich gegenseitig den Treueschwur, den Bayat, geleistet. Dieses Hindernis war nun – im wahrsten Sinne des Wortes – beseitigt.

Mit der Kommandoaktion in Abbottabad lebte auf einmal auch die Diskussion um Folter als legitimes Mittel im Kampf gegen den Terrorismus wieder auf. Tatsächlich hatten die USA den Kampfnamen eines wichtigen Kuriers von Osama bin Laden von gefolterten Gefangenen erfahren. Erst im Jahr 2007 fanden die Ermittler dank nicht näher genannter Quellen die wahre Identität Mannes heraus – Sheikh Abu Ahmed al-Kuwaiti. Doch der eigentliche Durchbruch kam durch ein von der NSA abgehörtes Telefongespräch im Sommer 2010. Ein Terrorverdächtiger, der schon länger im Visier der Fahnder war, rief den Kurier an und nannte am Telefon dessen Namen. Die Fahnder konnten seinen Aufenthaltsort bestimmen. Von da ab waren sie auf der Spur Osama bin Ladens, denn der Kurier war der Eigentümer des Hauses in Abbottabad, in dem der Al-Qaida-Chef seit 2005 lebte.

Nur wenige Tage nach der Operation »Geronimo«, der Tötung Osama bin Ladens, bin ich mit meinem Kamerateam auf der Forward Operating Base (FOB) Fenty bei Dschalalabad. Von hier waren die Hubschrauber des Spezialkommandos gestartet, und hierhin hatten sie den Leichnam des Al-Qaida-Chefs auch zunächst gebracht. Das Flugfeld dürfen wir nicht filmen, dort heben bewaffnete Drohnen ab, um sich ihre Ziele zu suchen und sie auf Knopfdruck zu töten. Gesteuert werden die unbemannten Fluggeräte per Joystick aus der Creech Air Force Base, die Tausende von Kilometern entfernt nahe Las Vegas in den USA liegt. Die Soldaten dort fahren morgens oder abends für acht Stunden in den Krieg und dann wieder nach Hause. Das Töten wird zum Schichtjob.

Wenn es Nacht wird auf der FOB Fenty, starten die schwarzen Hubschrauber der Special Forces. Der Lärm lässt uns kaum schlafen. Und am nächsten Morgen erfahren wir, dass etwas Schreckliches geschehen ist. Die Elitesoldaten hatten einen falschen Tipp bekommen. Sie töteten – quasi aus Versehen – einen Informanten des afghanischen Geheimdienstes und seine 12-jährige Tochter – ein tragischer Unfall, wie mir der Presseoffizier versicherte. Leider nicht der erste Vorfall dieser Art und wohl auch nicht der letzte. Anfang März 2011 hatten zwei US-Kampfhubschrauber von der FOB im nahe gelegenen Pech Valley das Feuer auf Personen eröffnet, die die Soldaten für Aufständische hielten. In Wirklichkeit waren es neun Kinder beim Holzsammeln. Die Jungen im Alter von 9 bis 15 Jahren starben im Kugelhagel.

Es fällt schwer, all das – Folter, Mord, »Kollateralschäden« – mit dem Versprechen aus Barack Obamas Nobelpreisrede in Einklang zu bringen: »Wo Gewalt notwendig ist, haben wir ein strategisches Interesse, uns auf bestimmte Verhaltensregeln zu verpflichten. Und auch wenn wir einem bösartigen Gegner ge-

genüberstehen, der sich an keine Regeln hält, müssen die USA, so glaube ich, auch weiterhin ein Hüter dieser Regeln bleiben. Das ist es, was uns von jenen unterscheidet, die wir bekämpfen. Das ist die Quelle unserer Stärke. Darum habe ich Folter verboten. Darum habe ich die Schließung des Gefangenenlagers in Guantanamo auf Kuba verfügt. Und darum habe ich Amerikas Entschlossenheit bekräftigt, die Genfer Konventionen einzuhalten. Wir verlieren uns selbst, wenn wir die Prinzipien preisgeben, für die wir kämpfen. Und wir ehren diese Prinzipien, indem wir sie nicht nur dann aufrechterhalten, wenn es uns leichtfällt, sondern auch wenn es schwer ist.«[92]

Abgesehen von der Tatsache, dass Guantanamo immer noch nicht geschlossen wurde, verfolgt Amerika ganz offenbar eine Art Doppelstrategie: Der Schwerpunkt liegt bei einer kooperativen, gestalterischen Politik und dem Versuch, andere Nationen zu überzeugen, sich für Freiheit, Gerechtigkeit und Nachhaltigkeit zu engagieren. Trotzdem ist die US-Regierung bereit, punktuell und zielgerichtet gegen konkrete Terroristen, extremistische Gruppierungen und Schurkenstaaten Gewalt einzusetzen. In diesem Sinne sieht Obama die Welt als potentielles Schlachtfeld – nicht nur der Ideologien, sondern auch konkreter militärischer Konflikte. Diese allerdings sollen durch den Einsatz modernster Technologien und die wachsende Bedeutung von kurzen, geheimen Kommandounternehmen auf das Notwendigste beschränkt sein.

Es ist ein Spagat in moralischer wie in pragmatischer Hinsicht, und Deutschland wird sich früher oder später entscheiden müssen, welche Rolle es in dieser Weltordnung einnehmen will. Deshalb müssen wir endlich definieren, was Deutschlands nationale Interessen sind, mit welchen Mitteln wir sie verteidigen wollen und welchen Preis wir zu zahlen bereit sind, um zehn Jahre nach Nine Eleven für Freiheit und Gerechtigkeit einzutreten.

Die Rolle Deutschlands in der Welt

»Schon komisch, wenn man daran denkt, dass man dem Kind sagen muss: ›Dein Vater ist im Krieg gefallen‹, wo doch hier alles so ruhig ist. … Später einmal.« Mit leiser Stimme spricht Carmen Bruns die Wahrheit aus. Denn das friedliche Leben in Deutschland ist so weit weg von den fast täglichen Gefechten der Bundeswehr in der Gegend um Kunduz, dass die deutsche Bevölkerung die Soldaten an der Front gern vergisst. Deutschland ist im Krieg – die junge, blonde Frau hat das unmittelbar erfahren, weil ihr Mann, Nils Bruns, am Karfreitag 2010 in Afghanistan gemeinsam mit seinen Kameraden Robert Hartert und Martin Augustyniak gestorben ist. Harterts Mutter und die Witwen von Bruns und Augustyniak haben dem ZDF ein Interview gegeben, das die Tragik und Bedeutung der Ereignisse dieses letzten Jahres deutlich macht.

Mittlerweile ist die deutsche Afghanistan-Politik ein Stück ehrlicher geworden. Erst sprach der damalige Verteidigungsminister Karl-Theodor zu Guttenberg bei der Trauerfeier für die drei Gefallenen vom »Krieg« in Afghanistan, dann nahm auch die Kanzlerin das Wort in den Mund. Bei ihrem Besuch am 18. Dezember 2010 im deutschen Feldlager Kunduz sagte Angela Merkel den Soldaten: »Wir haben hier nicht nur kriegsähnliche Zustände, sondern Sie sind in Kämpfe verwickelt, wie man sie im Krieg hat. Das ist für uns eine völlig neue Erfahrung. Wir haben das sonst von unseren Eltern gehört im Zweiten Weltkrieg.«

Bemerkenswert daran ist eigentlich nicht, dass die Bundesregierung endlich so klar formuliert, sondern eher, wie quälend lang es gedauert hat, bis unsere Politiker die Fakten anerkannt haben. Dabei erweckten sie den Eindruck, als würde diese Erkenntnis aus heiterem Himmel über sie kommen. Hier liegt das

Grundproblem der deutschen Außenpolitik: Ihr mangelt es an Wahrhaftigkeit.

»Afghanistan ist die große Quartalslüge der deutschen Politik«, sagt mein Gegenüber, dessen Namen und Funktion ich nicht nennen darf. Aber er gehört zu den für die deutsche Außenpolitik maßgeblich verantwortlichen Persönlichkeiten. »Es ist eine Kopf-in-den-Sand-Strategie, die zur Verschärfung der Lage am Hindukusch erheblich beigetragen hat.« Der Vorwurf ist atemberaubend, denn er impliziert, dass einige deutsche Soldaten und viele afghanische Zivilisten vielleicht nicht hätten sterben müssen, wenn es diese »Quartalslüge« nicht gegeben hätte. Tatsächlich lassen sich für die kühne Behauptung zahlreiche Belege anführen. In regelmäßigen Abständen wird die deutsche Politik über die aktuelle Lage in Afghanistan informiert, zum einen durch den sogenannten Erfahrungsbericht Einsatz, den der in Mazar-e-Sharif stationierte Kommandeur des Bundeswehrkontingents alle paar Monate in die Heimat schickt, zum anderen durch die Darstellung der Gefährdungslage für Deutschland durch das Bundeskriminalamt und den Bericht des Bundesnachrichtendienstes, der aus eigenen Quellen und Informationen von befreundeten Geheimdiensten die Situation am Hindukusch schildert. Das Problem: Die Dokumente von BKA und BND sind als »vertraulich« oder »geheim« eingestuft und nur einem streng definierten Kreis von Amtsträgern zugänglich, dazu zählen vor allem Mitarbeiter in Bereichen der Exekutive einschließlich der Sicherheitsbehörden auf Bundesebene und im Fall des BKA-Berichts auch auf Landesebene. Die Berichte der vergangenen neun Jahre beschreiben die kontinuierliche Verschlechterung der Sicherheitslage in Afghanistan. Auch die Defizite bei der Umsetzung von Stabilisierungsmaßnahmen werden in Einzelrapports, zum Beispiel der für die Ausbildung afghanischer Polizisten zuständigen Bundespolizei, dargelegt. Die Abgeordneten oder gar die Öffentlichkeit erreichen diese Bewertungen selten.

Das sollte bei den Kontingentberichten der Bundeswehr anders sein, denn sie haben trotz der Einstufung »VS – Nur für den Dienstgebrauch« einen größeren Verteiler. Der Verteidigungsausschuss und der Auswärtige Ausschuss des Deutschen Bundestages erhalten die Papiere regelmäßig. Doch auch hier gibt es zwei Probleme. Die Darstellung des Kommandeurs in Afghanistan durchläuft den Dienstweg. Möglicherweise wird die Wortwahl in dem Bericht schon deshalb entschärft, weil das Durchreichen von harscher Kritik an den Ausrüstungsdefiziten aus Sicht des Einsatzführungskommandos in Potsdam nicht gewünscht ist. Schließlich erweckte das ja den Eindruck, als würden sich die Befehlshaber nicht genügend für ihre Soldaten einsetzen. Deshalb mangelte es einige Jahre lang in den Kernaussagen an klaren Worten, obwohl die Unzulänglichkeiten in den nachfolgenden Kapiteln und in den Anhängen aufgeführt waren. Hier kommt das zweite Problem zum Tragen: Offenbar haben viele Parlamentarier die Papiere nicht genau genug gelesen oder mit den vorherigen Berichten verglichen. Sonst wäre ihnen die dramatische Veränderung der Lage sicher aufgefallen.

Aus den Berichten von Bundeswehr, BKA, BND und weiteren Behörden geht klar hervor, was in Afghanistan so alles schieflief: Ab dem Jahr 2005 wurden die Taliban in den Einsatzgebieten der Bundeswehr im Norden des Landes stärker aktiv. Mit Einschüchterungstaktiken und Terroranschlägen tyrannisierten sie die örtliche Bevölkerung, verlangten an willkürlich eingerichteten Checkpoints Wegzölle und bestraften all jene, die sich dem Druck nicht beugen wollten. Die Bundeswehr hatte dem wenig entgegenzusetzen, weil die Einsatzbefehle aus Deutschland kein offensives Vorgehen gegen die Taliban vorsahen. Die deutschen Soldaten kehrten abends in ihre Feldlager zurück und überließen die Fläche den Terroristen. Aufgrund akuter Ausrüstungsmängel war ihre Kampffähigkeit zudem stark eingeschränkt. Es fehlte an gepanzerten Fahrzeugen, an durchschlagenden Waffen, an Schutzausrüstung für die Soldaten, an eigener Luftunterstützung wie Transporthubschraubern und Kampfjets, aber vor allem auch an eigenen Aufklärungskapazitäten, um einen Überblick über die zunehmend verfahrene Lage zu gewinnen.

Am 9. Juli 2007 fand eine Sitzung des sogenannten CIMIC, des Rats für die zivil-militärische Zusammenarbeit, in Kabul statt, zu der mir eine detaillierte Bewertung aus Sicht der Bundeswehr vorliegt. Bei den CIMIC-Treffen in Afghanistan werden militärische Verbündete und NGOs über die Bedrohungslage im Land informiert. Hier die wichtigsten Erkenntnisse:

- Die Provinz Baglan wird immer mehr Ausgangsbasis der Taliban. In diese Region sind mehrere Hundert Kämpfer eingesickert, die Unterstützung in der Bevölkerung finden.
- Im Westen ist die Lage ruhig, doch es gibt erheblichen Schmuggel von Waffen und Munition sowie Bauteilen für Sprengfallen aus dem Iran.
- Angriffe und Anschläge sind entgegen der Meldung der deutschen Botschaft nicht mehr auf bestimmte Zeiten beschränkt. Selbstmordattentate zu den Hauptverkehrszeiten sind die Ausnahme.
- Neben den Abschiebungen von Afghanen aus dem Iran trägt die Auflösung von Flüchtlingslagern an der pakistanischen Grenze mit mindestens 110 000 Personen, die Richtung Kabul ziehen, zu einer Verschärfung der Situation bei.
- Die Anschlagszahlen sind im Vergleich zu den letzten Jahren um 100 % erhöht. Immer mehr Jugendliche verüben Attentate, um dadurch an Geld für ihre Familien zu kommen.
- Zu beobachten ist der vermehrte Einsatz neuer Sprengsätze mit einer Durchschlagskraft, die auch die Panzerung der Kleinfahrzeuge mit Leichtigkeit durchdringt.
- Erste Vorposten der Taliban befinden sich direkt im bergigen Gebiet hinter dem Camp Warehouse. Von dort werden die meisten Aktivitäten im Raum Kabul gesteuert. Mehrere Quellen sprechen von ungefähr 20 weiteren Selbstmordattentätern für den Raum Kabul.

Zu der Bewertung gehört abschließend auch der Satz: »Insgesamt ein wesentlich genaueres Lagebild als die Deutsche Botschaft jemals bereit ist zu geben. Schade, dass dies nun entfällt.« Tatsächlich ordnete der Führungsstab in Deutschland am 14. Juni 2007 die Auflösung des deutschen Verbindungsteams im CIMIC in Kabul an. Eine unverständliche Entscheidung angesichts der sich verschärfenden Sicherheitslage, in der jede nachrichtendienstliche Information das Leben von zivilen Aufbauhelfern und von Soldaten schützen konnte. Es kam, wie es kommen musste: Die Zahl der Opfer in der Bundeswehr stieg deutlich an. Die Taliban änderten ihre Taktik. Statt kleiner Sprengfallen am Wegesrand planten sie nun größere Hinterhalte für deutsche Patrouillen, um durch den Tod möglichst vieler Soldaten den politischen Druck in Deutschland zu erhöhen. Für diese Aktionen stellten Terrorgruppen wie Al-Qaida, der militärische Arm der Hizb-e-Islami und die usbekische IBU ihre Kämpfer zur Verfügung.

Die Ausrüstung der Bundeswehr, mit der sie sich gegen diese und ähnliche Angriffe verteidigen muss, ist dabei nach wie vor schlecht. Seit 2008 werden die Kontingentberichte des deutschen Kommandeurs in Mazar-e-Sharif zumindest deutlicher in ihrer Kritik. In der Ausgabe vom 24. August 2009 schreibt Brigadegeneral Vollmer, dass die sicherheitsrelevanten Zwischenfälle im Raum Kunduz ein »bislang noch nicht gesehenes Niveau«, insbesondere auch im Hinblick auf »Quantität und Qualität der Angriffe«, erreicht haben. Der Kommandeur beklagt »Einschränkungen bei der Wahrnehmung des originären Einsatzauftrages« durch Arbeitsüberlastungen, »Engpässe in der Versorgung« und »unzureichenden Materialersatz«, das Fehlen einer »kampfkräftigen Reserve«, den Mangel an Laser/GPS-Geräten, um Lenkmunition »zielgenau ins Ziel zu dirigieren«, und die unzureichende Zahl von Hubschraubern. Dass wegen fehlender Klimatisierung die Temperaturen im Spürpanzer Marder auf bis zu 80 Grad Celsius ansteigen und deshalb eine dringende Nachrüstung erforderlich ist, gehört da schon fast zu den Kleinigkeiten. Der General kommt zu einem eindeutigen Schluss: »Eine sofortige und raumgreifende Lageverbesserung in der gesamten Provinz Kunduz ist mit dem derzeitigen DEU Kräftedispositiv nicht zu erreichen.«

Wenn man all diese Informationen aus den Jahren nach dem 11. September 2001 betrachtet, fragt man sich, warum die Politiker in Deutschland nun so überrascht feststellen, dass aus dem Stabilisierungseinsatz auf einmal ein Krieg geworden ist. Einer von ihnen sagte mir, dass »dieser Einsatz von Anfang an mit zu wenig unterlegt war«. Man hätte regelmäßige Aufbauberichte verlangen und in öffentlichen Anhörungen diskutieren müssen, so wie es in den USA geschieht. Dort müssen militärische Anführer und Regierungsmitglieder vor den Ausschüssen des Kongresses Rede und Antwort stehen.

Bei einem Phoenix-Kamingespräch im Sommer 2010 habe ich Karl-Theodor zu Guttenberg gefragt, ob die Parlamentarier die Berichte von der Front denn so sorgfältig gelesen haben, wie es ihre Pflicht gewesen wäre. Der damalige Bundesverteidigungsminister räumte daraufhin auch persönliche Versäumnisse ein: »Wir alle haben in den letzten Jahren auch Fehler gemacht, was die Beschreibung der Realitäten anbelangt. Wir haben die Zielsetzungen zu hoch geschraubt und wahrscheinlich an der ein oder anderen Stelle die Realitäten auch weichgezeichnet.«

Das Wort »weichgezeichnet« erscheint mir viel zu schwach, weil es das unverantwortliche Handeln der Politik gegenüber den Soldaten und der breiten Öffentlichkeit verharmlost. Ein Paradebeispiel dafür ist die Diskussion um die tragischen Vorfälle von Kunduz am 3. September 2009. Damals befahl der deutsche Oberst Georg Klein, Kommandeur des Feldlagers der Bundeswehr, einen Luftangriff auf zwei Tanklastzüge, die von Taliban gestohlen worden waren und nun auf einer Sandbank im Kunduz-Fluss festsaßen. Die Terroristen bemühten sich, die schweren Fahrzeuge wieder flottzumachen, und holten dafür

Hilfe aus benachbarten Orten. Zivilisten sollten Treibstoff abzapfen, um die Lastzüge leichter zu machen. Beim Einschlag von zwei gelenkten Bomben kamen auch zahlreiche Zivilpersonen ums Leben.

In den Tagen danach empörten sich Politiker in Deutschland über diesen Vorgang, unter ihnen auch Mitglieder des Verteidigungsausschusses im Deutschen Bundestag. Als Tage später die *Bild* aus einem internen Bericht der Feldjäger zitierte, in dem von zivilen Opfern die Rede war, warfen einige Abgeordnete der Bundesregierung Vertuschungsversuche vor. Tatsächlich aber enthält schon ein Brief aus dem Verteidigungsministerium unmittelbar nach dem Angriff Hinweise auf zivile Opfer, zum Beispiel einen zehnjährigen Jungen mit schweren Brandverletzungen. Bei den Tanklastzügen sollen sich außerdem vier hochrangige Talibanführer befunden haben. Dieses Schreiben hatte einen großen Verteiler, zu dem auch das Sekretariat des Verteidigungsausschusses im Bundestag gehörte. Mit anderen Worten: Abgeordnete, die sich über die Informationspolitik der Bundesregierung öffentlich empört zeigten, waren schon kurz nach dem Vorfall über Einzelheiten informiert worden. Die Wellen dieser Erregungskultur, die bestenfalls dem parteipolitischen Vorteil dient, schlugen nur deshalb so hoch, weil sich die Parlamentarier offenbar nicht eingestehen wollten, dass alle verfügbaren Informationen aus Afghanistan belegten, dass Deutschland sich in einem Krieg befindet. Beim Untersuchungsausschuss im Jahr 2010 ging es dann auch weniger um die Frage, ob die Umstände den Angriffsbefehl des deutschen Obersts rechtfertigten. Die Parlamentarier beschäftigten sich vor allem damit, ob der damals neue Bundesverteidigungsminister zu Guttenberg den Generalinspekteur der Bundeswehr Wolfgang Schneiderhan und den Staatssekretär Peter Wichert zu Recht entlassen hatte. Erst der Tod von sieben Bundeswehrsoldaten im April 2010 – neben den eingangs schon Genannten starben auch Jörn Radioff, Josef Kronawitter, Marius Dubnicki und Thomas

Broer – lenkte den Blick wieder auf die eigentlich viel wichtigere Frage, wie es Deutschland mit dem Krieg hält.

Aber woran liegt dieses Versagen der politischen Klasse? Es wäre zu einfach, den Akteuren Böswilligkeit zu unterstellen. In meinen Augen ist es eher eine Mischung aus Naivität, fehlender Sachkenntnis, unklaren Zuständigkeiten, Angst vor der politischen und historischen Verantwortung und wahltaktischem Opportunismus. Vor einigen Jahren beschrieb mir ein tief frustrierter General der Bundeswehr das Kernproblem der deutschen Sicherheitspolitik: »Wenn irgendwo geschossen wird, dann entsteht Druck auf die internationale Politik, etwas dagegen zu unternehmen. Also werden Soldaten geschickt, auch von Deutschland. Gleichzeitig wird darüber beraten, was politisch und wirtschaftlich getan werden muss. Und es gibt meist auch gute Beschlüsse. Aber dann läuft etwas schief. Wenn die Bundeswehr und andere Streitkräfte vor Ort sind, hört das Schießen auf. Damit fällt der Druck auf die Politik weg, die beschlossenen zivilen Maßnahmen auch wirklich umzusetzen. Das Dumme ist nur: Die Soldaten können dann nicht mehr abgezogen werden, weil ja sonst gleich das Schießen wieder losgeht.«

Genauso sah die deutsche Afghanistan-Politik aus. Der Plan war im Ansatz nicht schlecht, aber was folgte, war eine lange Phase der politischen Lethargie und des Scheiterns. Die Bundeswehr sollte für das nötige Stück Sicherheit sorgen, um Brücken und Schulen zu bauen, und dabei selbst mit anpacken. Deutschland wollte sich außerdem noch um die Ausbildung der afghanischen Polizei kümmern und Finanzhilfen für den Wiederaufbau des Landes leisten. All dies waren sinnvolle Maßnahmen, aber in keinem dieser Punkte wurde ein Plan B für den Fall entworfen, dass man auf Schwierigkeiten stößt. Was, wenn die Finanzhilfen in korrupten Kanälen versickerten? Eine entsprechende Überwachung gab es nicht. Wie sollte man eine effektive Polizei aufbauen, wenn ein Großteil der ausgebildeten Afghanen unmittelbar nach ihrem Abschluss in den Dienst örtlicher

Kriegsherren eintrat, weil diese verlässlicher und besser bezahlten als die korrupte Zentralregierung? Außerdem stellten die beteiligten Staaten – und auch die deutschen Bundesländer – nicht genügend Ausbilder zur Verfügung. Kein Wunder, dass US-Vizepräsident Joe Biden in einem vertraulichen Gespräch mit Großbritanniens Premierminister Gordon Brown 2009 sagte, die Deutschen hätten bei der Polizeiausbildung »versagt«. Die beteiligten Polizisten aus Deutschland hatten die Defizite übrigens detailliert an ihre Vorgesetzten weitergemeldet. Die Politik unternahm nichts. Wie sollte man den Drogenanbau bekämpfen, wenn der Landbevölkerung nicht gleichzeitig wirtschaftliche Alternativen geboten wurden? Wie sollte man das Wiedererstarken der Taliban verhindern, wenn man auf ihre Provokationen nicht gleich mit aller Härte reagieren konnte? Für die Lösung dieser Probleme hätte es einen ganzheitlichen und koordinierten Ansatz gebraucht. Doch solch einen übergreifenden Plan gab es nicht. Stattdessen betrieben zig verschiedene Stellen und Organisationen jeweils ihre eigene Afghanistanpolitik: Kanzleramt, Auswärtiges Amt, Verteidigungsministerium, Entwicklungshilfeministerium, Bundesbehörden, Landesbehörden, Sicherheitsbehörden, Hilfsorganisationen etc.

Und so ist es nicht verwunderlich, dass selbst erfahrene Politiker vor der Herausforderung kapitulieren, eine wirklich koordinierte Afghanistanpolitik in die Wege zu leiten. Sie würden sich damit nicht nur den Zorn einiger Behörden einhandeln, die ihre Zuständigkeit mit allen Mitteln verteidigen, sondern müssten auch der Bevölkerung einige unbequeme Wahrheiten zumuten. Das ist der Grund, weshalb sich Volksvertreter in unserem Land längst nicht mehr so gern mit Außenpolitik beschäftigen wie zu Zeiten des Kalten Krieges, als die Bedrohungslage übersichtlicher und die Welt vermeintlich einfacher zu erklären war. »Als Außenpolitiker müssen Sie sich zu Positionen bekennen, die meistens quer zu den Wohlfühlthemen innerhalb der Parteien liegen«, sagte mir ein deutscher Spitzenpolitiker. »Mit dem

Thema militärische Gewalt beispielsweise ist nix zu holen für die Wahl und für die Karriere, weil Ihnen das nur Streit und Unverständnis einbringt.«

Es mag uns sympathisch und gut erscheinen, dass wir uns in dem Land, von dem zwei Weltkriege ausgingen und das für den Massenmord an vielen Millionen Menschen verantwortlich ist, so schwertun mit der Anwendung von militärischer Gewalt. Es wäre auch fatal, wenn wir unsere Tornado-Kampfjets, Leopard-Panzer und Fregatten der Bundesmarine allzu leichtfertig in alle Welt hinaus schickten. Andererseits: Genau das tun wir schon längst. Wir entsenden junge Männer und Frauen in gefährliche Krisenregionen, ohne dass eine Grundsatzdiskussion darüber stattgefunden hätte, ohne dass eine Gesamtstrategie oder eine genaue Definition unserer nationalen Interessen entwickelt worden wäre und ohne dass die Bevölkerung denen den wohlverdienten Respekt erweist, die ihr Leben in diesen Einsätzen riskieren. Schuld daran ist eine Politik, die seit der deutschen Wiedervereinigung im Jahr 1990 den Anschein erwecken wollte, wir könnten die Friedensdividende nach dem Ende des Kalten Krieges einstreichen und uns im Übrigen auf die innerdeutschen Probleme konzentrieren. Diese Annahme war von vornherein falsch. Denn Amerika und der Rest der Welt erwarteten mehr. Das machte Barack Obama der deutschen Kanzlerin bei ihrem Besuch im Weißen Haus im Juni 2011 sehr deutlich. Er berief sich dabei auf Ideen aus einer Zeit, die Angela Merkel besonders wichtig ist – das Jahr der Wiedervereinigung 1990. Damals, ausgerechnet an einem 11. September proklamierte US-Präsident George Bush senior vor dem Kongress sein Ziel, gemeinsam mit seinen Verbündeten eine »neue Weltordnung« zu schaffen. Nur Wochen nach dem Einmarsch des Irak in Kuwait hatte Bush eine Allianz zusammengeschmiedet, die Europa, die Sowjetunion, die arabischen Staaten und viele weitere Länder rund um den Erdball umfasste. Nun erläuterte er seine Vision von der Zukunft nach dem Ende des Kalten Krieges:

»Dies ist ein einzigartiger und außerordentlicher Moment. Die Krise am Persischen Golf, so schwerwiegend sie sein mag, gibt uns eine seltene Gelegenheit, in eine historische Periode der Kooperation einzutreten. Aus diesen bewegten Zeiten kann eine neue Weltordnung entstehen. Eine neue Ära – freier von Bedrohung durch Terrorismus, stärker im Streben nach Gerechtigkeit und sicherer auf der Suche nach Frieden. […] Heute kämpft diese neue Welt darum, geboren zu werden, eine Welt, die sich deutlich von der unterscheidet, die wir kennen. Eine Welt, in der die Herrschaft des Gesetzes das Faustrecht ablöst. Eine Welt, in der die Nationen ihre gemeinsame Verantwortung für Freiheit und Gerechtigkeit anerkennen. Eine Welt, in der die Starken die Rechte der Schwachen respektieren.« Deutschland sollte dabei eine wichtige Rolle spielen.

Am 3. Oktober 1990 war ich als Student an der American University in Washington zur Feier der Deutschen Einheit in die deutsche Botschaft eingeladen. Botschafter Jürgen Ruhfus erzählte von der Rede, die George Bush an diesem Morgen im Rosengarten des Weißen Hauses gehalten hatte. Ein Kernsatz ist mir besonders in Erinnerung geblieben, in dem der Präsident die USA und Deutschland als »Partners in Leadership« – also Partner in Führungsverantwortung – bezeichnete. Menschen überall hätten davon geträumt, dass Deutschland »vereint und souverän, in vollem Umfang als Kraft für Frieden und Stabilität in der Welt seinen Beitrag leistet«.

Damals musste der Bundesregierung die wahre Bedeutung dieser Worte eigentlich schon klar sein. Amerika erwartete, dass Deutschland, der wirtschaftliche Riese, der bis dahin ein politischer Zwerg gewesen war, seine Verantwortung als stärkste Mittelmacht Europas in jeder Beziehung wahrnehmen sollte – politisch, wirtschaftlich und auch militärisch. Unter dem Eindruck der kritischen und besorgten Reaktionen auf die deutsche Einheit vor allem in Frankreich, Polen und Russland beschränkte sich die deutsche Politik aber vornehmlich auf finanzielle Beiträge, sowohl in der Europäischen Union als auch in Bezug auf den Golfkrieg. George Bush forderte von den Verbündeten mit verfassungsrechtlichen und politischen Beschränkungen wie Deutschland und Japan zunächst keine direkte militärische Unterstützung für die Befreiung Kuwaits von den Truppen des irakischen Diktators Saddam Hussein. Deutschland half mit fast 18 Milliarden Dollar. Darüber hinaus stellte die Bundesregierung das Flugabwehrsystem Patriot zum Schutz des Staates Israel gegen irakische Raketen zur Verfügung.

Die Beteiligten hatten dennoch erkannt, dass dies erst der Auftakt für ein größeres Engagement des wiedervereinigten Deutschland in der Zukunft sein würde. In den Folgejahren mehrten sich die Zeichen dafür. Der Einsatz der Bundeswehr in Somalia im Jahr 1992 zum Beispiel. Damals schon wurden die Schwierigkeiten und Defizite des sogenannten Nation-Building deutlich. Denn der Einsatz für die Stabilisierung und den Wiederaufbau Somalias scheiterte dramatisch an der Brutalität krimineller Milizen, die von extremistischen Gruppierungen wie Al-Qaida unterstützt wurden. Die Vision von US-Präsident George Bush und seinem Nachfolger Bill Clinton, sich nach dem Ende des Kalten Krieges für mehr Gerechtigkeit in der Welt zu engagieren und alle Ressourcen – politische, wirtschaftliche, finanzielle und militärische – dafür einzusetzen, erlitt einen schweren Rückschlag.

In den 90er Jahren war die westliche Welt vornehmlich mit sich selbst beschäftigt. Flankiert wurde diese Selbstbezogenheit von der großen Party des Aufschwungs durch die Blüte der Internetwirtschaft. Dabei haben wir nicht begriffen, dass wir – entsprechend den Überlegungen der US-Regierungen damals – gemeinsam eigentlich eine große Ordnungsaufgabe in dieser Welt haben, nicht im autoritären, sondern im kooperativen Sinn. Der Rückfall in den Nationalismus auf dem Balkan und die Notwendigkeit zu intervenieren waren nach Somalia die zweite Mahnung an die westliche Welt, sich intensiver mit den Erfordernissen dieser Ordnungsaufgabe auseinanderzusetzen. Doch die Europäer waren damit ganz offensichtlich überfordert. Die USA übernahmen nicht nur die Verantwortung, sondern auch die politische und militärische Kernerarbeit. Deutschland beteiligte sich im Rahmen der SFOR-Mission an der Befriedung Bosnien-Herzegowinas und Kroatiens. Die Erfahrungen im Bosnienkrieg hätten Anlass sein müssen, ein Konzept für die globale Vermeidung und Bewältigung solcher Krisen zu entwickeln. Doch weder Amerika noch Europa waren dazu imstande, weil sie vollauf mit ihren eigenen politischen Problemen beschäftigt waren. Die deutsche Politik betrachtete die unterschiedlichen Missionen der Bundeswehr immer nur als Einzelfälle, über die zwar im Parlament diskutiert und entschieden wurde, die aber nicht zu einer Neudefinition deutscher Sicherheitsinteressen unter Einbeziehung der militärischen Komponente führten. Dann kam der 11. September 2001, und weder Deutschland noch die EU noch die NATO hatte eine Strategie parat, um auf diese Herausforderung zu reagieren. Das Ergebnis war das in diesem Buch beschriebene politische Desaster.

Die Terroranschläge von New York und Washington waren die dritte Mahnung und hätten eigentlich Anlass sein müssen, auch in Deutschland die Diskussion darüber zu führen, wie die Welt in Zukunft aussehen soll und welchen Beitrag wir dazu leisten wollen. Vorher konnten wir uns der Illusion hingeben, dass die Probleme der Welt vergleichsweise weit weg waren. Aber an Nine Eleven haben wir die Folgen unserer Ignoranz gegenüber dem Elend in Afghanistan und anderen Ländern der Dritten Welt sowie gegenüber der wachsenden Gefahr durch den internationalen Terrorismus erlebt. Dieser Tag hat bewiesen, dass wir tatsächlich in *einer* Welt leben, und er hätte zu der Erkenntnis führen sollen, dass wir diese eine Welt dann auch bewusst gestalten müssen, um die Ursachen der Gewalt zu bekämpfen. In Europa haben wir das in den Jahrzehnten zuvor durch die Integration mit unseren westeuropäischen Partnern, das Ende des Kalten Krieges und die Öffnung für neue Verbündete im Osten geschafft. Es geht also nicht um irgendeine Utopie, sondern eine machbare, neue, kooperative Politik, wie sie auch den amerikanischen Präsidenten Bush senior und Clinton vorschwebte.

Die neue Weltordnung müsste auf einem System regionaler Sicherheitskooperationen nicht nur in Europa, sondern auch in den einzelnen Regionen Afrikas, in Südostasien, Ostasien, Süd- und Mittelamerika beruhen. Voraussetzung dafür wiederum sind gemeinsame Strukturen, in denen die Verantwortung für die Sicherheit einer Region geteilt wird. Parallel dazu müssten die Lebenschancen gerecht verteilt sein. Wir diskutieren in der Ersten Welt oft über Wachstumschancen, übersehen dabei aber, dass die eigentlichen Wachstumspotentiale nicht bei uns, sondern in den Schwellenländern liegen. Diese Potentiale können sich nicht entfalten, wenn es an Stabilität und Sicherheit mangelt. Dafür braucht es verlässliche rechtsstaatliche und freiheitliche Strukturen, die Achtung der Menschenrechte und soziale Stabilität. Diese zu schaffen ist das vordringliche Ziel auf dem Weg zu einer neuen kooperativen Weltordnung.

Nine Eleven hat – wie Joschka Fischer schon am selben Tag erkannt hatte – einen Wertekonflikt sichtbar gemacht. Es geht darum, ob unsere Werte – Demokratie, Menschenrechte, Meinungsfreiheit – den Menschen in aller Welt eine lebenswerte Perspektive eröffnen können. Wenn es uns nicht gelingt, die Mehrheit der Weltbevölkerung auf unsere Seite zu ziehen, werden wir es mit immer neuen existentiellen Herausforderungen und Bedrohungen zu tun haben. Dass es in Extremfällen – und als letztes Mittel – notwendig werden kann, diese Werte mit Gewaltandrohungen oder militärischen Operationen zu verteidigen, halte ich allerdings ebenso für ausgemacht. Gerade Deutschland mit seiner unheilvollen Machtpolitik in der ersten Hälfte des 20. Jahrhunderts, die gewaltsam beendet werden musste, und seiner im Großen und Ganzen beispielhaften Integrationsleistung in der zweiten bringt ideale Voraussetzungen für seine Rolle als »Partner in Führungsverantwortung« mit.

Doch die deutsche Politik nach Nine Eleven drückte sich um die Verantwortung. Zwar engagierte sie sich für eine gemeinsame »Europäische Sicherheits- und Verteidigungspolitik«, die im Jahr 2004 die NATO-Mission in Bosnien ablöste. Und Deutschland beteiligte sich selbstverständlich auch mit seinen Streitkräften und seinen Sicherheitsbehörden am Kampf gegen den internationalen Terrorismus. Doch all dies nicht auf der Grundlage einer klaren Definition nationaler Interessen und eines Gesamtkonzepts für die deutsche Sicherheitspolitik, sondern eher als Reaktion auf unmittelbare Anstöße von außen. Die Politik war reaktiv, nicht proaktiv. Und sie war auch nicht ehrlich. Denn sie ließ in der Öffentlichkeit den Eindruck entstehen, dass deutsche Soldaten sich nur an den ehrenwerten Aktionen im Krieg gegen den Terrorismus beteiligten, zum Beispiel als freundliche Helfer in der Not und Brückenbauer in Afghanistan. Dem war nicht so.

Das Kommando Spezialkräfte der Bundeswehr nahm aktiv an der Jagd auf Terroristen teil. Die Bundesregierung hatte nicht den Mut, die US-Regierung bloßzustellen, als diese vage geheimdienstliche Hinweise aus deutschen Quellen als Rechtfertigung für einen Angriff auf den Irak missbrauchte. Der Bundesnachrichtendienst lieferte den US-Streitkräften zu Beginn des Irakkrieges wertvolle Augenzeugenberichte aus Bagdad, die für die Zielauswahl von Luftangriffen genutzt wurden. Deutsche Sicherheitsbehörden versorgten ihre amerikanischen Partner mit detaillierten Informationen über Terrorverdächtige, die am Ende in Foltergefängnissen landeten. Und oft genug schauten wir weg, wenn die USA mit fragwürdigen Methoden das Gesetz des Dschungels über internationales Recht stellten. Ich will an dieser Stelle nicht falsch verstanden werden. Ich kritisiere diese Aktivitäten nicht im Grundsatz, denn zumindest ein Teil von ihnen kann mit guten Argumenten gerechtfertigt werden. Aber während sie im Gange waren, sollte die Bevölkerung offenbar glauben, dass Deutschland mit der dunklen Seite des Anti-Terror-Kampfs und mit dem amerikanischen Angriffskrieg im Irak nichts zu tun hatte. Dabei waren wir damals schon im Krieg, einem »grauen Krieg«, der auch heute noch im Gange ist. Dieser Zwiespalt zwischen Schein und Sein hat seinen Ursprung in einer seltsamen Doppelmoral, die offenbar jede ehrliche Diskussion über unsere Rolle, unsere Interessen und Ziele verhindert. Auch die Angst spielt eine große Rolle: die Angst, die nächsten Wahlen zu verlieren; die Angst, zu viel Unruhe in der Bevölkerung zu verbreiten; die Angst, gewaltsame Reaktionen radikaler Moslems zu provozieren, und schließlich: die Angst vor den Pflichten, die eine klare Absichtserklärung mit sich bringen würde.

Die fehlende Bereitschaft, sich diesen Ängsten zu stellen und ihre Bewältigung anzustreben, zeigte sich in den vergangenen zehn Jahren bei vielen Gelegenheiten. Nach dem 11. September 2001 brauchte es erst die Terroranschläge von Madrid (2004) und London (2005), damit sich die Bundesregierung ernsthaft mit den Gefahren eines »hausgemachten Terrorismus« beschäftigte. Dabei hätte es Integrationsgipfel und Islamkonferenzen schon gleich nach Nine Eleven geben müssen, schließlich hatten sich die Todespiloten um Mohammed Atta in Deutschland radikalisiert und zur Teilnahme am Dschihad entschieden. Aber das galt offenbar nicht wirklich als Problem, solange die Terroristen nicht in Deutschland zuschlugen. Die Folge: In Deutschland wurde weiter Nachwuchs rekrutiert, und so mancher innenpolitische Aktionismus befeuerte diese Entwicklung noch.

Die Terrorismus-Prävention konzentrierte sich auf nachrichtendienstliche Überwachung, polizeilichen und politisch-gesellschaftlichen Druck. Zu beobachten waren Razzien rund um Moscheen, die Forderung einzelner Politiker, Kameras in allen islamischen Gebetsstätten zu installieren, sowie die Erwartungshaltung, dass sich gefälligst alle Muslime in Deutschland nach jedem neuen Terrorakt irgendwo in der Welt von der Gewalt zu distanzieren hätten. All dies ließ den Graben zwischen Muslimen und Nicht-Muslimen tiefer werden. Insbesondere junge Muslime fühlten sich in unserer Gesellschaft zunehmend isoliert und diskriminiert. Genau deshalb richteten die Attentäter von Spanien und Großbritannien ihre Gewalttaten gegen die Gesellschaft, in der sie aufgewachsen waren. Sie fühlten sich von ihr im Stich gelassen. Spätestens zu diesem Zeitpunkt hätte auch die Innenpolitik in Deutschland dringend um neue, zivile Maßnahmen der Prävention erweitert werden müssen. Um zu verhindern, dass Unzufriedene zu Extremisten und dann zu Terroristen werden, wäre ein massives Engagement der Staates und der Zivilgesellschaft in den sozialen Brennpunkten hilfreich gewesen. Jeder Cent für Freizeit- und Förderangebote an arbeitslose Jugendliche in den Parallelgesellschaften der Republik trägt mehr zur Vorbeugung von Terroranschlägen bei als jeder Euro für Überwachungskameras. Doch welcher Politiker wollte in Zeiten knapper Kassen schon Geld für die Unterstützung der muslimischen Minderheit in Deutschland fordern?

Seit den fehlgeschlagenen Terroranschlägen der sogenannten Kofferbomber 2006 und der Verhaftung der vierköpfigen Sauerlandzelle stand fest, dass auch Deutschland selbst ins Visier von Terroristen gerückt war. Es wäre höchste Zeit gewesen, die Bevölkerung mit Detailinformationen über die Gefahr aufzuklären, sie in Präventionsmaßnahmen und Katastrophenübungen einzubinden und öffentlich über die gesellschaftliche Reaktion auf das irgendwann Unvermeidliche zu diskutieren und zu beraten. Stattdessen geschah all dies nicht, obwohl doch immer mehr junge Muslime aus Deutschland in den bewaffneten Kampf zogen – mittlerweile fast 200. Angesichts dieser Zahl und angesichts der Tatsache, dass einige junge Extremisten in Deutschland innerhalb von nur vier Monaten radikalisiert wurden, ist unverständlich, warum selbst nach der öffentlichen Terrorwarnung des Bundesinnenministers im November 2010 noch kein

Konzept für den Umgang der Zivilgesellschaft mit der Terrorgefahr existiert.

Stattdessen überlässt die Politik das Feld weitgehend einem Scharfmacher wie Thilo Sarrazin, der mit kruden Thesen zum angeblich fehlenden »qualifikatorischen und intellektuellen Potential« der muslimischen Migranten, die auch noch »genetisch belastet« seien, mit den Ängsten der Bevölkerung spielt und die Spaltung im Lande noch vertieft. Sein in der Kernthese hetzerisches Buch beschreibt allerdings – trotz der schrägen Statistiken, die er sich für seine Zwecke zurechtbiegt – zumindest ein Stückchen deutscher Wirklichkeit, das dringend einer sachlichen Diskussion bedarf: Parallelgesellschaften drohen zum Standard in Deutschland zu werden, wenn wir dagegen nichts unternehmen. Ein Stopp der Zuwanderung und ein Rauswurf der Migranten aus unserem Land wären allerdings der falsche Weg.

Denn ohne Zuwanderung würde die deutsche Bevölkerung – derzeit 82,5 Millionen Menschen – wegen der niedrigen Geburtenrate (nur 1,36 Kinder pro Frau) und der zunehmenden Überalterung der Gesellschaft bis zum Jahr 2050 auf rund 50 Millionen Menschen zusammenschrumpfen. Das ist bei weitem nicht genug, um den Lebensstandard, den relativen Wohlstand und die sozialen Sicherungssysteme in Deutschland zu erhalten. Wir bräuchten eine Zuwanderung von 225 000 Menschen pro Jahr, um diesen Rückgang wenigstens abzubremsen, so dass 2050 immerhin noch 75 Millionen Menschen hier leben. Da Zuwanderer meist in jungen Jahren kommen und eine deutlich höhere Geburtenrate erreichen, wird der Anteil von Nicht-Deutschstämmigen unter den jungen Menschen im Land deutlich über 50 Prozent liegen. In ganzen Städten und Regionen werden die Deutschen in der Minderzahl sein. Und zur Mehrheit dort werden vor allem junge Muslime gehören. Denn die Zahl der Muslime in Europa – derzeit sind es etwa 15 Millionen – wächst in den meisten westeuropäischen Staaten im Schnitt um 7 Prozent pro Jahr an und wird sich bis zum Jahr 2050 verdoppeln.

Das ist die Mammutaufgabe für Politik und Gesellschaft, denn wir müssen uns – und zwar schnellstmöglich – darüber klar werden, wie die Belange der Zuwanderer, ihrer Kinder und Enkel berücksichtigt werden, ob und wie sie an der politischen Willensbildung beteiligt werden und wie wir uns selbst mit dieser Situation arrangieren. Wenn es dafür keine Konzepte gibt, dann besteht, folgt man Professor Harald Michel vom Institut für angewandte Demographie, die »Gefahr der Polarisierung der Bevölkerung, insbesondere durch die Tatsache, dass die Einwohner mit Migrationshintergrund schon in nächster Zeit in vielen Städten in der Überzahl sein werden.«[93] Der Graben wird demzufolge noch breiter und tiefer. Der Haken dabei ist, dass die gleichen Entwicklungen – Überalterung und Bevölkerungsrückgang – auch für die Verödung ganzer Landstriche in Deutschland verantwortlich sind und dass die Politiker unter hohem Handlungsdruck stehen, die Verlierer dieser Entwicklung, vor allem ältere Deutsche im Osten des Landes, zu unterstützen. Dabei ist mindestens genauso wichtig und für die Innere Sicherheit Deutschlands vermutlich entscheidend, wie ein Gemeinwesen die wachsende Zahl der Zuwanderer integriert. Das gerade beschriebene Szenario der sogenannten Multiminoritätengesellschaft gibt es schon, in Städten wie Berlin, Frankfurt, Köln und im Ruhrgebiet. Ein offener und ehrlicher Diskurs über ein ganzheitliches Konzept für die Integration von Zuwanderern Deutschlands ist genauso dringlich wie der über unseren Beitrag zur Integration möglichst vieler Staaten in eine neue, friedliche Weltordnung.

Aber sind wir zu diesem Diskurs überhaupt bereit, oder fällt die Debatte gleich wieder wahltaktischer und parteipolitischer Polemik und dem deutschen Hang zur Selbsttäuschung zum Opfer? Haben wir das politische Personal, das die nationalen Interessen der Bundesrepublik Deutschland in ein weltpolitisches Gesamtkonzept einbringen und der Bevölkerung überzeugend vermitteln kann und will, welche Opfer wir dafür bringen müssen? Und haben wir angesichts der Krise des Euro und der Europäischen Union überhaupt die Kraft, Vorbild zu sein für regionale Bündnisse in anderen Teilen der Welt? Ich habe deutsche Politiker nach all dem gefragt und eine breite Palette von Antworten bekommen, die ich hier zitieren will, ohne die Identität der Gesprächspartner zu enthüllen.

»Wir sollten uns nicht Frankreich mit Präsident Sarkozy als Vorbild nehmen. Man wird am Ende nicht größer, nur weil man ständig auf den Zehenspitzen steht. Die deutsche Außenpolitik ist heute schon viel interessengeleiteter als vor zehn Jahren«, so ein angesehener Repräsentant unseres Staates, der dem Entwurf einer Nationalen Sicherheitsstrategie nach dem Vorbild der USA und Großbritanniens aber skeptisch gegenübersteht. »Die Welt ist so komplex, dass man die Außenpolitik nicht in ein Gerüst gießen kann. Dafür sind die Dinge zu sehr im Fluss. Es gibt allerdings die unheilvolle Entwicklung, dass die Chefs alles selbst machen. Früher waren die Außenminister bekannter als heute.«

Ein Mitglied der Bundesregierung spricht von einer Zerrissenheit der deutschen Politik zwischen selbstbewusstem Anspruch auf eine eigene Meinung und einer historisch gebotenen Zurückhaltung: »Es wird ja gern eine Art Schaufensteraußenpolitik kritisiert. Aber ich habe großen Respekt vor jemandem wie Joschka Fischer, der damals bei der Wehrkundetagung in München dem amerikanischen Verteidigungsminister sagt: ›I'm not convinced, Mr. Secretary!‹ Wir neigen allerdings auch zur Selbstüberschätzung.«

Und zu einer gewissen Rücksichtslosigkeit gegenüber unseren engsten Verbündeten, den EU-Staaten, wie ein bekannter Oppositionspolitiker findet: »Es gibt eine dramatische Renationalisierung der Außenpolitik. Das haben wir ja bei der Diskussion um den Rettungsschirm für Griechenland gesehen. ›Schmeißt die Griechen raus‹, hieß es da. Wir bewegen uns weg von der europäischen Perspektive.« Auch in der Regierung hat der Streit um den Zusammenhalt der europäischen Staaten Spuren hinterlassen, weil er den europapolitischen Konsens der meisten Parteien in Deutschland sprengte: »Ich mache mir ernste Sorgen um Europa. Wie viel Kraft haben wir in den Nationalstaaten, um das, was wir als politisch vernünftig ansehen, auch durchzusetzen?«

Es fällt auf, dass die Visions- und Konzeptlosigkeit in der Innen- und Sicherheitspolitik auch die deutsche Europa- und Finanzpolitik prägt. Seit Ausbruch der Finanzkrise lassen sich die Politiker immer öfter von den Ereignissen treiben. Die Gipfeldiplomatie konzentriert sich fast ausschließlich auf die Beruhigung der Märkte durch Rettungsschirme in dreistelliger Milliardenhöhe und beschwichtigende Erklärungen. Dabei wäre die Entwicklung eines konkreten Plans zum Umgang mit den Umschuldungsrisiken der Jahre 2011 und 2012 mindestens ebenso wichtig. Obwohl der EU-Gipfel vom 16./17. Dezember 2010 und weitere Spitzentreffen in 2011 dazu alle Antworten schuldig blieben, werden der Öffentlichkeit die Ankündigung eines noch viel größeren Rettungsschirms und weitere Absichtserklärungen als Erfolg verkauft. An den Sanierungsfällen Griechenland, Irland und Portugal wird sich zeigen, wie viel die Verlautbarungen wirklich wert sind. Immerhin ist die Bundesregierung willens, das politische und – dank des anhaltenden Aufschwungs auch beachtliche – wirtschaftliche Gewicht Deutschlands als Druckmittel für den Erhalt der Europäischen Union einzusetzen. Aber ist unser Land wirklich bereit, Führungsverantwortung zu übernehmen, zu der im schlimmsten Fall im Rahmen internationaler Bündnisse auch die Beteiligung an Kriegen gehört? Ein Ereignis aus dem Jahr 2010 lässt daran zweifeln.

Am 31. Mai trat der Bundespräsident völlig überraschend vor die Kameras, um seinen Rücktritt zu verkünden – »mit sofortiger Wirkung«, wie er hinzufügte. Horst Köhler erntete damit gleich Schlagzeilen wie »Fahnenflucht« und »beleidigter Leberhorst«, sowie kübelweise Häme aus Politik und Medien. Die

Bevölkerung hatte für seinen Rücktritt wenig Verständnis, denn der Präsident hatte zuvor nur eine unbequeme Wahrheit ausgesprochen, um die sich die Politiker schon jahrelang herumdrückten. Auf seiner Rückreise von einem Truppenbesuch in Afghanistan sagte Köhler dem Korrespondenten des Deutschlandradios in etwas holprigem Deutsch: »Meine Einschätzung ist aber, dass insgesamt wir auf dem Wege sind, doch auch in der Breite der Gesellschaft zu verstehen, dass ein Land unserer Größe mit dieser Außenhandelsorientierung und damit auch Außenhandelsabhängigkeit auch wissen muss, dass im Zweifel, im Notfall auch militärischer Einsatz notwendig ist, um unsere Interessen zu wahren, zum Beispiel freie Handelswege, zum Beispiel ganze regionale Instabilitäten zu verhindern, die mit Sicherheit dann auch auf unsere Chancen zurückschlagen negativ durch Handel, Arbeitsplätze und Einkommen. Alles das soll diskutiert werden und ich glaube, wir sind auf einem nicht so schlechten Weg.«

Die Reaktionen zahlreicher deutscher Politiker zeugten von erschreckender Arroganz und Ignoranz. Der Parlamentarische Geschäftsführer der SPD im Bundestag, Thomas Oppermann, meckerte: »Köhler schadet der Akzeptanz der Auslandseinsätze der Bundeswehr.« Deutschland führe in Afghanistan »keinen Krieg um Wirtschaftsinteressen, sondern es geht um unsere Sicherheit. Wer anderes behauptet oder fordert, der redet der Linkspartei das Wort. Wir wollen keine Wirtschaftskriege.« Klaus Ernst, Parteichef der Linken, sah sich in seiner Kritik am Afghanistan-Einsatz bestätigt. Es sei »ein Krieg um Einfluss und Rohstoffe«. Und der Grünen-Abgeordnete Frithjof Schmidt warf dem Bundespräsidenten ein »gefährlich falsches Verständnis von Auslandseinsätzen« vor.

Dabei hatte Horst Köhler doch nur einen Gedanken formuliert, der schon im Weißbuch des Verteidigungsministeriums aus dem Jahr 2006 geschrieben steht. Das Weißbuch reflektiert die strategischen Überlegungen in der deutschen Politik und ihre Folgen für den Auftrag der Bundeswehr. Demnach wird die Sicherheitspolitik Deutschlands auch von dem Ziel geleitet, die »Interessen unseres Landes« zu wahren und den »freien und ungehinderten Welthandel als Grundlage unseres Wohlstands zu fördern«. Weshalb sich also ein Teil der Republik über Köhlers Worte so aufregte, ist mir völlig schleierhaft, zumal die Bundesmarine bereits mit ihrem Einsatz vor der Küste Ostafrikas zum Schutz der Schifffahrt vor Piraten aktiv wichtige Handelswege sichert. Während die Bevölkerung Horst Köhlers Denkanstoß eher gelassen aufnahm, ist die aufgeregte Debatte von Politik und Medien ein Beleg für die Unreife und Wirklichkeitsferne mancher Kommentatoren. Gleiches gilt aber auch für einen Bundespräsidenten, der vor einer Diskussion die Flucht ergreift, die er selbst entfachen wollte. Diese Diskussion zu führen wäre seine und unser aller Pflicht gewesen, denn Deutschland braucht mehr als ein Weißbuch. Eine Nationale Sicherheitsstrategie müsste die Interessen des Landes formulieren, ihre Einbettung in internationale Bündnisse festschreiben und die Bündelung aller Ressourcen aus den unterschiedlichsten Politikbereichen garantieren. Darum sollten die Politiker aller Parteien sich bemühen.

Einer versucht es schon. Bei seiner Regierungserklärung zur Bundeswehrreform am 27. Mai 2011 forderte der Bundesverteidigungsminister, Deutschland müsse die Verantwortung übernehmen, »die wir uns zutrauen, die man uns zutraut und die man von uns erwartet. Das ist mehr, als es bisher in Deutschland bekannt oder wohl akzeptiert ist.«[94] Damit meinte Thomas de Maizière ausdrücklich auch mögliche Einsätze in Pakistan, im Jemen, in Somalia oder im Sudan. Um die richtigen Entscheidungen fällen zu können, müsse Deutschland dringend seine nationalen Interessen definieren: »Deutsche Sicherheitsinteressen ergeben sich aus unserer Geschichte, der geographischen Lage in der Mitte Europas, den internationalen politischen und wirtschaftlichen Verflechtungen des Landes sowie unserer Ressourcenabhängigkeit als Hochtechnologie-Standort und rohstoffarme Exportnation.« Diese Interessen müssten mit dem »gesamten Spektrum nationaler Handlungsinstrumente im Rahmen des Völkerrechts« gesichert werden, also auch mit dem »Einsatz von Streitkräften«.

Die Bundeswehr so weitgehend als »Mittel der Außenpolitik« zu verstehen, mag für viele ein gewöhnungsbedürftiger Gedanke sein – aber es ist auch einer, um den wir uns nicht mehr länger herumdrücken können. Denn wir müssen uns endlich darüber klarwerden, ob wir als Nation nur Objekt des Handelns anderer oder Mitgestalter einer neuen Weltordnung – »Partner in Führungsverantwortung« – sein wollen. Für welche Rolle wir uns auch entscheiden: Sie hat ihren Preis.

EPILOG:
JENSEITS DER ANGST

»Wir suchen den Schlüssel nicht da, wo wir ihn verloren haben, sondern wo die Laterne das Licht gibt.« Die Worte klingen verbittert. Sie stammen von einem deutschen Spitzenpolitiker, der sich große Sorgen um die Weltpolitik macht – nicht nur in Bezug auf Afghanistan. Der Witz von dem Mann, der seinen Autoschlüssel nicht findet, weil er am falschen Ort sucht, lässt sich auf nahezu alles übertragen, was wir nach dem 11. September 2001 angefangen haben. Immer wurden zuerst die naheliegendsten, die nur scheinbar Erfolg versprechenden Maßnahmen erwogen. Wie bekämpft man den Terror? Na klar, mit Militär, Polizei und Geheimdiensten. Wie man ihm auf lange Sicht das Wasser abgräbt, ist Nebensache. Wie vereiteln wir Anschläge auf Züge? Wir fordern Sicherheitsschleusen an Bahnhöfen. Dabei sind Angriffe auf die Bahngleise im Hinterland nicht weniger wirkungsvoll. Wie verhindern wir den Zusammenbruch des Weltfinanzsystems? Wir retten die Banken mit Steuergeldern, anstatt die Märkte strikter zu reglementieren.

Die Geschichte der letzten zehn Jahre lehrt, dass genau diese naheliegenden Handlungsmuster oft eher angstgetriebenen Reflexen entspringen, als wirkliche Lösungsansätze zu bieten. Und dass sie – gelinde gesagt – nicht den gewünschten Effekt hatten. Im Gegenteil: Die Welt ist noch gefährlicher, noch komplexer, noch grausamer und noch unfreier geworden. Deshalb ist es an der Zeit, die Lehre aus Nine Eleven zu ziehen und dabei auch einmal gegen den Strich zu denken – auch wenn das heißt, politisch inkorrekt zu sein. Wir sollten endlich aus den Fehlern und Erfahrungen des letzten Jahrzehnts lernen und selber für genügend Licht sorgen, um den Schlüssel wiederzufinden.

Der entscheidende Fehler wurde im Sommer 2002 gemacht, als den USA eigentlich alle Chancen offenstanden, die Welt positiv zu verändern. Der Politikwissenschaftler und Journalist Fareed Zakaria spricht von einem »römischen Moment«.[95] Die USA befanden sich auf dem Höhepunkt ihrer Macht. Ähnlich wie einst das Imperium Romanum in seiner Blütezeit standen sie ohne jeden ernsthaften militärischen Widersacher da. Ihrer Kriegserklärung an den globalen Terrorismus hatten sich zahlreiche Länder widerspruchslos angeschlossen, und nach einem siegreichen Blitzkrieg in Afghanistan, nach der Aufstockung des Militärhaushalts um mehr als 50 Milliarden Dollar und mit einer bärenstarken Wirtschaft, einem immer noch riesigen Haushaltsüberschuss und einem andauernden Höhenflug des Dollarkurses hätte Amerika gelassen in die Zukunft blicken können. In diesem historischen Moment entschied sich die US-Regierung mit ihrer Doktrin des präventiven Alleingangs jedoch dagegen, Führungsstärke und Verantwortung zu zeigen – und für das Diktat des Herrschenden ohne jede Rücksichtnahme auf die eigene Verfassung, internationale Standards und die politischen Ratschläge befreundeter Nationen. Die Bush-Administration ignorierte, dass andere Länder auch Interessen haben, und behandelte jeden Abweichler als Hochverräter.

Das bekam auch Deutschland zu spüren. Noch in seinen Memoiren *Decision Points* schreibt George W. Bush, dass Bundeskanzler Gerhard Schröder ihm bei einem Treffen im Oval Office am 31. Januar 2002 in Bezug auf einen möglichen Irakfeldzug gesagt habe: »Was für Afghanistan gilt, gilt auch für den Irak. Nationen, die den Terrorismus unterstützen, müssen sich den Konsequenzen stellen. Wenn du es schnell und entschieden durchziehst, dann bin ich an deiner Seite.«[96] Die spätere, öffentliche Ablehnung des Irakkrieges durch die Bundesregierung habe ihn schockiert und empört: »Das Vertrauensverhältnis war verletzt.« Schröder bestreitet, dem US-Präsidenten jemals seine Zustimmung signalisiert zu haben. Ein Geheimpapier des Auswärtigen Amtes belegt außerdem, dass Außenstaatssekretär Klaus Scharioth noch im Februar 2003 – also rund einen Monat vor Ausbruch der Kampfhandlungen – versuchte, die amerikanische Sicherheitsberaterin Condoleezza Rice in einem neunzigminütigen Schlagabtausch davon zu überzeugen, dass die politischen Kosten eines Irakkrieges »höher sein werden als der politische Nutzen«.[97] Rice blieb hart.

Die Arroganz der Bush-Administration ließ alle Befürchtungen wahr werden. Nach Abschluss des Irak-Abenteuers war Amerika zwar immer noch eine Supermacht, aber nicht mehr die einzige. Der Antiamerikanismus hat zugenommen, die Terrorgefahr auch. Dank den USA ist der Iran nun seiner größten regionalen Gegner – Saddam Husseins Irak und den afghanischen Gottesstaat der Taliban – ledig. Das Wiedererwachen Russlands mit Haushaltsüberschüssen und einer Re-Autokratisierung, der Wandel Asiens zum Finanzier amerikanischer und europäischer Schulden und der Aufstieg Chinas zur neuen Supermacht signalisieren den Beginn einer neuen multipolaren Weltordnung, in der die USA – trotz ihrer ungebrochenen militärischen Macht – nicht mehr die alleinige Hauptrolle spielen und der Westen ernsthaft um seine Überlegenheit fürchten muss.

Im Jahr zehn nach den Anschlägen des 11. September 2001 bietet sich der westlichen Welt die Chance auf eine deutliche Kurskorrektur – vorausgesetzt wir nehmen unsere eigenen Werte wieder ernst und fördern eine Politik der Modernisierung, der globalen Kommunikation, einen offenen Welthandel, Menschenrechte, Mitbestimmung und verantwortliches Regieren. Gerade für Letzteres braucht es aber auch die richtigen Politiker. Alt-Bundeskanzler Helmut Schmidt hat in seiner Weltethosrede unter Bezugnahme auf den Soziologen Max Weber sehr eindrucksvoll beschrieben, dass jeder Politiker zur sorgfältigen Analyse und dem Durchdenken aller Eventualitäten verpflichtet ist, weil er für die Folgen seines Handelns – auch die »ungewollten Folgen« und die »in Kauf genommenen oder nicht vorhergesehenen Nebenwirkungen« – einstehen muss: »Ohne die vorangehende Anstrengung seiner Vernunft kann der Politiker sein Handeln und dessen Folgen nicht im Gewissen verantworten. Eine gute Absicht allein oder eine lautere Gesinnung allein kann ihn von seiner Verantwortung nicht entlasten.«[98]

Auch die US-Regierung glaubte, mit ihrem Handeln das absolut Gute zu tun, aber ihr Blick wurde getrübt durch eine veraltete und engstirnige politische Gesinnung und unkontrollierbare Emotionen, die der 11. September bei den Akteuren ausgelöst hatte. Überemotionalisierung und ideologische Verbohrtheit sind freilich typische Probleme demokratischer Regierungen, vor denen auch Altkanzler Schmidt warnte: »Dabei wissen wir aber, dass viele aus Motiven ihrer Gesinnung in die Politik gehen, nicht aus Vernunftgründen. Wir müssen ebenso einräumen, dass manche innenpolitische und ebenso manche außenpolitische Entscheidung aus der Gesinnung entspringt – und nicht aus rationaler Abwägung. Und wir täuschen uns hoffentlich nicht darüber, dass auch ein großer Anteil der wählenden Bürger und Bürgerinnen ihre politische Wahlentscheidung vornehmlich aus Motiven der Gesinnung trifft – und aus Regungen ihrer gegenwärtigen psychischen Stimmung.«

Je mehr die politische Stimmung der Gegenwart von Angst geprägt ist, desto weniger Spielraum gibt es für eine verantwortungsvolle Weltpolitik. Deshalb ist die wichtigste Lehre aus Nine Eleven, dass wir uns von den Emotionen emanzipieren müssen, mit deren Hilfe uns der Al-Qaida-Terrorismus ein düsteres Weltbild und einen Kampf der Kulturen aufzwingen will. Denn ohne diese aufgeblasene Vision eines Kampfs der Kulturen würde der islamistische Terrorismus schnell seine Anziehungskraft verlieren und zu dem werden, was er in Wirklichkeit ist: eine lästige Nebenwirkung der Globalisierung, die wir eigentlich leicht bekämpfen könnten. Wir müssen die Globalisierung nur nach neuen Regeln vorantreiben, anstatt weiter Strukturen, Denkmuster und Machtwerkzeuge einer ewig gestrigen Nationalstaaterei und eines längst überholten Imperialismus zu bedienen. Nach Ansicht des Strategiedenkers Thomas Barnett haben wir die Wahl: Entweder kämpfen wir weiter einen aussichtslosen Kampf gegen das Unkraut, oder wir pflanzen gleichzeitig einen ordentlichen Rasen, in dem extremistisches Gedankengut nicht mehr wuchern kann. Die Ideologie des globalen Dschihad findet auch nach dem Tod Osama bin Ladens besonders unter jenen Menschen Anhänger, die nichts mehr zu verlieren haben oder sich von der Welt, in der sie leben, isoliert fühlen. Das sind Dinge, die wir ändern können. Wir sollten deshalb die Globalisierung vorantreiben und eine breite Mittelklasse fördern, damit es mehr gute Gründe für immer mehr Menschen gibt, sich nicht selbst in die Luft zu sprengen. Die Konzentration auf den gewaltsamen Kampf gegen Al-Qaida bringt zwar ein paar taktische Erfolge, aber keinen strategischen Gewinn.

Kurzfristige Rückschläge, und mögen sie auch das Ausmaß von Nine Eleven erreichen, müssen wir ertragen, ohne die Grundausrichtung der Politik zu verändern – einer Politik, die das große Ganze im Blick hat, also global und nachhaltig sein muss. Deshalb ist die Fragmentierung der Außenpolitik in eine Vielzahl von Politikbereichen, die quer über fast alle Ministerien und das Kanzleramt verteilt sind, kontraproduktiv. Vielmehr müssen die einzelnen Aspekte zusammengedacht werden. Barnett schlägt sogar vor, dafür ein »Ministerium für alles andere«, gemeint ist ein eigenes Ressort für Fragen der Globalisierung, einzurichten, das die kurzfristigen Probleme angeht und die langfristigen Folgen dabei mitdenkt. Politisches Handeln muss auf der Überzeugung basieren, dass Globalisierung gut ist, dass alle Vorteile davon haben könnten, dass ein Krieg zwischen Großmächten durch sie unmöglich wird und dass die Regionalmächte dieser Welt keine Feinde sein müssen.

Das gilt auch für das aufstrebende China. Ob von ihm eine existentielle Gefahr ausgeht, hängt nicht zuletzt von uns selbst ab. Wir können es als Bedrohung sehen oder als Chance. Das Land hat zwar viele Menschen, aber wenig Rohstoffe. Deshalb ist es von anderen, oft instabilen Ländern abhängig, ohne diese Länder wirklich befrieden zu können. Chinas Interesse an der Stabilisierung solcher Regionen und die militärische Macht des Westens könnten zusammenfinden in einer gemeinsamen Globalisierungspolitik, koordiniert durch regionale Bündnisse nach dem Vorbild von NATO und OSZE. Die Einbindung in solche Netzwerke, die nach freiheitlichen, rechtsstaatlichen und demokratischen Prinzipien operieren, hätte einen öffnenden Einfluss auf das Land, das derzeit mit seinem marktwirtschaftlich orientierten Kommunismus erfolgreicher zu sein scheint als die westlichen Demokratien. Welches System sich am Ende durchsetzen wird, darüber macht sich auch ein Mitglied der Bundesregierung ernste Gedanken: »Der Kommunismus mit Marktwirtschaft klappt ja vergleichsweise gut. Nur, was passiert, wenn das instabil wird? Der Preis, den China jetzt schon für den Erfolg zahlt, ist hoch. Ich halte deshalb unsere Wertebasierung für noch wichtiger als unsere Ökonomie – zumindest wenn wir den Individualismus nicht auf die Spitze treiben. Solange wir unseren Werten treu bleiben, müssten wir auch wettbewerbsfähig sein können.« Stellen wir uns vor: China bringt seine finanziellen und menschlichen Ressourcen ein, die westlichen Demokratien ihre Werte wie Freiheit und Achtung der universalen Menschenrechte? Die Geschichte lehrt – bisher jedenfalls –, dass sich Demokratie und Kapitalismus durchsetzen werden, weil der Mensch von Natur aus die Erfüllung individueller Bedürfnisse anstrebt. Insofern liegt eine große Chance für die Freiheit in der Tatsache, dass in den BRIC-Staaten drei Milliarden Menschen darauf warten, im nächsten Vierteljahrhundert zu Kapitalisten zu werden.

Was wollen wir positiv erreichen? Das ist die viel wichtigere Frage als die nach dem, was wir verhindern wollen. Deshalb dürfen wir eine große Hoffnung mit dem arabischen Frühling verbinden. Millionen junger Menschen in zahlreichen Staaten Nordafrikas fordern Teilhabe an der wirtschaftlichen Entwicklung und an den politischen Entscheidungen ihrer Länder. In Tunesien und Ägypten ist der Umsturz schon gelungen, die strukturelle Veränderung ist jedoch ins Stocken geraten. In Marokko, Sudan und Jordanien treiben die Unzufriedenen ihre Herrscher zu tiefgreifenden Reformen. In Libyen, Syrien und im Jemen können sie ihre Freiheit wohl nur mit Waffengewalt erobern. Einige Staaten wie Saudi-Arabien und die Vereinigten Arabischen Emirate erkaufen sich mit Geld- und Sachgeschenken das Stillhalten ihrer unzufriedenen Bürger. Europa und die USA stehen der Entwicklung eher ratlos gegenüber, denn Stabilität war ihnen in der Vergangenheit wichtiger als die Freiheit von Unterdrückung. Warum sonst hätten sie mit den diktatorischen Regimen über Jahrzehnte gute Beziehungen gepflegt und Milliardengeschäfte mit ihnen gemacht? Wir sollten uns jedoch hüten, hier ein zu schnelles und pauschales Urteil zu fällen, denn die Indifferenz des Westens gegenüber dem Leid der Menschen in diesen Polizeistaaten hat gleichzeitig eine wirtschaftliche Entwicklung begünstigt, die vielen dort zugutekam. Aber längst nicht alle haben davon profitiert.

Diese Unzufriedenen haben sich nun erhoben. Doch in den meisten Ländern griffen sie nicht zu Terror und Guerillakrieg, sondern schlossen sich zu weitgehend friedlichen Demonstrationen und zivilem Ungehorsam zusammen. Das erinnert an die Befreiung Indiens von der britischen Kolonialherrschaft durch den beharrlichen und gewaltfreien Widerstand Mahatma Gandhis und seiner Anhänger. Auch wenn in der ersten Jahreshälfte 2011 Tausende dabei verletzt oder getötet wurden, so haben sie doch die Tyrannen gezwungen, sich der Welt gegenüber als verbrecherisch und gewalttätig zu präsentieren. In Tunesien und Ägypten haben sie gar einen Regimewechsel herbeigeführt, der den anderen arabischen Staaten als Vorbild dienen kann.

Wer genau hinschaut, kann hinter den Ereignissen auch das

beharrliche Wirken kluger Diplomaten im amerikanischen Außenministerium entdecken. Denn die hatten bereits enge Kontakte zur Jugendbewegung in den arabischen Staaten geknüpft, als George W. Bush noch Präsident war. Sie nutzten dafür die Werkzeuge moderner Kommunikation: die sozialen Netzwerke im Internet. In Ägypten hatte sich die »Bewegung 6. April«[99] mit Hilfe von Facebook mit mehr als 70 000 Freunden und Anhängern vernetzt – zum größten Teil junge, gebildete Kritiker des Mubarak-Regimes. Sie nutzten Facebook, um ihre Proteste zu organisieren, ihre Erlebnisse und Erfahrungen mit dem Polizeistaat auszutauschen und die Welt über die Exzesse der Geheimdienste zu informieren. Die USA standen mit den Führern in engem Kontakt und förderten ihre Vernetzung mit anderen Oppositionsgruppen in Nordafrika.

Einen kleinen Einblick in die Aktivitäten gibt eine Geheimdepesche der US-Botschaft in Kairo vom 30. Dezember 2008.[100] Darin beschreibt die damalige Botschafterin Margaret Scobey ihr Gespräch mit einem Anführer der Jugendbewegung, der als zuverlässige Quelle für Menschenrechtsverletzungen in Ägypten galt. Der junge Ägypter, dessen Name in der WikiLeaks-Veröffentlichung des Dokuments unkenntlich gemacht ist, hatte Anfang Dezember 2008 auf Einladung des amerikanischen Außenministeriums an einem Gipfel des »Bündnisses für Jugendbewegungen« in New York teilgenommen und danach zahlreiche politische Gespräche in Washington geführt. Die US-Botschaft war sehr darauf bedacht, seine Reise und seine Identität vor den ägyptischen Behörden geheim zu halten, da der junge Mann schon einmal wegen seiner regimekritischen Aktivitäten gefoltert worden war.

Der Aktivist erklärte der überraschten Botschafterin, dass zahlreiche ägyptische Oppositionsgruppen – darunter mehrere Parteien, die Menschenrechtsorganisation Karama, Gewerkschaften, die sozialistische Revolutionsbewegung, aber auch die Muslimbruderschaft – einen Plan entwickelt hätten, um Präsident Hosni Mubarak noch vor den Parlamentswahlen im September 2011 aus dem Amt zu vertreiben und »den Übergang zu einer parlamentarischen Demokratie mit einem weniger mächtigen Präsidenten, dafür aber gestärktem Premierminister und Parlament« zu organisieren. Botschafterin Scobey hielt diesen Plan jedoch – wie sie nach Washington schrieb – für »höchst unrealistisch«. Doch unter dem neuen Präsidenten Barack Obama erhielt die Unterstützung der jungen Opposition in den arabischen Ländern eine hohe Priorität. Die geheimen Treffen mit den Gruppen wurden intensiviert. Und nicht von ungefähr hielt Obama seine große Rede an alle Muslime der Welt im Juni 2009 vor Studenten der Al-Azhar-Universität in Kairo. Seine Vision von der Verbreitung von Freiheit und Gerechtigkeit für alle – nicht notwendigerweise gekoppelt an die amerikanische Form der Demokratie – war ein Ansporn für junge Muslime, die sich von den Machthabern ihrer Heimatländer unterdrückt fühlten. Es war ein Punktgewinn im Kampf mit den Islamisten um Herz und Verstand der Menschen. Am Ende brauchte es freilich noch einen Funken, um den Träumen vom Regimewechsel in Nordafrika eine Chance auf die Verwirklichung zu eröffnen. Die Selbstverbrennung des 26-jährigen tunesischen Gemüsehändlers Mohammed Bouazizi am 17. Dezember 2010, der von der Polizei drangsaliert und misshandelt worden war, wurde zum Fanal für eine Revolution, die sich vor allem durch die sozialen Netzwerke wie ein Lauffeuer ausbreitete.

Und wie reagiert der Westen darauf? Vor allem fürchtet er sich vor der atemberaubenden Dynamik in der ersten Jahreshälfte 2011 und hadert mit der Frage, ob und wie er die nordafrikanische Revolution unterstützen soll. Die Antworten reichen von diplomatischem Druck in Marokko über aktiven Kampf in Libyen bis zum tatenlosen Zusehen in Syrien. Die deutsche Enthaltung im Weltsicherheitsrat bei der Resolution über ein militärisches Eingreifen in Libyen ist ein weiterer Beleg dafür, dass die deutsche Politik noch nicht verstanden hat, dass wir uns nicht aus der internationalen Verantwortung stehlen können. Die Bundesregierung hätte für den Einsatz stimmen können, ohne die Bundeswehr unmittelbar an der Operation zu beteiligen. Verstehen Sie mich nicht falsch – ich fordere nicht, dass die USA und Europa in all diesen Ländern militärisch intervenieren sollen. Doch sie hätten die Pflicht, gemeinsam ein ganzheitliches Konzept zu erarbeiten, das die Interessen der ganzen Region berücksichtigt. Stattdessen wird jeder Staat einzeln betrachtet, und jede Regierung macht ihre eigene Politik. Auch die wichtigsten Industrienationen der Welt machten auf dem G-8-Gipfel von Deauville Ende Mai 2011 keine Ausnahme. Zwar einigten sich die Staats- und Regierungschefs darauf, den demokratischen Wandel in Tunesien und Ägypten mit Finanzhilfen in Höhe von 14 Milliarden Euro zu unterstützen. Entsprechende Kredite sollen von internationalen Förderbanken vergeben werden. Aber leider ist dies nicht Teil eines umfassenderen Konzepts für die gesamte Region, das auch die Etablierung von Regionalbündnissen im Wirtschafts- und Sicherheitsbereich vorsehen könnte. Es besteht die Gefahr, dass wir eine einmalige Chance der Weltgeschichte verspielen.

Denn nun ist der Punkt erreicht, an dem wir uns entscheiden müssen: Die positiven Kräfte, vor allem die Jugendbewegungen, müssen mit allen Mitteln unterstützt werden, damit sie sich gegen die etablierteren Strömungen innerhalb dieser Gesellschaften durchsetzen können. Wenn es in Ägypten freie Wahlen gibt, könnten die Islamisten – die Muslimbruderschaft – die Macht übernehmen. Wenn die jungen Revolutionäre, die oft zu viel zu schnell wollen, enttäuscht werden, wenn Geheimdienste und Polizei des alten Machtapparats wieder erstarken, dann könnten Frustration und Wut so groß werden, dass die Länder in blutige Terrorserien und bürgerkriegsähnliche Zustände abgleiten. Somalische Verhältnisse in Nordafrika wären das Gegenteil von Stabilität und ein Alptraum für das benachbarte Europa. Deshalb müssen die G-8-Staaten den politischen Druck zum demokratischen Wandel auf die alten Seilschaften in Tunesien und Ägypten aufrechterhalten, während die Fördergelder vor allem den jungen Reformbewegungen zugutekommen sollten.

Die Dschihadisten im Netzwerk des Terrors sind in diesen Monaten zutiefst verunsichert. Wenn sich zumindest einige der Hoffnungen von Millionen Menschen in der islamischen Welt erfüllen, wenn ihr Leben etwas gerechter, ehrlicher, freier und perspektivenreicher wird, dann verliert der Terrorismus an Rückhalt. Die Al-Qaida-Ideologie ist darauf angewiesen, dass Menschen Unfreiheit, Erniedrigung und Benachteiligung erfahren, dass sie in Armut und Elend leben, damit sie sich radikalisieren, weil sie nichts mehr zu verlieren haben. Aber die Massen in den Straßen von Tunesien, Ägypten, Syrien, Jemen, Marokko, Algerien und anderen Staaten sehen noch die Chance, mit friedlichen Mitteln zu gewinnen. Sie wollen positiv etwas erreichen – und wir sollten sie dabei unterstützen.

Zehn Jahre nach Nine Eleven lässt sich kaum vorhersagen, wie unsere Welt in weiteren zehn Jahren aussehen wird. Führende Experten für Politik, Wirtschaft und Sicherheit haben unter dem Titel *Global Trends 2025 – A Transformed World* eine gemeinsame Prognose erstellt, die sich auf die Erkenntnisse von Regierungen, Geheimdiensten und unabhängigen Forschungsinstituten stützt.[101] Demnach werden wir es mit einer multipolaren Welt zu tun haben, deren Gestalt aber von unserem Verhalten und unseren politischen Entscheidungen abhängt. Der Bericht listet eine Vielzahl von Möglichkeiten auf: die Verlagerung der wirtschaftlichen Macht von West nach Ost, der steigende Einfluss nichtstaatlicher Akteure wie Konzerne, religiöse Bewegungen und kriminelle Netzwerke, das Nachlassen der terroristischen Bedrohung in Nordafrika und dem Nahen Osten aufgrund besserer wirtschaftlicher Perspektiven für die junge Bevölkerung, der Übergang von fossilen Brennstoffen auf erneuerbare Energien, ein neues Wettrüsten und die Militarisierung von Staaten aus Angst vor den Nachbarn und ein Klima des

Misstrauens und der totalen Überwachung zur Abwehr äußerer und innerer Gefahren für die Demokratie.

Die Experten entwerfen vier Szenarien für unsere Zukunft: eine Welt ohne den Westen, in der die Schwellenländer den Platz der »alten Mächte« eingenommen haben; eine Welt, die durch die Folgen des Klimawandels ihre Handlungsspielräume einbüßt und zum Überlebenskampf verdammt ist; eine polarisierte Welt, in der sich neue Supermächte wie Indien und China eine Schlacht um die Ressourcen liefern; und eine als Netzwerk organisierte Welt, in der nichtstaatliche Akteure grenzüberschreitende, globale Bürgerbewegungen organisieren, die den Regierungen die Agenda diktieren können. Man mag über die Realitätsnähe solcher Szenarien streiten, eines haben – folgt man den Autoren der Studie – alle Prognosen gemeinsam: Menschliches Handeln entscheidet über die Wirklichkeit. »Vor allem Anführer und ihre Ideen – positiv und negativ – waren im vergangenen Jahrhundert die Game Changer, haben die Welt verändert. Einzeln und gemeinsam werden die politischen Führer in den nächsten fünfzehn bis zwanzig Jahren den Gang der Ereignisse – ob zum Positiven oder zum Negativen – entscheidend beeinflussen.«[102]

Oft fühle ich mich an meinen Informanten José B. erinnert, der inzwischen längst in einem Zeugenschutzprogramm eines europäischen Geheimdienstes verschwunden ist. Kurz nach Nine Eleven hatte er mir vermittelt, wie viel Politik und Geheimdienste über die Bedrohung wussten, ohne danach zu handeln – weil sie die Zusammenhänge nicht erkannt hatten. Heute wissen wir alle so unendlich viel mehr, und dennoch ignorieren wir die Zusammenhänge und provozieren mit unserem Handeln neue Gefahren. In den zehn Jahren seit dem 11. September 2001 haben unsere politischen Führer viel Zeit, Geld und Hunderttausende von Menschenleben verschwendet, weil sie nicht verstanden haben, wie genau Nine Eleven diese Welt verändert hat und wie alles miteinander zusammenhängt. Auch Nine Eleven war ein »Game Changer« – ein Ereignis, das statt des Rückfalls in alte Denkmuster den Mut zu neuen Ideen und Visionen erfordert hätte. Das soll uns die Lehre aus Nine Eleven sein: Nie wieder dürfen wir uns von dem ohnmächtigen Gefühl der Angst leiten oder lähmen lassen.

Hoffnung und Dank

Diese letzten Zeilen des Buches beginne ich am Rande Dscha-
lalabads in einem Gästehaus, das von hohen Mauern umgeben
ist und von der afghanischen Polizei bewacht wird. Eben noch
haben wir besprochen, wie wir möglichst sicher und ohne Zwischenfälle am nächsten Morgen auf der Straße nach Kabul zu-
rückfahren können. Immer wieder hat es in den vergangenen
Tagen Zwischenfälle gegeben. Die Angst bestimmt den Alltag
der Menschen. Das klingt pessimistisch, aber wir haben auch
Zeichen der Hoffnung gesehen. Polizei und Armee Afghanistans sind professioneller und mutiger geworden. Gerade gestern
haben sie eine Reihe von bewaffneten Aufständischen an der
berühmten Dschalalabad Road festgenommen. Am vergangenen Sonntag waren wir bei der Eröffnung einer Berufsschule im
Panschir-Tal dabei, die jeweils zur Hälfte aus Spenden an die
Afghanistan-Hilfe Paderborn und aus dem Bundeshaushalt finanziert wurde. Heute filmten wir eine Destillerie, in der Ro-
senblätter zu Rosenöl verarbeitet werden. Siebenhundert Bau-
ern haben sich von diesem Projekt, das die deutsche GTZ und
die Welthungerhilfe unterstützen, überzeugen lassen. Sie sind
stolz, dass sie mit ihrer Arbeit ihre Familien ernähren können,
und verteidigen ihre Felder auch gegen die Taliban. Tausende
von Kindern müssen nicht hungern, Tausende von Frauen genießen Respekt, weil sie unverzichtbar sind bei der Pflege und
Ernte der Blumen. Mehr als fünftausend Menschen haben so ihr
jährliches Auskommen. Denn ein Liter Öl bringt bis zu sechs-
tausend Dollar ein, und damit ist die Rosenzucht eine echte Alternative zum Drogenanbau.

Deshalb ist es ein toller Anblick, wenn aus dem Hahn des letzten Destillierkessels das goldene Öl in eine Flasche fließt, deren

Wert Zukunft und Zuversicht in die Berge Nangahars bringt. Mehr davon, denke ich und erinnere mich an die vielen Menschen auf unseren Reisen der letzten Monate – in Marokko, Pakistan, Afghanistan, Polen, Deutschland und den USA –, die die Hoffnung nicht verloren haben. Natürlich trafen wir auch viele andere, die zutiefst enttäuscht sind von diesen zehn Jahren nach Nine Eleven, oder noch andere, die etwas zu sehr davon überzeugt waren, immer alles richtig gemacht zu haben.

Ihnen allen – von normalen Menschen im Swat-Tal oder in der Washingtoner Kneipe über ehemalige Guantanamo-Häftlinge, mutige Lokaljournalisten und islamistische Informanten bis zu aktiven Leitern von Geheimdiensten, Ministern, Generälen und früheren Regierungschefs – möchte ich danken für ihr Vertrauen, ihre Offenheit, Ehrlichkeit, Geduld und Streitlust, die unsere Begegnungen für mich so lehrreich gemacht haben. Ein besonderer Dank gilt auch meinen Kollegen des Teams für die gleichnamige Fernsehdokumentation: ZDF- und *New York Times*-Reporterin Souad Mekhennet, Kameramann Zeljko Pehar, Tontechniker Stephan Ploeger und unserem Afghanistan-Korrespondenten Hans-Ulrich Gack, den Producern und Helfern in diesen Ländern sowie allen Kolleginnen und Kollegen, die mir nachsehen, dass ich hin und wieder mal auf einer Recherchereise war.

Mein wichtigstes Dankeschön aber geht an meine Familie, die viel von unserer gemeinsamen Zeit für dieses Projekt opferte und die mir die Kraft und Ruhe für das Nachdenken und Schreiben gibt. »Peace of Mind« nennt man das wohl. Es wäre schön, wenn die Menschen weltweit mehr davon hätten.

Anmerkungen

1 Soweit nicht anders ausgewiesen, stammen hier wie im Folgenden die Übersetzungen englischer Interviews vom Autor.

2 Cooper, Robert: The new liberal imperialism. In: The Observer vom 07.04.2002.

3 Die Chronologie basiert neben weiteren Quellen in wesentlichen Teilen auf den Abschlussberichten zu den zwei offiziellen Untersuchungen zum 11. September 2001 und seiner Vorgeschichte: Hamilton, Lee H. und Thomas H. Kean: The 9/11 Commission Report. Final report of the National Commissio on Terrorist Attacks upon the United States, Washington 2004; US Congress (Hg.): Report of the Joint Inquiry into the Terrorist Attacks of September 11, 2001. Washington 2002. Eine ausführliche Darstellung findet sich auch in Farmer, John: The ground truth. The untold story of America under attack on 9/11. New York 2009.

4 Das *Handbuch für Gotteskrieger* ist ein 180-seitiges Pamphlet mit dem englischen Titel »Declaration of Dschihad (Holy War) against the countries' tyrants. Military Series«. Es wurde 1998 bei einer Razzia in Manchester in elektronischer Form auf dem Computer eines engen Vertrauten von Osama bin Laden entdeckt, der an den Botschaftsanschlägen von Kenia und Tansania beteiligt war. Das Handbuch wurde zu einem wichtigen Beweisstück im New Yorker Prozess gegen die Drahtzieher dieser Anschläge.

5 Das »Computer Assisted Passenger Prescreening System« (CAPPS) wählt automatisch nach bestimmten Faktoren Passagiere aus, die ein besonderes Risiko darstellen könnten, z. B. Alleinreisende aus Krisenregionen. Zusätzlich ergänzt das System weitere Passagiernamen nach dem Zufallsprinzip.

6 Vgl. Balz, Dan u. Bob Woodward: America's chaotic road to war. In: The Washington Post vom 27.01.2002.

7 Vgl. ebd.

8 Eggen, Dan: Moussaoui probe pushed U.S. limits. In: The Washington Post vom 31.01.2002.

9 Calabresi, Massimo u. Sally Donnelly: Cropduster manual discovered. In: Time.com vom 22. 09. 2001.

10 Vgl. Gordon, Greg: Eagan flight trainer wouldn't let unease about Moussaoui rest. In: Star Tribune vom 21. 12. 2001.

11 Vgl. Report of the Joint Inquiry into the Terrorist Attacks of September 11, 2001. S. 203 ff.

12 Vgl. Mänz, Christina: Anschlag auf Bush in Genua. In: Die Welt vom 27. 09. 2001.

13 Vgl. Scarborough, Rowan: Intercepts foretold of »big attack«. In: Washington Times vom 22. 09. 2001. Vgl. auch Bamford, James: The Shadow Factor: The ultra-secret NSA from 9/11 to the eavesdropping on America.

14 Vgl. Balz, Dan u. Bob Woodward: America's chaotic road to war. In: The Washington Post vom 27. 01. 2002.

15 Wenn Präsident Bush seinen CIA-Chef nicht gegen die Kritik innerhalb der US-Regierung in Schutz genommen hätte, wäre Tenet längst nicht mehr im Amt. Vgl. Carney, James u. John Dickerson: Inside the war room. In: Time vom 31. 12. 2001.

16 Balz, Dan und Bob Woodward: America's chaotic road to war. In: Washington Post vom 27. 01. 2002. Die anderen Artikel sind zwischen dem 28. 01. und 03. 02. 2002 erschienen und tragen folgende Titel: We will rally the world. Afghan campaign's blueprint emerges. A pivotal day of grief and anger. At Camp David, advise and dissent. Combating terrorism »It starts today«. A presidency defined in one speech. Bush awaits history's judgement.

17 Vgl. Allen, Mike: Questions swirl around Bush over 9–11 attacks. In: Washington Post vom 16. 05. 2002. Sowie Associated Press: White House defends response to threat of hijackings. In: washingtonpost.com vom 16. 05. 2002.

18 Zitiert nach: http://usa.usembassy.de/etexts/docs/ga1-092001d.htm

19 Balz, Dan und Bob Woodward: A presidency defined in one speech. In: Washington Post vom 01. 02. 2002.

20 Fukuyama, Francis: The End of History?. In: National Interest, Sommer 1989. Ders.: Das Ende der Geschichte. Wo stehen wir? München 1992.

21 Drehle, David von: World War, Cold War won. Now, the Gray War. In: Washington Post vom 12. 09. 2001.

22 So Shimon Peres in der ZDF-Dokumentation »Der Tag, der die Welt veränderte« zum ersten Jahrestag der Anschläge vom 11. September.

23 Diese und nachfolgende Stellen zitiert nach Suskind, Ron: The One Percent Doctrine. Deep inside America's pursuit of its enemies since 9/11. New York 2006, S. 62 ff.

24 Woodward, Bob: CIA led way with cash handouts. In: Washington Post vom 18. 11. 2002.

25 Gall, Carlotta: An American is said to be killed during a failed prison uprising. In: The New York Times vom 26. 11. 2001.

26 Vgl. Perry, Alex: Inside the battle at Qala-I-Jangi. In: Time vom 02. 12. 2001.

27 Vgl. Bearak, Barry: Unknown toll in the fog of war. In: The New York Times vom 09. 02. 2002.

28 Vgl. Text of President Bush's State of the Union Address. In: Washingtonpost.com vom 29. 01. 2002.

29 Vgl. Gordon, Michael R.: Pointing Finger, Bush broadens his ›Doctrine‹. In New York Times vom 30. 01. 2002 und DeYoung, Karen: Bush lays down a marker for 3 »evil«-states. In: Washington Post vom 30. 01. 2002.

30 Vgl. Eisenberg, Daniel: »We're taking him out«. In: Time-Magazin vom 13. 05. 2002.

31 Bush's speech at West Point. In: New York Times vom 01. 06. 2002.

32 In Cheney's words. In: New York Times vom 26. 08. 2002.

33 Der komplette Text des Dokuments findet sich unter anderem hier: http://www.globalsecurity.org/military/library/policy/national/nss-020920.pdf

34 Vgl. Hersh, Seymour: The Stovepipe. In: The New Yorker vom 27. 10. 2003. Eine Reihe der nachfolgenden Zitate und Informationen stammt aus diesem brillanten Artikel.

35 Vgl. Gordon, Michael und Judith Miller: U. S. says Hussein intensifies quest for A-bomb parts. In: New York Times vom 08. 09. 2002.

36 Vgl. Powers, Thomas: The vanishing case for war. In: The New York Review of Books vom 04. 12. 2003.

37 Vgl. Isikoff, Michael, Evan Thomas und Richard Wolffe: Where are Iraq's WMDs? In: Newsweek vom 09. 06. 2003.

38 Kurz vor Powells Auftritt bei den Vereinten Nationen sammelte die US-Regierung offenbar auch Material, um kleinere Mitgliedsstaaten des Weltsicherheitsrates unter Druck zu setzen. Zu diesem Zweck sollten ihre Büros in New York offenbar auch abgehört werden. Vgl. Bright, Martin und Ed Vulliamy: Revealed: U. S. dirty tricks to win vote on Iraq war. In: The Observer vom 02. 03. 2003.

39 Hamilton, William: Bush began to plan war three months after 9/11. In: Washington Post vom 17. 04. 2004.

40 Vgl. U. S. News & World Report: Triumph without victory. The unreported history of the Persian Gulf War. New York 1992.

41 Vgl. Donnelly, Thomas, Donald Kagan und Gary Schmitt: Rebuilding America's Defenses. Strategy, forces and resources for a new century. Washington September 2000.

42 Suskind, Ron: The price of loyalty. George W. Bush, the White House, and the education of Paul O'Neill. New York 2004. S. 76 ff.

43 Der Text der Rede findet sich in der Washington Post vom 29. 01. 2003 unter dem Titel »America Will Not Be Blackmailed«.

44 Rieff, David: Blueprint for a mess. In: New York Times vom 02. 11. 2003.

45 Vgl. Hirsh, Michael, Mark Hosenball und Rod Nordland: About-face in Iraq. In: Newsweek vom 24. 11. 2003.

46 Vgl. Powers, Thomas: The vanishing case for war. In: The New York Review of Books vom 04. 12. 2003.

47 Für eine detaillierte Darstellung der Vorgänge inkl. der verwendeten Zitate vgl. White, Josh: Documents tell of brutal improvisation by GIs. In: Washington Post vom 03. 08. 2005.

48 Vgl. Decision Support Systems (Hg.): Al Qaida's endgame? A strategic scenario analysis. Vom 02. 11. 2001.

49 Zit. nach Cooper, Robert: The new liberal imperialism. In: The Observer vom 07. 04. 2002.

50 Sanger, David und Katharine Seelye: Bush reconsiders stand on treating captives of war. In: The New York Times vom 29. 01. 2002.

51 Zu den Auswirkungen dieser Politik vgl. Hongju Koh, Harold: Rights to remember. In: The Economist vom 30. 10. 2003.

52 Suskind, Ron: The One Percent Doctrine. Deep inside America's pursuit of its enemies since 9/11. New York 2006, S. 82 ff.

53 Vgl. Chandrasekaran, Rajiv und Peter Finn: U. S. behind secret transfer of terror suspects. In: The Washington Post vom 11. 03. 2002.

54 Whitlock, Craig: Jordan's Spy Agency. Holding cell for the CIA. In: Washington Post vom 01. 12. 2007.

55 Die UN-Resolution 1373 vom 28. September 2001 findet sich unter http://daccess-dds-ny.un.org/doc/UNDOC/GEN/N01/557/43/PDF/N0155743.pdf?OpenElement

56 Vgl. Stark, Holger: Schläge und Pistazien. In: Der Spiegel vom 06. 03. 2006.

57 Vgl. US letter from Bush with demands for EU cooperation. In: Statewatch News online vom 16. 10. 2001.

58 Lichtblau, Eric und James Risen: Bank data is sifted by U. S. in secret to block terror. In: New York Times vom 23. 06. 2006.

59 Suskind, Ron: The One Percent Doctrine. Deep inside Americas pursuit of its enemies since 9/11. New York 2006. S. 38.

60 Vgl. Lichtblau, Eric: Ashcroft seeks more power to pursue terror suspects. In Washington Post vom 06. 06. 2003.

61 Vgl. Conason, Joe: Big Lies. The right-wing propaganda machine and how it distorts the news. New York 2003, S. 107f.

62 Vgl. Eggen, Dan und Robert O'Harrow: U. S. steps up secret surveillance. In: Washington Post vom 24. 03. 2003.

63 Vgl. Lichtblau, Eric: Bush seeks to expand access to private data. In: New York Times vom 14. 09. 2003.

64 Vgl. Brill, Steven: After. How America confronted the Sept. 12 era. In: Newsweek vom 10. 03. 2003.

65 Vgl. Purdy, Matthew und Lowell Bergman: Where the trail led. In: New York Times vom 12. 10. 2003.

66 Suskind, Ron: The One Percent Doctrine. Deep inside America's pursuit of its enemies since 9/11. New York 2006, S. 53.

67 Shane, Scott: Inside a 9/11 mastermind's interrogation. In: International Herald Tribune vom 22. 06. 2008.

68 Warrick, Joby und Dan Eggen: Hill briefed on waterboarding in 2002. In: Washington Post vom 09. 12. 2007.

69 Meris, Lutz: Afghanistan: Seven years after CIA abduction, prisoner still held without charge. In: Los Angeles Times vom 28. 08. 2009.

70 Die *Washington Post* veröffentlichte die Ergebnisse ihrer zweijährigen Recherche in einer beeindruckenden dreiteiligen Serie im Juli 2010, deren Grafiken einen beunruhigenden Eindruck von der Unüberschaubarkeit des Anti-Terror-Kampfs geben. Vgl. Arkin, William und Dana Priest: Top Secret America. A hidden world, growing beyond control. In: Washington Post vom 19., 20. und 21. 07. 2010.

71 Vgl. Savage, Charles: U. S. tries to make it easier to wiretap the internet. In: New York Times vom 27. 09. 2010.

72 Informationen über drohende Gefahren gab das Bundesgesundheitsministerium erst infolge der Anschläge vom 11. September Mitte Oktober an die Bundesapothekerkammer.

73 Vgl. Rosenbach, Marcel und Holger Stark: Eine Bombe für Deutschland. In: Der Spiegel vom 07. 05. 2011.

74 Vgl. Baker, Gerard u. a.: Chronik einer Krise. In: Financial Times Deutschland vom 01. 10. 2001.

75 Vgl. Bilmes, Linda und Joseph Stiglitz: The three trillion dollar war. The true cost of the Iraq conflict. New York 2008.

76 Die wohl beste Darstellung der Finanzkrise, ihrer Ursachen und Folgen findet sich in Mihm, Stephen und Nouriel Roubini: Das Ende der Weltwirtschaft und ihre Zukunft. Frankfurt 2010.

77 Schröder, Gerhard: Wer dreht das riesengroße Rad? In: Frankfurter Rundschau vom 06. 09. 2001.

78 Piper, Nikolaus: Schröder will Finanzspekulationen besteuern. In: Süddeutsche Zeitung vom 29. 01. 2005.

79 Vgl. Sorkin, Andrew Ross: Too big to fail. The inside story of how Wall Street and Washington fought to save the financial system from crisis – and themselves. New York 2009.

80 Roy, Arundhati: Wut ist der Schlüssel. In: Frankfurter Allgemeine Zeitung vom 28. 09. 2001.

81 Vgl. Guldner, Jan: China kauft sich die Welt. In: Welt am Sonntag vom 29. 08. 2010.

82 Vgl. Brown, Lester R.: Plan B 4.0. So retten wir unsere Welt. Berlin 2010.

83 Vgl. Gertz, Bill: China targets U. S. troops with arms buildup. In: Washington Times vom 16. 08. 2010.

84 Vgl. Kreft, Heinrich: Vom Kalten zum Grauen Krieg. Paradigmenwechsel in der amerikanischen Außenpolitik. Washington 2010.

85 Der komplette Text des Dokuments findet sich unter anderem hier: http://www.whitehouse.gov/sites/default/files/rss_viewer/national_security_strategy.pdf

86 Zitiert nach: Obama. Seine Rede zum Friedensnobelpreis im Wortlaut, in: Welt Online, 10. 12. 2009.

87 Vgl. Hersh, Seymour: Preparing the battlefield. In: The New Yorker vom 07. 07. 2008. Aus diesem Artikel stammen auch die nachfolgenden Zitate.

88 Vgl. http://www.theatlantic.com/politics/archive/2009/12/the-special-ops-command-thats-displacing-the-cia/31038/

89 Mazzetti, Mark: U. S. is said to expand secret actions in Mideast. In: New York Times vom 24. 05. 2010.

90 Arkin, William: Elite terrorist hunters in Iraq. In: Washington Post vom 28. 03. 2007.

91 DeYoung, Karen und Greg Jaffe: U. S. ›secret war‹ expands globally

as Special Operations force stake larger role. In: Washington Post vom 04. 06. 2010.

92 Zitiert nach: Obama. Seine Rede zum Friedensnobelpreis im Wortlaut, in: Welt Online, 10. 12. 2009.

93 Michel, Dr. Harald: Grundprobleme der Demographie. Vortragsmanuskript. Berlin 2005.

94 Jungholt, Thorsten: De Maizière setzt sich von Westerwelle ab. In: Welt Online vom 27. 05. 2011.

95 Zakaria, Fareed: The Post-American world and the rise of the rest. London, New York 2009.

96 Bush, George W.: Decision Points. New York 2010, S. 234.

97 Wiegrefe, Klaus: Geheimpapier belegt deutsche Warnungen an Bush. In: Spiegel Online vom 24. 11. 2010.

98 Schmidt, Helmut: Zum Ethos des Politikers. Siebte Weltethosrede. Tübingen am 08. 05. 2007.

99 Benannt nach einem Arbeiterstreik in einer Spinnerei und Weberei in der ägyptischen Stadt Mahalla al-Kubra am 6. April 2008. Um diesen Streik zu unterstützen, gründeten junge Leute um den Ingenieur Ahmed Maher eine Facebookgruppe, die zum Generalstreik gegen die hohen Lebensmittelpreise in Ägypten aufrief. Diese Gruppe wurde zu einem Kernbestandteil der ägyptischen Revolution im Jahr 2011.

100 Vgl. Moore, Matthew und Tim Ross: Egypt protests: America's secret backing for rebel leaders behind uprising. In: The Telegraph vom 28. 01. 2011. Die Geheimdepesche liegt auch dem Autor vor.

101 Das Dokument, das vom obersten Chef aller amerikanischen Geheimdienste, dem Director of National Intelligence, veröffentlicht wurde, findet sich unter http://www.dni.gov/nic/NIC_2025_project.html

102 Ebd., S. 98.

Personenregister

345

Helmut Schmidt

RELIGION IN DER VERANTWORTUNG

Gefährdungen des Friedens im
Zeitalter der Globalisierung

ISBN 978-3-548-37446-8
www.ullstein-buchverlage.de

Immer wieder hat sich Helmut Schmidt mit dem
Verhältnis von Religion und Politik beschäftigt.
Seine wichtigsten Beiträge zu dieser hochaktuel-
len Frage hat er für das vorliegende Buch zusam-
mengestellt und durch ein abschließendes Kapitel
ergänzt. In jeder Zeile wird deutlich: Schmidt
sorgt sich um die Gefährdung des Weltfriedens
durch den um sich greifenden Missbrauch der
Religion für politische Zwecke. Eindringlich
appelliert er an die Führer der Weltreligionen,
ihrer Verantwortung für den Frieden gerecht zu
werden.

»Es ist gut, wenn zumindest einer die Wirren der
modernen Welt durchschaut – und zwar glaubhaft.« *Süddeutsche Zeitung*

ullstein

UB661

Shlomo Sand
Die Erfindung des jüdischen Volkes

Israels Gründungsmythos
auf dem Prüfstand
ISBN 978-3-548-61033-7

Gibt es ein jüdisches Volk? Nein, sagt der israelische His-
toriker Shlomo Sand und stellt damit den Gründungsmythos Israels radikal in Frage. Vertreibung durch die
Römer? Exodus? Rückkehr nach 2000 Jahren ins Land
der Väter? Alles Erfindungen europäischer Zionisten im
19. Jahrhundert, schreibt Sand in seinem aufsehenerre-
genden Buch, das in Israel und Frankreich zum Bestseller
wurde und heftige Kontroversen ausgelöst hat.

»Eines der faszinierendsten und provozie-
rendsten Bücher seit langem« *Tom Segev*

List

www.list-taschenbuch.de

LA28